100 Joor VKB
Vereinigte Kleinbasler
1884–1984

E Querschnitt iber s Lääbe
vonere Glaibasler Fasnachtsgsellschaft

Umschlag:
Entwurf von Hans Weidmann

Vorsatz:
Die VKB auf Lithobogen von Karl Jauslin,
vorne: 1887, 1892 und 1898
hinten: 1901, 1903 und 1905

Titel:
Erste Vereinsstandarte
von Sämi Vogt gestiftet
und 1922 dem Verein übergeben

© 1984 Fasnachtsgesellschaft Vereinigte Kleinbasler, Basel
Alle Rechte vorbehalten

Satz und Druck: Schudeldruck, Riehen
Einband: Buchbinderei Grollimund AG, Reinach

ISBN 3-85895-841-7

Inhaltsverzeichnis

	6 Vorwort des Gesellschafts-Präsidenten	Pierre Farine
	7 Vorwort des Ehren-OK-Präsidenten	Karl Schnyder

Im ersten Teil   9   ***Die ersten 99 Jahre***

10 Die Frühgeschichte der VKB	Hanns U. Christen
70 Die folgenden Jahre	Erwin Jäggi

Im zweiten Teil   113   ***Reminiszenzen***

114 Vorwort	Erwin Jäggi
115 50 Jahre Junge Garde	Hanspeter Stebler, Hansjörg Thommen
123 45 Jahre Alte Garde	Max Kaspar, Hans Schlichter, Benni Schöpflin
133 Festivitäten und Reisen der VKB	Erwin Jäggi
142 VKB = Very Kind Boys	Pierre Farine
152 Unser Gesellschaftsblättli «dr Ueli»	Erwin Jäggi
155 Vom alte Böbberli	Hanspeter Stebler
157 Erinnerungen eines Laternenmalers	Hans Weidmann
164 D Franzose und d Indianer	Kurt Stalder
165 Es geschah im Jahre 1969	Václav Sprungl
168 VKB-Beitrag zur Basler Trommelliteratur	Alfons Grieder
169 Faasnachts-Zyschtig	Erwin Jäggi
174 Die baide W.B.	Hans Bigler
179 S Bachofeschlössli	Erwin Jäggi
182 S Brysdrummle im Wandel vo dr Zyt	Männi Vogt
187 Vom Pfyfferschieler zem Pfyfferchef	Paul Locher

Im dritten Teil   189   ***Das Jubeljahr***

191 Der Teufel steckt im Detail Vorwort des OK-Präsidenten	Kurt Stalder
196 D Aaläss im Jubeljoor	Erwin Jäggi
	unter Mithilfe von folgenden Beitragsschreibern:
	Rolf Bertschmann, Dieter Brugger, Alfons Grieder, Ruedi Grüninger, Paul Heckendorn, Werner Kägi, Thomas Locher, Serge Policky, Daniel Stebler, Hanspeter Stebler, Thomas Stebler, Hansjörg Thommen, Joggi Vogt

Im vierten Teil   255   ***Sujets, Künstler, VKBler***   d Biecherwirm

Zum Geleit

Jedes Jubiläum bringt logischerweise Anlass zu historischem Rückblick und fast einen Zwang, diesen in Form einer Buchchronik visuell werden zu lassen.

«100 Johr VKB – 100 Johr Fasnacht», ein solches Motto erweckt den Eindruck von Überheblichkeit, als wäre allein im Kleinbasel und dort ausschliesslich bei den «Vereinigten» die echte und wahre Fasnacht gepflegt und deren Geschichte geschrieben worden. Wir müssen im Zusammenhang mit unserem «runden» Geburtstag immer wieder betonen, dass wir als Fasnachtsgesellschaft weder die grösste, noch die beste sein wollen und dass im Bezug auf das Alter einfach die Tatsache geschichtlich erwiesen ist, dass wir zum Zeitpunkt unseres 100. Geburtstages die am längsten existierende Fasnachtsclique sind. Das heisst, dass wir Spaltungstendenzen, Existenz-Klippen schwieriger Zeiten wie wirtschaftliche Krisen- und Kriegsjahre dank guter Kameradschaft mit einem ausgeprägten Gefühl des Zusammengehörens glücklich überstanden haben. Für diesen positiven Verlauf haben wir vor allem unseren Vorfahren zu danken, die oft unter schwierigen Bedingungen, auf der Basis einer echten Freundschaft, und getragen von einem positiven konservativen Empfinden das Banner mit den trommelnden und pfeifenden Ueli durch Jahrzehnte hochgehalten haben.

Die Historie unserer Stadt und unsere Vereinsgeschichte haben eines gemeinsam: aus den Anfangszeiten sind relativ wenige dokumentarische Beweise und archivarische Belege vorhanden. Anscheinend haben sowohl unsere Urahnen als auch die VKB-Gründer der Gegenwart und dem Blick in die Zukunft mehr Gewicht beigemessen als dem Registrieren und dem Archivieren der Vergangenheit. Die vorliegende Chronik will und kann also nicht ein lückenloses historisches Abbild der vergangenen 100 Jahre aufzeigen. Sie erhebt keineswegs den Anspruch, ein historisches Dokument zu sein, sie soll vielmehr ein amüsantes Mosaiksteinchen in der Fülle der vielen geschichtlichen Tatsachen rund um die Fasnacht darstellen. Das grösste Basler «Volksfest» ist einst wie heute unsere Basler Fasnacht. Zur vorreformatorischen Zeit war Basel als das lustigste Bistum an der rheinischen «Pfaffengasse» bekannt, da ist es denn auch vor dem kirchlichen Fasten hoch hergegangen mit Zechen, Schmausen, Tanzen, Verkleiden und allerlei derbem handgreiflichem Unfug. Kein Sittenmandat des Rates, keine noch so bewegliche Klage der Geistlichkeit hat die fasnächtliche Lebenslust des Volkes eindämmen können; weder die strengere Weltanschauung der Reformation, noch die pietistische Welle im 18. Jahrhundert hat die Fasnachtsvergnügen zu beseitigen vermocht. Selbst in den Zeiten politischer Zuspitzung ist die Fasnacht das einzige «Fest» geblieben, vor dem Parteigegensatz und Klassenkampf halt gemacht haben. Dass dies auch in Zukunft so bleiben soll, dafür wollen und werden sich die Vereinigten Kleinbasler auch im zweiten Jahrhundert ihrer Vereinsgeschichte einsetzen.

Abschliessend habe ich die angenehme Aufgabe zu danken. Ein erster und ganz besonderer Dank gilt der Chronikkommission unter der Ägide unserer lieben Freunde Hans Bigler, Erwin Jäggi und H.P. Stebler, die in minutiöser Kleinarbeit alle die Fakten und Unterlagen unserer Gesellschaftsgeschichte zusammengetragen, gesichtet und geordnet hat. Mit Hanns U. Christen vulgo «-sten» als Autor und mit unserem langjährigen Laternenmaler und Zugsgestalter Hans Weidmann haben zwei weit über die Stadtgrenzen hinaus bekannte und anerkannte Persönlichkeiten massgebenden Anteil am Gelingen unserer Jubiläumschronik. Grossen Dank sind wir dem Regierungsrat des Kantons Basel-Stadt schuldig für den finanziellen Beitrag, der es ermöglicht hat, dieses Buch viel reichhaltiger zu gestalten, als dies ursprünglich möglich schien. Ich möchte aber an dieser Stelle auch all jenen danken, die zum guten Gelingen des gesamten VKB-Jubeljahres beigetragen haben. Herrn Regierungspräsident Karl Schnyder danken wir für die Übernahme der «Jubiläumsschirmherrschaft» und meinem Freund Kurt Stalder möchte ich für seinen enormen Einsatz und für die mehrjährige Arbeit danken, die er mit all seinen Kollegen der Jubiläums-Kommission in der Vorbereitung und Realisierung unseres «100jährigen» geleistet hat. Aber auch unseren Freunden in allen Kreisen der aktiven Fasnächtler und der gesamten Basler Bevölkerung möchten wir ein herzliches «Danggerscheen» abstatten, für das Verständnis, die Unterstützung und die aktive Teilnahme an all den Anlässen im Rahmen unseres Jubeljahres.

Pierre Farine
Präsident VKB 1884

Ein Jahrhundert Fasnachtsgeschichte aus dem Kleinbasel

Mit einem Zug unter dem vielversprechenden Sujet «Landesausstellungslotterie Zürich» begann im Jahre 1884 die erfolgreiche Geschichte der ältesten Basler Fasnachtsclique, der Vereinigten Kleinbasler. Schon dieser erste VKB-Zug muss auf die damaligen, im Vergleich zu den heutigen wohl nicht minder gestrengen Juroren einen starken Eindruck hinterlassen haben, denn sie prämierten ihn immerhin mit dem zweiten Preis, nachdem sie für den ersten Preis keinen Zug als gut genug befunden hatten. Auf diese erstmalige, vom Quodlibet eingeführte Prämierung der Fasnachtszüge geht dann auch die Gründung der VKB zurück, und seither sorgte während eines ganzen Jahrhunderts manche fasnachtsbegeisterte Kleinbasler Generation dafür, dass der Name ihrer Clique zu einem Begriff für echt fasnächtlichen Sinn und Geist geworden und bis heute geblieben ist.

Mit der vorliegenden Chronik werden dem Leser nicht nur farbige Bilder zur hundertjährigen Geschichte der VKB geboten; in ebenso eindrücklicher Weise vermitteln ihre kompetenten Autoren darüber hinaus auch wertvolle Einblicke in die Entwicklung der Basler Fasnacht. Dabei wird wieder einmal deutlich, wie sehr sich dieses einzigartige, gesellschaftliche und kulturelle Ereignis im Laufe der Jahrzehnte gewandelt hat, ohne dabei seinen Charakter und seine überlieferten Ausdrucksformen zu verlieren. Hinter dieser Eigenart unserer Fasnacht, Traditionelles und Neuentstehendes miteinander zu verbinden, verbirgt sich eines ihrer Geheimnisse, aus dem sie jedes Jahr aufs neue wieder ihre gestalterische Kraft schöpft.

Wandel und Beständigkeit sind auch die Eigenschaften, welche der Basler Fasnacht ihre Integrationskraft verleihen. Die Art und Weise, wie in Basel Fasnacht gemacht wird, gibt selbst Zugewanderten über kurz oder lang die Möglichkeit, nicht nur Fasnacht zu machen, sondern auch Fasnächtler zu werden. Besonders augenfällig wird das Verbindende unserer Fasnacht am Beispiel des Zusammenwirkens von jung und alt. Es gibt im öffentlichen Leben unserer Stadt keinen anderen Bereich, zu dem alle Altersgruppen der Bevölkerung gemeinsam und vom gleichen Geist beseelt ihren Beitrag leisten.

Nicht nur ihres ehrwürdigen Alters wegen, sondern vor allem aufgrund ihres bedeutenden Anteils, den unsere Jubilarin aus dem Kleinbasel an der sich immer wieder erneuernden fasnächtlichen Entfaltung besitzt, darf die VKB mit Stolz, aber ohne Überheblichkeit zu einer der tragenden Säulen unserer Fasnacht gezählt werden. Im Kleinbasel selbst ist die VKB längst zu einem Begriff geworden, und zwar nicht nur während dreier Tage im Jahr. Kleinbasler Tugenden, wie sie in den drei Ehren-Gesellschaften zu finden sind, vereinigen sich gewissermassen bei der VKB zu einer einzigen Gesellschaft. Im Verlaufe ihrer hundertjährigen Geschichte ist die VKB so zu einem weiteren Wahrzeichen Kleinbasels geworden, mit dem sich die ganze Kleinbasler Bevölkerung verbunden fühlt.

Ganz im Zeichen dieser Volksverbundenheit stehen denn auch die zahlreichen Jubiläumsfeierlichkeiten, welche zumindest diesseits des Bachs das Jahr 1984 zum Jahr der VKB werden lassen. Mit einem herzlichen Dank an alle Mitwirkenden, welche mit ihrer hingebungsvollen Arbeit diese Chronik gestaltet haben, verbinde ich meine ebenso herzlichen Wünsche für eine weiterhin erfolgreiche Zukunft der VKB im zweiten Jahrhundert ihres Bestehens.

Karl Schnyder, Ehren-OK-Präsident

Die ersten 99 Jahre

Die Frühgeschichte der Vereinigten Kleinbasler

Hanns U. Christen

Basel vor 100 Jahren – kann man sich das überhaupt noch vorstellen? Den meisten Leuten kommt das heute wie tiefstes Mittelalter vor. Gewiss, was uns heute selbstverständlich ist, gab's damals noch längst nicht alles. Unbekannt waren elektrisches Licht und Radio, Telephon und Fernsehen, Schreibmaschine und elektrisches Tram, Autos und Zentralheizung und Moped, sogar das Grammophon. Fliessendes Wasser war noch lange nicht in allen Wohnungen eingerichtet, Toiletten mit Wasserspülung kamen erst auf, und ein eigenes Bad im Hause galt als Luxus, der zudem eher selten benutzt wurde, sogar wenn's ein Badezimmer hatte. Viele Hausfrauen bewahrten in der Badewanne die Kohlen für den Küchenherd auf...

Basel hatte anno 1884 auf Kantonsgebiet rund 70000 Einwohner, von denen gute 92 Prozent in der Stadt wohnten. Auf ein bewohntes Haus kamen im Durchschnitt 13 Personen, in der Stadt wie in den Landgemeinden. Heute wohnen von den rund 203 000 Kantonseinwohnern nur noch 89 Prozent auf Stadtgebiet – 10 Personen pro bewohntes Haus. In den Landgemeinden sind im Durchschnitt nur noch 9 Personen in einem Haus zu finden. Basels Häuserzahl hat sich seit hundert Jahren vervierfacht, aber die Bewohner haben sich verdünnt. Vor hundert Jahren war Basel mit seinen 70000 Einwohnern eine recht ansehnlich grosse Stadt. Ein Vergleich: München wurde um 1884 von 230000 Personen bewohnt – nur dreimal mehr lebten dort als in Basel. Gross war aber ihr Durst: jeder Münchner, vom Buschi bis zum ältesten Mütterlein, trank pro Jahr 400 Liter Bier (wenn man die Bierproduktion umrechnet, und zwar ohne das exportierte Bier...).

Eines aber war damals in Basel schon gleich wie heute: die Zeitungen erschienen täglich einmal, an sechs Tagen in der Woche. Das war vor allem der «Schweizerische Volksfreund», das Organ der Freisinnigen Partei, die damals noch etwas sehr Linkes war. Das Blatt konnte man für 6 Franken ein halbes Jahr lang ins Haus gebracht bekommen. Redigiert und zu einem grossen Teil auch geschrieben wurde der «Volksfreund» von einem einzigen Mann, Fritz Amstein, der so etwas wie ein Johann Peter Hebel war, weil er nämlich an alle Artikel, wovon auch immer sie handelten, gerne seine eigene Meinung anhängte. Und die war manchmal recht scharf formuliert. Amstein schrieb seine Manuskripte von Hand – Schreibmaschine gab's ja noch nicht.

Auch gesetzt wurde der «Volksfreund» von Hand mit Bleilettern; die erste Setzmaschine wurde genau im Jahr 1884 erfunden, vor hundert Jahren. Was einen erstaunt, wenn man hundertjährige Nummern des «Volksfreunds» liest: es sind nahezu keine Druckfehler drin. Aus dem «Schweizerischen Volksfreund» wurde später die «National-Zeitung», und die wandelte sich anno 1977 in die «Basler Zeitung» um, an der heute 51 Redaktoren und acht ständige Mitarbeiter und zahlreiche freie Mitarbeiter schaffen, mit allen Hilfsmitteln der Technik samt vollelektronischem Druckfehlerteufel. A propos: das Wort «Elektron» gab's vor hundert Jahren schon. Es bedeutete: Bernstein. Man fand es aber nur in einem sehr guten Lexikon.

Der «Volksfreund» war sehr stolz darauf, dass er auch ausserhalb Basels Abonnenten hatte: in Birsfelden waren es 240, in Binningen etwa 200. Sitz der Zeitung war das Haus Freie Strasse 7. Es muss dort noch recht ländlich zugegangen sein. Am 24. Februar 1884, eine Woche vor der Fasnacht, erschien ein Inserat, das lautete: «Eine junge, grosstragende Kuh oder ein Kalbeli, wegen Mangel an Platz billig zu verkaufen. Freie Strasse Nr. 11 im Laden.» Auch was im redaktionellen Teil des «Volksfreunds» stand, deutete noch nicht gerade darauf hin, dass Basel eine Metropole gewesen wäre. Eine Lokalmeldung lautete zum Beispiel: «Ein junger Mann, Kochlehrling in einem hiesigen Gasthofe, füllte seine Mussezeit damit aus, dass er nach den Fenstern der Nachbarschaft Erbsen, Kartoffeln u. dgl. warf und schon im letzten Sommer diverse Scheiben ruinierte, die er allerdings bezahlte. In jüngster Zeit war eine vor einem Fenster stehende Katze das Ziel seiner Wurfgeschosse. Er traf sie zwar nicht, spaltete dagegen wieder eine Scheibe.» Der Kochlehrling musste für einen Tag in den Lohnhof. Eine andere Kriminalnachricht hiess: «Taschendieb. Auf dem Frohnfastenmarkt wurde einem Frauenzimmer aus der Manteltasche das Sacktuch gestohlen.» So etwas interessierte die Basler vor hundert Jahren, und drum stand es in der Zeitung.

Auch über die Fasnacht stand viel in der Zeitung. Freilich schrieb man damals noch «Fastnacht», und manchmal hiess das Ding auch – oh Schreck: Karneval. Schon vor hundert Jahren war man sich nicht so ganz darüber im klaren, wie das mit der Basler Fasnacht eigentlich so war. Fritz Amstein teilte seinen Lesern damals mit: «Wie lange die Basler Fastnacht nach

Das Riehen- und Bläsitor im 18. Jahrhundert von Emanuel Büchel. Beide Tore sind auf unserer ersten Standarte verewigt worden.

der jetzt herrschenden Weise schon gefeiert wird, dürfte schwerlich irgendwo verzeichnet stehen. Das gehört eben zu denjenigen Dingen, die man früher vergass aufzuzeichnen.» Wir werden bald sehen, dass es noch ganz andere Dinge gab, die man aufzuzeichnen vergass. Doch weiter: «Übrigens würde man sich täuschen, wenn man glauben wollte, es seien erst in der letzten Zeit schöne Züge veranstaltet worden. So bewunderte man z.B. 1812 einen Älpler- und Prinzenzug, 1820 einen Brautzug aus dem 14. Jahrhundert, 1822 den Ausfall des Krähwinklerheeres, 1834 einen Ritterzug, 1844 einen Chinesenzug, 1853 die Darstellung der 22 Kantone usw.» So schrieb Fritz Amstein. Die Fasnacht war damals also vorwiegend eine historisch-geographisch-ethnologisch-folkloristische Angelegenheit, die mehr unter dem Titel «Unterhaltung und Belehrung» als zum Zweck von Satire, Ironie und Witz stattfand.

Nicht alle jedoch waren mit der Art zufrieden, wie man damals in Basel «Fastnacht» machte. Im Januar 1883 stand darüber Interessantes zu lesen. Ein Einsender hatte den Vorschlag gemacht, man solle in Basel doch endlich die Fasnacht am selben Tag feiern wie anderswo und zugleich nicht mehr in einzelnen Gruppen herumziehen, sondern einen geschlossenen Zug machen. Die Antwort darauf war: der spätere Termin der Basler Fasnacht bringt viele Leute nach Basel – und damit finanziellen Gewinn und Verdienst. Dann stand da zu lesen: «Schon seit einer Reihe von Jahren werden Stimmen laut, die auf Formierung eines grösseren Faschingszuges hindeuten. Allerdings würden zu viele Tambourenabteilungen einem solchen Zuge dann hinderlich sein. Umsomehr wäre aber den Musikern Gelegenheit geboten, bei Amüsements nützliche Dienste zu leisten. Es ist gewiss der Wunsch Vieler, wenn ein einheitlicher Faschingszug zu Stande käme.» So also sah's in Basel vor hundert Jahren aus. Faschingsfestzug mit Musik und wenigen Tambouren – das war das Ideal...

Zum Glück für unsere Fasnacht gab es jedoch auch andere Stimmen. Es gab Leute, die etwas dagegen hatten, dass Basel sich benahm wie das hinterletzte Kaff. Jemand von ihnen – ob Fritz Amstein oder ein anderer es war, weiss man nicht – schrieb am 17. Juli 1883 in den «Volksfreund» einen geharnischten Artikel. Darin stand: «Nun darf es aber wohl gesagt werden, dass zur Hebung des Lebens unserer Stadt und zur Herbeiziehung der Fremden in Basel im ganzen genommen sehr wenig gethan wird, und in gewissen Beziehungen sieht es bei uns geradezu kleinstädtisch aus. Wir haben unlängst der Gafferei und Neugierde des Publikums bei Begräbnissen erwähnt, und hätten dasselbe auch mit Bezug auf Hochzeiten rügen können.» Offenbar standen damals die Gaffer genau so am Strassenrand wie heute bei Unfällen... Es ging weiter: «Passiert etwa einmal ein deutscher Militär in grosser Uniform die Strassen, so wird er bewundert vom Kopf bis zum Fuss, und als letzthin eine etwas auffällig gekleidete amerikanische Dame sich auf den Spaziergängen der Stadt sehen liess, liefen ihr über 50 Kinder nach, so dass die Dame sich geäussert haben soll: sie habe geglaubt, Basel sei eine Stadt, und nun habe sie nur ein Bauerndorf gefunden.»

Es blieb aber nicht bei den Rügen. Es geschah nämlich im Sommer 1883 in Basel etwas, das zu einer Reform der Fasnacht führte – und das zugleich Anlass dazu gab, dass sich redliche Männer zu etwas zusammenfanden, das heute unter dem Namen «Vereinigte Kleinbasler» sein hundertjähriges Bestehen feiert. An einem Freitag im Juli setzten sich Mitglieder des Gewerbevereins im «Augarten» zusammen und besprachen, was man in Basel wohl «zur Beförderung und Hebung des eigenen Volks- und des Fremdenverkehrs» tun könnte. Dass es ausgerechnet Freitag, der 13.7., war – also ein dreifacher Unglückstag – schien niemandem aufgefallen zu sein. Viel wurde besprochen. Unter anderem hiess es in einem Bericht, «es werden anderswo kostümierte Umzüge veranstaltet, während unsere weiland so gerühmte Fastnacht immer weniger bietet.» Und dann kam's. Dann geschah das, was vor hundert Jahren die Basler Fasnacht umwälzte – was man anno 1983 in Basel überhaupt nicht wusste und deshalb auch nicht feierte. Nämlich:

Mitglieder des Gewerbevereins waren an jenem 13.7.1883 der Meinung, dass «die Veredelung der Volksbelustigungen und namentlich der Fasnacht sehr wünschbar sei.» Und es wurde der Wunsch geäussert, «es möge in Zukunft der Basler Karneval etwas mehr bieten als schmutzige Waggis, Kapuziner und Jesuiten.» Und dann hiess es ausdrücklich: «Mehrere achtbare Männer erklärten sich bereit, in diesem Sinne mitzuwirken, und es ist nicht unmöglich, dass demnächst eine grössere Anzahl Vereinsvorstände einberufen werden, um die Frage zu berathen, wie im Basler Karnevalswesen eine veredelnde Reform anzustreben sei.» Das legte den Boden zu einer neuen Fasnacht. Und schon im Sommer 1883 las man: «Die Idee ist jedenfalls der Beachtung werth, und es wäre nur zu begrüssen, wenn dieselbe ihre Verwirklichung finden würde. Zu einer schönen, tüchtigen Leistung würden gewiss auch Mittel und Leute nicht fehlen.»

Es fehlte tatsächlich nicht an Leuten. Eine Organisation, die damals für Basels gesellschaftliches und kulturelles Leben viel tat, war das Quodlibet. Quodlibet (frei übersetzt: «Wie es euch gefällt») war damals der Name für ein aus verschiedenen Stücken zusammengesetztes gefälliges Ganzes – so etwas wie ein Potpourri. Nach reiflichem Überlegen schrieb das Quodlibet für die Fasnacht 1884 einen Wettbewerb aus unter den teilnehmenden Zügen: es sollten die besten von ihnen prämiiert werden. Für den

Fasnachtsmontag, 3. März 1884, bereitete das Quodlibet einen grossen Maskenball vor «in der brillant decorirten Concert-Halle der Burgvogtei», wo als Tanzmusik die 30 Mann starke Kapelle des 4. Badischen Infanterie-Regiments Nr. 112, Kapellmeister Rohde, aufspielen würde. Der Eintritt kostete Fr. 3.50, was ein Heidengeld war – ein Pfund bestes Pferdefleisch bei Metzger Bandel im Rumpel, wie der Rappoltshof volkstümlich hiess, kostete 25 bis 30 Rappen! Nachts um 10 Uhr sollte stattfinden die «Urtheilsverkündung des Preisgerichts zur Prämirung der besten Fastnachtsumzüge». Und eingeladen waren «Vereinsmitglieder sowie alle Freunde eines anständigen Maskenvergnügens.» Die ausgesetzten Geldpreise waren natürlich ein grosser Anreiz für die Fasnächtler. Unter anderen auch für eine Gruppe von Kleinbaslern, die bereits Fasnachtserfahrung hinter sich hatten, nun aber bereit waren, an einer ganz neuen Art Fasnacht als ganz neue Gruppe mitzumachen. Das Wort «Clique» war damals noch nicht üblich. Sie nannten sich «Vereinigte Kleinbasler», weil das neue Kind ja einen Namen haben musste.

Die Sache mit dem «anständigen Maskenvergnügen» hatte Gründe. Schon zur Fasnacht 1883 war nämlich eine Drucksache erschienen, die für die Fasnacht 1884 neu herauskam. Der «Volksfreund» befasste sich mit ihr unter dem Titel «Eine fromme Fasnachtsbetrachtung» und schrieb: «Dieselbe stammt aus der Offizin des Hrn. L. Reinhardt und soll wahrscheinlich eine Gratis-Fastnachtszeitung sein. Wie die letzte, so wird auch diese wahrscheinlich wieder von den Herren Vischer-Sarasin, Rappard und Jäger stammen. Betrachten wir dieses fromme

Schriftstück näher: es ist ein Gespräch zwischen einem bejahrten Hindu und einem Basler. Die Theilnehmer der Fastnachtsbelustigungen werden mit verschiedenen Thieren verglichen; sie sollen keine wahren, sondern Scheinchristen sein, die Maskenbälle lassen der Finsterniss freien Lauf, sogar die Kinder müssen an dieser sündhaften Thorheit theilnehmen. Die veranstalteten Fastnachtsprämirungen wurden lächerlich gemacht.» Die Wirkung dieser Anti-Fasnächtler war nicht gross, aber sie waren vorhanden. Die wirkliche Fasnacht, nach neuer Art, wurde durch sie nicht gestört.

Allgemein munkelte man: die Fasnacht 1884 würde Ungewöhnliches bieten. In der Zeitung stand: «In der That soll unsere alte baslerische Volksbelustigung auf ein höheres Niveau gehoben werden. Hatten sich früher die Züge meist mehr oder weniger planlos gruppirt und wurde weniger auf Originalität gesehen, so fertigen jetzt die Leiter der einzelnen Züge zuerst Skizzen an, oder lassen sie durch einen tüchtigen Maler anfertigen. Nach diesen Skizzen werden die Rollen vertheilt und die Kostüme sowie die Wagen beschafft.» Man sieht: die Fasnacht, wie wir sie heute kennen und lieben, entstand fürs Jahr 1884 – und die VKB war von Anfang an dabei!

Was die Sujets anbelangt, hiess es: «Die verschiedenen Gruppen haben sich die Aufgabe gestellt, dieses Mal die Weltereignisse des vergangenen Jahres vor Augen zu führen, und sollen diese in allen Theilen so getreu und anschaulich als möglich dargestellt werden.»

Es gab allerhand darzustellen an Weltereignissen, das ins Schema «Geschichte-Geographie-Völkerkunde-Folklore» der damaligen Fasnacht hineinpasste. Im Sudan hatte ein Mohammed Ahmad, der sich «Mahdi» nannte, bedeutend «der von Allah Geführte», einen Aufstand gegen die Engländer angezettelt. Die Franzosen führten Krieg gegen das Kaiserreich China, weil sie dessen hinterindische Besitzungen Annam und Tonking haben wollten – und in Paris empfingen sie den spanischen König Alfons mit viel Pomp, wobei er einem Attentat entging und darüber sagte «Attentate sind halt das Berufsrisiko der Herrscher». Ausserdem hatte es in Basel einen Krawall vor der Bayerischen Bierhalle am Steinenberg gegeben, und in Zürich (ausgerechnet...) fand eine Schweizerische Landesausstellung statt, die teilweise durch eine Lotterie mit Naturalpreisen finanziert wurde. Dankbare Sujets also. Die neue Gruppe «Vereinigte Kleinbasler» wählte als Sujet – was wohl? Kein Weltereignis. Sondern die Zürcher Landesausstellung. Die hatte einiges zu reden gegeben. Zum Beispiel beklagte sich der Pächter einer Ausstellungs-Restauration darüber, dass seinem Wein Schlechtes nachgesagt wurde. Er erklärte, der Wein könne «höchstens etwas angegriffen» gewesen sein, aber von einer Fälschung seines Weines sei keine Rede. Als die Landesausstellung am 30. September ihre Tore schloss, mauerte man in den Schlußstein der Zürcher Quaibrücke einige Dokumente über sie ein und stellte mit Befriedigung fest, dass allein in der Industrieabteilung der Ausstellung 450 000 Lose verkauft worden waren. Nur mit dem Abholen der gewonnenen Gegenstände haperte es. Noch im März 1884 hatten die glücklichen Gewinner längst nicht alle «Gewinnste» bezogen.

Für die Fasnacht 1884 – die erste der VKB! – hegte Basel grosse Erwartungen. Die Idee der Zugsprämiierung würde «den Wetteifer anspornen und an Stelle der bisherigen zerfahrenen, oft nichtssagenden einzelnen Karikaturen und Züge etwas Gediegenes aufführen, das geeignet sein dürfte, auch den besseren Geschmack zu befriedigen und diese Umzüge dem stets fortschreitenden Zeitgeiste anzupassen.» Wörtlich hiess es weiter: «Wird in dieser Weise fortgefahren, so dürfte binnen wenigen Jahren der Geschmack in der Weise veredelt werden, dass unschöne oder anstössige Vermummungen, wie solche zuweilen auftauchten, ganz verschwinden müssten. Es würden dadurch Manche, denen die Fastnacht bisher ein Ärgernis war, sich allmählich mit derselben befreunden und würden immer mehr anständige Leute mitmachen.» Was man sich unter «anstössigen Vermummungen» vorstellen muss, wird manchen Leser erstaunen und erheitern. Das waren einerseits Masken, welche die katholische Religion persiflierten, und andrerseits waren es – man glaubt's heute fast nicht: es waren Waggis! Wenn man die schöne Aufgabe hat, die Anfänge der VKB zu beschreiben, so merkt man so richtig, wie zutreffend es war, was Fritz Amstein über die Fasnacht schrieb: dass man nämlich vergass, sie aufzuzeichnen. Die VKBler waren ja zusammengekommen, um Fasnacht zu machen (und um einen Preis vom Quodlibet in bar ausbezahlt zu bekommen...) – aber nicht, um Chroniken zu schreiben und Dokumente zu überliefern. Weshalb über die erste Zeit der VKB überhaupt nichts Schriftliches vorliegt. Man ist auf die Berichte angewiesen, die über die VKB in der Presse erschienen. Zum Glück waren die VKB schon im ersten Jahr so aktiv und so gut, dass die Presse gebührend Notiz von ihnen nahm.

Zunächst freilich erst im Inseratenteil. Am Samstag, den 2. Februar 1884, einen Monat vor dem Morgenstreich, erschien als Kleine Annonce Nr. 2786 der Text: «Alle Freunde der Fastnacht werden eingeladen zur Gründung eines Kleinbasler Fastnachtsumzuges einer Besprechung beizuwohnen, welche Sonntag Nachmittags, punkt 2 Uhr, im oberen Lokal der Brauerei St. Clara stattfinden wird. Mehrere Kleinbasler.» Das ist die erste schriftlich erhaltene Spur der Vereinigten Kleinbasler, noch unter einem neutralen Namen. Die Versammlung fand am Sonntag, 3. Februar 1884, statt, und offenbar wurde dort beschlossen, der neuen Fasnachts-Gruppe den Namen «Vereinigte Kleinbasler» zu geben. Denn schon am Mittwoch, dem 6. Februar 1884, erschien als Kleine Annonce Nr. 3012 eine dicke Überschrift «Vereinigte Kleinbasler»

und darunter die Mitteilung: «Heute Abend 8½ Uhr in der Clarabrauerei, 1. Stock, Sitzung und Wahl des Fastnachtsprojekts». So rasch ging das damals. Vier Tage später, am Sonntag, 10. Februar, fand am Nachmittag eine weitere Sitzung statt mit dem Traktandum «Wichtige Mittheilungen betreffs Fastnachtszuges». Vom Vorhaben der Kleinbasler muss etwas durchgesickert sein, denn bereits am Dienstag, 5. Februar, kaum dass die Gründungsversammlung vorbei war, las man in der Zeitung: dank der vom Quodlibet ausgesetzten Preise «soll der Fasching dieses Jahr gelungener ausfallen», und es seien schon drei Züge projektiert: einer von den Aeschlemern, einer vom Turnverein, und einer von den Kleinbaslern.

Man darf also mit Fug und Recht als Tag der Geburt der VKB den 3. Februar anno domini 1884 festsetzen. Damit ist die VKB nicht nur ein Sonntagskind, sondern auch mitten im Zeichen des Wassermanns geboren, der für eine Fasnachtsclique ein besonders glückliches Zeichen ist. Natürlich achtete damals niemand auf so etwas. Man hatte anderes zu tun, als ein Horoskop stel-

Zeitungsausschnitt aus dem «Schweizerischen Volksfreund» zum Sujet von 1884 «Landesausstellungs-lotterie».

len zu lassen. Man musste nämlich im Tempo des gehetzten Fasnächtlers den Zug vorbereiten…

Vereinigte Klein-Basler.
(4459) Zusammenkunft aller Theilnehmer Sonntag Nachmittags 2 Uhr in der Clara-Brauerei.

Im Sonntagblatt vom 24. Februar 1884 des «Volksfreunds» erschien ein Inserat, das die VKB zur Zusammenkunft nachmittags 2 Uhr bei Brändlin aufrief, «Vollzähliges Erscheinen der Theilnehmer nothwendig.» Dann war Ruhe im Blätterwald. Bis zum Bericht über den Morgenstreich vom Montag, 3. März 1884, der am Dienstag in der Zeitung erschien. Redaktor Fritz Amstein hatte es so gemacht, wie es zahlreiche spätere Berichterstatter ebenfalls machten: er hatte seinen Artikel im voraus geschrieben, bereits setzen lassen und nach dem Morgenstreich nur noch durch ein paar Beobachtungen ergänzt, die vortäuschen sollten, dass der ganze Artikel auf eigenem Augenschein beruhte. Man spürt's dem Bericht aber an, dass er schon mindestens am Sonntagmorgen fertig war. Nur das Wetter wurde noch am Montagmorgen neu eingesetzt («Der Himmel schaut gnädig d'rein»…), und aktuell war sicher auch die Bemerkung «Getrommelt wurde im Grossen und Ganzen vortrefflich; auch hier zeigt sich der sattsam bekannte bedeutende Fortschritt.» Und etwas hatte Fritz Amstein ganz sicher selber gesehen, nämlich «die elektrische Sonne, die vom Atelier des Hrn. Bürgin ihre Strahlen nach dem Grossbaslerufer und der alten Rheinbrücke sandte und ein magisches Licht über das Gewoge der Menschen ergoss.» Herr Bürgin war einer der Pioniere der Elektrotechnik in Basel und hatte seine Werkstätten in der Eisfabrik am Unteren Rheinweg. Damals war man scheint's noch erfreut darüber, wenn jemand am Morgenstreich sein Licht leuchten liess… Die VKB kam im Bericht mit einem winzigen Satz vor, der lautete: «Ebenfalls hübsch dargestellt wurde der Musikpavillon der Landesausstellung (Kleinbasler).» Man spürt sofort: gesehen hatte Fritz Amstein den Zug der VKB nicht. Sonst hätte er sicher anders über die VKB geschrieben.

Landesausstellung. Gestern (1. November) hat also die Verloosung begonnen; ein Ereigniß, auf dessen Ausgang unzweifelhaft viele Tausende mit Spannung harren werden. Schon früher haben wir die Art und Weise der Verloosung angedeutet; vielleicht interessirt es unsere Leser, den Mechanismus zum Ausspielen der Lotterieloose näher kennen zu lernen. Derselbe besteht aus sechs Schwungrädern von der Größe und Randbreite preußischer Militärtrommeln. Der Rand ist mit großen Ziffern bemalt und dem Publikum zugekehrt. Die Räder stehen dicht nebeneinander und vor jedem befindet sich eine Blendung, deren Oeffnung genau nur je eine Ziffer erblicken läßt. Hinten stehende Männer geben dem Rad einen Schwung, der durch eine stählerne Feder regulirt wird, wie überhaupt alles aus Blech, Messing, Stahl besteht. Sowie die Drehungen aufhören, sieht man vorn je eine Ziffer durch die Oeffnung der Blendung und zwar stets genau die ganze Ziffer. Also haben wir sechs nebeneinander stehende Ziffern, z. B. 269,781, das ist die Loosnummer. Die kleinern Nummern entstehen natürlich, wenn Nullen auf den ersten Rädern herauskommen wie 000049. Man begreift, daß von Mogelei da beim besten Willen keine Rede sein könnte. Bei der Kunstziehung erhält nun ohne Weiteres die erste Nummer den höchsten Gewinn, die zweitkommende den zweithöchsten ꝛc. Bei der Industrie-Ziehung dagegen dreht man nach Erscheinen der Loosnummer in angegebener Weise eine Urne, entnimmt ihr auf's Gerathewohl eine Karte und diese enthält Nummer und Namen des Gewinns, der nun der gezogenen Loosnummer zufällt. Die Ziehung wird nicht unter 5 Tagen beendigt sein; eine Minute dürfte zwei Loose herausbefördern. Drei Schreiber notiren gleichzeitig zur Garantie genauer Kontrole. Jeweilen soviel Platz ist, schreibt man auch noch an eine Tafel die herausgekommenen Nummern. <u>Da nun einmal gelottert wird, ist es wenigstens gut, daß jede Befürchtung von Lotterei ausgeschlossen bleibt.</u>

Zu seinen Ehren muss man aber festhalten: Fritz Amstein holte es nach! Am Mittwoch, 5. März 1884, erschien sein Bericht über den ersten Fasnachtstag, der den VKB ganze 17 Zeilen widmete – mehr als jeder anderen Clique. Es hiess da: «Die Kleinbasler hatten sich alle Mühe gegeben, um nach ihrer Weise ebenbürtig sich zu präsentiren, so dass die Ausstattung der Landesausstellung ebenfalls volles Lob erhielt. Dass bei dieser Gelegenheit Mutter Helvetia keineswegs durch Abwesenheit glänzte, versteht sich von selbst. Welches Schauspiel, wenn von Zeit zu Zeit ein Paketchen oder ein Schächtelchen durch die Lüfte gesaust kam, wie da die Volksmenge sich darum schlug! Auf einem Wagen befanden sich die Lockvögel, mit welchen die Lotteriehungrigen zum Looskauf animirt wurden, nämlich hübsche Möbel aller Art; auf einem anderen aber kamen die wirklichen Gewinne, die Kaffeemühlen, Cigarrenteller und Stiefelknechte zum Vorschein. Die Lotterieräder funktionirten vortrefflich und die deutsche Regimentsmusik gab ein Gratiskonzert um's andere; die grösste Heiterkeit erregte aber die grosse

Mit dem Sujet «Landesausstellungslotterie» zeigte sich 1884 die VKB erstmals in der Öffentlichkeit (Lithobogen von Karl Jauslin).

Mausfalle, in welche ununterbrochen zweibeinige Mäuse schlüpften und sich fangen liessen.» So gestelzt die Sprache dieses Berichtes ist, man kann sich vorstellen, was der von Arbeit übermüdete Redaktor da schrieb. Und wenn man noch dazu die Zeichnung von Karl Jauslin ansieht, der den Zug der VKB mit geübter Hand darstellte, bekommt man vom ersten Auftreten der VKB ein ganz schönes Bild. Karl Jauslin war damals eine europäische Grösse und übte den Beruf eines Pressezeichners aus: er reiste den grossen Ereignissen nach, machte möglichst an Ort und Stelle Skizzen, die er dann zu Zeichnungen ausarbeitete, und die wurden, in Holz gestochen, in den illustrierten Zeitschriften abgedruckt. Jauslin zeichnete auch Ereignisse der Schweizer Geschichte, die das Geschichtsbild einer ganzen Generation formten – nicht unbedingt zum Vorteil der historischen Wahrheit, aber immerhin sehr anschaulich.

Im selben Mittwochsblatt erschien auch der Bericht über die Zugsprämiierung durch das Quodlibet vom Montagabend. Dieser erste Anlass seiner Art, der mithelfen sollte, das Niveau der Basler Fasnacht zu heben, wurde zu einem Triumph der VKB. Ungefähr 850 Personen drängten sich im Concert-Saal der Burgvogtei – hundert mehr als im Vorjahr – darunter «famose Charaktermasken und die vielen anmutigen hübschen Mädchengestalten in den verschiedenartigsten Trachten.» Um 10 Uhr nachts trat der Präsident des Preisgerichts, Louis Thurneysen-Flück, auf die Bühne und hielt eine wohlgesetzte Rede. Er betonte den augenscheinlichen Fortschritt, den die Prämiierung «auf die Gestaltung unseres Karnevals ausgeübt» habe. Weiter: «Er konstatierte mit Befriedigung, dass durch die Veranstaltung grösserer und interessanterer Züge die Ausschreitungen, wie sie schon zu Tage traten, wie überhaupt alles Geringere, erfreulicherweise zurückgetreten sei. Und wenn in der angebahnten Verschönerung dieses baslerischen Volksfestes in diesem Sinne fortgefahren werde, man mit dem erzielten Resultat allgemein zufrieden sein dürfte.» Das Preisgericht habe streng geprüft, Fehler in der Ausführung und Darstellung der Sujets genau der Kritik unterworfen, «um die verehrlichen Veranstalter anzuspornen, nach und nach noch Besseres zu bieten.» Aus diesem Grunde konnte sich das Preisgericht nicht entschliessen, einen ersten Preis zu verleihen. Die Steinlemer hätten den ersten Preis erhalten, wenn sie nicht ihre Pferde und Fuhrleute etwas vernachlässigt hätten. «Auch hätte vielleicht dem Humor ein grösserer Spielraum eingeräumt werden können. Aus diesem Grunde wurden die Kleinbasler, die die Landesausstellung mit lebendigem Humor persiflierten, bei schöner Ausführung auf die gleiche Stufe wie die Steinlemer gestellt, weil sie den angeführten Bedingungen eher entsprochen haben.»

Und somit erhielten die jungen, neu gegründeten Vereinigten Kleinbasler einen Geldpreis von 450 Franken Schweizer Währung. Er hätte ausgereicht zum Ankauf von 900 Kilo Pferdefleisch bester Qualität beim Metzger Bandel im Rumpel, oder von 300 Flaschen «Aechtes Kölnisches Wasser von Johann Maria Farina in Cöln gegenüber dem Josephsplatz», das am Schalter des «Schweizerischen Volksfreunds» an der Freien Strasse Nr. 7 zu haben war. Es ist zu vermuten, dass die VKB für die 450 Franken eine wesentlich andere Verwendung hatten. Da keine schriftlichen Aufzeichnungen vorliegen, weiss man aber nichts Genaueres...

Damit könnten wir eigentlich die «Fastnacht 1884» verlassen, die nicht nur das erste Auftreten der VKB brachte, sondern zugleich eine Reform der Fasnacht einführte. Es ist aber ganz gut, wenn wir noch ein bisschen in den Berichten über sie blättern. Manche Fasnächtler von heute werden mit einem gewissen Missvergnügen daraus erfahren, dass unsere «so uralte Fasnacht» vor hundert Jahren wesentlich anders aussah als heute. Nicht nur gab's auch

Vereinigte Kleinbasler

am Mittwoch einen Morgenstreich, den die Scheinwerfer des Herrn Bürgin beleuchteten – zur allgemeinen Freude! Es gab auch «zwei Musikgruppen, die den Zapfenstreich trefflich kopirten und vor verschiedenen Häusern die rührendsten Ständchen brachten.» Da selbstverständlich niemand auf den Gedanken kam, für die Nachwelt zu überliefern, was diese Musikgruppen spielten, ist man auf Vermutungen angewiesen. Ob sie wild drauflos fegten und deshalb Vorläufer der Guggenmusiken der dreissiger Jahre wurden, die noch nicht in zahlreichen Proben ihr Repertoire lernten, sondern ungehemmt improvisierten? Das Musikcorps der VKB hat jedenfalls seine Musik so gespielt, dass daraus eine «nachgeahmte Konstanzer Militärmusik» wurde, wie die «Basler Nachrichten» es schrieben. Die BN waren damals reichlich deutschfreundlich eingestellt, wie übrigens ein grosser Teil der Bevölkerung Basels, die mit Begeisterung den badischen Regimentsmusiken lauschte, die in Lokalen und auf Plätzen aufzuspielen pflegten.

Wenn heutzutage in einer Zeitung zu lesen steht: «Noch einige Tage, und Prinz Karneval wird in unserer Stadt seinen Einzug halten», worauf zu einem Abend eingeladen wird, dessen finanzieller Erlös für die «nicht unbeträchtlichen Kosten des Fasnachtsumzuges» verwendet werden soll, und «Freunde und Gönner mögen diese Gelegenheit nicht versäumen, um dem Prinz Karneval ihren Tribut zu entrichten» – dann ist das entweder eine Zeitung in Köln oder in Mainz. Oder es ist eine Basler Fasnachtszeitung, die sich lustigmacht. Anno 1884 war das Inserat aber in Basel todernst gemeint, und losgelassen wurde es von der «Aeschlemer Schnurrantia». Die Aeschlemer hatten einige Sorgen mit dem Geld, und das nützte ein Unbekannter aus, der im Steinenquartier von Haus zu Haus ging und angeblich für den «Aeschlemerverein» sammelte, ohne dass dieser Verein ihn beauftragt hatte.

Auch die Masken sahen vor hundert Jahren anders aus. Allerlei Leute boten in der Zeitung Masken zum Kauf oder zum Ausleihen an: elegante Damencostume, nationale und historische Trachten, Phantasie-Verkleidungen, Buuremaitli und Dummpeter und hochelegante Charakter-Masken-Anzüge und dergleichen. Am Maskenball des Quodlibet, an dem die kaum geborene VKB so gross herauskam, gab's «famose Charaktermasken», und die Presse stellte ausdrücklich fest: «die vielen anmuthigen hübschen Mädchengestalten in den verschiedenartigen Trachten verliehen dem

Polizeiliche Bekanntmachung
betreffend die Fastnacht.

In Ausführung der Publikation des Regierungsrats über die Fastnacht vom 9. Februar dieses Jahres werden hiemit unter Hinweisung auf § 74 des Polizeistrafgesetzes folgende nähere Vorschriften bekannt gemacht. (4056)

1. Montags den 3. und Mittwochs den 5. März darf vor 4 Uhr Morgens und Dienstags den 4. März vor 8 Uhr Morgens nicht getrommelt und in keiner Weise gelärmt werden. Ebenso ist Lärm mit Hörnern, Klapperinstrumenten, Geschellen und dergleichen untersagt.
   An allen drei Abenden hat das Trommeln zur festgesetzten Zeit um 7 Uhr aufzuhören.

2. Fastnachtszeitungen, sowie gedruckte fliegende Zeddel mit Gedichten u. s. w. müssen mit dem Namen des Herausgebers und Druckers deutlich bezeichnet sein.
   Das öffentliche Feiltragen solcher Zeitungen und das Colportiren derselben in Wirtschaften ist nur gegen eine spezielle polizeiliche Bewilligung gestattet. (Siehe Gesetz über das Hausirwesen vom 13. November 1882 und § 162 des Polizeistrafgesetzes.)
   Fliegende Zeddel hingegen dürfen nicht verkauft, sondern nur gratis ausgeteilt werden.
   Pasquille und Blätter injuriösen oder unanständigen Inhalts sollen auf erste Anzeige sofort konfiszirt werden.

3. Masken, welche Personen angreifen oder durch unanständige Verkleidung und Aufführung Anstoss geben, werden sofort polizeilich angehalten.
   Das Dreinschlagen mit Schweinsblasen, das Spicken mit Blasrohren, das Bewerfen mit harten Gegenständen und verunreinigenden Stoffen ist verboten.

4. Fastnachtwagen dürfen höchstens 2 M. 40 breit und in keinem Falle mehr als 2 M. 70 hoch geladen sein.

5. Ausser sofortigem polizeilichen Einschreiten gegen Uebertretungen der vorstehenden Vorschriften wird je nach Umständen auch Verzeigung an die competenten Gerichte erfolgen.

Basel, 19. Februar 1884.

Polizeidepartement.

Maskenfeste ein imposantes malerisches Gepräge.»

Werfen wir noch einen Blick auf den Fasnachtsmittwoch, 5. März 1884, an dem gemäss Zeitungsbericht «sich alles rüstet, um dem Prinzen Karneval von neuem seine Huldigungen darzubringen.» Wieder wurden die VKB besonders gerühmt, deren «wirklich famose Landesausstellung stets von einer ungeheuren Zuschauermenge begleitet war.» Die VKB hatten sich noch einen Scherz ausgedacht: «Nach dem bewährten Satze, dass kleine Geschenke die Freundschaft erhalten», übergaben sie dem Redaktor des «Volksfreunds», der auch den Briefkasten seines Blattes ganz allein betreute, «einen Säbel zum Präsent mit dem Bemerken, sich damit gewisse Fragesteller im Briefkasten vom Leibe halten zu wollen.»

Am Mittwochnachmittag fand dann die öffentliche Übergabe der Preise an die prämiierten Züge statt, die sich «ähnlich wie bei einem Sänger- oder Turnfeste zu einem wirklich feierlichen Akt» gestaltete. Das ging so zu: «Das riesige Menschengewoge am Steinenberg und den umliegenden Strassen und Plätzen muss man selbst gesehen haben, um sich einen richtigen Begriff von der Spannung und Erwartung, die sich auf dem Gesichte jedes Einzelnen lagerten, machen zu können. 'Gewoge' ist eigentlich ein unrichtiger Ausdruck, denn von einem solchen konnte bei dem Zusammenpressen der Massen schlechterdings nicht die Rede sein. Ein Detachement Infanterie sorgte für die Aufrechterhaltung der Ordnung.» Am Haupteingang des Stadtcasinos «befanden sich die Mitglieder des Preisgerichts mit einem Herold, sämmtliche hübsch kostümirt, welch' letzterer das Herannahen eines preisgekrönten Zuges mit weithin schallenden Trompetenstössen der aufgeregten Menge verkündete». Vor dem Casino hielten die Züge jeweils an, worauf «der schmucke Herold sie mit seinem Instrument begrüsste und die Soldaten, Spaliere bildend, sich in's Gewehr warfen. Sodann kredenzte ein Mitglied des Schiedsgerichts dem Tambourmajor aus silbernem Becher den Willkommenstrunk, an seinem Stab ward ein hübscher Kranz befestigt und ihm hierauf die Geldgabe (funkelnagelneue schweizerische Zwanzigfrankenstücke) in eleganter Verpackung zugestellt. Mit einem Wirbel der Tambouren fand die feierliche Szene ihren Abschluss, worauf der Weitermarsch angetreten wurde.»

Wenn aber «als Tambourmajor eine anmuthige Mutter Helvetia oder sonst eine hübsche Frauengestalt die Gabe in Empfang nahm, lief es nie ohne eine Umarmung nebst feurigem Kuss ab und die Begeisterung der Zuschauer stieg auf's Höchste.» Als gar die beiden höchstprämiierten Gruppen kamen, die Steinlemer und die Kleinbasler, «erschall ein donnerndes Bravo, und beide Tambourencorps wurden sehr sympathisch begrüsst.»

Am Mittwochabend ging's dann weiter. Er wurde «von zahlreichen Masken dazu benützt, um in den diversen Restaurants und Wirthschaften ihre Intriguen auszuüben». Die Lokale waren «total überfüllt und in einigen derselben kam das Intriguiren der anwesenden Gäste ganz besonders zur Geltung». Weiter hiess es in der Zeitung: «Konnte man am Montag nichts von Schnitzelbänken entdecken, so waren desto mehr am Mittwoch vorhanden, worunter zum Theil recht humoristische. Sogar ein Hindu und sein 'Freund' traten ihre Rundreise an, um die in Basel immer mehr überhandnehmenden 'Werke der Finsterniss' zu beklagen.» Letzteres war eine Anspielung auf die Traktätlein der Fasnachtsfeinde aus der Offizin des «Hrn. L. Reinhardt.»

Im Stadtcasino wogte inzwischen der Maskenball, an dem die Casinogesellschaft schöne Charaktermasken prämiierte. Das machte anno 1884 einige Schwierigkeiten, denn «obgleich der Ball von vielen flotten Masken besucht war, fehlte es doch an hervortretenden und in's Auge fallenden Maskenerscheinungen.» Es wurde deshalb kein erster Preis verliehen, sondern man vergab zwei zweite Preise: je 100 Franken an ein Altfrankenpaar und an zwei Bergères, wozu die Zeitung ausdrücklich erklärte: das waren zwei Schäferinnen. Einen vierten Preis von 50 Franken bekam eine Kolumbine. Der Entscheid des Preisgerichtes gab Anlass zu einem Nachspiel. In einer «Mittheilung aus dem Publikum (ohne Verantwortung der Redaktion)» hiess es im «Volksfreund»: das weitaus schönste Maskenpaar, «vom grössten Theil des Publikums anerkannt», sei ein Japanese mit Dame gewesen. «Die Kostüme waren von Kopf bis Fuss ächt, von schönster japanischer Arbeit, sowohl in brillanten Stoffen, Stickereien, Waffen, Farbenzusammenstellungen etc. und nicht nur – wie sich ein Kommissionsmitglied ausdrückte – aus einer Sammlung abgehängt, sondern mit der grössten Sorgfalt nach japanischen Pho-

1884:
Der erste Zettel zum Sujet
«Landesausstellungs-
lotterie»

Vereinigte Klein-Basler.

Loos Nro. 1884 8

Landesausstellungslotterie.

Mer hän-e flotti Lotterie ·
Wer wogt do nitt e Fränkli dri?
Sache hän mer Huufe wiis
Alles scheeni, netti Priis!
Noblebigsli, Färberschueh,
Gute Funke no derzue.
Focol und Manschetteknepf,
Gipsfigure, Dichterkopf,
Bodeteppich, blaui Blouse,
Wi- und Bier- und Wasserkruse,
Fliegefänger, Epfelscheller,
Porzelanigi Suppeteller,
Faltigi Zepf und Hendschelade,
Strimpf für dick und dünni Wade,
Gufetissi, Zahnputzbirstli,
Feldstecher, Züriwürstli,
Brustschleier, Wandkalender,
Datumzeiger, Sammetbänder,
Ganz meerschumigi Dubagspfiffe,
Abziehstei für d'Messer z'schliffe.
Schülerried und Gummibälle,
Pulserwermer, Schühlischnalle,
Ohreringli, Medaillon,
Hüeth vo neuester Façon,
Flanelltücher, Frauereck,
Stoff zu guete Hemdersteck.
Spitzekrägli vo Brabant
Und e Kistli Allerhand.
Ganzi Hofe Underscheepe,
Gueti, warmi Bäretepe,
Kinderstiehli, Cigarette,
Wäscherständer, Uhrekette.
Magebitter wirkli ächt,
Kupferzieber, Stiefeltnecht,
Sandbigsli, Musikdose,
Badhube, Meidlihose,
Dintefässli, Hemderkrage,
Niggeluhre, Underlage,
Harnischpläz und Bodewischer,
Scheni Netzli für die Fischer.
Eierschwinger, Gartebänk,
Fir-e Fränkli isch's jo g'schenkt.
Kissi, Foulards, Kerzesteck,
Cölnisch Wasser, Underreck.
Kächeli für Physeäsche,
Meitlischuh und Bettwärmfläsche,
Wase, Strickgarn, Sidebänder,
Wie ne rechte Grimpelhändler.
Horbürstli und Isspritzpumpe,
Groß und kleine Abstaublumpe.
Casettli, viel Helgebiecher
Und gar scheni Nasetiecher.
Eierbächer, Käs und Fade,
Surkrutstande, Chocolade,
Nachtischg'schirli, Kanapee,
Weiß der Hergott was no meh.
Kumode, Käste, netti Tisch,
Kurzum was nur nöthig isch.
Briefpapier mit Enveloppe,
Strumpfbändel, Männersocke,
Briefbeschwerer, au Cravatte.
Sparhäfeli, G'sundheitswatte.
Schäre, Wulle, Federmesser,
Nume keine Schuldefresser.
Baueletuech und Crinoline,
Kaffibigse mit Maschine,
Cigarehalter, Osterflade,
Kinderwage, Putzpummade,
Mundspitz, kleine Brisedose,
Alles dien mer Euch verloose!
Drummle, sammt em Bandelier
Ganz no Ordonnanzmanier.
Lulli, Kerze, Underlibli,
Schen garnirti Frauebibli.
Corsets, die gar guet aschliesse,
Kleiderstöff wo nie ab schiesse.
Zuckerbigsli, Dabouret,
Und e brächtig Kinderbett.
Bodeteppich, Bücherkästli,
Wundervolli Badweichbäschli.
Kurz und guet, was me nur will:
Selbst lafirti Besestiel.
Priis hetts vo 10,000 Franke,
E Gwinner brucht sich nitt z'bedanke,
Wenn er's e mol verkaufe will,
Bekunnt er kum no halb so viel.
Hoch Zürich, s'G'schäft lauft ganz famos,
Allons! wer kauft jetz no Loos? —
Alles isch jo bi-n-is z'ha,
Kemmet Alli, Frau und Ma,
Zung und Alt und Klai und Groß —
Kaufe nume recht viel Loos!
Jede macht e guete Gwinn,
Wie's en nie so wär in Sinn.
S'brucht nit as e wenig Gschick,
Vor em selber schneit eim s'Glück.
Sin er arm, isch 's uns nit glich,
Kemmet Alli, werdet rich.

tographien und Zeichnungen angezogen und angefertigt. Jedenfalls ist es den meisten Besuchern ein Räthsel, dass solche ausgezeichneten, wirklich ächten Charakterkostüme unerwähnt bleiben, dagegen Bergères etc. Preise erhielten.»

Es gab auch sonst einige Unbill an der Fasnacht 1884. Ein Bub bearbeitete das Kalbfell in der Nähe einer «Boutique voll Schneidergesellen», denen das missfiel, worauf einer von ihnen den Buben mit warmem Wasser begoss. Die Polizei wurde von den Eltern geholt, es kam zu einer Verhandlung, der Gesell kam mit drei Franken Busse davon, aber der Schneidermeister «wird nicht übel versohlt und muss 20 Franken Busse bezahlen.» Gegenwert von 40 Kilo Pferdefleisch beim Rumpel. Ein anderer Schneider hatte den Morgenstreich beim Wein abgewartet, bekam auf dem Polizeiposten, wohin man ihn schleppte, das trunkene Elend und erst noch vom Richter vier Tage Haft aufgebrummt. Ein Schmied, der beharrlich neben einer Polizeipatrouille hergelaufen war, musste zwei Tage absitzen, davon einen bei Wasser und Brot, und wurde mit zehn Franken gebüsst, weil er schon am Sonntagabend im Kostüm herumgelaufen war. Ein Spenglermeister, der mit seiner Frau zum Maskenball in die Burgvogtei gehen wollte, musste erleben, wie ein «hier als Buchhalter angestellter Herr» der Frau Spenglermeisterin mit einem Spazierstock einen heftigen Schlag ins Gesicht gab, «so dass dasselbe mit Blut überströmt wurde». Und in einem Gasthof zerschnitt ein Portier einem tanzenden Mädchen und dessen Tänzer mit einem Taschenmesser die Kleider, «aus Zorn darüber, dass das Mädchen ihn mit seinen Bewerbungen zurückgewiesen und einen Andern bevorzugt hatte». Wirklich, es war allerhand los an der Fasnacht 1884, an der die VKB zum erstenmal mitmachte!

Die wackeren Landjäger und Schutzmänner, die für Ordnung sorgten, bekamen übrigens eine Sonderzulage. An beiden Morgenstreichen wurde ihnen auf dem Lohnhof und im Claraposten Mehlsuppe und 1 Glas Rothwein à 40 cts. verabfolgt, und am Nachmittag erhielten sie pro Mann einen Ring Wurst, einen Halben Wein und vier Brote. Zu ihren Obliegenheiten gehörte es, die Vorschriften des Polizeidepartements durchzusetzen. In denen war unter anderem verboten: das Dreinschlagen mit Schweinsblasen, das Spicken mit Blasrohren, das Bewerfen mit harten Gegenständen und verunreinigenden Stoffen. Fliegende Zeddel durften nicht verkauft, sondern nur gratis ausgeteilt werden, und Schmähschriften (Pasquilles) oder Blätter mit injuriösem oder unanständigem Inhalt musste die Polizei auf erste Anzeige hin sofort konfiszieren. Masken, die Personen angriffen, unanständig verkleidet waren oder sich anstössig benahmen, hatte die Polizei sofort anzuhalten. An allen Abenden hatte das Trommeln um sieben Uhr aufzuhören, und ebenso war nach dieser Zeit jeder Lärm mit Hörnern, Klapperinstrumenten, Geschellen und dergleichen untersagt. So hart waren damals die Basler Fasnachtsbräuche – jedenfalls im behördlichen Erlass. Und das Volk hielt sich meistens daran. Jedenfalls fanden an der Fasnacht 1884 aus solchen Gründen keine Verzeigungen statt.

Es ist ein Jammer, dass aus den Kreisen der jungen VKB keinerlei Aufzeichnungen aus dem Jahr 1884 vorliegen. Gewiss gab die erste Fasnacht, an der sie gemeinsam mitmachten und so schöne, um nicht im damaligen Zeitungsdeutsch zu sagen «hübsche und famose» Erfolge errangen, innerhalb der Gruppe viel zu re-

Die Vereinigten Kleinbasler 1885 mit dem Sujet «Kongo-Konferenz». Sieben Wagen wurden mitgeführt, obwohl nur deren sechs auf dem Lithobogen von Karl Jauslin abgebildet sind.

den. Aber etwas aufschreiben – das tat niemand. Und fürs Jahr 1885 wurde es nicht besser. Man ist auf die Notiz angewiesen, die sich für dieses Jahr in der Festschrift findet, in der Karl Ramstein und Willy Kohler anno 1934 die ersten fünfzig Jahre VKB schilderten. Aus ihr erfährt man, dass als Sujet der Mahdi-Aufstand im Sudan gewählt wurde, zusammen mit der Kongo-Konferenz, in der Europas Mächte ihre Besitzansprüche auf afrikanische Kolonien zu regeln versuchten. Sieben Wagen machten den Zug der VKB aus. Einer stellte die belagerte Stadt Chartoum dar, umschwärmt von Negern, die einen Höllenlärm veranstalteten. «Grosse Heiterkeit erregten die preussischen Kongo-Neger unter dem Kommando eines Unteroffiziers, der ihnen den Stechschritt eindrillte» heisst's in der Notiz. Der Stechschritt übrigens war keineswegs auf Afrika und Preussen beschränkt – in der Schweizer Armee wurde er ebenfalls eingedrillt. A propos Schweiz: es gab am Nil damals auch Schweizer, weshalb die Schweiz ebenfalls Anspruch auf ein Stücklein Afrika erhob – wenigstens an der Fasnacht 1885. Sie bekam ein Territorium zugeteilt von 50 Quadratmillimetern,

1894:
Aquarellentwurf zum Sujet
«Toulon-Affaire»
von W. Stückelberger

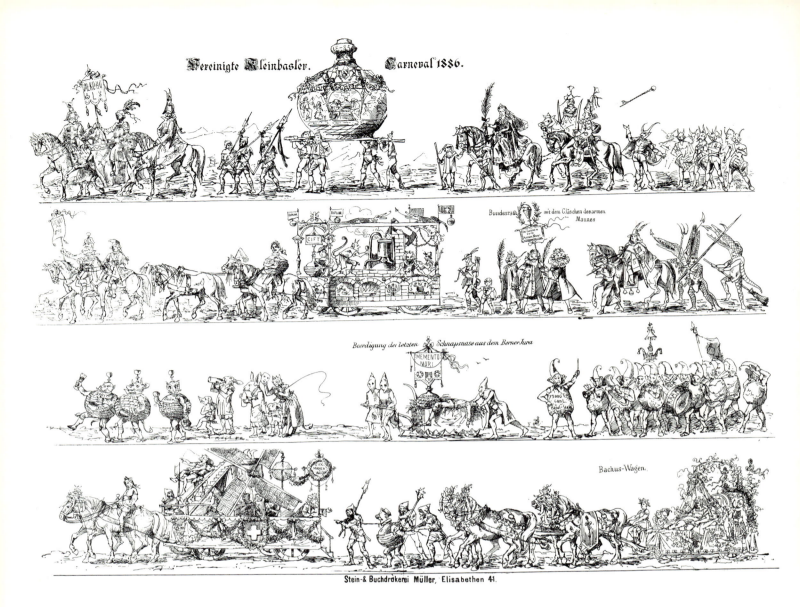

das auf einem Wagen der VKB gezeigt wurde – bewacht von Schweizer Soldaten in Uniformen der Jahre 1814–48. Vermutlich gehörte eine Lupe zur Ausrüstung der Bewacher, damit sie das Territorium überhaupt sehen konnten...

Von den nächsten Jahren weiss man wenigstens etwas über die Sujets der VKB. Anno 1886 setzten sie sich mit dem Schnapsmissbrauch auseinander, wobei die Tambouren als Schnapsteufel kostümiert waren, was «allgemeine Heiterkeit erregte». Im Jahre darauf war der Teufel im Balkan los, weshalb die VKB als Bulgaren und Serben daherkamen, und 1888 spielten sie das Sujet «Heilsarmee» unter dem Motto «Blut und Feuer» aus, wobei die Presse die grosse Trommelfertigkeit der VKB besonders hervorhob. Die Heilsarmee, damals gerade zehn Jahre alt, traf in der Schweiz auf wenig Verständnis und galt als ebenso suspekt wie komisch. Und das sogar bei der VKB, die zwei Jahre zuvor die Schnapspest gegeisselt hatte, deren schlimmen Folgen ein grosser Teil der aufopfernden Tätigkeit der Heilsarmee galt.

An der Fasnacht 1888 kam es zu einem Vorfall, der aussenpolitische Weiterungen mit sich brachte. Am 29. Februar schrieb das Justiz- und Polizeidepartement der Schweizerischen Eidgenossenschaft an die Regierung des Kantons Baselstadt einen Brief. Darin wurde auf Verse hingewiesen, die in deutschen Zeitungen abgedruckt waren und von der Basler Fasnacht stammen sollten. Es hiess im Brief: «Die Verbreitung dieser Verse geschieht, um zu zeigen, wie weit die Verhöhnung der Deutschen ungestraft und selbst ohne Tadel von Seiten der ernsten Presse geschrieben werden könne, und zur Förderung einer Mißstimmung der deutschen Bevölkerung gegenüber der Schweiz.» Das EJPD wollte keine Untersuchung veranlassen, sondern von der Basler Regierung «bloss erfahren, ob Ihnen diesfalls bekannt ist», und ob es eventuell noch andere Presse-Erzeugnisse solcher Art gegeben habe – für den Fall, dass noch andere ausländische Staaten reklamieren würden. Gouverner c'est prévoir...

Die Basler Regierung antwortete in wunder-

1886 mit dem Sujet «Alkoholfrage». Wie man auf dem Lithobogen von Karl Jauslin sehen kann, handelte es sich um einen sehr originellen Zug.

Die «Staatsapotheke» war das Sujet 1889. Die Laterne als Grabstein mit Porträts von Regierungs- und Grossräten dargestellt. Auf der u.a. folgender Zweizeiler zu lesen war: «Das Krankengesetz ist begraben, nun werden wir Ruhe haben» (Lithobogen Karl Jauslin).

schöner deutscher Handschrift, dass tatsächlich ein Zettel mit einem Gedicht «Vive la France» in einer kleinen Anzahl von Exemplaren zur öffentlichen Verteilung gelangt sei, aber von dem Zettel habe niemand so recht Notiz genommen. Erst als der Lörracher «Oberländerbote» das Gedicht als eine Beschimpfung der deutschen Nation erklärte, forschten Basels Behörden nach. Man brachte heraus, dass das Gedicht nicht – wie in Deutschland angenommen wurde – von der Humitzsch-Clique stammte. Die hiess so, weil sie sich in der Weissen Gasse im Café Bismarck bei einem Wirt mit dem sächsischen Namen Humitzsch versammelte. Nein: ein Zug von «anständig maskierten, jungen hiesigen Leuten, die nach geltender Uebung ihre Laterne als Tambouren begleiteten und die durch ihr sonstiges Benehmen zu keinem polizeilichen Einschreiten Anlass gaben», hatten den Zettel ausgeteilt, ohne dass die Polizei es merkte. Die jungen Leute trafen sich in der Wirtschaft Oeschger im Kleinbasel und spielten Vorgänge im Elsass aus. Die Basler Regierung fügte ihrer Antwort an Bern einen Passus bei, der hier zitiert werden soll, weil es erstens fasnächtlich und zweitens vernünftig und drittens beispielhaft für spätere Zeiten war. Er lautet: «Anspielungen auf politische Vorgänge des In- und Auslandes, auf bekannte hochgestellte und auf unbekannte Personen, auf soziale und gewerbliche Einrichtungen und besonders auf baslerische Vorgänge aller Art kommen seit langer Zeit an den Fastnachtszügen und besonders in der Fastnachtsliteratur jeweilen reichlich vor. Es richten sich dieselben, je nach den Begebenheiten, einmal gegen das eine, ein anderes Mal gegen das andere Land. Auch dieses Jahr finden sich in den Fastnachtszeitungen, neben den Anspielungen auf Deutschland auch solche auf Frankreich, in früheren Jahren musste Rom öfters den Stoff liefern. Wenn sich auch der Zettel 'Vive la France' durch bedauernswerte Rohheit auszeichnet, so kann man doch nicht behaupten, dass derartige Ausfälle sich lediglich gegen Deutschland richten.» Trotz diesem baslerisch klugen Brief der Regierung sah sich der Schweizerische Bundesrat bemüssigt – entgegen der Versicherung in seinem Brief an Basels Regierung! – einen Strafprozess gegen Verfasser und Verbreiter des Gedichtes «Vive la France» anzustrengen.

Der Prozess fand am 18. Juni 1888 in Basel statt – ausgerechnet im Stadtcasino, dem Hort der Grossbasler Fasnacht! Die Anklage vertrat ein Regierungsrat Dr. R. Zutt. Das Geschworenengericht, vom Bundesrat mit der Beurteilung des Staatsverbrechens beauftragt, wurde von Bundesrichter Morel präsidiert. Angeklagt war vor allem der Mann, den man als Verfasser des Gedichtes «Vive la France» eruiert hatte, nämlich der Commis Charles Schill. Mit ihm stand ein deutscher Buchhändler namens Festersen vor den Richtern; er hatte das Gedicht in Deutschland verbreitet, und das nicht etwa insgeheim,

1895:
Sujet «Subventions-Schmälerung am Theater».
Schöne Kostümentwürfe von W. Stückelberger.

sondern durch den Buchhandel. Ferner gab es noch einen dritten Angeklagten mit Namen Müller. Wie sich's für eine solche Staatsaffäre gehört, wimmelte es von hohen Herren der Jurisprudenz. Drei Verteidiger waren aufgeboten: die Dres. E. Feigenwinter für den geistigen Haupttäter, Elias Burckhardt und Fritz Blanchet für die beiden weiteren Angeklagten. Unter den Geschworenen gab es nur einen einzigen Basler, nämlich Frank Riggenbach-Burckhardt. Frauen fehlten natürlich – damals war's ja noch völlig undenkbar, dass eine Frau mit juristischen Dingen etwas zu tun haben könnte, ausser als Angeklagte. Ob sich im Publikum Frauen befanden, wird in den Akten nicht erwähnt. Aber es versteht sich, dass der Saal zum Brechen voll war. Wahrscheinlich auch zum Lachen...

Es wurde 8 Uhr abends, bis die Geschworenen ihren Wahrspruch verkündeten. Sie fanden den Dichter Schill schuldig, die beiden anderen Täter jedoch unschuldig. Das Gericht brauchte am nächsten Tag vier ganze Stunden, um die Strafe festzusetzen, mit der Charles Schill, Commis, seine Untat zu büssen hatte. Sie lautete: wegen Beschimpfung der Regierung des deutschen Reichslandes Elsass-Lothringen wird Schill zu 800 Franken Busse verurteilt, ferner zu 200 Franken Urteilsgebühr und zur Bezahlung der Kosten des Prozesses. Für den Fall, dass er die Busse nicht bezahlen konnte, wurde ihm pro fünf Franken ein Tag Haft angedroht – insgesamt also 160 Tage hinter Schloss und Riegel. Nahezu ein halbes Jahr!

Vom Ende des Prozesses am 19. Juni 1888 unterrichtete der hohe Bundesrat Basels Regierung in einem Schreiben – schon mit Schreibmaschine geschrieben! – und schloss mit der schönen Formel: «Gleichzeitig benutzen wir gerne diesen Anlass, um Sie, getreue, liebe Eidgenossen, samt uns in Gottes Machtschutz zu empfehlen.» Dieses Ereignis hielt die VKB aber beileibe nicht davon ab, schon im nächsten Jahr 1889 an der Fasnacht einen Zettel zu dichten, auf dem es hiess:

In Basel, das weiss jedes Kind,
Die Fremden gern willkommen sind.
Besonders Deutsche, kommt zum Hauf,
Man nimmt Euch gern als Bürger auf!

Das Sujet hiess «Staatsapotheke» und setzte sich auch mit der abgelehnten Krankenversi-

Zettel 1890:
Damals schon aktuell.

cherung auseinander, für die auf der Laterne ein schöner Grabstein errichtet wurde. Besonders gerühmt wurde 1889 wieder das vorzügliche Trommeln – und nach der Fasnacht gab's einige Prozesse wegen Delikten mittels der Druckerpresse, obschon offiziell festgestellt wurde, die Fasnacht sei «Im Ganzen fern von jeder Gemeinheit, allerdings fast ebenso sehr auch vom flotten Witz» gewesen.

Das Jahr 1890 brachte für die Basler Fasnacht etwas ungeheuer Bemerkenswertes. Es war so ungeheuerlich, dass man von ihm in der Basler Fasnachtsliteratur sozusagen keine Spuren findet. Es war nichts weniger als ein konzentrischer Angriff auf die Basler Fasnacht! Im Februar 1890 wurde im Kleinbasel ein Flugblatt verteilt, gedruckt bei der «Allgemeinen Schweizer Zeitung», das mit der Anrede begann: «Werthe Kleinbasler!». Es hatte jedoch nicht das mindeste mit der VKB zu tun. Das Flugblatt begann mit dem Satz: «Die Unterzeichneten fühlen sich verpflichtet, im Hinblick auf die herannahende Fastnacht ein Wort freundlicher Mahnung und Bitte an euch zu richten.» Das «Wort» war 42 Druckzeilen zu 17 Zentimetern lang. Sein Inhalt ist es wert, ausführlich zitiert zu werden. Das «Wort» begann so: «Es ist eine unleugbare Tatsache, dass unsre Fastnachtsfreuden nach verschiedenen Richtungen hin ihren ursprünglichen ächt baslerischen Charakter verloren und dafür eine Gestalt angenommen haben, die jeden wahren Menschenfreund mit Betrübnis erfüllen muss. Früher waren die Aufzüge am 'Morgenstreich' und an den beiden Nachmittagen von einem gewissen militärischen Geist getragen. Die sprüchwörtliche Trommelkunst der Basler hatte dem ganzen Fastnachtstreiben die Richtung nach dieser Seite hin gegeben. In Erinnerung an ruhmreiche Episoden aus der Schweizer- und Basler-Geschichte vereinigte an diesen Tagen die Jugend unserer Stadt zu stramm kriegerischen Aufzügen. Dies ist anders geworden. Die grösseren und kleineren Züge, so viel Aufwand an Geld sie erfordern mögen, haben meist nur den Zweck, irgendwelche Einrichtungen der Heimat oder fremder Länder lächerlich zu machen. Die Fastnachtszeddel sollen mit ihren kläglichen Reimereien und oft schmutzigen und beschmutzenden Ausfällen gegen einzelne Persönlichkeiten den Witz ersetzen, der dem Ganzen meistens fehlt. Die sogenannte Maskenfreiheit ist zur Maskenfrechheit geworden, unter deren Schutz namentlich in

Motto: Wir waren früher tolerant,
Und aufgelegt zum spaßen,
Nun wir die Eisen abgerannt
Will es sich nicht mehr paßen.

Werthe Kleinbasler!

Werthe Brüder, wollt mit Nichten
Auf die Fastnacht ihr verzichten,
So bekennt Euch im Gebahren
Zu dem Geist von frühern Jahren.

Wo von Schweizersinn getragen
Militärisch ward geschlagen,
Wo man schaute mit Vergnügen
Nach den kriegerischen Zügen.

Schmerzlich fühlt man, liebe Leute,
Wie so vieles anders heute:
Kläglich fade Reimereien
Und statt Witz oft Schweinereien.

Einrichtungen persifliren
Leute auf der Gaß' geniren
Maskenfreiheit frech verkennen
Das ist's, was wir fastnacht nennen.

Wehren soll in allen Fällen
Man den wüsten Maskenbällen
Mit dem sittenlosen Wesen
Das ist früher nicht gewesen.

Was verjubelt, was vertrunken
Seit die Menschheit so gesunken,
All' die Details anzuhören
Muß den Menschenfreund empören.

Kann man einmal nicht vermeiden
Viele dieser Fastnachtsleiden,
Nun so mögt Gehör ihr schenken
Doch dem folgenden Bedenken.

Haltet ferne das Gemeine
Ihr begreift wohl, was ich meine,
Laßt die edle Seite walten
Kehret wieder um zum Alten.

Um zu unserm Zweck zu kommen
Müssen alle Mittel frommen:
Influenza wird beschworen —
„Noch ist Polen nicht verloren."

Druck von Müller-Schmid, Basel.

den Abendstunden die anständigen Leute auf den Strassen belästigt und oft genug beleidigt werden.» Nun kommen die Hauptsünder dran: «Namentlich aber sind es die Maskenbälle, welche nach übereinstimmendem Urteile aller einsichtigen Menschenfreunde für so viele junge Leute beiderlei Geschlechts ein Anlass zur Liederlichkeit, für manche bisher unbescholtene der Anfang sittlichen Falles geworden sind.»
Nachdem Sie, liebe Leser, diese Sätze gelesen und verdaut haben, fahren wir fort mit dem «Wort» an die Kleinbasler von 1890: «Wer die in unsren Tagen immer brennender werdenden sozialen Schäden nicht nur obenhin behandeln, sondern gründlich heilen will, kann dem heutigen Fastnachtstreiben gegenüber nicht gleichgültig sein. Wie viele sauer erworbene Franken, die einem jungen Mann zum Vorwärtskommen, einem Mädchen für die künftige eigene Haushaltung als Zehr- und Notpfennig dienen könnten, werden in der Fastnacht nutzlos verjubelt! Wie manche Haushaltung wird durch das Mitmachen einzelner Familienglieder am Nötigsten verkürzt! Wie viele Eltern klagen über die Begehrlichkeit ihrer heranwachsenden und halberwachsenen Kinder, die ohne Rücksicht auf die dürftigen Vermögensverhältnisse es den Andern nachmachen wollen! Wir sprechen es offen aus: Unsere Fastnacht ist zur Quelle vieler sittlichen, finanziellen und häuslichen Schädigungen geworden und bedarf darum dringend einer baldigen Besserung. Wir möchten deshalb, werthe Kleinbasler, an euch die Bitte richten, vorerst selber das Eurige beizutragen, dass diesen mancherlei Schäden abgeholfen werde.»
Nun kommen Ratschläge, wie man die Schäden der Fasnacht verhindern könne. Da heisst es: «Euch, Eltern aller Stände, ermahnen wir, ein wachsames Auge auf eure heranwachsende und erwachsene Jugend zu haben. Haltet eure Söhne und Töchter vor Allem von den Maskenbällen ferne, welche ihre Sittlichkeit gefährden! Gönnt ihnen reinere, edlere Vergnügungen! Haltet ihre jugendliche Begehrlichkeit und Vergnügungssucht in Schranken! Ihr, die ihr auch dieses Jahr durch Aufzüge und dgl. an den Fastnachtsfreuden euch beteiligen wollt, sucht die edlere und schönere Seite derartiger Vergnügungen wieder zur Geltung zu bringen durch sinn- und gehaltvolle Darstellungen. Besonders bitten wir euch, den schmutzigen und beleidigenden Ton, der in den Fastnachtszedeln üblich geworden ist, zu vermeiden. Er schändet zu allererst die Verfasser und Verbreiter dieser Machwerke! Sorge Jeder in seinem Teil dafür, dass das wüste nächtliche Treiben auf den Strassen und in den Wirtschaftslokalen aufhöre!».

Nun appellierten die Verfasser dieses «Wortes» gar noch an traurige Ereignisse des Jahres 1889, nämlich an eine Grippewelle. Das tönte so: «Die Erinnerung an die Influenza, welche den Jahreswechsel und den ersten Monat dieses Jahres zu einer für viele Familien so ernsten und trauervollen Zeit gemacht haben, wird manchem Nachdenkenden die Frage nahe legen: Passen wohl ausgelassene Freuden und Lustbarkeiten zu der grossen Zahl der Todes- und Krankheitsfälle dieses neuen Jahres? Werthe Kleinbasler! In der frohen Hoffnung, dass unsre wohlgemeinten Worte in Vielen auf fruchtbaren Boden fallen mögen, entbieten wir euch freundlichen Gruss!». Unterzeichnet war das «Wort» von zwanzig Personen mit klingenden Namen, worunter ein Arzt, zwei Lehrer, ein Apotheker und vier Pfarrherren. Und damit die werten Kleinbasler sehen konnten, dass es auch im Grossbasel Leute gab, die wohlmeinende Worte an sie richteten, stand auf dem Flugblatt noch ein kurzer Text, der so begann: «Die unterzeichneten Grossbasler danken ihren Mitbürgern in Kleinbasel dafür, in dieser Sache, die unsere ganze Stadt berührt, die Initiative ergriffen zu haben und geben ihrer Überzeugung dadurch Ausdruck, dass sie den Kleinbasler Aufruf unterzeichnen und denselben dadurch auch zu dem ihrigen machen. Mögen Viele in unserer ganzen Stadt sich mit uns mannhaft gegen den Fastnachtsunfug erheben! Mit diesem Wunsch entbieten wir allen Gross- und Kleinbaslern unsern freundlichen Gruss!». Ob die Kleinbasler es fürchterlich geschätzt haben, dass zuerst die Grossbasler und dann erst die Kleinbasler freundlich gegrüsst wurden, sei dahingestellt. Unter den 24 Unterzeichnern aus dem Grossbasel befanden sich neun Pfarrer und ebenfalls ein Apotheker.

Der Angriff erfolgte aber noch auf höherer Ebene. Man traute offenbar der Wirkung aufs Gemüt der Kleinbasler nicht so recht und hob die Attacke ins politische Feld: mit einer Petition an die h. Regierung, die Ende 1890 formuliert wurde – vermutlich weil das «Wort» keinen grossen Erfolg gezeigt hatte. Sie war von 33 Personen unterschrieben – elf der Signatoren des «Wor-

1891 mit dem Sujet «Hie Helgoland» unter dem Motto: Klein aber mein. Eine schöne Laterne in der Form einer Pickelhaube von Carl Roschet gemalt (Lithobogen Karl Jauslin).

tes» aus dem Kleinbasel fehlten. Die Petition ist in ähnlichem Ton gehalten wie das «Wort», und sie verlangt – nach Meinung der Unterzeichner – «lediglich die Beseitigung entschiedener Ausschreitungen». Wieder waren es die Maskenbälle, die im Vordergrund standen. Da hiess es: «Es ist bekannt und könnte, wenn nöthig, des Näheren nachgewiesen werden, dass diese Bälle nicht blos den Dirnen hiesiger Stadt, sondern auch einem Zuzug dieser Art aus benachbarten Städten dazu dienen, auf ihr Gewerbe auszugehen. Von diesen Lokalen aus zieht sich dann diese zweideutige Gesellschaft auch auf die Strassen hinaus und in die Droschken und Gasthäuser der Stadt, was sich auch dieses Jahr wieder bei Anlass einer polizeilichen Nachsuchung in diesen Häusern erwiesen hat. Manche, durch solche Gelegenheiten angelockte, junge Leute beschleunigen hier ihren sittlichen Ruin, und Frauenpersonen finden daselbst den Anlass zu ihrem Fall.» Der Pfarrer der Strafanstalt habe sogar festgestellt, dass sich selbst Fäden von Verbrechen an diese Bälle anknüpfen – sagte die Petition.

Für besonders schädlich hielten die Unterzeichner die Tatsache, dass man sich z.B. im Casino nicht um Mitternacht demaskieren musste, und dass dort Besucher durch Prämien angelockt und zu Luxus ermutigt wurden. Luxus dieser Art, «wo das Gold mit dem Laster sich berührt», wurde von vielen als «eine schnöde Provokation der armen und leidenden Klassen» angesehen. Die Regierung wurde aufgefordert, «öffentliche Maskenbälle mit bezahlter Entrée an der Fastnacht einfach nicht mehr zu gestatten» oder wenigstens die Demaskierung um Mitternacht wieder einzuführen und die Bälle auf einen einzigen Tag zu beschränken.

Schlimm sei die Fasnacht, so wollte es die Petition, auch für die Schuljugend. «Manches, was die Kinder in dieser Zeit auf den Strassen sehen, passt nicht mehr zu einem ernsthaften und wohlverstandenen Erziehungsplan», und die Schulkinder «machen hier vielfach eine Schule des Hässlichen und Gemeinen durch» und – «was das Schlimmste ist: gerathen bei diesem Anlass auch recht früh schon ins Wirthshaus. Dutzende seien in Wirthshäusern gezählt worden, was sehr oft mit Trunkenheit, Unwohlsein und Schulversäumnis endete.»

Zwei ungute Fälle wurden zitiert, was nicht gerade umwerfend viel war für eine Stadt mit bald

80 000 Einwohnern, und es wurde die Frage aufgeworfen in dieser Petition: Ist für Schulkinder statt drei Ferientagen an der Fasnacht nicht ein freier Fasnachtstag genug? Zwei Ferientage sollten zu einem anderen Zeitpunkt stattfinden, denn – so der Text: «Wir denken natürlich nicht daran, den Kindern und noch weniger den Lehrern die Ferien zu verkürzen.» Die Petition wurde zum Unterzeichnen in 24 Häusern und Läden aufgelegt, darunter neun im Kleinbasel. Wie zu erwarten war, reagierte die VKB auf dieses «Wort» an die Kleinbasler schon an der Fasnacht 1890 mit einem Zettel, der so endet:

«Influenza wird beschworen –
Noch ist Polen nicht verloren.»

Woraus man unschwer ersehen kann, dass die VKB nicht der selben Meinung war wie die Verfasser des «Wortes». Im Jahre 1891 spielte die VKB aber freundlicherweise nicht etwa die Petition aus, sondern sie widmete ihre Aufmerksamkeit wieder einmal dem deutschen Kaiserreich, das seinen Anspruch auf die Insel Zanzibar aufgegeben hatte und dafür das bis dahin englische Helgoland eintauschte. Die Laterne war eine preussische Pickelhaube und stammte von Kunstmaler Roschet, der zum Hausmaler der VKB wurde. Auf dem Zettel las man:

Wer kennt das Land, dort wo die Kaktus blüh'n,
In Büschen Klapperschlangenaugen glühn,
Der Elefant die teuren Zähne fletscht
und jedermann sich's Haaröl selber quetscht?
Oh seid doch still – man kennt es ja:
Das erste Wort heisst heute Afrika!

Mit den zoologischen Kenntnissen war's nicht weit her bei der VKB, denn Klapperschlangen gibt's in Afrika nicht, und Elefanten haben keine Zähne, die sie fletschen können. Darüber reklamierte niemand. Jedoch fanden es nicht alle gut, dass man ein ausländisches Sujet gewählt hatte statt einem baslerischen. Also doch lieber die Petition...? Die Ausgaben für den Zug beliefen sich auf 3 445 Franken, was in der Abrechnung einen Aktivsaldo von 119.60 Franken ergab. Glückliche Zeiten...

Ein baslerisches Sujet, das auch noch verschiedentlich von sich reden machen würde, kam an der Fasnacht 1895 aufs Tapet: die VKB setzte sich mit der Subventionierung des Theaters auseinander. Darüber liegen interessante Dokumente vor. Nicht etwa Protokolle oder ähnli-

ches. Nein: typisch baslerische Dokumente. Nämlich Rechnungen und Quittungen und gleich zwei Gesamtabrechnungen. Die eine hiess «VKB Abrechnung Fasching 1895» und stammte von Kassier C. Brügger, die andere war der Bericht der Rechnungsrevisoren. Das Sujet war zwar lokal, aber die Einkäufe für den Zug waren grenzüberschreitend. Die VKB kaufte nämlich mehrmals in Lörrach im Kaufhaus Knopf ein, wozu Fahrkosten im Betrag von Fr.

1894:
Sujet «Toulon-Affaire».
Die ersten Fotos einer VKB-Laterne als Festungsturm, von Carl Roschet gemalt.

1895:
Sujet «Subventions-Schmälerung am Theater». Auffallend für diese Zeit sind die komplizierten Laternenformen wie hier als Harfe (von Carl Roschet gemalt).

6.20 aufliefen. Gekauft wurden Materialien wie Spitzen und Stoff für die Kostüme, insgesamt für Fr. 276.25. Sie wurden rechtmässig eingeführt über die Zollstätte Basel Badischer Bahnhof; an Zollgebühren mussten Fr. 2.20 bezahlt werden. Ein riesiger Zollverkehr herrschte damals nicht: an 12 Tagen im Februar wurden nur 308 Zollquittungen ausgestellt.

Die Abrechnung ist auch sonst recht interessant. Man sieht aus ihr, dass ein Frack gekauft werden musste für einen Weibel, der zum Sujet gehörte; Preis zehn Franken. Albert Brunner, «Markräflerstrasse 58», verlangte «Für anferdigung von zwei Räf» Fr. 3.80, vier Laternenträger stellten vier Larven à 80 cts in Rechnung, und die Spenglerwerkstätte samt Ornamentfabrikation und Zinkstanzerei für Architektur von J. Schnetzler am Petersgraben verlangte fürs «Garnieren» des Wagens 35 Franken, wobei Fr. 4.80 für sechs Arbeitsstunden «fürs annageln» galten. Den grössten Posten machten 290 Franken aus, die man dem Laternenmaler Carl Roschet bezahlte. Es lohnte sich aber, dass man einen so teuren, guten Mann gewählt hatte. Die «Basler Nachrichten» schrieben nämlich: «Es stachen in die Augen vor allem die Vereinigten Kleinbasler», und an der Prämiierung der Züge im Kleinbasel durch ein «Warteck-Comité» bekamen die VKB den ersten Preis. Ob das die 90 Franken waren, die in der Abrechnung unter «Preis» auftauchen? Es war sicher nicht sehr leicht, an der Fasnacht 1895 aufzufallen, denn sie bestand aus 24 Wagen mit 54 Pferden, 5 Musiken, 161 Tambouren und 54 Pfeifern. Als Neuheit sah man am Morgenstreich ein paar Tambouren, die nicht nur meisterhaft ruessten, sondern auch noch elektrische Lämplein dazu trugen. Recht à jour waren die, denn die elektrischen Glühlampen wurden in praktisch brauchbarer Form erst fünf Jahre zuvor erfunden. Aber in Basel gab es ja den Elektropionier Bürgin... Es fiel an der Fasnacht 1895 übrigens auf, dass neben den organisierten Zügen auch Einzelmasken in reicher Zahl erschienen, zu Fuss und mit Wagen. «Anstössige und zweifelhafte Kostüme sind sozusagen verschwunden; alles trägt den Stempel der Eleganz und des Geschmacks», verlautete offiziell.

Aus den überlieferten Akten der VKB geht eine auffallende Tatsache hervor. Vom Jahr 1896 an bekommt die Fasnacht in Basel aufs Mal eine wirtschaftliche Bedeutung! Man sieht das dar-

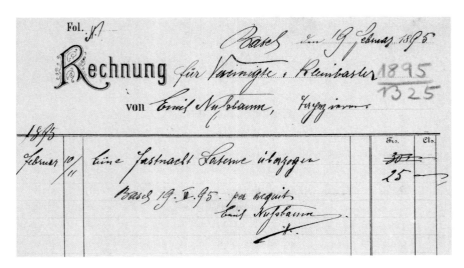

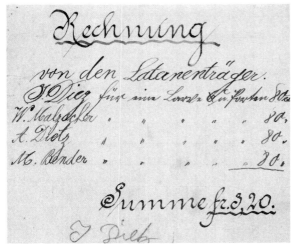

aus, dass zahlreiche Geschäfte nun ihre Dienste als Lieferanten anbieten. Das muss es zwar schon vorher gegeben haben, denn das Blumengeschäft Bilger an der Freien Strasse 86 formuliert seine Offerte an die «Titl. Vereinigte Klein-Basler!» so: «Möchte Ihnen, wie alle Jahre, meine Fastnachtsbouquets in schöner Waare und allerbilligste Preise anempfehlen. Muster sind bereitwilligst zur Einsicht zu haben.» Aber es tauchen nun auch andere Firmen auf. Das Stoffgeschäft von Anton Kiefer an der Gerbergasse 51 schreibt: «Zum bevorstehenden Carnaval erlaube ich mir Ihrem w. Verbande meine farbigen Filzstoffe für Costumes in empfehlende Erinnerung zu bringen», wobei der Meter, 1.80 breit, Fr. 4.50 kostete und jede beliebige Farbe in kürzester Zeit geliefert wurde. Wilhelmine Brugger an der Marktgasse 6 bietet an «Carneval-Tricot zu Ausnahmepreisen, Ball-Strümpfe in Seide und Halbseide von 2.50 an, Ball-Handschuhe von 2 bis 24 Knopflängen in schöner

Auswahl. Vereine erhalten Extra-Rabatt!» Oh welch' schöne Zeit der jungen Liebe, wenn man der neuen Flamme bis zu 24 Knöpflein pro Handschuh aufknöpfen durfte...

Die Buchdruckerei Gebrüder Bertschi an der Petersgasse 40 wandte sich an einen namentlich nicht erwähnten VKBler mit einem Brief, der lautete: «Werther Freund! In der Annahme, dass Du Dich während der diesjährigen Fastnacht an irgend einer Clique activ betheiligen wirst, erlaube ich mir anmit, Dich ganz ergebenst anzufragen, ob es Dir nicht möglich wäre mir die Lieferung der Fastnachtszeddel quästl. Clique zuzuhalten. Ich glaube bei der bedeutenden Bekanntschaft, der Du Dich erfreust, dürfte Dir diese Zuweisung nicht allzu schwer fallen. Ich würde Dir für Zuweisung eines solchen Auftrages gerne erkenntlich sein. Mit freundl. Gruss! Dein Ergebener.»

Es ist das erste Mal, dass die Bezeichnung «Clique» in den Dokumenten auftaucht. Trotz der Ergebenheit und der angedeuteten Erkenntlichkeit wurde der Auftrag aber einer anderen Firma erteilt, obschon sie teurer war. Die Firma Bertschi verlangte für tausend Zettel weiss oder farbig bei einer Abnahme von 40 000 Stück je Fr. 2.90 pro Tausend – die andere aber stellte fest, dass sie «den Druck à Fr. 4 pr. Mille übernehmen kann, eine billigere Offerte zu machen ist unmöglich weil das Gedicht gross ausgefallen ist.» Es wurden dann von den VKB 30 000 Zedel bestellt, die 124.20 Franken kosteten. Über den Rechenfehler des Druckers, der ja nur 123.20 Franken zugut gehabt hätte, sah man offenbar gutgläubig hinweg.

Erstmals tauchte anno 1896 auch ein richtiger Vertrag auf, abgeschlossen von der Firma Meili & Kaiser und der Gesellschaft Vereinigte Kleinbasler, betreffend der «Lieferung von Fastnachtscostumes». Die Firma verpflichtete sich in diesem Vertrag vom 6. Februar 1896 dazu, «sämmtliche Tambour-, Pfeiffer- sowie Tambourmajor & 4 andere nach der Skizze anzufertigende Costumes, genau nach Vorlage zum Preise von Frs. 28.— per Costumes anzufertigen und abzuliefern», und zwar bereits am Mittwoch, 19. Februar, «Sämmtliche Costumes, die beiden Vorreiter, Fähnrich; Fahnenwache & Helvetia einverstanden.» Dafür hatte die VKB «bei Ablieferung der Costumes Abmachungsgemäss baar zu bezahlen.» Die VKB bezahlte, gemäss Quittung, aber erst am 24. Februar und legte für 18 Costumes à Fr. 28.— und 2 Costumes à Fr. 5.— ganze 514 Franken bar auf den Tisch der Firma an der Greifengasse 14. Die billigeren Costumes waren im Vertrag nicht erwähnt, ebensowenig wie «1 Fahne Leihweise», die weitere 4 Franken kostete.

Die Firma Meili & Kaiser muss, ihrem Geschäftspapier nach, ein gar gewaltiges Unternehmen gewesen sein. Es gab kaum etwas aus ihrer Branche, das sie nicht lieferte. Sie nannte sich «Erste schweizerische Theater- & Masken-Costumes-Fabrik und Verleihinstitut, Theater-Leih-Bibliothek, Wappen-, Fahnen und Flaggen-La-

ger» und hatte bereits das Telephon: Nr. 791. Ihr Wirkungsfeld waren, gemäss Geschäftsdrucksachen: «Spezialität in completen Ausstattungen zu Theater-Aufführungen, Historische, Fest- und Carnevals-Umzügen, Kinderfesten, Lebenden Bildern und Masken-Bällen, Grösstes Militär-Uniformen-Lager aller Nationen, Zu sämmtlichen Turnerischen Tänzen, Reigen & Quadrillen prachtvolle complete Ausstattungen, Reichhaltige Auswahl in Perrücken, Bärten, Theaterschminken, Gesichtsmasken sowie aller Ball- & Theater-Requisiten kauf- u. leihweise. Geruchloses Salon-Bengalfeuer.» Kein Wunder, dass eine solche Firma als Gipfel ihrer Selbstdarstellung schreiben konnte: «Prima Zeugnisse zu Diensten». In ihren neueren Drucksachen erwähnte sie noch etwas: «Neuanfertigung nach Mass, leihweise oder käuflich innert kürzester Frist.» Was ja bei der Ausstattung des VKB-Zuges anno 1896 tatsächlich zutraf.

Eine weitere Firma trat an der Fasnacht 1896 ins Laternenlicht: die Bau- und Kunstschlosserei El. Göttisheim. Das El. hiess: Emil. Sie war so bekannt, dass sie darauf verzichten konnte, auf ih-

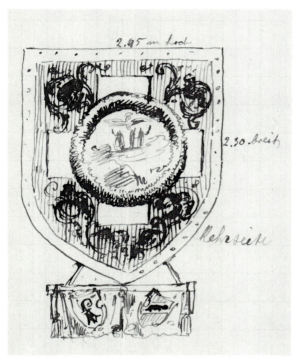

ganzer Arbeitstag kostete Fr. 4.50). Die Laterne kam, was El. Göttisheim anging, auf Fr. 24.10. Wesentlich teurer zu stehen kam aber ein wichtiges Requisit: eine Kanone. Sie wurde fix und fertig verrechnet, Lafette mit Hebel, Rohr mit Schiessvorrichtung, alles bemalt nach Skizze, für Fr. 60.—.

Den Dokumenten aus dem Jahr 1896 liegen zwei rosarote Kärtlein bei, die heute jedem Sammler von Antiquitäten das Wasser im Mund zusammenlaufen machen. Sie stammen von der Spielwaaren-Handlung R. Sandreuter am

rem Briefpapier eine Adresse anzugeben. Nur ihr Telephon, neu installiert, hielt sie für nennenswert und stempelte deshalb von Hand die Nummer auf jeden Brief: 1233. Der Emil Göttisheim Sohn scheint sich als eine Art Generalunternehmer für die VKB betätigt zu haben. Er zog nämlich beim Zimmermeister L. Lauer in Kleinhüningen eine Offerte ein für «ein Laternengestell wie beiliegende Skizze zeigt» und wandte sich an das Coiffeur- und Parfümerie-Geschäft von Wwe. Meyer-Vest & Sohn am Oberen Rheinquai 5, «zwischen Hotel Krafft und Weissem Kreuz». Das war ein eleganter Herren-Salon, nach neuestem System eingerichtet, Champoing Americain, Abonnements in und ausser dem Hause, Haararbeiten aller Art, mit einem best. assortierten Magazin, wo es alles gab von Hosenträgern bis zu Bärten zum Ausleihen, Zahnbürsten und Parfumerien von nur renommierten Firmen. Eine Karte zeugt von den Bemühungen des Sohnes Emil, auf der steht: «Sie fragten mich am Samstag im «Bären» behufs eventl. Lieferung weisser Zopfperrücken. Kann Ihnen nun mittheilen, dass ich solche in Wolle kaufweise à frs. 2.50 pro Stück liefern könnte.» Die Bau- und Kunstschlosserei El. Göttisheim war aber auch direkt für die VKB tätig, indem sie nämlich für die Laterne eigene Arbeit beitrug, zu Fr. 2.50 Arbeitslohn für einen halben Tag (ein

1896:
Sujet «Militärvorlage». Hier war man offensichtlich mit dem Laternenmaler Carl Roschet nicht einer Meinung. Denn nach dem Foto zu schliessen wurde eine andere Version ausgeführt (siehe Skizze links). Ebenfalls abgebildet ist das Requisit, die «teure» 60fränkige Kanone.

Fischmarkt 8, die als Spezialität Vogelkäfige gross anbot. Auf den Kärtlein sind aber auch die weiteren Artikel verzeichnet, die's dort im Laden gab, und das sind alles Spielsachen, für die heute ein Vermögen bezahlt wird – falls man sie überhaupt noch bekommt. Kaufläden und Kinderküchen, Puppenzimmer, Steinbaukästen, Menagerien und Schiffe, Kochherde und Laterna Magica, Theater und Figuren zum Aufstellen aus Holz und Blei, Militär-Ausrüstungen und Festungen. Die letzteren hätten zwar zum Sujet der VKB gepasst, aber die Tit. Vereinigten Kleinbasler bezogen nur Larven und Masken für insgesamt 27.90 Franken. Von denen kosteten die ersten neun zusammen 14 Franken.

Ein Dokument aus dem Februar 1896 sei hier noch erwähnt, weil es ein Problem anschneidet, das heute noch immer nicht gelöst ist: die Route. In einem Brief an die «Vereinigten Kleinbasler, Dahier» schrieb «das Prämirungscomité der alten Aeschlemer» nämlich folgendes: «Es wird uns zur Kenntnis gebracht, dass in der letzten Donnerstag in der Schuhmachern stattgefundenen Versammlung auf Antrag d. Herren Dr. Blanchet und Red. Brändlin die darin vertretenen Fastnachtszüge verpflichtet wurden, von der Bad. Bahn in einem gemeinsamen Zuge nach dem Aeschenspringbrunnen zu ziehen.» Damit's keine Missverständnisse gibt: die «Bad. Bahn» befand sich damals am Riehenring vis-à-vis vom heutigen Hotel Plaza. Doch weiter: «Wer nun je Fastnacht gemacht hat, weiss, dass ein solches Arrangement den hiesigen Verhältnissen zuwiderläuft, da die Zurücklegung einer derartig langen Tour ohne Unterbruch, hauptsächlich für Tambouren, geradezu unmöglich ist. An einen Halt unterwegs ist wegen der Wagen & der dadurch entstehenden Verkehrsstockung gar nicht zu denken. Ferner wird bei einem gemeinsamen Zug sowohl dem Prämirungscomité unserer Freunde an der Clarastrasse, als auch uns die richtige Würdigung & Beurtheilung der verschiedenen Züge sehr erschwert, da durch den grossen Eindruck des Gesammtzuges, die Witz-Pointen jedes Einzelnen nicht in der Weise durchschlagen, wie beim Vorbeimarsch jedes einzelnen Zuges für sich allein. Wir möchten Sie deshalb ersuchen von der Theilnahme am gemeinschaftlichen Zuge abzusehen & uns separat in unserer Aeschenvorstadt zu besuchen, wo wir Sie mit Freuden empfangen werden.» Es ist interessant, aus diesem Brief herauszulesen, dass nicht nur das Problem der langen Route schon damals akut war. Mindestens gleich aufschlussreich ist die Bemerkung wegen des «gemeinsamen Zuges». Immer wieder hat es ja in Basel Stimmen gegeben, die der Basler Art der mehr oder weniger unabhängigen Zirkulation nicht hold waren und einen geschlossenen Festzug vorschlugen. Und immer traten zum Glück dagegen einflussreiche Leute und Gruppen auf. Wenn man sich vorstellt, wie heute eine Fasnacht aussehen müsste, wenn sich vor 90 Jahren der geschlossene Corso durchgesetzt hätte...

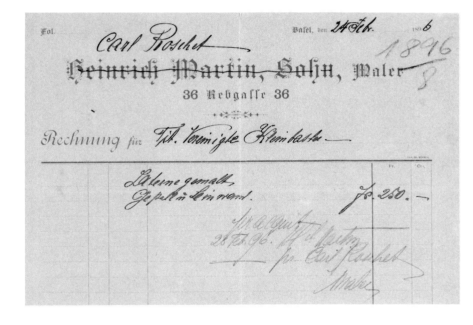

Im Dossier des Jahres 1896 ist ein weiterer Brief enthalten, der für die VKB von Bedeutung wurde. Er stellt fest, dass die Laterne – am 27. Januar, einen Monat vor der Fasnacht vom 24. Februar! – in Arbeit ist. Es heisst weiter: «Füge hier bei dass die Herstellungskosten des Gestells billiger sind und dasselbe zu Ihrer Befriedigung ausgeführt werden wird. Eine Preiserhöhung tritt nicht ein die ganze Laterne wird bei vollständiger Übernahme auf 230-250 frs zu stehen kommen.» Die Laterne kam dann auf 250 Franken zu stehen, wie aus der Quittung hervorgeht, die bereits am Freitag nach der Fasnacht ausgestellt wurde: «Laterne gemalt, Gestell und Leinwand» steht auf ihr. Sie ist ausgestellt auf einem Geschäftsformular von Heinrich Martin, Sohn, Maler, Rebgasse 36. Aber das «Heinrich Martin, Sohn» ist durchgestrichen, und darüber ist von Hand eingefügt: Carl Roschet. Das war der Mann, der während langen Jahren die Laternen der VKB malen würde und sich zu einer der besten Laternenmaler Basels entwickelte. Die treue Zusammenarbeit einer Clique mit einem Künstler, heute nichts Umwerfendes mehr, war damals eine Neuheit und erwies sich für beide Teile als ebenso erspriesslich wie wertvoll.

Was aber war das Sujet, zu dem die VKB eine Kanone mit funktionierendem Abzug und weisse Wollperücken und Costumes von Meili & Kaiser, inbegriffen eine Helvetia, brauchten? Es ging um eine eidgenössische Militärvorlage, die vors Volk kam. Die öffentliche Diskussion muss sehr bewegt gewesen sein. Der Zettel der VKB schrieb nämlich:

An dem dritten Wintermonat
Hei! War das ein lust'ger Tanz!
Alles sprach und schrieb und druckte
Nur zum Wohl des Vaterlands.
Denn die Militärvorlage
Kam damals zum Volksentscheid.
Und man lag sich in den Haaren:
O, war das 'ne schöne Zeit!

Um die Kritiker zu besänftigen, die immer wieder nach den baslerischen Sujets schrien, hängten die VKB noch einen Vers dran, der lautete:

Dennoch steh'n die Baselstädter
Fest zur Eidgenossenschaft.
Jede Spaltung ist von Übel,
Nur die Einheit führt zu Kraft!

Eine der Merkwürdigkeiten der Basler Fasnacht zeigt sich in den Papieren, die sich aus diesem Jahr 1896 bei den VKB erhalten haben. Die Tatsache nämlich, dass die Gesellschaft – das Wort Clique kam bis dahin nur in einem einzigen Dokument vor! – zwar ein Verein war, aber sich nicht wie ein Verein aufführte. Zu den Regalien eines Vereins gehören ja so wichtige Dinge wie eine Jahresrechnung und ein Jahresbericht, in dem unter anderem die Mitgliederzahlen genau genannt werden. Von den VKB liegen weder Jahresberichte noch Rechnungsführung vor. Wohl aber existiert vom Jahr 1896 ein kurioses Dokument, nämlich eine Mitgliederliste. Diesen Titel in Zierschrift trägt ein Verzeichnis, das 46 Mitglieder nennt, wobei sich jeder mit eigener Hand einschrieb – was nicht unbedingt zur Lesbarkeit der Namen beiträgt. Acht der Namen sind gestrichen, so dass noch 38 VKBler übrigbleiben. Was die Liste kurios macht, sind Zahlen, die hinter jedem Namen stehen. Sie bewegen sich zwischen 100 und 1400; alle sind sie runde Hunderter. Was bedeuteten sie? Beiträge in Franken sind es ganz sicher nicht gewesen, denn sonst hätten einige der Mitglieder den Verdienst eines halben Jahres hingegeben, bei den damaligen Lohnverhältnissen. Was aber war's sonst? Anno 1896 wusste das natürlich jeder, weshalb niemand die Notwendigkeit sah, es aufzuschreiben. Heute aber ist's ein Mysterium.

Anhaltspunkte findet man darin, dass die Mitglieder zu Sitzungen und Übungen nicht per Post aufgeboten wurden, sondern durch Inserate in der «National-Zeitung», der Nachfolgerin des

1898:
Die wiederum komplizierte Laternenform zum Sujet «Eidgenössisches Allerlei». Von Carl Roschet gemalt.

«Schweiz. Volksfreundes». Es war vermutlich nicht nur bequemer, in der Zeitung zu inserieren, als Drucksachen per Post zu versenden – es war wohl auch billiger. Die «National-Zeitung» veröffentlichte allein im Februar 1896 sieben Inserate, einspaltig von 11 bis 15 Zeilen Länge, die zusammen Fr. 11.80 kosteten, und darauf gewährte die Expedition noch 10 Prozent Rabatt, so dass die Inseratenkosten auf Fr. 10.60 sanken. Die Quittung unterzeichnete eigenhändig der einzig Zuständige bei der Zeitung, der Chef der Administration: Alwin Schwabe. Geschrieben war die Rechnung natürlich noch von Hand, denn die Schreibmaschine, obschon bereits erfunden, war noch ein sehr teures Gerät und daher für die Geschäfte einer Tageszeitung noch unerreichbar. Nur die hohen Ämter der Schweizerischen Eidgenossenschaft konnten sich so einen Luxus bereits leisten.

Unterlagen fehlen gänzlich für die Fasnacht 1897. Das Sujet der VKB gaben Unruhen in Zürich her – aber wer die Laterne malte, wurde nicht verzeichnet. Ob es wieder Carl Roschet war? Offiziell verzeichnet wurde das ungünstige Wetter trotz des späten Termins: 8. bis 10. März.

Die Züge waren zahlreich, die Schnitzelbänke und «Narrenzeitungen» mehr oder weniger geistreich und geniessbar, die Maskenbälle waren bescheiden oder glänzend. Eines aber fiel auf: immer mehr Einheimische und Fremde nahmen an beiden Nachmittagen auf den Strassen an der Fasnacht teil, und bereits wurde gesprochen von einem «betäubenden Volksgewühl».

Aus dem Jahr 1898 bewahren die VKB ein aufschlussreiches Dokument auf: die Liste ihrer Spender und deren Beiträge. Jeder schrieb sich von Hand ein, auf holzfreiem Foliopapier mit Linien, und vermerkte den gespendeten Betrag. Mit 50 Rappen fing es an, viele gaben einen Franken oder zwei, aber Beiträge von einem Fünfliber und mehr waren keine Seltenheit. Ein paar Gönner versteckten sich hinter ihren Initialen, aber die überwiegende Mehrheit schrieb sich mit ganzem Namen ein, so dass die Spenderliste einen interessanten Querschnitt durch den Freundeskreis der VKB ergibt – und durch die vielen Beizen, die erfolgreich angegangen wurden. Ein Wirt gab nur einen Franken, aber er drückte dafür seinen Stempel «G. Böhler Wirt

Basel» in Form eines Masskruges über vier Zeilen. Die grössten Spender waren die Brauereien, an ihrer Spitze das Basler Löwenbräu, das die Liste anführte und 20 Franken gab. Nur noch drei andere schwangen sich zu einem so hohen Betrag auf: ein Privatmann und zwei Wirtschaften, darunter das «Warteck». Es scheint keine sehr ausgefallene Fasnacht gewesen zu sein, die von anno 1898. Es wurde nur festgestellt, dass sie «unter grossem Zulauf der Bevölkerung von nah und fern in gelungener Weise» vor sich ging. Dass die VKB als Sujet etwas so Unpräzises wie «Eidgenössisches Allerlei» wählte, zeugt nicht von einem Reichtum an guten Themen. Die Laterne malte Carl Roschet. Und die für die Fasnacht 1899 malte er auch, nachdem er am 26. Januar den «Tit. Ver. Kleinbasler» mitgeteilt hatte, dass er die «für ihren Zug bestimmte Laterne für 280-320 frcs übernehmen kann». Diesmal aber auf eigenem Briefpapier mit dem Kopf «Carl Roschet, Decorationsmaler» und der Unterschrift «D. Obige». Wer die 30 000 Zettel zum Sujet «Sängerkrieg in Brugg» drucken durfte, geht aus den Akten nicht hervor. Der Präsident der VKB, Traugott Schweizer, hatte verschiedene Offerten eingeholt, die zwischen 75 und 80 Franken schwankten. Am billigsten war die Buchdruckerei und Verlagsbuchhandlung Emil Birkhäuser, die 60 Franken verlangte, wozu Emil Birkhäuser in seinem eigenhändig geschriebenen Brief noch vermerkte: «Sind die Zettel nicht gar gross, so dürften sie noch etwas billiger werden.»

Zum erstenmal erfährt man aus dem Jahr 1899 auch Details über den Wagen der VKB. Er war 6.30 Meter lang, 1.20 Meter hoch und 1.86 Meter breit. In einem wunderschön in Zierschrift abgefassten Brief teilte die Basler Löwenbrauerei Actien-Gesellschaft mit, dass sie «in höflicher Beantwortung Ihres Werthen von heute» einen Mann zur Führung des Wagens zur Verfügung halte, und fragte, ob der Mann ein Kostüm bekomme? Auch über ein weiteres Kostüm wird berichtet, nämlich über einen Raben. Das Kostüm (diesmal schon mit K geschrieben!) «soll leicht tragbar sein, die Vorderarme des Trägers frei, Flügel und Schnabel beweglich, die ganze Ausführung äusserst naturgetreu und gegen das Wetter haltbar. Der Preis ist frs 150.00 zahlbar gegen baar bei Abholung des Objectes».

Die Aufzeichnungen der VKB melden, dass am Zug 50 Personen mitgemacht haben. Auf zwei jedoch mussten die VKB verzichten. Der eine schrieb der «Commission der Vereinigten K. Basler»: «Entschuldige mich hiemit am Zuge nicht theilnehmen zu könen, indem es mir nicht möglich ist 2 Tage auszuharen. Bitte Sie daher höflichst, mich zu streichen. Beiliegend ein kleiner Beitrag von 3 fr. in Marken.» Schade, dass die VKB die Briefmarken nicht aufbewahrt hat – sie wären heute recht viel mehr wert. Das andere Mitglied teilte mit: «Erlaube mir, Ihnen höflichst die Anzeige zu machen dass ich mich muss streichen lassen aus der Liste der Theilnehmer am Faschingzuge. Indessen zeichne mit aller Achtung.» Eine weitere Unannehmlichkeit hatten die VKB mit einem «Club zur Alten Klappe». Sie hatten zwar die Vorsicht walten lassen, eine Woche vor der Fasnacht von dessen Präsidenten ein Revers schreiben zu lassen, das lautete: «Unterzeichneter erlaubt, und übernimmt die Verantwortlichkeit, dass das Wort Klappé auf die Fahne darf geschrieben werden, im Zug der Vereinigten Kleinbasler.» Aber dass die Klappianer hinkend und mit eingeschlagenen Köpfen dargestellt wurden und mit einem alten Pantoffel – das ging den werten Klappianern denn doch zu weit, und sie drohten mit einer Strafklage. Der Präsident der VKB, Traugott Schweizer, erwirkte aber, dass man davon Abstand nahm, «nachdem er die nötige Aufklärung erteilt hatte». Erstmals erfährt man auch etwas Offizielles von der Schluss-Sitzung. Am 9. März, zwei Wochen nach der Fasnacht, bekamen die VKBler ein gedrucktes Rundschreiben, das sie auf den 11. März ins St. Clara einlud – ein recht knapper Termin, aber offenbar damals üblich. Dort wurde, man höre! die Abrechnung pro 1899 vorgelegt und Beschluss betr. Saldo gefasst. Traugott Schweizer schrieb: «Damit diese Schluss-Sitzung in allen Teilen eine gemütliche wird, hat die

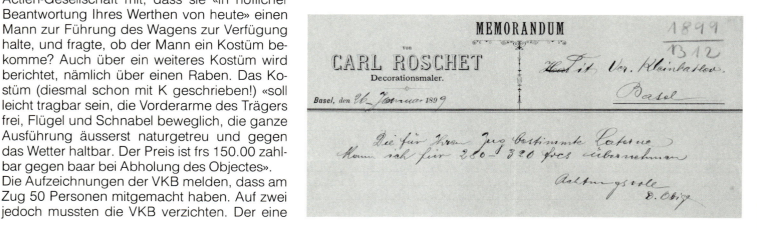

1899:
Sujet «Sängerkrieg in Brugg». Maler Carl Roschet. Das Wort «Klappe» wurde kurzum in Schlappe abgeändert, was fast zu einer Strafklage führte.

Kommission keine Mühe gescheut, um den Mitgliedern diese letzten Stunden gemeinsamen Zusammenseins recht angenehm zu machen. Aus der Kasse werden wir den Mitgliedern in bescheidener Weise ein gutes Glas Bier nebst Beilage zukommen lassen.» Und dann ist auch die Rede von einem Brauch, von dem man bisher nichts überliefert fand: von der «Verloosung». «Wir haben sie dieses Jahr etwas vergrössert, so dass ausser den Kostümen und Zugsrequisiten dem Glücklichen Gewinner noch manche schöne Gabe in Aussicht steht.» Die Gewinnlisten lagen bei Wirt Oskar Türke im St. Clara und im «Greifen» auf.

Einer freilich konnte trotz Bier und Beilage nicht kommen. Er schrieb von Burgdorf aus, wo er am Technikum studierte: «Leider ist es mir nicht möglich teilzunehmen, da ich unmöglich Zeit finden könnte, nach Basel zu reisen. Ende März ist nämlich Semesterschluss & da heisst es noch gehörig einhängen, bis alle vorgeschriebenen Arbeiten fertig sind.» Der Absender Fritz Riesterer war aber vorsichtig genug, noch zu erwähnen: «Betreff meiner Loose, möchte ich bitten, mir gefl. Mittheilung zu machen, ob vieleicht eines den Hauptgewinn gezogen hat, od. sonst einen Gewinn im Werthe von ein paar Hundert Franken, könnte es ganz gut gebrauchen.» Und dann machte er noch einen Vorschlag für den Fall, dass über die Verwendung des Saldos kein passender Beschluss gefasst würde: «Sollten Sie etwa nicht mit demselben fertig werden, so können Sie ihn mir schicken, ich kann Ihnen garantieren, dass ich nichts mehr nach Hause bringe (Bern ist nicht so weit von hier & die Metzgergasse weiss ich auch).»

In die Fasnacht 1899, die von gutem Wetter begünstigt war, spielte die Weltpolitik hinein. Zar Nikolaus II. von Russland hatte die Anregung für eine Friedenskonferenz in Den Haag gegeben, die angesichts der Spannungen zwischen Grossbritannien und Frankreich recht aktuell war. Das Quodlibet veranstaltete daraufhin einen grossen Abrüstungszug an der Fasnacht und schnitt finanziell so gut ab, dass es an elf gemeinnützige Werke 2352 Franken beitragen konnte. In der Presse stand – wie schon vorher, und wie öfters auch nachher! – zu lesen: der wirkliche Witz schwinde immer mehr an der Fasnacht. Bis heute hat zwar noch niemand genau sagen können, was dieser «wirkliche Witz» eigentlich sei. Aber darüber, dass er nicht vorhanden war – darüber waren und sind sich nach jeder Fasnacht viele einig. Man las anno 1899 auch in den Zeitungen, dass Abertausende von Gästen aus der Umgebung nach Basel geströmt waren und ein oft beinahe unglaubliches Gewühl verursachten.

Wie immer für Jahre mit runden Hunderten, wurde auch fürs Jahr 1900 ein Weltuntergang vorausgesagt. Vorwand dazu gab der Komet «Biela», der in die Nähe der Erdbahn zog. Das war für die VKB ein passendes Sujet, das sie wonnevoll ausschlachteten. Der Wagen wurde zu einem Observatorium, auf der Laterne war ebenfalls eine Sternwarte zu sehen, die Vorreiter stellten den Planeten Saturn mit seinen Ringen und den bösen Kometen Biela dar, Tambouren und Pfeifer kamen als Astronomen, und im Vortrab wimmelte es von Figuren, die mit dem Weltende zu tun gehabt hätten, falls es gekommen wäre: Teufel und Erzengel, die Schicksalsgöttinnen der alten Römer (Römer war damals an der Fasnacht noch kein Schimpfwort...), Sternschnuppen und weiteres dieser Art. Der Zettel wurde zu einem wahren Kleinod. Auf ihm las man:

Der Welt End naht! Biela wird zerschmettern,
Zertrümmern unseren ganzen Erdenbau,
Ihr Menschen zittert, nun hilft Euch kein Zetern,
Zum letzten Mal schaut Ihr des Himmels Blau!
So droh'n der Menschheit einige Propheten,
Weil Bielas Schwanz kreuzt unsrer Erde Bahn;
Sie sehen schon den scheusslichen Kometen
Sich rollend unsrer armen Erde nah'n.
Die Stund' ist da! Doch ruhig ihre Bahnen
Verfolgt die Erde um den Sonnenball.
Nicht einmal Sternenschnuppenregen mahnen
An prophezeiten Weltenkörperprall.
Bielas Komet passiert der Erd' Geleise,
Die Sonne friedlich steigt am Firmament,
Der Mensch lebt fort in seiner alten Weise –
Ein Narren-Wahn nur war der Welten End'!

Einen Vorgeschmack des Weltendes brachte an der Fasnacht aber das Wetter. Während des Morgenstreichs am Montag brach ein Schneesturm los, die Temperatur sank auf minus 13 Grad, am Nachmittag hatte es zwar viel Publikum auf den Strassen, aber es kam keine rechte Fasnachtsstimmung auf. Nur in den Wirtschaften und an den Bällen ging es heiss her. Nach dem zweiten Morgenstreich am Mittwoch, der sehr flau verlief, wurde es wenigstens am Nachmittag etwas besser.

Bei den VKB geschah etwas, das mit dem bisherigen ungezwungenen Treiben aufräumen sollte: es wurde ein Projekt diskutiert, das der «Faschingsgesellschaft Vereinigte Kleinbasler» Statuten geben sollte. Auf dem Entwurf von Gustav Auer stand «Gegründet am 1. Februar 1886», aber das war natürlich ein Irrtum.

Der Statutenentwurf setzte als Zweck der Gesellschaft fest: «Hebung und Unterhaltung des Basler Carnevals durch Arrangiren von Fastnachts-Umzügen jeweils jährlich um die Narrenzeit», aber auch Ausübung und Hebung der Basler Trommelkunst und Musikalische Übung des Piccolospiels. Aktivmitglieder mussten Schweizerbürger sein, in Basel ansässig und «geneigt, einen Faschingsscherz mitzumachen». Von Frauen war selbstverständlich nicht einmal die Rede. Für die Aufnahme erforderlich sollte «ein durchaus unbescholtener Leumund» sein, ein Minimalalter von 18 Jahren und die Zustimmung einer Mehrheit von zwei Dritteln der Mitglieder. Die Aufnahme kostete zwei Franken, der Fasnachtsbeitrag belief sich auf drei Franken. Die übrigen Artikel des Vorschlages entsprachen durchaus dem für Vereine Üblichen. Ausgeschlossen werden konnte jemand, der seinen Pflichten gegenüber der Gesellschaft nicht nachkommt oder die Interessen und den Bestand der Gesellschaft gefährdet. Der Einbau solcher Sicherungen in die Statuten entsprach landesüblicher Praxis und war (noch) nicht durch etwelche Vorkommnisse innerhalb

1900:
Sujet «Weltuntergang». Laterne als Sternwarte von Carl Roschet gemalt. In diesem Jahr wurden nebst dem Zettel auch diese Postkarten verteilt.

der VKB begründet. Für den Fall der Auflösung der VKB sollte das Vereinsvermögen ans Waisenhaus übergehen und dort für Fasnachtszwecke verwendet werden. «Aufgelöst ist die Gesellschaft, sobald sie weniger als vier Mitglieder zählt», sagte der Entwurf. Er war – man staune! – mit Schreibmaschine geschrieben. Aber er fand offenbar die Billigung der Mitglieder keineswegs. Am oberen linken Rand des Dokumentes steht in energischer Handschrift: «Verworfen. Fasching 1900», mit einem gekonnten Schnörkel unterstrichen.

Es war ein Narrenwahn, dass ein Weltuntergang wegen einem Kometenschweif bevorstand, damals anno 1900. Es bahnten sich aber Entwicklungen an, die in wenigen Jahren die recht unbeschwerte Welt des Fin-de-Siècle zum Untergehen bringen sollten. Die Propheten sahen sie freilich nicht, da sie viel zu sehr mit den Ereignissen im Weltenraum beschäftigt waren und keine Zeit (wahrscheinlich auch keine Fähigkeit) dazu hatten, die Ereignisse auf der Erde vorauszusehen. Kaum jemand nahm Anstoss daran, dass das deutsche Kaiserreich sich weltweit ausdehnte, Kolonien bis im Pazifischen Ozean erwarb und seine Flotte stark ausbaute, gemäss dem Ausspruch seines Kaisers Wilhelm II.: «Deutschlands Zukunft liegt auf dem Wasser!»

Ein Satz, der in Grossbritannien Aufsehen erregte, das ja die Meere regierte. Etwas anderes schlug in Basel weitaus grössere Wellen, und erst noch in den Betten. Es wurde anno 1900 nämlich modern, nicht mehr im Nachthemd ins Bett zu steigen. Wer im Schlafzimmer etwas auf sich hielt, der zog im Schlafzimmer nun ein Nachtgewand an, das sich Pyjama nannte. Es stammte aus dem Orient und wurde in Europa von modebewussten und extravaganten Personen eingeführt. Nur gab es einen Unterschied: im Orient trägt man ein Pyjama während des Tages, und wenn man ins Bett geht, zieht man's aus...

Das Jahr 1901 brachte für die VKB die zweite Mitgliederliste, die erhalten blieb. Sie besteht aus zwei Foliobogen besten Kanzleipapiers, geheftet in graues Packpapier. Der Titel ist in schöner Rundschrift geschrieben, was damals noch etwas recht Neues war, und lautet: «Vereinigte Kleinbasler Fasching 1901 Mitgliederliste». Darunter haben sich die Mitglieder eigenhändig mit Bleistift eingetragen, ausser dreien, die einen Tintenstift benützten, und einem, der einen Stempel besass. Die einzige Eintragung mit Tinte stammt von Fritz Riesterer, den wir schon von seinem Brief aus Burgdorf her kennen. Er führt die Liste an – aber nicht nur die Liste, denn er war zugleich Tambourmajor. Die VKB zählten 35 Mitglieder, darunter sechs Mädchen. Die Mädchen hiessen mit Vornamen Reinhardt, Wilhelm, Hans und Ludwig, Georg und so, woraus hervorgeht, dass es keine Mädchen waren, sondern dass diese Mitglieder am Fasnachtszug als Mädchen kostümiert mitmachten.

Und dann hatten sich die VKB zum Beginn des neuen Jahrhunderts in der Papeterie Spiller, Streitgasse 4, Fabrikation und Lager von Geschäftsbüchern und Liniranstalt, ein Protokollbuch gekauft, Preis Fr. 1.40, enthaltend 48 Blatt Folio liniert. Es dient für einen wichtigen Zweck: zum Eintragen der Spenden. Auf der inneren Deckelseite klebt eine «Polizeiliche Bewilligung zu einer Hauskollekte», ausgestellt für die Sammlung zu Gunsten eines Fasnachtszuges «nach beiliegender Skizze», gültig vom 31. Januar bis 27. Februar 1901, also bis zum Fasnachtsmittwoch. Die VKB hatten mit ihrer Kollekte fünf Jahre zuvor ungute Erfahrungen gemacht, indem anno 1896 das Polizeidepartement das Kollektionieren verbot, und es einen Rekurs an den Regierungsrat brauchte, der dann das Polizeidepartement ermächtigte, «die Bewilligung zur Sammlung von Beiträgen für Fastnachtszüge wie bisher» zu erteilen.

Das Kollektenbuch beginnt mit einem schwungvoll von Hand geschriebenen Aufruf an die «Werthe Einwohnerschaft Gross- & Kleinbasels». Man beachte die Reihenfolge! Da stand also: «Da wir gesonnen sind zur Erheiterung sowie Verschönerung der diesjährigen Fastnacht unser möglichstes beizutragen, haben wir uns entschlossen, auch dieses Jahr wieder einen gediegenen Fastnachtszug zu arrangieren. Selbstverständlich übersteigen die Auslagen die Beiträge der Mitglieder bei weitem, weshalb wir uns erlauben, an die werthe Einwohnerschaft Gross- & Kleinbasels zu appelieren, und uns mit Ihren geschätzten Beiträgen zu unterstützen. Ihnen im voraus für Ihr freundliches Entgegenkommen bestens dankend zeichnen Hochachtend Die Vereinigten Kleinbasler Der Präsident: Fritz Riesterer.» Das Entgegenkommen der Werthen war bemerkenswert. Es umfasste 11 Seiten, und der Ertrag belief sich auf 1261.80 Franken! Wieder führte das Basler Löwenbräu die Liste an, diesmal sogar mit 25 Franken, was der absolut höchste Beitrag war. So nebenbei bemerkt: damals gab's in Basel noch acht Brauereien, die alle etwas stifteten, und die beiden Brauereien in Rheinfelden liessen sich mit je 20 Franken Spende auch nicht lumpen. Die Firma Joh. Rud. Geigy & Co. gehörte bereits zu den Spendern des Jahres 1898 und trug auch nun wieder 10 Franken bei. Was vermutlich die Gesellschaft für Chemische Industrie in Basel veranlasste, ebenfalls einen Fünfliber zu stiften. Die elf Seiten Spenderliste sind ein Querschnitt durch die Geschäftswelt von Basel vor 83 Jahren. Kaum ein Name fehlt, der damals guten Klang hatte, und die meisten Geschäftsleute haben sich mit ihrer eigenen Unterschrift verewigt. Die erste Fasnacht des 20. Jahrhunderts hinterliess in der Chronik keinen starken Eindruck. Sie sei «ohne besondere bemerkenswerte Ereignisse oder Erscheinungen in den hergebrachten Formen» verlaufen. Für die VKB brachte sie aber ein dankbares Sujet: die Jubiläumsbriefmarke der PTT.

Im Jahr 1900 feierte der Weltpostverein sein 25jähriges Bestehen. Zu diesem festlichen Anlass gaben die PTT eine Reihe von drei Briefmarken im Hochformat heraus, die noch heute bei Sammlern sehr beliebt sind. Nicht wegen ihrer Schönheit – oh jemers nein. Aber weil sie aus technischen Gründen eine Anzahl von Abarten und Verschiedenheiten aufwiesen, und ein rechter Sammler ist ja nicht zufrieden, wenn er nicht alle Marken hat, die bei so einer Serie überhaupt möglich sind. Das Markenbild zeigte eine jüngere Frauensperson in einer Art Nachthemd – also schon aus diesem Grunde war sie nicht ungemein zeitgemäss. Die Frau stand vor einem Globus und hielt sich mit beiden Händen an einer Stange fest, die vier Isolatoren aus Porzellan und vier Drähte trug. Ausserdem war noch ein kleines Schweizerfähnlein an einem dünnen Holzstiel an der Stange befestigt, und mit der Rechten streute die Jungfrau eine Reihe von Briefen ins Gelände. Am Kopf hatte sie übrigens einen Flügel befestigt. Der Entwerfer des Markenbildes muss keine grossen technischen Kenntnisse aufgewiesen haben. Die Isolatoren standen nämlich nicht so, wie sie für Drähte der PTT montiert werden, sondern versetzt – wie's für Starkstromleitungen üblich ist. Das Markenbild war zwar durchaus im Zeitgeschmack, aber es war ungeheuer scheusslich. Daran kann auch die Tatsache nichts ändern, dass diese Jubiläumsmarken heute zu Preisen zwischen Fr. 2.— und Fr. 16 000.— gehandelt werden. Damals kosteten sie nur 5, 10 und 25 Rappen, auch wenn bei einigen die Dame einen Fehler an der Hüfte und bei anderen einen grünen

Farbfleck auf der Nase hatte – was heute gesuchte Abarten sind.
Für die VKB waren diese Marken natürlich ein gefundenes Fressen. Kunstmaler Carl Roschet entwarf für sie vier verschieden fasnächtliche Varianten. Der Tambourmajor war ein Postillon, im Vortrab sah man unter anderem Markensammler, Tambouren und Pfeifer waren Pöstler. Auf dem Zettel hiess es:

Pfui Teufel! Nein, das Bild kann nie
Aus Böcklins Heimat stammen.
Die Marke schuf kein Kunstgenie,
Die Kunst muss sie verdammen.
Ein Weib, das an der Stange lehnt,
sich kaum noch aufrecht haltet
Und müd und schläfrig, fröstelnd gähnt.
Hier hat nicht Kunst gewaltet!
Helvetia! Brauchst du wiederum
Postmarken einst zum Feste,
Sieh dich bei den Kleinbaslern um,
Die liefern dir das Beste!
Als Zeichen, dass viel Künstlersinn
Die Vereinigten empfinden,
Nimm unsre vier Projekte hin!
Du wirst sie passend finden.

Trotz der freundlichen Offerte haben sich bisher die PTT nicht dazu aufraffen können, ihre Marken von den VKB entwerfen zu lassen. Hingegen hat sie schon mehrmals wieder Marken herausgegeben, die künstlerisch nicht fürchterlich bedeutend waren...

Recht umfangreich und informativ ist das Dossier der Fasnacht 1902. Wieder legten die VKB ein Buch für die Spenden an, die elf Seiten füllen und insgesamt 1209.25 Franken ergaben. Erstaunen wird die Fasnächtler von heute, in wie kurzer Zeit damals ein Zug organisiert werden konnte. Die VKB kamen am 22. Januar auf den Gedanken, mit der Basler Jägermusik zusammenzuspannen, schrieben deren Präsidenten Ferdinand Weiss einen Brief, und der antwortete bereits am nächsten Tag, er werde die Frage mit seinen Mitgliedern besprechen. «Ich für meinen Theil bin ganz für die Sache und in gleicher Meinung mit Ihnen, hoffe dasselbe auch von unseren Mitgliedern», schrieb er. Eine Woche später, am 29. Januar, fragte die Jägermusik, wie das mit den Kostümen und mit einer Entschädigung wohl sei, und erwartete baldige Rückäusserung, da noch zwei weitere Anfragen vorlägen.

1901:
Sujet «Jubiläumsmarke».
Ausschnitt vom Entwurf
von W. Stückelberger.

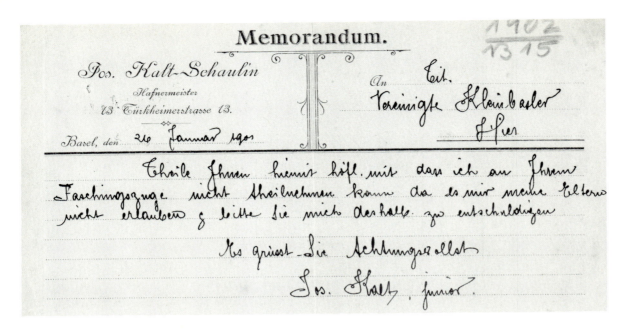

Und wann fand die Fasnacht statt? Am 17. Februar war Fasnachtsmontag! Ende Januar liess ein Mitglied die VKB wissen, dass es «an Ihrem Faschingszuge nicht theilnehmen kann da es mir meine Eltern nicht erlauben». Mit mehr Freude werden die VKB aber einen Brief gelesen haben, in dem zwei Männer sich als Laternenträger anboten und mitteilten: «Wir beide Siegrist und Sutter sind im Besitze von unseren eigenen vollständigen tadellosen Uniformen samt Mütze, wir würden uns verpflichten für ein Taggeld von 10 fr mit Nachtessen, unsere Uniformen ohne weitere Entschädigung zu tragen. Wir sind beide gleich gross, solid und zuverlässig. Für 2 weitere passende Mann würden wir gerne sorgen, sowie für gleiche saubere Uniformen leihweise 6 fr per Stück für beide Tage.»

Was die Laterne selber anging: der Zimmermeister Robert Riesterer-Asmus an der Klingentalstrasse 77 baute sie, zusammen mit den Gestellen für zwei Wagen, zum Preis von 180 Franken, der Sattler und Tapezierer Otto Roth an der Feldbergstrasse 48 bespannte sie mit Leinwand und berechnete dafür (samt «Den Karnefass an der Laterne angemacht») 34 Franken, worauf er 4 Franken Rabatt gab, und Carl Roschet malte sie für 230 Franken. Der Laternenmaler besorgte aber auch noch 3500 Stück Ansichtspostkarten, die 52.50 Franken kosteten, was 1.5 Rappen pro Stück ausmachte. Die beiden Wagen wurden vom Tapezierer Emil Nussbaum verspannt und dekoriert, wofür er 40 Franken berechnete, aber gleich noch zehn Franken Rabatt gab. Die 40 000 Zettel kosteten 100 Franken. Die Firma August Bucherer-Fischer, vormals Rud. Sandreuter, Am Fischmarkt 8, Spezialgeschäft für Spielwaren und Vogelkäfige, stellte für ein Sortiment Larven 11.50 Fr. in Rechnung, zog aber gleich 1.50 als Rabatt ab. Clara Knöchel, Damenschneiderin an der Drahtzugstrasse 54, fertigte vier Kostüme für insgesamt 111 Franken an, und E. Müller, Lithographie, Buch- und Steindruckerei am Claragraben 82 bekam für eine «Fastnachts-Skize» zehn Franken. Um sie dauerhaft zu machen, gaben die VKB die Zeichnung der Papeterie und Buchbinderei Th. Nüssler's Witwe, Greifengasse 18, wo sie auf Leinwand aufgezogen und gebunden wurde – für Fr. 3.50. Zum erstenmal taucht eine Spesenrechnung auf, vorgelegt von Traugott Schweizer, der 4.65 Franken ausgegeben hatte für «div. kl. Spesen & Consumation, Porti und Telephon». Traugott, der im selben Jahr zum Ehrenpräsidenten ernannt wurde, hatte also bereits von der neumodischen Einrichtung des Telephons Gebrauch gemacht!

Auch sonst waren administrative Neuerungen eingeführt worden bei den VKB. Die Einladungen zu Sitzungen und Proben ergingen zwar im-

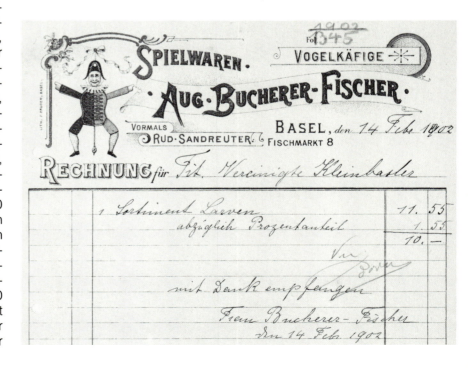

Polizeibewilligung zur Durchführung einer Hauskollekte zum Fasnachtszug von 1902.

mer noch via Inseraten in der «National-Zeitung», eigenhändig quittiert vom Herausgeber und unter Abzug von zehn Prozent, was für vier Inserate Kosten von Fr. 6.20 ergab. Man hatte aber einen Teil der Inseratenkosten eingespart, indem man die Dienste der PTT in Anspruch nahm. Der bereits erwähnte Brief an die Basler Jägermusik veranlasste eine Ausgabe von Fr. 0.05 als Porto, die Einladungen zu Sitzungen mussten nur mit 2 Rappen frankiert werden, und das ergab zusammen für die Fasnacht 1902 eine Portoabrechnung in Höhe von Fr. 4.13 für total 196 Sendungen. Weil wir's gerade mit den Kosten haben: es liegt eine interessante Rechnung vor von der Firma Albert Kienast, Spengler, Klingentalstrasse 55, der Metallarbeiten für die Laterne beigetragen hatte. Er führte darauf auch die Arbeitszeit auf: 1 Mann 7 Stunden à Fr. —.70, 1 Gehilfe 2½ Stunden à Fr. —.35; also für nahezu zehn Arbeitsstunden Fr. 5.75! Und von der Rechnung über 26.55 Franken zog er erst noch einen Fünfliber ab, der Albert Kienast. Noch etwas Neues erschien anno 1902: von der Laterne wurden vier Photographien gemacht! C.F. Schmid, Atelier für Photographie und Malerei, Clarastrasse 5, stellte sie her und bekam dafür Fr. 8.75. Das Atelier hatte das Telephon (Nr. 3454), und C.F. Schmid meldete auf seinem Geschäftspapier, dass er prämiert worden war in Stuttgart, Holland, Österreich, nochmals in Stuttgart und schliesslich auch in Basel, und dass er Inhaber war der goldenen Medaille für Kunst und Wissenschaft. Nichts Neues hingegen war die Tatsache, dass die Mannen der VKB Durst hatten. An der Schluss-Sitzung leerten sie im St. Clara beim Wirt Türke zwei Fass Bier, 89 Liter, für Fr. 31.15. Das war vermutlich die Sitzung, an der Traugott Schweizer Ehrenpräsident wurde, denn die VKB kauften einen

Pokal aus Kaiserzinn für Fr. 6.50 und liessen ihn für Fr. 3.— gravieren. Noch ein weiteres Geschäft kommt in den Dokumenten des Dossiers 1902 vor. Da fungiert nämlich eine Rechnung der Gebrüder R. und J. Messmer, Utengasse 15, die also lautet: «Für künstlerische Ausstaffierung eines Nachthafens, 2mal Anstrich in Lackfarbe und beidseitige Aufschrift Fr. 7.—». Das war aber vermutlich kein Pot-de-Chambre für den praktischen Gebrauch, sondern wohl eher ein Requisit...

Von der Route, die in früheren Zeiten die Fasnachtszüge nahmen, weiss man recht wenig. Fürs Jahr 1902 aber haben die VKB einen hektographierten Zettel aufbewahrt, der ihren Parcours zeigt. Er begann beim Wirt Türke von St. Clara. Am Morgenstreich, 17. Februar, der durch Schnee behindert wurde, führte der Weg durch Gerbergasse und Theaterstrasse, über das Steinenbrückli zum Löwenfels, was natürlich eine Beiz war, und dann in die Aeschen zur Glocke, via Freie Strasse zum Rümelinsplatz, weiter zum Markt, ins Kleinbasel zum Greifen und zum Bläsithor, durch die Webergasse zum Café Spitz, über die Brücke an den Blumenrain und endlich in die Burgvogtei. Am Nachmittag war die Route ähnlich, nur schloss sie noch die Kunsthalle und die Rebleutenzunft ein, und zum Nachtessen begab man sich in den Baslerhof. Die Route vom Mittwochnachmittag war dann überhaupt nur noch eine Beizentour; sie endete offiziell im Café Spitz, aber darunter steht auf dem Routenplan vielsagend «etc.».

Das Sujet des Jahres 1902 war wieder einmal baslerisch. Die VKB nahmen die Basler Gewerbeausstellung aufs Korn. Die hatte zwar eine wichtige Rolle gespielt, indem sie zeigte, was in Basel geleistet wurde – unter anderem auf dem neuen Gebiet der Elektrotechnik. Sie war aber mit einer Lotterie verbunden, die offenbar nicht so richtig klappte, und hatte noch weitere Schattenseiten gezeigt. Der Zug der VKB wurde in der Presse gewürdigt: «Da nennen wir die Vereinigten Kleinbasler mit ihren gelungenen Auslassungen über die Gewerbeausstellung, wobei speziell der dem Ausstellungsrausch folgende Katzenjammer in finanzieller Hinsicht ausgespielt wurde. Die Ausstattung des Zuges war eine vielseitige. Auch mag hier wiederum wie in früheren Jahren das treffliche Trommeln hervorgehoben werden.» Der Berichterstatter hatte wohl üble Erfahrungen gemacht, wenn er einer Clique sein besonderes Lob erteilte, weshalb er

Der Routenplan von 1902.

Montag Morgenstreich
Türke - Geltenzunft, via Gerbergasse z. Bühler, via Teaterstr. z. Amann, via Steinenbrückli z. Löwenfels - Glocke Äschen, via Freiestr. Cardinal via Rümeliplatz, Greifen - Bläsithor, via Webergasse - Café Spitz, Stöcklin Blumenrain, Blume, Leuzinger, E. Villaret Burg.

Montag Mittag
punkt 2 Uhr abmarsch, Türke - Natter, Bratteler, via Greifengasse Sonne & Hugentobler, Storchen via Gerbergasse, Turmeisen, via Steinenbrückli z. Amann, Kunsthalle, Glock - Rebleuten Freiestr. - Spitz - Baslerhof (Abendessen) Burg - Safranzunft - Eger etc.

Mittwoch Mittag
Türke 2 Uhr - Geltenzunft via Freiestr. z. Schlienger Aeschen, Brauerei Tanner, Kunsthalle, Ballance, Brodlaube - Bären - Bratteler - Hirschen - Baslerhof (Abendessen) - Spitz etc.

1904:
Zugsentwurf von
Carl Roschet,
Aquarellmalerei.

diesmal vorsichtigerweise anfügte: «Indes soll dieses Lob sich nicht allein auf die Kleinbasler erstrecken, sondern auch andere Züge hatten zumeist ganz famose Tambourencorps aufzuweisen.» Über den Zettel der VKB stand nichts in der Presse. Er stammte von Ernst Grüninger, der 20 Franken Honorar quittierte «für das Fasnachtsgedicht».

Wer sich eine Zeit als «gut und alt» vorstellt, nur weil sie achzig Jahre zurückliegt, der täuscht sich sehr. Für unsere Begriffe ist natürlich etwas, das vor achzig Jahren neu war, restlos veraltet. Anno 1903 flog zum erstenmal eine Maschine, die schwerer war als Luft, ein paar dutzend Meter weit – das Flugzeug der Gebrüder Wright, die ihre Erfahrungen im Bau von Velos benützten, um eine sehr waghalsige Flugmaschine zu bäschelen. Mit Maschinen, die auf der Erde herumfuhren, war man schon etwas weiter: 1903 wurden gleich zwei Autofabriken gegründet. Allerdings waren ihre Produkte um Welten auseinander: die eine war Ford in Detroit, spezialisiert auf den billigen Bau von Massenautos; die andere war Rolls-Royce, die Luxuswagen für Herrenfahrer herstellte. Das Wort «Herrenfahrer» hatte zwei Bedeutungen. Erstens fuhren damals nur Leute im Auto, die Geld genug für so einen teuren Sport besassen. Zweitens war es undenkbar, dass jemand anderer als ein Mann am Steuer sass. Damen, die so mutig waren, ein Auto zu besteigen, nahmen auf einem bequemen Passagiersitz Platz und hatten alle beide Hände voll zu tun, um ihre Riesenhüte samt Schleiern vor dem Davonfliegen zu bewahren.

Aber war die Zeit vor achzig Jahren auch gut? Zwar war gerade der Krieg in Südafrika, der Burenkrieg, zu Ende gegangen. Aber in Europa machten sich ungute Spannungen bemerkbar, die zu einer Spaltung der Grossmächte führte, aus der schliesslich der Erste Weltkrieg ent-

stand. Die sozialen Übelstände wiederum brachten ein Erstarken der politischen Linken mit sich. In Genf gab's einen Streik, der mit Gewalt gebrochen werden sollte – aber die Sozialisten weigerten sich, dem militärischen Aufgebot zu folgen. Was die VKB für ein gutes Sujet hielten, obschon sie keineswegs Kapitalisten waren. Freilich war die Meinung der VKBler nicht einhellig. Ein Mitglied schrieb an den Kassier Gustav Auer noch am 27. Januar 1903 folgenden Brief: «Soeben kommt mir ein neues Project in den Sinn, und zwar «Zolltarif & Referendum». Da dies nach meiner Ansicht besser verständlich ist als wie das Vorgeschlagene, so erlaube ich mir es Ihnen mitzuteilen. Ich habe mir das Ding näher überlegt und finde, dass man hierbei mehr bei dem Thema bleibt als wie bei dem über den Genfer Streik. Hier kommt man, wie es mir scheint, zu sehr auf die Abrüstungsfrage, die doch eigentlich schon längst abgethan ist». Leider war die Abrüstung alles andere als abgetan. Einen Monat nach der Basler Fasnacht schlossen sich England und Frankreich zur «Entente Cordiale» zusammen, einem Verteidigungsbündnis gegen Deutschland, Österreich-Ungarn und Russland.

Von den fasnächtlichen Möglichkeiten her gesehen, war das Sujet der VKB allerdings ideal. Man sieht's aus den Quittungen, die erhalten blieben. Die VKB erschien vorwiegend in Rot, der Farbe der Sozialisten. Der Mützenmacher A. Krämer vom Spalenberg 36 fertigte eine rote Mütze an für Fr. 2.50, dazu 11 Käppi à 4.50. Beim Spielwarenhändler Metraux («Feine japanische Lackartikel, grosse Auswahl in Christbaumschmuck» steht auf dem Geschäftspapier) bestellten die VKB Masken mit Maulkorb (zu Fr. 2.80) und einen Maulkorb extra für die rote Fahne. Die Sattlerei von J. Eltner, Klingenthalstr. 1–3, lieferte Leibriemen mit Doppelschnallen, insgesamt zehn Stück. Neun davon waren 110 cm lang – aber der zehnte mass 145 cm – vermutlich für den Tambourmajor. Gesamtkosten: 22 Franken; die Schnallen mussten aber nach der Fasnacht zurückgegeben werden. Bei der Seilerei J. J. Uehlinger an der Greifengasse 8 in Kleinhüningen bestellte man zehn Knuten à 30 Rappen. Und was die Kostüme angeht: sie kamen auf 30 Franken pro Stück zu stehen, und die vier Laternenträger wurden für insgesamt 40 Franken kostümiert, Kappen inbegriffen. Teuer war die Laterne: das Gestell kostete 62 Franken. Gemalt wurde sie von Carl Roschet, und die vier Mannen, die sie trugen, bekamen natürlich auch Speis und Trank, nämlich vier Suppen und einen Liter Wein, was die Kasse mit Fr. 2.50 belastete.

Die Dekoration des Wagens erforderte 14 Meter roten und gelben Stoff zu Fr. 0.50 pro Meter, und fürs Dekorieren, einschliesslich Näharbeit, Holzrähmli, Nägel und Draht, forderte Tapezierer Eduard Tobler von der Oberen Rebgasse 18 den Betrag von Fr. 7.—. Für die 25 000 Zettel liegt keine Rechnung vor, wohl aber für Zirkulare (auf rotem Papier) und Einladungskarten (auf rotem Carton), im Betrag von Fr. 31.—. Schon eine Woche vor der Fasnacht vom 2. März schickte der Drucker an die VKB ein Memorandum, auf dem es heisst: «Wenn es dir gelegen wäre würdest mir einen Gefallen erweisen, wenn du mir diesen Betrag durch die Ueberbringerin dieses zukommen lassen könntest, habe heute einen starken Zahltag und bin nicht stark bei Casse, auch fehlt es mir an Zeit heute irgendwo Geld herbeizuschaffen, bitte dich desshalb mir den Gefallen zu erweisen». Ein kleiner, aber aufschlussreicher Blick in die wirtschaftlichen Zustände der guten alten Zeit von 1903... Die Laterne zeigte übrigens den Genfer Adler, die Tambouren waren Milizen, die rückwärts gingen, und der Zettel war «weniger witzig als ernst beschwörend».

Am 26. Januar 1903, fünf Wochen vor der Fasnacht, hatten die VKB einen Brief bekommen. Absender war Ludwig Mutterer, Untere Rebgasse 14, Hier. Er lautete: «Geehrter Herr! Hiemit erlaube ich Unterzeichneter im Namen seiner Kameraden (letztjährige Bad. Bahnhof-Clique) eine Bitte an Sie zu richten. Da wir die letztjährige Fastnacht unter dem Namen «Bad. Bahnhof-Clique», welcher Name jetzt nicht mehr für uns passend ist, mitmachten, da sich dieses Jahr nur noch einzelne Knaben der Bahnhofstrasse an dem Zuge beteiligen, u. die andern im Kleinbasel zerstreut wohnen, finden wir es für besser den passenden Namen: Jüngere-Kleinbasler, anzunehmen, und bitten Sie desshalb höflichst um ihre Erlaubnis. In der Hoffnung unsere Bitte in Erfüllung gehen zu sehen grüsst Hochachtungsvoll». Der Brief, im Oktavformat säuberlich geschrieben, hat oben links ein Loch. Zeichen dafür, dass er als wichtig aufgespiesst worden war – damals machte man das so mit Papieren, die man gleich bei der Hand haben wollte. Aufzeichnungen darüber, wie diese Bitte ankam, bestehen leider nicht.

Zeitungsausschnitt zum Fasnachtsgeschehen um 1902.

Die Fasnacht 1904 war für die VKB Anlass zu einem Jubiläum: 20 Jahre alt waren sie geworden, die Vereinigten Kleinbasler! Ob sie in vollkommenem Frieden diese zwei Jahrzehnte hinter sich brachten, geht aus den Akten nicht hervor. Zu grösseren Krächen scheint es aber nicht gekommen zu sein. Erst 1904, im Jahr des Jubiläums, lag man sich in den Haaren, und das wegen Perücken. Doch davon später.

Zunächst gab's wieder eine Kollekte, für die nicht nur ein neues Kassabuch angeschafft wurde. Nein: es bekam auch eine Verzierung, nämlich ein Aquarell von Carl Roschet. 17,5 auf 26 cm Hochformat, als Titelblatt eingeklebt. Die polizeiliche Bewilligung zu einer Hauskollekte «zu Gunsten eines Fastnachtsumzuges ‹Chari-vari› erteilt» klebt ebenfalls im Buch. Geschickterweise gingen die Sammler zuerst zu jenen Gönnern, von denen die höchsten Beiträge zu erwarten waren: zu den Brauereien, zu ihren Stammbeizen, zu Lieferanten und zu anderen Unternehmen, die mit der Fasnacht etwas verdienten. Die Spenden beliefen sich von den 25 Franken der Löwenbrauerei abwärts bis zu einem Franken. Geschickt war's auch, dass man zuerst zur National-Zeitung ging, die zehn Franken spendete, und unmittelbar darauf zu den Basler Nachrichten, die nun natürlich auch zwei Fünfliber geben mussten, auch wenn sie der Partei angehörten, von der es hiess «me git nyt». Gleich viel Geld trugen Basels beide Grossbetriebe bei: die Anilinfarben- & Extract-Fabriken vormals Joh. Rud. Geigy und die Gesellschaft für Chemische Industrie in Basel – später J. R. Geigy AG und Ciba genannt. Ein Licht auf die Gebräuche wirft die Tatsache, dass die Brauereien wesentlich höhere Beiträge leisteten als die Firma Blankenhorn & Co. (Champagne Strub). In den Kreisen der VKB wurde halt, trotz Jubiläum, viel mehr Bier getrunken als Schämpis. Insgesamt kamen im Jubeljahr 1190.75 Franken zusammen.

Was das Sujet angeht: es waren vier Sujets gewählt worden. Eines war recht aktuell, denn es hiess «Neueinbürgerung». Was damals als neue Basler auftrat, waren zum allergrössten Teil Zu-

gewanderte aus dem Deutschen Kaiserreich, denen es in Basel besser gefiel als dort – verständlicherweise. In Basel war damals jeder dritte Bewohner ein Ausländer. Als auf dem Isteiner Klotz eine deutsche Festung gebaut wurde, die den Übergang zwischen beiden Rheinufern sichern sollte – das Elsass war seit 1871 deutsch – befremdete es in Basel, dass die Geschütze der Festung bis zur neu erbauten Mittleren Brücke in Basel schiessen konnten. Aber man sagte: «Was soll's? Wenn sie nach Basel schiessen, treffen sie sowieso numme Schwoobe...».

A propos Brücke: ein zweites Sujet lieferte ein Basler Herrenfahrer, dem es gelang, sein Auto so geschickt zu steuern, dass es mitsamt ihm und seinen Passagieren von der Wettstein-Brücke in den Rhein fiel. Der Zettel der VKB stellte dazu fest:

«Der Rhein hat empört in der ersten Wut
Das Töff und die Fahrer verschluckt,
Doch hat er besänftigt das Basler Blut
An's Ufer bald wieder gespuckt.
Mit dem Töff-Töff spielt er noch kurze Weil,
Doch wurde der Gestank ihm zu greulich.
Er packt's und flucht: Bring der Oberwelt Heil!
Für uns stinkst du viel zu abscheulich.»

Ein Töff war dazumal alles, was einen Benzinmotor besass, und da Auspufftöpfe, wenn überhaupt schon erfunden, so doch noch längst nicht obligatorisch waren, pfupfte so ein Vehikel halt munter herum und hupte und machte weiteren Lärm und stank.

Die Laterne des Jubiläumszuges malte wieder Carl Roschet, für 195 Franken, und die Firma J. Schnetzler, Petersgraben 9, berechnete für die Verzierungen 120 Franken. Ausserdem stellte

1905:
Aquarellmalerei auf Leinwand aufgezogen zum Sujet «Qui paye – commande, wer zahlt – befiehlt» (Carl Roschet)

sie in Rechnung: 3 Franken für «2 Schwabenkäfer». Dreimal dürfen Sie raten, zu welchem Sujet die gehört haben mögen... Von den weiteren beiden Sujets weiss man nicht viel mehr, als dass für ihre Darstellung ein Bär und zwei Studenten und ein kleiner Säbel (total Fr. 7.90) notwendig waren, aber auch ein Räf und ein Galgen (Fr. 4.30).

Viel Haareraufen gab's wegen der Perücken. Sie waren sehr wichtig, weil die Tambouren der VKB als «Incroyables» kamen, was aufgeputzte Lebemänner im Paris des ausgehenden 18. Jahrhunderts waren. Die mussten nicht nur gedrehte Stöcke tragen, sondern auch kunstvoll gestaltete Perücken. Um ihre Lieferung bewarben sich eine Handvoll Geschäfte, aber den Auftrag bekam die Theater- & Masken-Costumes-Fabrik Louis Kaiser, die auch die Kostüme herstellte. Die schickte schon eine Woche nach dem Morgenstreich eine Rechnung über 993.90 Franken und fügte bei: «Da wir per Ende dies grössere Zahlungen zu leisten haben, wäre es uns sehr angenehm, wenn Sie die Rechnung baldigst begleichen würden und ersuchen wir Sie dieserhalb heute Mittag, wenn möglich noch heute Vormittag bei uns vorzusprechen». Aber auch die VKB waren nicht sehr gut bei Kasse. Sie bezahlten die Rechnung in vier Raten, und noch Mitte Juni war ein Betrag von Fr. 68.80 offen. Die Firma Louis Kaiser musste auch die Rückgabe von acht Perücken reklamieren, wozu sie schrieb: «Gleichzeitig machen wir Sie darauf aufmerksam, dass wir auch unsere Fastnachtsrechnung abschliessen wollen und ersuchen Sie daher um Anschaffung unseres Restguthabens umsomehr, da wir gewohnt sind unsere Fastnachtsgeschäfte nur gegen baar zu machen».

Wegen einer Perücke kam es zum erstenmal zu einem Krach bei den VKB. Einem Mitglied, das in Arlesheim wohnte, mussten die VKB drei Briefe schreiben und darin die Rückgabe dieser Perücke mahnen. Das Mitglied antwortete erst auf den dritten Brief, der eingeschrieben abgeschickt wurde: «Seitens meiner Eltern wurden mir Ihre Zuschriften nicht abgegeben, sodass ich erst gestern durch Zufall davon Kenntnis erhielt. Ich bedaure dies umsomehr, als ich die Absicht hatte, an der letzten Sitzung teilzunehmen, um meine ausstehenden Angelegenheiten zu ordnen». Das Mitglied versprach gleichzeitig, die Perücke bis zum Samstag zurückzugeben, «an welchem Tage die Angelegenheit unbedingt in Ordnung kommen wird». Das waren – man muss es offen sagen: Ausflüchte. Denn noch zwei Wochen später war die Perücke nicht wieder im Besitz der VKB. Es liegt sogar eine Spesenrechnung bei den Akten, aus der hervorgeht: ein Delegierter der VKB musste viermal mit dem Tram nach Arlesheim fahren (Kosten: Fr. 1.60 total) und das säumige Mitglied besuchen. Vermutlich waren die drei ersten Besuche für die Katz, und erst am 15. Mai konnte der Delegierte, stolz die Perücke schwenkend, nach Basel erledigter Dinge zurückkehren.

Von einer anderen unguten Affaire zeugt ein Brief, datiert vom 2. Februar. Darin schreibt ein anderes Mitglied der VKB: «Ich fühle mich genöhtigt, Ihnen über meine Gesinnungsänderung Aufschluss zu geben. Ich wurde nähmlich gleich am Montag von einem Freunde ersucht mit Ihm privat an der Fastnacht teilzunehmen. Sie werden nun begreifen, dass ich der Bitte meines Freundes nachgekommen bin, um so mehr, da ich in den Kreisen der VKB niemand Bekannter traf. Ich werde, damit Sie nicht etwa meinen ich hätte spionieren wollen mich Ihnen zu erkennen geben». So weit war's also schon gekommen: Spionenfurcht hatte sich eingeschlichen! Vermutlich weniger bei den VKB als bei diesem Mitglied, dessen Brief einem nicht sehr glaubwürdig vorkommt. Die Gesinnungsänderung bestand wohl daraus, dass der Mann sich für den Zug angemeldet hatte, und dass er dann etwas anderes tun wollte.

Am selben 2. Februar bekamen die VKB aber noch ein anderes Schreiben. Es war unterschrieben von einem Wirt und vom Präsidenten des Sans Gêne Clubs und lautete: «Mitunterzeichneter beabsichtigt am Mittwoch den 10. Februar 1904 ein grosses Preistrommeln unter gütiger Mitwirkung des Sans Gêne Club Basel abzuhalten. Um aber die wirklich besten Tambouren mit anständigen Preisen bedenken zu können, werden Geldpreise verabfolgt und zwar:

1. Preis Fr. 20.—, 2. Preis Fr. 15.—, 3. Preis Fr. 10.—, 4. Preis Fr. 8.—, 5. Preis Fr. 5.— und 5 weitere Preise à Fr. 4.— total Fr. 78.—.»

Als Preisrichter waren vorgesehen je ein Mitglied aus vier Gesellschaften, nämlich vom Artillerieverein, von der Lälli Clique, von den VKB und vom Sans Gêne Club. Aus den Akten geht nicht hervor, ob die VKB die «höfliche Bitte uns durch Abordnung eines Ihrer Mitglieder als Preisrichter unterstützen zu wollen» entsprochen hat. Aber man sieht: die VKB war jemand. Man nahm sie ernst. Als Tambouren – und als Objekt für Spionage...

Wie unangenehm das Fehlen von Protokollen für den ist, der die Geschichte der VKB schreiben möchte, zeigt sich immer stärker, je bedeutender die Vereinigten Kleinbasler wurden, und je mehr Bewegung ins Basler Fasnachtsleben

kam. Wohl liegen Dokumente vor – aber das sind vorwiegend Korrespondenzen, die an die VKB gerichtet wurden; wie die VKB darauf reagierten, ist nicht festgehalten worden.
Da richtete zum Beispiel am 21. Februar 1905 Hans Sturzenegger, Präsident der «Alt Schnauzi Clique», Webergasse 13, einen maschinegeschriebenen Brief an August Apel z.H. der Vereinigten Kleinbasler, Dahier, Greifengasse 28. Darin steht, dass die Alt Schnauzi Clique am Vorabend eine Sitzung abgehalten hatte «betr. Vereinigung unserer Clique mit der Ihrigen». Die «Alt Schnauzi Clique» beschloss darin, «auf Ihren Vorschlag einzugehen» und stellte Bedingungen. Die waren: der Wagen sollte nach Gutdünken der VKB gestaltet werden – für Fuhrmann und Trinkgeld müssten die VKB aufkommen, aber eventuell würde die Alt Schnauzi die Verköstigung übernehmen – der Wagen müsste ausschliesslich für die Leute von der Alt Schnauzi reserviert sein – Beiträge würde die Alt Schnauzi nicht bezahlen, aber Zettel würde sie zum normalen Preis übernehmen. Mit Bleistift ist bei jeder Bedingung vermerkt: angenommen. Ob aber die VKB «bis längstens nächsten Donnerstag, den 23. ct. ihren gefl. Bericht zukommen» liess, steht nirgends.

Die Fasnacht 1905 begann am 13. März. Carl Roschet machte wiederum die Laterne, wofür er 265 Franken bekam, zusätzlich 15 Franken für eine Zugskizze und diverse einzelne Skizzen, alle gemalt. Aber am 14. März bekam er nochmals 216 Franken, davon 180 für «1 Laterne gemalt». Wahrscheinlich betraf die erste Zahlung nur Gestell und Bespannung. Das treue Löwenbräu stellte einen Bierwagen zur Verfügung, und irgendwann einmal trafen sich die VKB sehr untreu in einer Beiz, wo sie nur acht Flaschen Bier, total Fr. 3.20, und zwei Flaschen Siphon (Fr. 0.50) konsumierten – aber 11 Liter vom Wein Nr. 140 zum Betrag von 15.40 Franken! Die Beiz war das Hotel zum Goldenen Lamm, Obere Rebgasse 16, «Alt-Renomirtes Weinhaus, Hotel II. Ranges, Telef. 1195, Vorzügliche Betten, Zimmer von Fr. 1.50 an, gute Küche bei mässigen Preisen, Wagen zur Disposition, Grosser Hof z. Einstellen von Motorwagen und Fuhrwerken». Besitzer: G. Eichin-Dattler. Die Geschäftskarte des Hotels zum Goldenen Lamm ist mit einem Bild geziert, das vor dem Hotel zwei Kutschen zeigt, eine dritte fährt in Richtung Claraplatz davon, und im Hintergrund erblickt man zwei Tramwagen. Was die VKB im Goldenen Lamm trieben, ist unbekannt.

Notorisch jedoch ist, dass im Jahr 1905 ein Zwist entstand wegen der Prämiierung der Züge. Er brach aus zwischen dem Quodlibet und dem Wurzengraben-Kämmerli. Worum es ging, war banal: nämlich um das weltbewegende Problem, ob die Züge im Kleinbasel bis zur Brauerei Clara (Forderung des Quodlibet) oder bis zum Badischen Bahnhof am heutigen Riehenring (Forderung Wurzengraber) gehen sollten. Das Thema wurde zum Sujet der VKB, die naturgemäss für die Version Badischer Bahnhof war, schon weil sich dort eine Beiz befand namens Warteck (B. Füglistaller Nachfolger), die in edler Beständigkeit jedes Jahr 20 Franken an die Kosten der Fasnacht beisteuerte. Solche Zuverlässigkeit muss doch belohnt werden, oder? Ein geradezu unguter Briefwechsel entspann sich zwischen dem Fastnachts-Comité des Quodlibet und den VKB. Leider sind nur die Briefe des Quodlibet erhalten; die der VKB fehlen bei den Akten. Am 21. Februar schrieb das Quodlibet an den Präsidenten der VKB, August Apel: «Namens der Jury beehre ich mich Sie hiemit von einigen grundlegenden Bestimmungen die Subvention betreffend in Kenntnis zu setzen». Der Brief war nicht an A. Apel adressiert, sondern an R. Apel. Ein Tipfehler war's nicht, sondern offenbar Unkenntnis des richtigen Vornamens. Vier Tage später kam ein nächster Brief, der Präsident Apel – diesmal mit richtigem Initial A. – zu einer Sitzung auf Sonntag «4 Uhr präcis» ins Hotel Metropole 1. Stock einlud. «Wir werden alsdann in der Lage sein, Ihnen über einen Minimal Beitrag gewisse Aufschlüsse zu erteilen. Wir ersuchen Sie im Interesse einer prompten Abwicklung sich genau an obige Zeit zu halten & den zweiten Delegirten Ihrer Gesellschaft von Gegenwärtigem in Kenntnis zu setzen». Unterschrieben war der Brief diesmal nicht «mit freundlichem Gruss», sondern «Hochachtend». Drei Tage darauf ein neuer Brief, wieder «Hochachtend» unterzeichnet: «Wir machen Ihnen hiemit die höfliche Mittheilung, dass wir beschlossen haben Ihnen auf Grund Ihrer Angaben vorläufig eine Subvention von Frs. 300/500 zuzusichern, vorausgesetzt, dass die Darbietungen Ihres Zuges Ihren mündlichen Darlegungen entsprechen». Der Briefstil tönt nicht ungeheuer freundlich und schon gar nicht fasnächtlich. Immerhin fügte das Quodlibet den Satz bei: «Es ist jedoch nicht ausgeschlossen,

1903:
Sujet «Aufgebotsverweigerung der Sozialisten bei Anlass des Genferstreikes, verbunden mit Maulkrattengesetz». Laterne Genfer Adler von Carl Roschet. Ein Meisterstück der damaligen Laternenmalerei. Von diesem Jahr existieren zum ersten Mal ein Steindruck (siehe Vorspann), Zugskizzen sowie Fotos der Laterne.

dass die Subvention – abgesehen von einer eventl. Prämierung – bei besonders guten Leistungen erhöht werden kann». Das tönt leise nach einer Nötigung, indem man annehmen darf: die «besonders gute Leistung» besteht darin, dass die VKB nur bis zur Brauerei Clara marschiert und nicht bis zum Badischen Bahnhof, der Zitadelle des Erzfeindes Wurzengraber...

Die VKB müssen den Braten gerochen und entsprechend reagiert haben. Denn nach vier Tagen bekamen sie einen vierten Brief, diesmal nur mit «Achtungsvoll» unterzeichnet. Der war schon keine versteckte Nötigung mehr – der war eine offene Drohung. Er lautet also: «In der letzten Sonntag stattgefundenen Besprechung waren Sie nicht im Falle uns über Ihr Projekt nähere Aufschlüsse zu erteilen als dass Sie mit Laterne & 1-2 Wagen aufrücken werden. Wenn wir nun auch Ihre Zurückhaltung uns gegenüber wohl begreifen, so können wir Ihnen anderseits keine Zusicherungen geben die sich vielleicht später als nicht gerechtfertigt herausstellen könnten & so müssen wir uns daher den Entscheid über die Höhe der eventl. Subvention auf die Fastnacht selbst verlegen. Hiebei wird – das verhehle ich Ihnen nicht – Ihre Stellungnahme zum Verhalten des Tit, Wurzengraber Comité eine Rolle spielen, denn sollte eine Verständigung nicht zu Stande kommen, so wären wir auch unsererseits genötigt die uns gut scheinenden Massnahmen zu treffen. Wir sind immer noch bereit einen Tag mit Tit. Wurzengraber Comité bis zum Warteck einzuräumen & haben die Hoffnung noch nicht verloren dass wir doch noch zusammen kommen werden. Dann sollen Sie sich auch über unsere Subvention nicht zu beklagen haben».

Was die VKB auf diesen bemerkenswerten Brief antworteten – wenn überhaupt etwas – das ist in ihren Akten nicht zu finden. Jedoch enthalten sie ein auf mieses Papier vervielfältigtes Schriftstück, unterschrieben mit «Hochachtend Fastnachts-Comité des Quodlibet», datiert vom 13.

März 1905, was der Fasnachtsmontag war. Es lautet: «An die verehrl. Zugs- und Musikgesellschaften. Wir ersuchen Sie hiermit, uns gefl. umgehend die Namen zweier Ihrer Mitglieder mitzutheilen, welche Sie zum Bezug des Geldes ermächtigen wollen und dieselben zu ersuchen den Ihnen zukommenden Beitrag Freitag den 17. crt. Abends präcis 8.15 Uhr im Metropole in Empfang zu nehmen». Man bemerkt auch aus diesem Schreiben, dass Interpunktion nicht die grösste Stärke des Quodlibet war, und dass dort Leute die Feder führten, die zu meinen schienen: «Wer zahlt befiehlt». Das war denn auch das Sujet der VKB, das lautete: «Qui paye – commande». Noch ein weiterer Brief des Quodlibet an A. Apel von den VKB liegt vor, geschrieben vier Tage nach jenem Zahltag im Hotel Metropole «präcis 8.15 Uhr» – als ob es üblich wäre in Basel, bei der Auszahlung von Subventionen zu spät zu erscheinen! Der Brief heisst: «Nachdem wir Sie nach Ihrem eigenen Geständnis in loyalster Weise bedacht haben, sind wir von Ihrem heutigen Begehren umso peinlicher berührt, und sehen uns daher zu der Erklärung veranlasst, dass wir es rundweg ablehnen auf derartige Forderungen einzutreten». Unterschrieben: Achtungsvoll F. Eisenring.

Wie aber reagierte der böse Erzfeind, das Tit. Wurzengraber-Kämmerli? Sein Aktuar J. Hungerbühler schickte den VKB drei Briefe, mit schöner Handschrift geschrieben, als Anrede «Geehrte Herren!» samt Ausrufzeichen, unterschrieben mit «Achtungsvoll». Der erste stammt vom 10. März, dem Freitag vor dem Morgenstreich, und teilte mit: «In unserer gestrigen Sitzung wurde beschlossen, Ihnen an Subvention der diesjährigen Fastnacht den Betrag von Frs. 250–350.— zuzutheilen, mit der Bestimmung, dass Sie Montag & Mittwoch Nachmittags zwischen 2 & 6 Uhr die Clarastrasse bis zum Warteck zu passiren haben. Ausserdem findet an der Fastnacht eine Beurtheilung Ihres Zuges durch unsere Jury statt, wonach Ihnen eine von derselben festgesetzte Prämie, nebst der Subvention am Mittwoch Nachmittag im Warteck verabfolgt wird». Dieses war der erste Streich, und der zweite folgte nicht sogleich, sondern am 20. März, und lautete: «Wir beehren uns Ihnen mitzutheilen, dass Sie vom Unterzeichneten Comité an Subvention Frs. 350.— für Prämierung Frs. 150.— total Frs. 500.— an die diesjährige Fastnacht erhalten, welchen Betrag Sie bei unserem Cassier E. Zipf in Empfang zu nehmen belieben». Und nochmals zwei Tage später stand im Brief Nr. 3: «In unserer Sitzung vom 21. ct. wurde beschlossen, Ihnen noch ein Betrag an das angegebene Deficit laut eingereichter Abrechnung von Frs. 60.— zuzutheilen». In der Orthographie war das Wurzengraber-Kämmerli etwas weniger gut als das Quodlibet, aber in der Interpunktion übertraf es die Quodlibetianer haushoch. Auch in der Freundlichkeit gegenüber den VKB.

Man darf durchaus annehmen, dass das Quodlibet vom Jahre 1905 etwas sauer war über das Sujet der VKB und über dessen Gestaltung. Die 40 Mann der VKB führten nämlich einen Wagen mit sich, gestiftet vom Löwenbräu (wie Sie schon gelesen haben), und auf dem tagte ein Feme-Gericht, das ganz offensichtlich eine handgreifliche Anspielung ans Comité des Quodlibet war. Auf der Laterne, die einen Orden darstellte – Vorausahnung der Fasnachtsplakette, oder was? – las man:

«Einst hat die hohe Polizei
Die Züge drangsaliert,
Doch heut', oh weh, das Quodlibet
Willkürlicher regiert.»

Und man las ebenfalls sehr deutlich:

«Dass mindern Werts Kleinbasel sei,
Das Quodlibet es sagt,
Denn es erklärt als vogelfrei,
wer sich ins Warteck wagt.»

Zu Ehren des Quodlibet muss aber gesagt sein: es subventionierte die VKB zwar nicht mit 300– 500 Franken, jedoch mit 375 Franken. Und man darf ebenfalls sehr lobend etwas anderes feststellen, das für Basel typisch ist. Es gab nämlich wegen des Streits zwischen Gross- und Kleinbasel, zwischen Quodlibet und Wurzengraber, eine Regierungsratsverhandlung noch vor dem Morgenstreich. Sie führte zu nichts Positivem. Aber ohne behördliches Zutun kam's im Laufe des Jahres 1905 zu Verhandlungen zwischen den streitenden Parteien, und bei denen scheint der Fasnachtsgeist gewirkt zu haben. Denn an der nächsten Fasnacht, 1906, hatten sich die beiden streitenden Comités vereint...

Die Fasnacht 1905 brachte noch etwas Ungutes: die Regierung verbot die Sammlungen durch die Cliquen. Das gab viele Kommentare in den Zeitungen, die Befürchtungen laut werden liessen, dass weniger finanzstarke Cliquen vielleicht ohne Laternen auskommen müssten. Die VKB richtete dennoch einige Bettelbriefe an bewährte Organisationen, wobei sie für 26 Briefe insgesamt Fr. 1.30 als Porto ausgeben musste. Es befand sich aber auch interne Korrespondenz darunter. Zwei Briefe wurden ganz sicher an Gönner, oder an vermeintliche Gönner, geschickt. Der eine ging an den Verwalter des Allgemeinen Consumvereins in Basel, der antwortete: «Ich bedaure Ihnen mitteilen zu müssen dass wir aus principiellen Gründen keine Beiträge für genannten Zweck verabfolgen können». Der zweite war an die National-Zeitung gerichtet, deren Administrator Alwin Schwabe die VKB wissen liess: «Um Subventionierung angegangen, haben wir auch dieses Jahr einen Beitrag gezeichnet». Nur die Bitte um Gratis-Inserate schlug die Administration ab, «indem wir principiell nur bezahlte Annoncen publizieren». Principien müssen damals im Geschäftsleben eine bedeutende Rolle gespielt haben. Vor allem, wenn man sich um etwas drücken wollte.

Etwas sehr Gutes aber brachte die Fasnacht 1906: die erste Laternen-Ausstellung fand statt! Über sie steht in den Akten der VKB nichts. Aber es findet sich die Bemerkung aus der National-Zeitung: die Laterne der VKB, der Orden, habe zu den schönsten Transparenten gezählt.
Ganze 33 Mann waren es, die an der Fasnacht 1906 den Zug der VKB bildeten. Die Zahl ist wichtig – wie man noch sehen wird. Das Sujet lautete: «Basels Begebehaite». Die Laterne malte wieder Carl Roschet, der auf seiner Rechnung dafür 255 Franken verlangte. Ausserdem stellte er noch Forderungen für einen Hafen und ein Tintenfass sowie für «ein Bild (Hodler)», welch' letzteres auf 4 Franken zu stehen kam. Ein Original konnte es nicht gewesen sein, denn wenn auch Ferdinand Hodler noch längst nicht als grosser Maler anerkannt war – so billig waren seine Helgen trotzdem nicht. Recht aufschlussreich ist auch die Rechnung vom Baugeschäft Robert Riesterer-Asmus, die einen Blick in die Geheimnisse der Requisiten tun lässt. Die Firma fertigte an: eine Steuerpresse à Fr. 45.—, ein Kästlein (Orgelmodell) à Fr. 6.—, zwei Häuschen zum Tragen à Fr. 6.— pro Haus, und: «Automobil complet Fr. 70.—».
Was Sie schon wissen: die beiden vormals feindlichen Comités hatten sich vereint und luden gemeinsam zur Subventionierung und Prämierung der Fastnachtszüge ein, wobei sie die Route völlig freistellten: irgendwie zwischen Aeschenplatz und Warteck. «Sollten Sie das Arrangement eines eigentlichen Zuges nicht als durchführbar erachten, so dürften Sie doch die nötigen Leute zusammenbringen zur Formierung einer währschaften Trommel- oder Musikbande, einer humoristischen Wagen- oder Fussgruppe» stand auf der Einladung des Comités, die unterschrieben war «Mit fröhlichem Faschingsgruss». Sie enthielt auch den Satz «Der gesunde Sinn unserer Bevölkerung für witzige Fastnachtszüge hat sich stets von einer Generation auf die andere vererbt, und so erwarten wir vor allem von der Jungmannschaft, dass sie unsere Bestrebungen zur Hebung der Fastnacht würdigen und durch zahlreiche Beteiligung an derselben unterstützen werde». Die Einladung, die der VKB zugestellt wurde, enthielt handschriftlich den Vermerk «Wir vermissen noch Ihre gefl. Angaben für das Trommelkonzert».

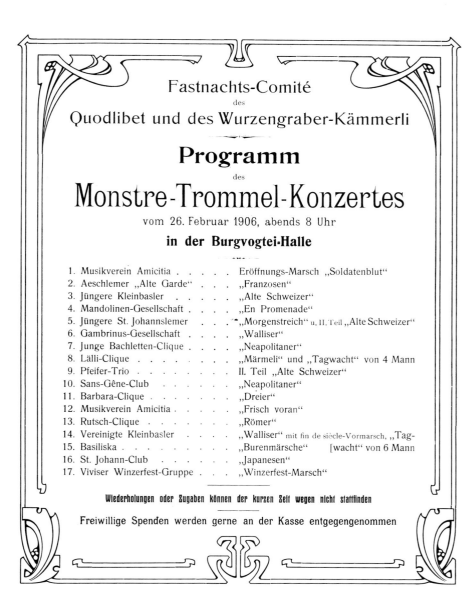

1906:
Das Programm vom ersten Drummeli, welches in der Burgvogtei stattfand.

Tatsächlich: am 26. Februar 1906, abends 8 Uhr, fand in der Burgvogtei das erste Monstre-Trommel-Konzert statt, veranstaltet von den beiden vereinigten Comités des Quodlibet und der Wurzengraber. «Wiederholungen oder Zugaben können der kurzen Zeit wegen nicht stattfinden» hiess es auf dem Programm, das 17 Nummern umfasste, vom Eröffnungsmarsch «Soldatenblut» des Musikvereins Amicitia bis zum «Winzerfest-Marsch» der Viviser Winzerfest-Gruppe. Als Nr. 3 erschienen die Jüngeren Kleinbasler mit den «Alten Schweizer», und Nr. 14 waren die VKB mit der Nummer «Walliser mit Fin-de-Siècle, Vormarsch» und einer Tagwacht von 6 Mann. Die Anordnungen des Comités für das Monstre-Trommel-Konzert waren 25 Maschinenzeilen lang und enthielten unter anderem den Satz «Die Mitwirkung der Tambour-Majore ist erwünscht. Es hiess da auch «Da wir wenn der Andrang ein grosser wird, event. die Kasse schon um 7 Uhr öffnen», und nach Schluss des Konzerts waren alle Mitwirkenden zu einem kleinen Bierhock im vorderen Lokal der Burgvogtei eingeladen.

Zum erstenmal in der Geschichte der VKB kam es an der Fasnacht 1906 zu einem Konflikt. Nicht wegen der paar Absagen, und auch nicht deshalb, weil VKB-Mitglied Ernst Kaltenbach dem Präsidenten folgenden Brief schrieb: «Im Einverständnis mit meinen Eltern, frage ich Sie höflichst an, ob ich vielleicht an der Fasnacht eine andere Rolle übernehmen könnte. Sollte dies nicht möglich sein, so müsste ich überhaupt aufs Fastnachtsmachen verzichten. Bitte um Antwort». Was für eine unzumutbare Rolle war das wohl? Es geht aus einer Rechnung von Fritz Hosch, Buchbinderei am Luftgässlein 1, deutlich hervor. Auf ihr steht nämlich: «Gebiss Frs. 15.— ist in Abzug zu bringen». Nein – der Konflikt war anderer Natur. Nämlich:

Am 2. Juni 1906 richtete Otto Haller, Feierabendstr. 69, ans Strafgericht Basel ein Klage «gegen die Mitglieder der Fastnachtsgesellschaft Vereinigte Kleinbasler, deren Namen mir bis auf denjenigen des Präsidenten Aug. Apel, Greifengasse 28, nicht bekannt sind und deren Feststellung nur dem Strafgericht möglich sein wird» wegen Ehrbeleidigung durch die Presse, begangen durch die Herstellung und Verbreitung eines Fasnachtszettels, dessen Verfasser «nach zuverlässigen Mitteilungen» vorgenannter A. Apel sei. Als strafbar betrachtete Otto Haller sechs Zeilen aus diesem Zettel. Er schrieb: «Für die Schwere der eingeklagten Handlung kommt in Betracht, dass der betr. Flugblatt in einer Auflage von 30–40 000 Exemplaren vertheilt worden ist». Die eingeklagten sechs Zeilen lauteten:

Was witt du do vo G'rächtigkait,
   die isch hie nit bikannt.
's isch letzthi-n-aine aklagt g'si,
   's isch g'le-gen-uff der Hand,
Der Schwindel het er dribe stark,
   wie's kaine dribe ka,
Doch hänn s'enn wieder laufe lo
   vor G'richt, dä ehrlig Ma.
Die glaine Schelme werde g'henggt,
   die grosse laufe frei,
Das kunnt halt vo dämm Dochterma
   bi däre «Hallerei».

Die VKB versicherten sich des juristischen Beistandes des Advokaten und Notars Dr. August Heinrich Wieland, Blumenrain 16 und berief auf den 22. Juni, einen Freitag, per Inserat eine Sitzung ins «Clara» ein. Traktanden: «Strafprozess Otto Haller, nachher gemütliche Vereinigung und Besprechung des Sujets für Fastnacht 1907». Das Inserat kostet Fr. 7.—, worauf es die üblichen zehn Prozent Rabatt gab. Erst am 6. Oktober, Samstagvormittag 9½ Uhr, fand die Verhandlung statt. Das persönliche Erscheinen der Beklagten war nicht notwendig; Dr. Wieland liess die VKB wissen: «Auch wenn kein einziger

von Ihnen zur Verhandlung kommt, so macht das auch nichts. Es steht Ihnen allen vollständig frei, zu kommen oder nicht zu kommen». Anwesend an der Verhandlung war aber die Presse, die natürlich sehr viel Interesse an einem solchen Sensationsprozess hatte. In der Zeitung wurde dann festgehalten, dass die Klage sich gegen alle 33 Mitglieder der VKB gerichtet hatte, aber nur 19 davon hatten durch ihre Unterschrift auf der Vollmacht dem Verteidiger Dr. Wieland das Recht gegeben, sie zu vertreten. Zwei von ihnen wurden freigesprochen, weil sie an der Fasnacht nicht teilgenommen hatten. Die übrigen 17 aber wurden schwer gebüsst: jeder musste einen Fünfliber Strafe bezahlen! Die fehlenden Mitglieder bezahlten diese Busse auch, um eine zweite Verhandlung zu ersparen. Am 25. Oktober kam dann die Rechnung des Advokaten und Notars Dr. iur. August Heinrich Wieland: zwei Seiten detaillierte Aufstellung seiner Leistungen. Gesamtbetrag der Rechnung für die intensiven juristischen Handlungen: Fr. 55.45. Die 45 Rappen waren Porti. Die VKB konnten sich die Bussen und das Advokatenhonorar leisten, denn sie hatten vom vereinigten Comité an der Fasnacht eine Subvention in Höhe von 1 300 Franken erhalten.

Nicht viel Weltbewegendes ist von der Fasnacht 1907 der VKB zu melden. Als Sujet hatten sie den 7. Schweizerischen Artillerietag gewählt, was natürlich entsprechende Kostüme erforderte. In den Papieren ist viel die Rede von Säbeln, Artillerieknöpfen und Kokarden und so. Der Bauspengler Schnetzler stellte zwei Kanonenrohre samt Bomben her, für 38 Franken, wozu der Schlosser W. Grüninger die Lafetten baute (Fr. 27.80) – so billig war damals das Kriegsmaterial! Auf irgend eine Art muss auch ein Velo eine Rolle gespielt haben. Es stammte vom Veloclub Birsfelden, dessen Präsident schriftlich mitteilte: «Das Rad kann in meiner Wohnung abgeholt werden. Da aber ein Ersatz jedenfalls schwer zu finden wäre, erwarten wir, dass dasselbe uns, unter allen Umständen, wieder in brauchbarem Zustande abgeliefert wird». Etwas Ungutes muss mit diesem Velo trotzdem geschehen sein, denn W. Grüninger stellte für «Demontiren und wieder zusammensetzen eines Velo» eine Rechnung – Fr. 2.50.

Schwierigkeiten gab es nachgewiesenermassen wegen eines Pferdes. Die Firma Louis Kaiser vermietete den VKB für die Fasnacht zwei Pferdchen, für Fr. 20.—. Zwei Wochen nach der Fasnacht mahnte sie die VKB: «Wir ersuchen Sie ebenso höflich als dringend uns die zwei leihweise überlassenen Pferdchen sofort zu retournieren. Sobald wir uns von dem Zustand derselber überzeugt haben werden wir nicht ermangeln Ihnen eine endgültige Rechnungsstellung zu übermitteln». Nach weiteren zweieinhalb Wochen kam ein neuer Brief der Firma: «Mit Bedauern müssen wir Ihnen mitteilen dass wir erst eines der Ihnen mietweise übergebenen Pferdchen erhalten haben und bei diesem einen fehlt noch ein Bein. Sollte sich das Pferdchen nicht mehr vorfinden so wollen sie uns dies gefl. baldigst mitteilen damit wir Ihnen dafür Rechnung stellen können». Noch einmal 17 Tage ging's, bis bei den VKB ein letzter Brief der Firma Kaiser ankam, der lautete: «Da wir auf unsere letzte Zuschrift bis heute ohne Ihre Antwort geblieben sind, nehmen wir an, dass das reklamierte Pferdchen sowie das fehlende Bein nicht mehr vorhanden & erlauben uns, Ihnen anbei die endgültige Faktura auszustellen». Die Rechnung lautete: Verkauf von 1 Pferdchen, schon benützt... Fr. 35.—; 1 Bein zu einem Pferdchen gehörend Fr. 5.—.

Innerhalb der VKB muss es wegen diesem Pferdchen zu einer Auseinandersetzung gekommen sein. Am 12. April 1907 schrieb nämlich Mitglied Gusti Riegler an den Präsidenten: «Ich erhalte Dein Schreiben vom 10. ct. & bin ganz erstaunt über diese Anschuldigungen.

1910–1924:
Strafzettel-Serie.

Wie Dir bekannt sein wird, war ich am Fastnacht-Mittwoch geschäftlich verhindert am Zuge teilzunehmen, wie kommt es dann, dass ich der Schuldige sein muss, der ja das Ross am genannten Tage nicht einmal gesehen hat, geschweige denn wissen soll wo dasselbe hingekommen ist? Ich kann dir wirklich keinen anderen Rat geben, als denjenigen verantwortlich zu machen, der das Ross am Mittwoch gebraucht hat, was ich keineswegs war. Mitfolgend die beiden Schreiben d. Hr. Kaiser retour mit der Bemerkung, dass ich für meinen Teil auch unter keinen Umständen das fehlende Ross vergüten werde». Das Ross hingegen war und blieb verschwunden und wurde, samt dem fehlenden Bein des anderen Rosses, der Firma Kaiser bezahlt. Damit Sie sich keinen falschen Vorstellungen hingeben müssen: das Ross war aus Carton...

Die VKB konnte sich diese Ausgabe leisten, denn sie hatten eine sehr schöne Subvention bekommen: 1 250 Franken, dazu noch je 50 Franken für die Mitwirkung am Trommelkonzert und als Prämie für die Laterne. An der Fasnacht 1907 machten sie einen Überschuss von Fr. 109.35. Die Verwaltungsspesen hatten Fr. 11.30 betragen. Am Fasnachtsmontag bekamen die Laternenträger – vielleicht interessiert Sie das? – als Verpflegung drei Wiener Rettig, fünf Klöpfer und neun Becher Bier, und das kostete zusammen Fr. 3.80. Ein Beispiel noch für den Umgangston, der innerhalb der VKB herrschte: ein Mitglied hatte offenbar eine Trommel nicht rechtzeitig gebracht und schrieb: «Es braucht eben Zeit eine Trommel wieder so herzustellen, dass man sagen darf sie sei in einem guten Zustande. Ich will unbedingt haben dass ich die Trommel recht im Stande abgeben kann & nicht dass man nachher kommt & sagt das ist ein elender Tropf dem kann man nicht's geben. Ich bitte Sie also, das eine Auge noch ein bischen zudrücken zu wollen». Auf dem Brief ist vom VKB-Zuständigen vermerkt: «Die Trommel wurde». Was die Trommel wurde, wird für ewige Zeiten ein Rätsel bleiben.

Im Oktober 1907 wurden die VKB zu zwei Aktivitäten aufgerufen. Die eine war «ein ganztägiger Herbstspaziergang auf die aussichtsreiche Höhe des Passwang», samt Mittagessen in der «Sonne» in Reigoldswil. «Das Mittagessen wird den angemeldeten Teilnehmern aus der Kasse vergütet» stand in der Einladung, und es wurde bereichert durch «gemütliche Unterhaltung, Sackgumpen und Stangenklettern». Der Besitzer der «Sonne» hatte zwei Menüs offeriert. Das erste bestand aus Suppe, Hasenpfeffer mit Kartoffeln, Filet mit Gemüsen, «Boulet mit Salat» und Dessert. Das zweite war «Suppe, Zungen mit Brötli, Ragoutpastetli, Filet mit Gemüsen, Schinken mit Salat, Dessert». Jedes dieser Menüs kostete Fr. 2.50 pro Person.

Die zweite Aktivität bestand aus der Teilnahme an einer Kundgebung für die Eidgenössische Militärvorlage am Abend des Abstimmungstages «zur Aufrüttelung der Lässigen und Gleichgültigen. Es wäre dies wirklich eine imposante Baslerische Kundgebung die ihre Wirkung nicht verfehlen dürfte und angesichts der grossen Wichtigkeit der Vorlage wird bei den in Betracht kommenden Gesellschaften gewiss auch Geneigtheit vorhanden sein das Kalbfell einmal im Dienste des Vaterlandes zu bearbeiten». Die

VEREINIGTE KLEINBASLER.
:: Fastnachtgesellschaft ::
Gegründet 1884   Lokal: Unt. Rebgasse 15
Postcheck und Girorechnung V 768

BASEL, im Januar 1910.

VKB liessen ihre Kalbfelle nicht unbearbeitet, was ihnen einen Dankbrief eintrug, aus dem zitiert sein soll: «Es war eine Tat von der unsere Tambouren noch lange mit Stolz reden dürfen; sie wird für alle die dabei waren unvergesslich bleiben. Dass bei den Schweizermärschen nicht alles klappte, tut der Sache keinen Abbruch; das muss jetzt in den kommenden Trommelstunden definitiv bereinigt werden».

Der letzte Satz weist darauf hin, dass das Comité schon im Sommer vorgeschlagen hatte, eine Trommelschule ins Leben zu rufen, an der sich tüchtige Tambouren auch der VKB als Leiter beteiligen sollten. Im Dezember, einen Monat nach dem Zapfenstreich für die Abstimmung, nahm der Vorschlag Gestalt an, vorderhand noch innerhalb der Cliquen. Das Programm umfasste drei Abteilungen: 1) Einfache Streiche mit Schlepp, 2) Doppelstreiche, 3) Kunststreiche (Tagwacht etc.)

Das Thema «Schutz der Heimat» war das Sujet der Fasnacht 1908. Es war nicht militärisch gemeint, sondern befasste sich mit einer Art Fortschritt, der damals vorangetrieben wurde. Der Zettel begann mit den Worten:

Wadenwickel
Sack und Pickel
Touristenhosen
Alpenrosen
Wird eine Seltenheit,
Denn auf jeden Hügel
Fährt man ohne Zügel
jetzt per Eisenbahn!

«Besonders hervorgehoben zu werden verdient die schöne Laterne der Vereinigten Kleinbasler» stand in der Zeitung. Die Laterne stammte, wie bereits zur Tradition geworden, von Carl Roschet, der fürs Malen 230 Fr. bekam; sie stellte ein Schweizerhaus dar. Roschet sorgte auch noch für Requisiten: eine Weltkugel, eine Maggiflasche, eine Erdbeere (mit der Bemerkung «Lenzburger Confitüre), eine Omega-Uhr und eine Odol-Flasche. Letzteres war eine Anspielung auf einen deutschen Geheimrat, der mit Odol-Zahnwasser ein Riesenvermögen gemacht hatte und die Ruine des Schlosses Tarasp kaufte, um sie wieder aufbauen zu lassen. Damals war das etwas recht Versponnenes, aber heute sind wir froh, dass das Schloss erhalten blieb und zur Zierde des Engadins wurde. Der Wagen der VKB stellte die Tellskapelle dar und kostete Fr. 120.—. Die Firma Louis Kaiser, wohl etwas in Misskredit geraten wegen der Pferdchen von anno 1907, durfte nur zwei Fahnenstangen für Fr. 4.— liefern.

Aus den Rechnungen geht aber etwas anderes hervor, das sich an der Fasnacht 1908 ereignete, aber in den Papieren sonst mit vornehmem Stillschweigen übergangen wurde. Zwar stand in der Zeitung: «Die Vereinigten Kleinbasler klopften mit einer Präzision, die derjenigen der Lälli in Nichts nachstand. Sie besitzt einen Trommelvirtuosen, den man nicht nur gehört, sondern auch gesehen haben muss. Viele Worte brauchen wir ja bei dieser bewährten Gesellschaft nicht machen». Trotz aller Bewährtheit kam es aber bei dieser Gesellschaft zu einem Ereignis, das in der 1934 zum fünfzigjährigen Bestehen der VKB erschienenen Festschrift mit dürren Worten folgendermassen geschildert wurde: «Nach dieser Fasnacht 1908 beschloss die Mehrzahl der «Vereinigten Kleinbasler» unter dem Namen «Olympia» als neue Clique aufzutreten. Der Name «Vereinigte Kleinbasler» lebt aber fort und wurde von der Gambrinus-Clique übernommen». Die Fakturen nach der Fasnacht sind denn auch teilweise an die Gambrinus-Clique adressiert. Eine von ihnen enthält einen Passus, der offenbar mit der Trennung in Zusammenhang steht und lautet:

13. März
In der Brauerei St. Clara auf dem Estrich die den V.K.B. gehörenden Utensilien geholt & versorgt, die Laterne & den Wagen abgemacht & versorgt in Clarastr. 41. 14 Std. Taglohn à 95 cts: Fr. 13.30.

Nicht sehr friedlich muss es auch bei einem Waldfest im August zugegangen sein, das nicht nur ein Defizit von Fr. 11.05 ergab, sondern bei dem auch ein Kornfeld und eine Matte beschädigt wurden, wofür eine Wiedergutmachung in Höhe von Fr. 10.— entrichtet werden musste...

Hätten die VKB, wie früher so oft, für die Fasnacht 1909 ein weltpolitisches Thema als Sujet wählen wollen, so hätte es ein sehr schönes und ausbaufähiges gegeben. Im Jahr 1908 nämlich hatte das Kaiserreich Österreich-Ungarn die ehemals türkischen Provinzen Bosnien und Herzegovina annektiert, die es bereits seit dreissig Jahren provisorisch besetzt hielt. Das hätte einen farbenfreudigen Zug gegeben, mit orientalisch Kostümierten und mit Haremsdamen und so. Doch diese Annektion, die den ganzen Nahen Osten und Osteuropa in Unruhe brach-

59

Fasching 1909.
Der Gesellschaft O Glünggia
gewidmet.

Eines schönen Januar Abends versammelten sich hinten
In des Birseck Hofs tiefsten Gründen
Die ehemals Vereinigte Kleinbasler Schaar, sich selbstbewusst,
Dass mit dem Neuen Jahr der Gesellschaft
Auch eine neue Firma von Nöthen war.

Alsobald nach Beginn der Sitzung
Theilt der Migger, Präsident der Innung
Mit, dass das Ei des Columbus nun gefunden sei,
Olympia, rief er gelassen aus, sei unser Panier,
Natürlich Babylons allerschönste Zier.

Man schwur sich gegenseitig Treue
Und was die Hauptsache, auf's Neue,
Dass künftighin die Gesellschaft, persee, am Fasching
Mit oder ohne Laterne; und zwar ohne Subvention
Auf eigenen Füssen steh.

Doch bald bemerkt man am Präsidium der Innung
Eine für die menschliche Gesellschaft zweifelhafte Stimmung,
Als Instruktor der Trommelakademie, was an sich ganz nett
Der Migger in kürzester Frist vom Quodlibet, sage zwei Becher
Als Anerkennung empfangen tät.

So kam's denn, als man seine Schritte wiederum in eine Sitzung lenkte
Der Präses Migger bereits bedenklich auf die läze Seite schwenkte,
Mit allerlei Geflunker wie, mit Aufhebung der Prämierung
Könne man sich ganz gut fügen der Bestimmung
Vom Komité, o Jeminé.

Auf die fatale Abstimmung schon
Nahmen einige Alte ihre Demission,
Denn zu was sich noch ärgern und plagen mit samt den Auslagen
In diesen lustigen Tagen,
Zum Kukuk mit der Kommission.

Dem Publikum sei es überlassen zu halten Gericht,
Um zu beurteilen solches Benehmen der Schuldigen oder nicht.
Es ist fürwahr ein trauriges Zeichen der Zeit,
Dass Mancher sich nicht scheut, alles zu versprechen u. nichts zu halten,
Drum nehmt Euch ein Beispiel an den demissionierten Alten.

Wie so oft, hat es sich auch hier deutlich erwiesen,
Dass die Jagd nach Ruhm und Schätzen von so vielen wird gepriesen,
Sogar der Migger davon wird angesteckt, o verr.ckt
Und das Ende von der Geschicht, bedeutet's etwa nicht:
Schmieren und Salben hilft allenthalben.

te, ging an den VKB spurlos vorüber. Sie hatten andere Ziele im Auge als die Verhältnisse auf dem Balkan. Für die VKB gab es da eine Clique namens «Olympia», der gegenüber sie an der Fasnacht 1909 auf die vorher geübte Zurückhaltung freundlichst verzichteten. Das offizielle Sujet war zwar ein anderes, nämlich das Basler Münzkabinett. In einem Zettel mit völlig neuen Versformen schrieben die VKB:

Anstatt sich der Untätigkeit zu schämen,
Pflegt man den Bauch und lässt sich's wenig grämen,
Kümmert sich mehr um Versammlungen als um die Sammlungen,
Der Rheinstrom ist geworden ein Weinstrom,
Die Stadt der Künste ist eine Stadt der Dünste.

Die Laterne, von Carl Roschet, stellte einen Basilisken dar und kam insgesamt auf Fr. 474,15 zu stehen, wovon fürs Mahlen 170 Fr. an Roschet bezahlt wurden. Die gegenüber den Vorjahren um rund hundert Franken höhere Rechnung für Drucksachen gibt aber einen Fingerzeig dafür, dass noch etwas anderes verteilt wurde als die üblichen Zettel zum Sujet. Und so war's denn auch. Es existiert ein zweiter Zettel, der nichts mit dem Münzkabinett zu tun hat, sondern den Titel trägt «Fasching 1909. Der Gesellschaft O Glünggia gewidmet» und acht Verse enthält, die nicht von warmer Freundschaft zur «Olympia» zeugen. Sie sind etwa so bissig und kalt, wie's das Wetter am Fasnachtsmittwoch 1909 war. Am 25. Oktober fand übrigens eine Besprechung zwischen dem Comité von Quodlibet und Wurzengraber statt, in der Rebleutenzunft, an der ein «provisorisches Komitee» gewählt wurde. Den Vorsitz hatte Gustav Rensch, fünf Gesellschaften waren mit je zwei Mann darin vertreten, nicht aber die VKB und der Barbara-Club.

Für die Fasnacht 1910 gab's ein recht dankbares Sujet. Der neue Polizeiinspektor des Kantons Baselstadt war ein Mann mit recht hohen Vorstellungen von der Moral, die in seinem Wirkungsbereich herrschen sollte. Das veranlasste ihn, das Nachtleben in den Zimmern Basler Hotels durch seine Polizeimänner näher untersuchen zu lassen, wobei er sich jenes Mittels bediente, das der Polizei immer dann einfällt, wenn ihr nichts Rechtes einfallen will: er veranstaltete Razzien. Die VKB erschienen deshalb am Fasnachtmontag, 14. Februar, als aufgescheuch-

1909:
Dass die Spaltung der VKB ihre Spuren hinterlassen hat, zeigt dieser Zettel «O Glünggia».

1914:
Ein prächtiger Tambourmajor zum Sujet «S Erwache vom Glaibasel» (30jähriges Jubiläum)

te Hotelgäste in Nachthemden und Unterhosen und trugen als Laterne die Lampe eines Polizeipostens mit. Auf ihr stand zu lesen:

Was ist doch für ein ganz Korrekter
Der neue Polizei-Inspekter!
Nur eins ist schade, eins nur eben:
Er haut so oft und stark daneben.
Seitdem er da, wie macht sich breit
Die prüde Dame Sittlichkeit!

Man soll sich nicht mit etwas so Hohem wie der Polizei anlegen – das merkten die VKB knapp vier Monate später. Da schlug die heilige Hermandad nämlich zu. Nicht in Basel – oh nein. Im Grossherzogtum Baden, im Dorfe Steinen im Wiesental. Es liegt eine Strafverfügung vor, ausgestellt vom grossherzoglichen Bezirksamt am 20. Juni 1910, gerichtet an den angezeigten Adolf Huber-Gassmann, Schuhwarenhandlung in Basel, Freiestrasse Nr. 83. Darin wurde er beschuldigt, dass er «am Sonntag, den 5. Juni 1910, als Vorstand der Fastnachtsgesellschaft «Vereinigte Kleinbasler» Handlungen vornehmen liess, die geeignet waren, den Gottesdienst zu stören, indem er es zuliess, dass die genannte Gesellschaft während des Hauptgottesdienstes unter Trommelschlag durch das Dorf zog». Kurze Angabe der Beweismittel: Geständnis. Der Angezeigte wurde auf Grund der §§ 366 Ziff. 1 R.Str.G.B., § 1 der Verordnung vom 18.6.1892, zu einer Geldstrafe von zehn Mark verknarrt, im Falle der Unbeibringlichkeit zu einer Haftstrafe von einem Tag. Man sieht: die Rache der Hermandad kennt keine Grenzen. Auch keine politischen.

Das neue Komitee, an dem die VKB nicht mitmachten, hatte keinen langen Bestand, vor allem, weil es sich nicht mit der Triebfeder der Fasnacht befassen wollte: mit den Subventionen. Die Presse stellte ausdrücklich fest, dass es ja just die Subventionen waren, die so viel zur Hebung der Fasnacht beigetragen hatten. Also musste ein anderes Komitee her. In ihm machte ein einziger Mann aus dem provisorischen Komitee mit, Gustav Rensch. Die anderen Mitglieder waren: Eduard Senft, R. Armbruster, E. Dreyfus, Rud. Kummer, J. J. Gysin-Kaiser, Victor Settelen, Dr. Paul Kölner, G. Fürstenberger. Namen, die in Basel Fasnachtsgeschichte machten. Das neue Komitee war aber nicht selbständig, sondern wirkte im Rahmen des Verkehrsvereins, der die Fasnacht 1911 organisierte.

«Basler Flugwoche» hiess das Sujet der VKB anno 1911 an der vom Wetter begünstigten Fasnacht, an der Tausende von nah und fern zusammenkamen und zum erstenmal mit einem Ding konfrontiert wurden, das seither untrennbar zur Basler Fasnacht gehört: mit der Plakette. Sie hiess zwar noch «Fastnachtsabzeichen», aber ihr Erlös diente bereits zur Ausrichtung von Subventionen, wovon die VKB Fr. 950.— bekamen. Ihr Zug, 43 Mann stark, bestand aus einem Tambourmajor und zehn Tambouren, vier Pfeifern und 25 Mann im Vortrab. Im Januar hatten die VKB einen hektographierten Brief verschickt, in dem sie schrieben: «Prinz Carneval hält demnächst wieder seinen Einzug und um demselben auch dieses Jahr einen würdigen Empfang zu bereiten, sind wir bereits im Rüsten begriffen; die Trommler sind an der rührigen Arbeit. Wir bedürfen aber noch einer Reihe anderer Mitglieder» undsoweiter, bis zur Einladung, am Samstag, den 14. Januar, abends im «Warteck» zur «Einschreibemusterung» zu erscheinen. Es ist merkwürdig, wie immer der «Prinz Carneval» zitiert wurde, obschon er in Basel weder eine Rolle spielte noch gar «seinen Einzug hielt». Aber eingefressene fremde Begriffe waren (und sind) nur sehr, sehr schwer auszurotten...

Natürlich hatte wieder Carl Roschet, der Hausmaler, die Laterne für Fr. 170.— gestaltet. Nicht alle Mitglieder waren so getreu wie er. Der neue Präsident Jakob Dürrwang hatte eine rege Korrespondenz zu führen, für die erstmals Kopien hergestellt wurden, die vorhanden, aber kaum noch lesbar sind. Es gab Austritte, wovon besonders einer es verdient, genannt zu werden. Er lautete: «Hiedurch teile ich Euch mit, dass es mir leider unmöglich gemacht worden ist, den Piccolo-Stunden beizuwohnen, da ich jeweils am Mittwoch engl. Stunden habe & ich daran nicht mehr zu ändern vermag. Ohnedies lebe ich mit meiner Frau stets im Krieg wegen dieser Geschichte & um den Frieden zu erhalten will ich überhaupt ganz auf diesen Sport verzichten». Ein anderes Mitglied gab seine Demission von der ihm anvertrauten Charge bekannt und liess die VKB kurz darauf wissen: «Anschliessend an die Kommissions-Sitzung, in der es ja sehr lebhaft zuging, erlaube ich mir noch, nach reiflicher Überlegung, Ihnen meinen Austritt zu überreichen. Mitglieder, ja zum Teil noch Kommissions-Mitglieder, denen das Verständnis für einen Fastnachts-Zug überhaupt fehlt und die nicht einmal fähig sind, das Amt ihres Kollegen zu besetzen, sondern sich nur durch Anstiften und grobe Vorwürfe tätig machen, verdienen das Erscheinen meinerseits nicht».

Schwierigkeiten erwuchsen dem neuen Präsidenten auch auf einem ganz anderen Gebiet. Nämlich auf dem der Gummiartikel. Damit's keine Unsicherheiten gibt: es handelte sich um kleine Luftballons, die mit dem Sujet «Basler Flugwoche» zu tun hatten. Die VKB hatten sich an die Firma Franz Clouth gewandt, die sich «Rheinische Gummiwaarenfabrik mit beschränkter Haftung» nannte und ihren Sitz in Cöln-Nippes hatte. Spezialitäten der Firma waren nicht nur Weich- und Hartgummiwaren aller Art zu technischen, chirurgischen und sonstigen Zwecken, sondern auch «Luftballons aller Constructionen, Lenkbare Luftschiffe und Taucherapparate». Dennoch teilte die Firma mit, dass sie «diese kleinen Ballons nicht anfertige» und auch niemanden kenne, der sie fabrizierte. Die VKB verzichteten dann auf die kleinen Ballons, liessen aber einen Aeroplan bauen, der auf 30 Franken zu stehen kam und aufklappbare Flügel besass, damit er beim Begegnen mit anderen Cliquen nicht störte. In der Rechnung tauchen auch fünf Piccolos auf, die zusammen Fr. 29.15 kosteten, sechs Trommelfelle zu total 28 Franken – und ein Bankkonto, das Fr. 5.15 betrug, wozu der Revisor bemerkte «Das ist aber ein Guthaben!». Es war fälschlich bei den Ausgaben aufgeführt. Die ganze Fasnacht 1911 kostete 1 399.10 Franken und ergab einen Überschuss von 279.02 Franken. Die Subvention betrug 800 Franken.

Am 14. Februar 1911 erhielten die VKB einen Brief, der lautete: «Bezugnehmend auf Ihr schreiben von 13. dies, erlaube ich mir freudigst mitzuteilen, dass ich das Angebotene Amt eines Tambourmajors an der diesjährigen Fastnacht, schon als Klein-Basler gegenüber anzunehmen, in der Hoffnung, dass sich die Kosten nicht auf die angegebene Höhe belaufen». Unterschrieben war er mit: Fr. Plattner, 11, Claragraben 11. Und kurz vor der Fasnacht traf ein Schreiben des Komités ein namens «Anordnungen zur Fastnacht 1911 zu Handen der Züge, Gruppen und Wagen», in dem mitgeteilt wird: das Komité wird einen gedruckten Führer zu 20 Cts herausgeben, und es wird durch 40–50 Mitglieder der Dramatischen Gesellschaft Abzeichen und Medaillen verkaufen lassen, zum Preis von 30 Cts. «Deren Nettoertrag wird je zur

1912:
Sujet «5er Banknote».
Laterne mit Sensemann
von Carl Roschet gemalt.
Links auf dem Foto das
sogenannte «Wohl-Haus»
im Bau.

Hälfte dem Fastnachtsfonds und der Ferienversorgung zugewendet. Wir möchten Ihnen besonders anheimstellen, diejenigen Zugsteilnehmer, welche Ihre Fastnachtszettel mitführen, dahin zu instruieren, dass sie an Zuschauer ohne Abzeichen od. Medaillen keine Zettel abgeben sollten; dadurch können Sie zum Erfolg dieses Unternehmens beitragen». Das Komité ermahnte auch, gegen Balkone und Fenster der Häuser keine Orangen und andere Früchte zu werfen; «In den Strassen dürfen aber nach wie vor dem Publikum in anständiger Weise Orangen zugeschickt werden». Nachdem bereits in der Presse davon die Rede war, den noch immer üblichen Morgenstreich am Fasnachtsmittwoch abzuschaffen, stellte das Komité fest: «Die Teilnahme am Mittwoch-Morgenstreich ist für die Züge nicht obligatorisch». Verpflichtet wurden aber alle Züge, an beiden Nachmittagen einmal vor dem Standort des Komités am Haupteingang des Stadt-Casinos vorbeizumarschieren. «Eventuelle Ordres werden hiebei vom Comité durch Sappeure übermittelt». Die Schreibweise Komité und Comité und Komitee kommt recht durcheinander vor. Und was Sappeure, deren Lebenszweck es ja war, militärische Erdbewegungen auszuführen, an der Fasnacht zu tun hatten, ist nicht ganz klar.

Auch ein anderer Brauch begann an der Fasnacht 1911 um sich zu greifen: die Teilnahme der Cliquen an allerlei nicht fasnächtlichen Veranstaltungen. Die VKB machten mit am V. Kantonalschützenfest im Juli und einen Monat später am IX. Baselstädtischen Kantonalturnfest, wobei das Organisationscomité die VKB wissen liess: nicht nur Schützen, sondern auch Turner «sind gute Patrioten, die durch angestrengte Arbeit dem Vaterland indirekt dienen und dadurch gewiss auch Ihrer Gunst in demselben Masse teilhaftig zu werden verdienen». Man riss sich also bereits um die Gunst der VKB. Nach Ende des Festes schickte Louis Kaiser diesmal keine Mahnungen für nicht zurückgebrachte Pferdchen mit oder ohne Beine, sondern er schrieb den VKB einen Dankbrief und sagte darin: «Ihre Leistungen wurden allgemein anerkannt und haben Sie durch Ihre Mitwirkung dazu beigetragen, dass unsere Turner umso flotter und schneidiger am Festzug aufmarschiert sind». Auch an einer näher nicht genannten Veranstaltung der Universität nahmen die VKB teil. Und der Dank für ihre patriotischen Leistungen blieb nicht aus: am 8. November bewilligte der Polizei-Inspektor den VKB, am Sonntag, den 12. November, abends vor 9 Uhr vom Bundesbahnhof bis Clarastrasse via Aeschenvorstadt, Freie Strasse und Greifengasse mit Trommelschlag zu marschieren. Das war ein gewisses Präjudiz für das Begehren der Cliquen, an der Fasnacht bis abends 10 Uhr trommeln zu dürfen.

Die offizielle Bewilligung für das verlängerte Trommeln kam auf die Fasnacht 1912. Sie wurde erkauft durch Verzicht auf den Mittwoch-Morgenstreich. Für die VKB lieferte die Eidgenossenschaft ein gutes Sujet: die neuen Banknoten. Unter anderem gab es eine Fünf-Franken-Note, die den recht schweren alten silbernen Fünfliber konkurrenzierte. Die Laterne – von wem wohl? Erraten! – persiflierte den Sensenmann, den Ferdinand Hodler, nun fast allgemein anerkannten Künstler, entworfen hatte. Ein argloses Sujet – aber zwei Jahre später sollte der Sensenmann in der makabren Bedeutung des Wortes in Europa an die Herrschaft kommen und vor den Toren Basels mit seinem Werk beginnen...

Bei den VKB gab's 1912 Neuerungen. Sie stellten mutig fest: «Die freii Meinig usez'sage, das g'hört zum Basler Carneval!» und verschickten Briefe, auf denen es hiess: «Wiederum steht uns Baslern ein vergöttertes Fest vor Augen, nämlich Fasching. Alles rüstet sich zum Kampf», und die um aktiveres Mitmachen warben. Die VKB verstiegen sich aber auch dazu, von ihrem neuen Kassier auf teurem, schwerem Papier eine «Cassa-Rechnung» ausfertigen zu lassen, aus der allerhand Interessantes hervorgeht. Zum Beispiel mussten sie einen neuen Vereinsstempel anfertigen lassen, weil der alte nicht mehr zu finden war; er kostete samt Kissen Fr. 2.50. Auch ein Büchlein mit «Spahrmarken» hatten sie angelegt, im Betrag von Fr. 3.20, und den Laternenträgern mussten sie einen Lohn in Höhe von 26 Franken (für sechs Mann!) bezahlen.

Auch bestellten sie bei Leonhard Gessler, Geschäftsbücher-Fabrik und Linieranstalt, Petersgraben 45, Telephon Nr. 1496, ein Protokoll-Buch mit 200 Blatt Kanzleipapier für Fr. 7.60 und waren bereits so vornehm, dass sie sich's durch einen Ausläufer bringen liessen, der dafür 20 Rappen Trinkgeld bekam. Was damals 1,333 Becher Bier ergeben hätte. Oh hätten sie doch so ein Protokollbuch schon seit 1884 geführt! Wieviel Wissenswertes und Kurioses wäre dann nicht spurlos untergegangen!

Die erste Eintragung in das schöne Buch im Papierformat 24,5 auf 37 cm, in Leinen gebunden, stammt vom 21. Dezember 1912 und wurde geschrieben vom Sekretär Charles Baumann. Sie enthält nur Belangloses. Unter anderem: «Der Präsident beantragte baldige Beitragszahlung der Kostüme. Ein dreifaches Hoch nebst Glückwünsche wurde unserem Präsis zu seiner Verlobung gebracht». Am 5. Januar 1913 war die nächste Sitzung, bei der zwei Mitglieder vom Verein ausgeschlossen wurden. Schon fünf Tage später kam es zu einer neuen Sitzung sowie zu einem Zwischenfall. Im Protokoll steht: «Genannte Sitzung wurde von der Kommission auf 2 Uhr angesagt. Unser Präsident der leider verhindert war durch Teilnahme an einer Gesangvereinsprobe erschien so gegen ¾ 5 Uhr im Lokal. Sämtliche zur Zeit erschienenen Zugsteilnehmer mussten also zuhören d.h. sollten 2¾ Stunden zuhören wie 3 von unseren werten Tambouren ihr Kalbfell bearbeiteten (dies nur nebenbei bemerkt)». Als der Präsident endlich gekommen war, erklärte er die Zugsskizze samt Änderungen, die Carl Roschet vorgeschlagen hatte. Im Protokoll heisst es: «Es wurde dann durch Freund Kaufmann der mehrere Anhänger hatte, Müller (der Präsident) ersucht sich zu entschuldigen für sein viel zu spätes Anrücken, was derselbe verweigerte, indem er behauptete dass er nicht für den Verein da sei und er sich nichts befehlen lasse. Als ihm dann einige Vorwürfe gemacht wurden, nahm er seinen Hut und Mantel und verliess das Lokal ohne sich irgendwie zu rechtfertigen». Die VKB betrachteten dieses Vorgehen als Austritt.
Nach fünf Tagen hatten die VKB einen neuen Präsidenten, Sämi Vogt. Unter seiner Leitung kam neues Leben in die Gesellschaft. «Unser Freund F. Plattner gab sich dazu den Tambourmajorstock wieder in gewohnter flotter Weise zu schwingen, worauf unter den Tambouren allgemeine Freude zu konstatieren war. Man wurde einig, den Zettel wie letztes Jahr dem bewährten und billigen Dichter Gustav Häring, Müllhauserstrasse zu übergeben». Am Ende der Eintragung steht: «Ein jeder war befriedigt, wie das schon lange nicht mehr der Fall gewesen war». Die Zusammenarbeit mit dem bewährten und billigen Zetteldichter kam dann aber doch nicht zustande, weil man nämlich den Auftrag an Herrn Kaiser, Haltingerstrasse, gab. Der lieferte «einen sehr originellen und witzigen Zettel, der leider aber nicht einem jeden befriedigen konnte», so dass Herr Kaiser den Zettel in anderer Versform umdichtete, worauf er allgemein gefiel. Das war – man beachte! – eine Woche vor dem Morgenstreich! Immer wieder überrascht es einen, in welchem atemberaubenden Tempo damals gearbeitet wurde – von den VKB wie von allen Handwerkern und Mitarbeitern.
Die Fasnacht begann am 10. Februar 1913 und war von ungewöhnlich gutem Wetter begünstigt. Die VKB hatten als Sujet die damals im Gespräch stehende Bahn nach St. Chrischona genommen und vom Comité «200 Münzen» zum Verkauf an die Mitglieder zugestellt erhalten – Plaketten waren das. Was Herr Kaiser von der Haltingerstrasse als Dichter leistete, möge eine Kostprobe zeigen. Was Herr Kaiser dafür bekam: 30 Franken. Also:

Wie gesagt, die Brüder hatten
Auf Chrischonen keinen matten
Schimmer von der Lebensnot.
Jeder schlurpte durch die Säle,
Pries den Herrn und sang Choräle,
Was die Hausordnung gebot.
Friedlich flossen hin die Tage,
Und nicht die geringste Plage
Brachte die Kultur im Lauf
Vieler Jahre dort hinauf.
Doch jetzt soll es anders werden!
Wie noch vielerorts auf Erden
Hat in Basel man den Wahn,
Hinzuleiten eine Bahn.
Aber einenweg will's scheinen
Dass man zwar auf einem feinen,
Aber schlechten Plane steh',
Und ein wirkliches Verlangen
Nach der Bahn, der stundenlangen,
Hat wohl nur das Komitee.

Womit diesmal nicht das Fasnachtscomité gemeint war, sondern das Aktionscomité für die Chrischonabahn. Wie hoch die Subvention war,

1920:
Ein sehr schöner Laternenentwurf zum Sujet
«s pfupft»
von Carl Roschet

die das Comité den VKB gab, steht nicht im Protokollbuch. Fürs Jahr 1913 sind die Belege überhaupt sehr spärlich erhalten. Aus dem Belanglosem sticht nur der Rücktritt des Vice-Präsidenten und Tambourmajors F. Plattner hervor, der lakonisch mitteilte, dass es ihm «unmöglich den Veranstaltungen follge zu leisten und bitte, dem Verein in kenntniss zu setzen wollen». Ein anderes Mitglied schrieb: «Wie ich erfahre, beabsichtigen Sie, mich aus der Gesellschaft auszuschliessen, aus Gründen die ich mir nicht erklären kann. Ich sehe mich deshalb genötigt dieser Sache vorzubeugen und erkläre Ihnen hiemit meinen Austritt aus genannter Gesellschaft». Ein Lichtblick war die Einladung der Brauerei Warteck zu einer Besichtigung ihrer Produktionsanlagen. Im Rückblick aufs Jahr 1913 konnten die VKB aber noch zwei weitere Aktivitäten positiv buchen: ihre Teilnahme am Grossen Zapfenstreich vom 12. März, der 70 Pfeifer und 150 Tambouren aller Cliquen vereinigte, und ihre Mitwirkung am Kantonalturnfest.

Im Jahr 1914 sollten die VKB ja 30 Jahre alt werden. Sie hatten dafür ein Kleinbasler Sujet ausgesucht, nämlich 's Erwache vom Glaibasel'. Schon Mitte Dezember 1913 war es beim Comité angemeldet, zusammen mit drei weiteren Sujets anderer Cliquen, worunter eines die «Zaberner Affaire» betraf: das arrogante Auftreten eines preussischen Leutnants in der Unterelsässer Stadt Zabern, die damals eine deutsche Garnisonsstadt war. Die Affaire warf ein Licht auf die Tatsache, dass man in Frankreich die Abtretung von Elsass-Lothringen an Deutschland von anno 1871 noch längst nicht verwunden hatte, und trug dazu bei, die Volksmeinung in Frankreich stark zu beeinflussen. Mit viel ungutem Verdacht begegnete man dort der Tatsache, dass Deutschland sein stehendes Heer in Friedenszeiten auf 675 000 Mann vermehrte, und bewilligte die Verlängerung der Dienstzeit in der französischen Armee auf drei Jahre.

Nicht viel ist zu finden über die Fasnacht 1914 der VKB. Sie veranstalteten intern ein Preistrommeln am 1. Februar, für das sie Gaben sammelten. An Bargeld lief nicht viel ein – insgesamt Fr. 18.20 von 11 Spendern. Aber es gab Naturalgaben: ein Paar Trommelstöcke, ein Taschenmesser, eine Papeterie, einen Spazierstock und «2 Paket Lekerli». Am 24. Februar fand das bereits zur Gewohnheit gewordene Monster statt, nicht mehr im Musiksaal, sondern bereits im Küchlin-Theater, das damals ein stark besuchtes Variété war. An der Fasnacht vom 2. März war das Wetter schlecht. Die VKB erschienen 45 Mann hoch, Tambouren und Pfeifer als unzufriedene Kleinbasler und Revoluzzer mit drohenden Fäusten auf den Köpfen, die Louis Kaiser für Fr. 2.80 pro Stück geliefert hatte – die Fäuste, nicht die Köpfe.

«Lällekenig, Lällekenig, nimm Di Du in Acht,
's Klaibasel het scho all zue lang für Di
    der Dubel g'macht!»

stand auf dem Zettel.

Das wären die offiziellen Ereignisse. Intern freilich geschah schon einiges. Da war die Mitteilung des Präsidenten Sämi Vogt: die Kommission hatte Vereinskappen angeschafft, die den Mitgliedern billig verkauft wurden. «Die Kappen finden reissenden Absatz, sodass innert kurzer Zeit ausverkauft ist» steht im Protokollbuch. Der neue Präsident scheint überhaupt voller Ideen gewesen zu sein. Er befasste sich mit Strümpfen und Schuhen für den Zug, nebst vielem anderem, und wenn er in den Versammlungen das Wort ergriff, so tat er das – gemäss Protokoll – «mit einer nur ihm eigenen Eleganz». Dann aber brechen die Eintragungen ab; am 15. Februar 1914 schrieb Sekretär Kaufmann zum letztenmal ins neue Buch, und von da an ist Schweigen bis zum 10. April 1920...

Auch eine weitere Neuerung ist nicht verzeichnet, sondern nur dadurch belegt, dass am 17. Januar 1914 der Drucker Jakob Asch-Knopf, Bläsiring 36, eine Rechnung stellte für 200 Vereins-Statuten, 6 Seiten, perforiert, gefalzt in Umschlag und geheftet, für 24 Franken. Die Statuten aber finden sich nirgends bei den Akten. Zum Glück aber wurden, schweizerischem Sicherheitsdenken gemäss, die Quittungen sauber aufbewahrt. So erfährt man, dass Carl Roschet anno 1914 nicht nur die Laterne malte – für 300 Franken samt Untersatz – sondern auch zwanzig Skizzen zeichnete und aquarellierte (was Fr. 10.— kostete) und 44 Larven bemalte, für 50 Rappen pro Larve. Das war etwas recht Neues; bisher hatte man die Larven immer fertig in Spielwarenläden gekauft.

Kaum war die Fasnacht vorbei, als auch schon die Vorbereitungen für das Jubiläumsfest «30 Jahre VKB» begannen, das am Samstag, 2. Mai 1914, im Café Spitz stattfinden sollte. Carl Roschet bekam wieder Arbeit: er malte drei Diplome à Fr. 16.—, machte eine Tuschzeichnung à Fr. 6.— und führte die Helgen für einen Schnitzelbank aus – Fr. 14.— kosteten sie. Zuvor aber fand noch die Generalversammlung statt, von der keine Dokumente vorhanden sind – ausser

1914:
Einladung und Programm zum 30jährigen Jubiläum.

einem Brief von E. Roth an der Neuhausstrasse, in dem steht, dass er nicht teilnehmen könne. «Oefter habe ich mich gefragt», schrieb er, «wohin soll ich mich am nächsten Samstag entschliessen und es stand immer auf der Waage bald zu uns ins Warteck bald an den andern Ort. Ich will Ihnen meine Abwesenheit nur kurz begründigen. Letzten Montag erhielt ich von meinen Kollegen Bericht, dass wir kommenden Samstag ein Essen veranstalten, bei dem eine von meinen Freunden gewonnene Gans zu verschlingen wäre. Dieselbe wird von meiner Mutter gebraten und bei mir daheim im Wirtschaftslokal gegessen. Sie werden es doch selbst begreifen, dass es sich schon einerseits gehört als Wirtsohn an einem solchen Anlass anstandshalber mitmachen zu müssen, und andererseits muss auch Unterhaltung die Freude eines jeden erregen. Ich bitte Sie deshalb um Entschuldigung. Also auf Wiedersehen, bleiben Sie noch hoffentlich unser alter Präsident. Unterdessen verbleibe ich mit Pfeiffergruss E. Roth». Es mag heute manchen erstaunen, wie umständlich damals der Schreibstil war – und ebenso verwunderlich ist's doch, dass man damals per Sie miteinander verkehrte.

Die Jubelfeier «30 Jahre VKB» vom 2. Mai fand einen Niederschlag in der Presse. Die Zeitung schickte keinen eigenen Berichterstatter, aber sie nahm eine ausführliche Schilderung auf, die gewiss von einem Mitglied der VKB stammte, auch wenn sie nicht gezeichnet ist. Aus dem Artikel geht einiges hervor, das zitiert sein soll. «Der 30jährige Bestand einer Fastnachtsgesellschaft ist an sich schon eine schöne Leistung» hiess es da. Auf diese Zeit gab der Sprecher der Ehrengäste, Traugott Schweizer, einen Rückblick. «Er hatte alles Material gesammelt und konnte alle Züge, Sujets und Laternen benennen, welche die Gesellschaft in den 30 Jahren ausgeführt hatte» liest man mit stillem Weh, weil just dieses so wertvolle Material offenbar verlorenging. «Der Hauptverdienst an diesem Gelingen fällt Herrn Kunstmaler C. Roschet zu, der nun seit 24 Jahren unentwegt die künstlerische Ausführung übernommen hat. Herr Schweizer lobte die Anhänglichkeit sowie die künstlerische Eigenart von Herrn C. Roschet, was mit grossem Beifall aufgenommen wurde. Der nun folgende Morgenstreich versetzte die Gesellschaft in die Narrenzeit». Die drei Diplome wurden verteilt. Sie ernannten drei Ehrenmitglieder: Sämi Vogt, August Fischer und Carl Roschet, welch' letzterer sich gewiss besonders darüber gefreut haben mag, dass er sein Ehrendiplom zuvor selbst gemalt hatte. Es wurde noch ein Theaterstück aufgeführt, das «Der Hausfreund als Retter» hiess, und dann ging's in den schönen alten Ballsaal mit seinem gefederten Boden, wo das Bankett serviert wurde. Der Menüplan ist nicht erhalten, wohl aber eine Rechnung für die Musik, die dort zum Tanze aufspielte: drei Mann für 45 Franken. Der Tanz ging recht lang: «Es war ein wunderbarer Maimorgen, golden stand schon die Sonne im Osten, so dass die meisten statt nach Haus zu gehen, sich verlocken liessen, den ersten Maibummel anzutreten» schrieb der Berichterstatter sehr blumig. Am Nachmittag kam man im Allschwiler «Bären» zusammen, wo ein Pianist für 15 Franken Musik machte, und den Abschluss des Jubiläumsfestes bildete ein Hock im «Warteck» beim Wirt Dieterli. Der Bericht schliesst mit den Worten: «Jeder Teilnehmer an der Jubiläumsfeier hat einige gemütli-

1935:
Entwürfe für den Vortrab zum Sujet «S Winzerfescht vo Aesch bigot» von Max Sulzbachner (Sulzbi)

che Stunden im Kreise dieses Narrenvolkes der VKB verlebt und wohl jeder wünscht fröhliches Wiedersehen an der Fastnacht 1915». Dazu sollte es nicht kommen.

Kurz vor der 30-Jahr-Feier bekamen die VKB einen Brief aus Luzern, der lautete: «Habe soeben das Päckchen erhalten welches mir sehr grosse Freude macht, denn es ist immer schön wenn Freunde an die armen Sündböcke denken. Wir haben gegenwärtig sehr streng und haben ganz wenig freie Zeit, wir trösten uns nur noch mit den 3 Wochen die wir noch zu machen haben lieber 10 Wochen Fastnacht machen wie 10 Wochen Rekrutenschule. Danke allen Spendern sowie der ganzen VKB herzlich und werde mich baldmöglich revancieren. Alles andere mündlich. Trinket nit z'viel!». Und dann steht da noch ein Satz mit einer typischen Fehlleistung, denn er lautet: «Jeden Augenblick ist Lichterlöschen, muss nun wieder schiesen». Der Gusti Fischer, der diesen Brief schrieb, musste schiesen. Nicht auf lebende Menschen. Ganz sicher aber auf Scheibe A und auf Mannsscheiben im Luzerner Schiessstand.

Zur Zeit aber, da die VKB ihr Jubiläum begingen, übte sich in Belgrad ein junger Bosnier namens Gavrilo Princip im Schiessen mit einer belgischen Pistole. Er hatte sie von Mitarbeitern des serbischen Geheimdienstes erhalten. Drei weitere Pistolen und sechs Offensiv-Handgranaten waren an weitere junge Leute verteilt worden. Sie hatten alle eine einzige Absicht: sie wollten den österreichischen Thronfolger Franz Ferdinand, der am 28. Juni zu Manövern nach Bosnien kommen würde, ums Leben bringen. Princip erwies sich als guter Schütze: er traf den Stamm einer alten Eiche, der Mannsgrösse hatte, auf 60 Meter Distanz achtmal; im Laufen gelangen ihm drei Treffer. Grund der Feindschaft war die Annektion seiner Heimat durch die Österreicher anno 1908. Am 28. Juni 1914 schritten die jungen Nationalisten zur Tat, in Sarajevo. Mit zwei Schüssen tötete Fabrilo Princip kurz nach 11 Uhr den Thronfolger samt dessen Ehefrau Sophie von Hohenberg. Er und seine Komplizen wurden verhaftet. Ihre Beziehungen zu Serbien kamen ans Licht und lieferten Österreich-Ungarn den längst erhofften Vorwand, gegen Serbien politisch vorzugehen. Aus der politischen Aktion wurde ein Krieg, der in wenigen Tagen zum europäischen Krieg und zum Ersten Weltkrieg führte.

Gusti Fischer hatte Pech. Er musste zwar nicht «schiesen», aber er musste, kaum aus der Rekrutenschule heimgekommen, dem Befehl zur Mobilmachung der Schweizerischen Armee folgen und einrücken. Und die VKB mussten bis zum Jahr 1920 auf ihre geliebte Strassenfasnacht verzichten und konnte ihre Talente nur an den Monstre-Trommel-Konzerten zeigen, die trotz dem Verbot der Fasnacht durchgeführt werden durften.

Hier endet die Frühgeschichte der Vereinigten Kleinbasler, die wir dreissig Jahre lang verfolgt haben. Eigentlich sollte diese Darstellung sich nur mit dem befassen, was die Vereinigten Kleinbasler selber angeht – mit ihrer Entwicklung von einer kleinen Gruppe, der's vor allem darum zu tun war, ihr Fasnachtsvergnügen vom Quodlibet bezahlt zu bekommen, bis zu ihrer heutigen Bedeutung als grosse, eingesessene, allgemein geschätzte und tonangebende Clique. Beim Studium des Materials ergab sich aber etwas anderes. Wenn auch das Archiv der VKB alles andere als systematisch angelegt wurde, viele Lücken aufweist und manches besonders Wichtige nicht dokumentiert – es zeigt doch etwas, das in Basel bisher fehlt.

Ob man's glaubt oder nicht: es gibt bisher keine Geschichte der Basler Fasnacht! Es gibt historische Darstellungen einzelner Cliquen, es gibt ein paar allgemeine Bücher über die Fasnacht. Aber niemand hat es bisher für richtig gehalten, den Werdegang der Fasnacht, ihre Stationen, ihre vielen menschlichen Details und ihre vielen Kuriositäten zu studieren und aufzuzeichnen. Die Vereinigten Kleinbasler haben zum Jubiläum ihres hundertjährigen Bestehens versucht, neben ihrer eigenen Historie auch die Geschichte der Basler Fasnacht in den sehr wesentlichen Jahren 1884 bis 1914 zu zeichnen. Nicht als Hauptsache, aber als wichtigen Hintergrund. Vielleicht gibt diese «Frühgeschichte der Vereinigten Kleinbasler» den Anstoss dazu, der Historie der Basler Fasnacht die Aufmerksamkeit zu widmen, die sie verdient? Vielleicht bringt sie jemanden auf den Gedanken, eine «Geschichte der Basler Fasnacht» zu schreiben? Es würde ein faszinierendes Buch, wenn's jemand schreibt, der so etwas schreiben kann. Aber es wäre eine langjährige, vollamtliche Arbeit, die Geld kosten würde. Viel, viel mehr als die VKB für ihr Jubiläum zur Verfügung hatten. Doch sie haben einen Anfang gemacht. Und dafür verdienen sie den Dank aller richtigen Fasnächtler!

Die folgenden Jahre

Erwin Jäggi

Der Leser wird gewiss begreifen, dass wir der Frühgeschichte der VKB den ihr gebührenden Platz eingeräumt haben. In der Folge wollen wir aber auf die politischen und damals aktuellen Hintergründe verzichten und uns ausschliesslich mit den VKB befassen.

Im Kapitel «Reminiszenzen» finden wir einige Beiträge, welche sich ausführlich mit den Festivitäten und Reisen der VKB befassen. Ebenso sind die Entwicklungen der Jungen und Alten Garde dort festgehalten. Im letzten Abschnitt des Buches findet sich zudem eine Chronik aller Sujets, Laternenmaler und Vorstände, so dass wir uns über diese Begebenheiten etwas kürzer fassen können.

Die trüben Jahre des Ersten Weltkrieges standen ganz im Zeichen der Monster-Trommelkonzerte.

1915 wurde eine Petition an die Regierung überwiesen, mit der Bitte, das bestehende Fasnachtsverbot insofern abzuändern, dass an den beiden Fasnachts-Nachmittagen das Herumziehen von historisch gekleideten Trommel- und Pfeifergruppen zu bewilligen sei. Diesem Wunsche wurde nicht entsprochen! Also blieb nur das «Monster» als einziges Ventil für unsere Fasnächtler. Der stattliche Ertrag dieser Veranstaltung ging zugunsten notleidender Schweizer in kriegsführenden Ländern.

In der damaligen Zeitung stand zu lesen:

«Die höchste Stufe des Könnens, die wohl nicht mehr überschritten werden kann, haben die drei anerkannt besten Trommelkorps unserer Stadt erreicht. Die ‹Vereinigten Kleinbasler›, die ‹Lälliclique› und die ‹Olympia›. Die Tagwacht der ersteren (als ‹Rote Schweizer›, Beresina 1812) war schon als Bild für das Auge äusserst reizvoll, und die instrumentale Ausführung (12 Pfeifer mit einem Tambour) vollendet. Auch ihre ‹Märmeli›, geschlagen von 18 Tambouren, waren eine Leistung ersten Ranges.»

1916 gab es auch keine Fasnacht, dafür aber einen gewaltigen unkostümierten Zapfenstreich vom «Alten Warteck» ins «Küchlin», wo anschliessend ein Monster-Konzert stattfand.

Im Jahre 1917 steht in der Chronik zu lesen: «Wegen des Weltkrieges finden weder Monster-Trommelkonzert noch andere Fasnachtsanlässe statt. Am abgehaltenen Armeetag konnten die VKB in Militäruniformen doch noch ihre Trommel- und Pfeiferkünste präsentieren.»

1918 fiel die Fasnacht ebenfalls aus, aber das am 18. Februar abgehaltene «Monster» war ein derartiger Erfolg, dass es am 25. Februar nochmals wiederholt werden musste. Der Gewinn von Fr. 3 000.— wurde einer Organisation des «Soldatenwohl» überwiesen. Wiederum nahmen die VKB am Armeetag (Nationalspende) in Stänzler-Uniformen teil.

1919 endlich, nach vier Jahren Fasnachtsabstinenz, erlaubte die Regierung wieder die Abhaltung von Maskenbällen und – erst wenige Tage vor dem Termin – bewilligte sie den Morgenstreich.

Am Trommelkonzert brillierten die VKB mit dem Sujet «Bauernwucher», was zu dieser Zeit anscheinend ebenso aktuell war wie einige Jahrzehnte später. In der Zeitung war vermerkt:

«Massig, rassig und ächt fasnächtlich-fröhlich rückten die VKB auf, mit Steckenlaternen und sogar einer grossen Laterne. Die ‹Märmeli› der 15 Directoire-Basler waren eine Glanzleistung und auch die neuen Pfeifermärsche ‹Neuner› der neun Käs-Sennen-Pfeifer fanden frenetischen Beifall, so dass die Tambouren noch eine Retraite und Tagwacht dreingeben mussten.»

Die Auslagen der Dekorations- und Flachmalerei K. Zürcher an der Ryfstrasse für Nägel, Stoff und andere Materialien für diese Laterne, sowie das Schellackieren und Malen von 75 Larven beliefen sich auf Fr. 245.55.

Ein von vier Cliquen am Fasnachts-Mittwoch versuchter Umzug wurde von der Polizei unterbunden und dank dem Fasnachts-Comité konnte ein stiller Abgang erreicht werden. Der Friede war wieder einmal gerettet.

Am 31. Januar offerierte die Basler Drechslerwarenfabrik Alfred Schray, an der Unteren Rebgasse, 12 Paar Trommelschlegel à vier Franken und am 6. Oktober die Gerberei Konrad Kroenlein, in Stein am Rhein, 2 Trommelfelle 56 cm (1 Schlag und 1 Saiten) à neun Franken, also total achtzehn Franken.

Für die – wie die Mustermesse-Direktion schreibt – flotten Darbietungen, welche dazu beigetragen haben, das Messeleben dieses Jahr lebhafter zu gestalten, erhielten die VKB eine Entschädigung von zweihundert Franken. Der Weltkrieg war zu Ende und männiglich freute sich auf die erste Nachkriegsfasnacht. Die im Frühjahr in Basel grassierende Grippe machte hingegen den Fasnächtlern einen dicken Strich durch die Rechnung. Da diese Krankheit viele

1920:
Gelungene Entwürfe von
Carl Roschet zum Sujet
«s pfupft».

Todesopfer forderte, beschloss die Regierung, die Fasnacht auf einen späteren Zeitpunkt zu verschieben. Trotz vielen Gegnern dieses Anlasses wurde die Fasnacht dennoch am 21. bis 23. März 1920 abgehalten.

Die VKB mit dem Sujet «s pfupft» hatte grossen Erfolg, woran die Vorreiter, 12 Mann hoch, wahrscheinlich den beachtlichsten Anteil hatten. 20 000 Fasnachtszettel kosteten damals bei der Druckerei Wolf an der Güterstrasse ganze neunzig Franken.

Am vorgängigen Monster kamen die VKB in schwarzen und bunten Dominos auf die Bühne und brachten die «Walliser» und den «Gluggsi». Die Presse war des Lobes voll; vor allem wurden die verwendeten Kopflaternen erwähnt.

«Keine besonderen Vorkommnisse» liest man in der Chronik über die darauffolgenden Jahre. Man hat Fasnacht gemacht und Feste gefeiert, aber aufgeschrieben wurde immer noch nicht viel.

Wir wissen sehr wohl, dass in den 20er Jahren sehr viele Preistrommeln und -pfeifen abgehalten worden sind. Einladungen der damals etablierten Gesellschaften wie Pump-Club, Innere Kleinbasler, Alte Steinlemer, Bajazzo-Clique, Mittwoch-Gesellschaft, aber auch des Tambourenvereins Zürich (der schon damals mitgemischt hatte), belegen diese Anlässe. Auch die VKB waren in dieser Zeit sehr aktiv, wie vorhandene Gaben-Sammellisten beweisen; Listen mit Namen und Stempeln von Geschäften, welche seit längerer Zeit nicht mehr existieren. Über Resultate oder wie sich die VKBler an diesen Anlässen geschlagen haben, das weiss heute niemand mehr.

Über die Fasnacht 1921 heisst es: «In noch nie erlebtem Umfang an Umzügen, Bällen, Ausstellungen und Maskentreiben geht bei überaus grosser Beteiligung des Publikums die Fasnacht vor sich.» Die VKB waren vertreten mit dem Sujet «St. Jakobsfest». Aus den vorliegenden Originalentwürfen zu schliessen, muss es ein sehr farbenfroher Zug gewesen sein. Für das Laternenmalen, 5 neue Steckenlaternen und 3 Steckenlaternen auffrischen, 70 Larven schellackieren und malen, 15 Wasserköpfe malen, 3 Fahnen und ein Kostüm bemalen, mussten die VKB dem Kunstmaler Carl Roschet Fr. 680.— bezahlen, während der Droschkenanstalt Keller für sechs Reitpferde mit Reitzeug pro Pferd und Halbtag Fr. 20.— zu berappen waren. Ein eigener Maskenball im Neubad zum Fasnachtsabschluss, eine Reise an den Vierwaldstättersee und andere Veranstaltungen, wie die Teilnahme an der Jubiläumsfeier des FC Nordstern, beendeten dieses aktive Jahr.

Es dürfte von Interesse sein, dass in diesem Jahr das Schnitzelbank-Comité gegründet wurde.

Die Fasnacht 1922 wird durch ein wohlgelungenes Trommelkonzert eingeleitet, an dem zwei Kleinbasler und drei Grossbasler Cliquen teilnahmen. Bei den ersteren handelte es sich natürlich um die Olympia und die VKB. Mit einem «Stiggli» und zwei Schnitzelbänken wurde das Programm ergänzt. Nach statistischen Angaben haben 12 Cliquen und 9 Buebezigli an jener Fasnacht mitgewirkt. Die VKB mit einem Zug von 100 Mann und dem Sujet «Vau-Fress-Ka und A-C-Vauerei Genossenschafts-Kongress». Carl Roschet verlangte für das Malen der Laterne, von über 70 Larven und vieles Anderes mehr den Betrag von Fr. 748.—, während das Comité Fr. 1 880.— an Subvention auszahlte. Zu erwähnen wäre noch der von den VKB in der Burgvogtei abgehaltene Maskenball.

In der Gesellschaftschronik ist der erste bildliche Nachweis einer VKB-Fussballmannschaft zu finden. Dieses Fussballfieber hat die VKB bis in die heutige Zeit begleitet. Nicht umsonst ist der FC Basel und der FC Nordstern im Kleinbasel domiziliert, und auch die Cliquengrümpeli werden heute alle in der minderen Stadt abgehalten.

Dass es hie und da kleine Probleme gegeben hat, geht aus einem Protokoll einer Vereinsversammlung vom 29. September 1922 hervor, wo Sämi Vogt der Meinung war, den Losverkauf an Jahresfeiern älteren Damen zu übertragen, da auf die Jüngeren und Tanzverrückten ja doch kein Verlass sei.

Neben vielen Anlässen, wie z.B. dem Eidgenössischen Turnfest, wurde im Café Spitz eine Jahresfeier durchgeführt, an der Ehrenpräsident Sämi Vogt den VKB eine Standarte überreichte.

1923 meldeten die VKB dem Comité, dass ihre Tambouren mit einer Neuschöpfung betitelt «D Glaibasler» vor das fasnächtliche Publikum treten werden. Mit dem Sujet «dr Index» wurde ein heisses und brandaktuelles Thema ausgespielt. Ganz klein stand auf dem Zettel unter dem Haupttitel das Wort «Motto», das nachfolgend so formuliert war:

Und s Ideal vo däne Trepf,
D Normalfamilie à fimf Kepf.

1922:
Der erste Nachweis einer internen Fussballmannschaft.

Und jetzt einige Pikanterien aus dem Zettel:

D'Schtatistik isch e Wisseschaft
Und hitt die grossi Mode.
Me stellt jetzt alles g'wisseshaft
Uff d'r schtatistisch Bode.

D'Schtatistiker, die gän sich Mieh,
Wänn Alles in Berächnig zieh,
Und sin d'rby die greschte Kieh!

Denn jede waiss doch gnau
Dass d'Theorie isch grau!

D'Schtatistik isch e Wisseschaft
Uf die me hit scho fluecht,
Wil si birraits viel z'gwisseshaft
Dä Index use suecht.

Was koschtet hite s'Flaisch und s'Gmies,
D'r Zugger, d'Nudle, s'Mähl und s'Gries,
E Deggel, e Baar Schueh an d'Fiess?

Das wird notiert ganz gnau
Doch Theorie isch grau!

D'Schtatistik isch e Wisseschaft
Wo wider mues verschwinde,
Drum wän mir ihre g'wisseshaft
Hit no e Gränzli winde!

Dr ganzi Zauber isch umsunscht,
D'Schtatistik isch e Daifelkunscht,
Dä Index nur e blaue Dunscht.

Jetz wisse-n-alli gnau,
Die Theorie isch grau!

In der Burgvogtei organisierten die VKB an beiden Tagen einen Maskenball, wo eine 35 Mann starke Harmoniemusik spielte. Zur Bewachung der Räumlichkeiten am 21. und 23. Februar von halb acht bis morgens 4 Uhr offerierte das konzessionierte Wach- und Schliess-Institut Moser vom Claragraben 137 zwei Mann zu total Fr. 37.40.

Anlässlich der Generalversammlung vom 18. März 1923 richtete Oski Widmer den dringenden Appell an die Jungen, sich nicht so viel an die Junten zu hängen und sich die verschiedenen Fasnachtstage und Übungen für die VKB zu reservieren. Und an einer Vereinssitzung vom 25. Mai erklärte der Präsident, dass ein Bummel mit den Damen geplant sei. Dieser Hinweis veranlasste Th. Bornègue, den Vorschlag zu machen, die Frauen zu Hause zu lassen und jeder möge sonst ein Mädchen mitbringen. Es müsse ja nicht immer die Gleiche sein.

Am 8. September reiste eine über 60 Mann zählende VKB-Gruppe nach Strassburg an den Baslertag. Näheres liest man unter dem Kapitel «Reminiszenzen».

Anlässlich eines Familienabends im «Alten Warteck» wurde den VKB von den Damen ein prächtig gearbeitetes Kostüm für den Standartenträger überreicht.

1924 beging man das 40jährige Jubiläum der VKB.

In einem Zeitungsbericht über das «Monster» schrieb Bolo Mäglin:

«Und als nun gar noch die Vereinigten Kleinbasler und die lange vermissten, endlich wieder auftauchenden Dummpeter erschienen, ein schier unabsehbarer Zug, da begrüsste sie Frau Fasnacht mit den Worten:

‹Die Vereinigte Schangschaaggeli, do muesch litze,
Die stehn syt 40 Johr bi dr Spritze,
Als Stosstrupp mit Trummelfyr kemme jetze flott
Si hitte ze unserem Uffgibott.›»

Die VKB revanchierten sich dafür mit den «Römern» und den «Glucksi». Sie haben richtig gelesen, im Programm war's mit «ck» geschrieben. Bolo Mäglin schreibt dann weiter:

«Das war eine Wiedergabe des Gluggsi, dessen Melodie ein allerliebstes, wenn auch weniger fasnächtliches Ballett auf die Szene brachte: das war ein Ruessen der ‹Römer›, dass einem die Ohren sangen.»

1923:
Sujet «Dr Index». Laterne von Paul Rudin gemalt. Die VKB mit ihrem Zug auf dem Marktplatz.

An der Fasnacht liefen die VKB 93 Mann hoch mit dem Sujet «Wo s fählt!». Ein Sujet, das hart mit allen Fasnachtsgegnern, aber auch mit dem Comité abrechnete. Am Schluss ihres Zettels gelobten die VKB auf jeden Fall:

«Mir mache mit, sit vierzig Johre,
Und au in Zuekunft blybts derby,
Mer hän is hit vo Neyem gschwore
VKB und Fasnächtler z'sy!»

Neben vielen anderen Anlässen durften die VKB auch am Schlussabend der Comité-Schnitzelbänke mitmachen. Der allseits bekannte und beliebte Dr. Edwin Strub, Redaktor bei der National-Zeitung, sandte den VKB einen Dankbrief und überwies der Gesellschaft einen Betrag von Fr. 25.—.

1925–1929 bewegte sich die Subvention des Comités so zwischen Fr. 2 400.— und 2 900.—. Die Mitgliederzahl schwankte in der gleichen Zeitspanne zwischen 142 und 156 Mann. Damals schon eine recht stattliche Zahl. Zwei Eidgenössische Turnfeste fielen, neben etlichen anderen Anlässen, in diese Zeit. Die Jahresfeiern wurden wie bisher mit gutem Erfolg im Café Spitz abgehalten. Aus finanziellen Überlegungen wurden die Programme in den meisten Fällen durch eigene Leute bestritten. So war die damals noch existierende Gesangssektion (Gründungsjahr 1922) ein alljährlich wiederkehrender Ohrenschmaus (!). Die Aktiven sorgten mit Trommel- und Pfeifervorträgen für fasnächtliche Stimmung. Höhepunkte waren aber auch die stets aufgeführten Broadway-Erfolge, wie «der Orang Utan», «Nach dem Maskenball», komische Oper in einem Akt, oder «Bloggti Lyt», «der Wahltag», «s pfupft», wobei aus den Akten nicht genau hervorgeht, ob dieser Titel mit dem im Jahr darauf folgenden «s Häsli» im Zusammenhang stand!

Im Jahre 1925 stand in der National-Zeitung eine für mehrere Cliquen verheerende Laternenkritik. Die VKB luden darauf das Comité und die mitbeteiligten Gesellschaften Rumpel-Clique, Barbara-Club und die Olympia junge Garde zusammen mit ihren Künstlern zu einer Sitzung ins «Alte Warteck» ein. Merkwürdigerweise öffnete von den anwesenden Künstlern kein einziger den Mund zur Verteidigung. Es würde interessieren, wer diese jungen und schweigsamen Künstler waren. Der Verdacht

besteht, dass es sich um Leute handelt, deren Werke heute zu den Klassikern der 20er Jahre in Basel gehören und Gold wert sind. Der Laternenmaler der VKB hiess jedenfalls Paul Rudin. 1926 bezahlten die VKB für einen Zweispänner mit Mann für die beiden Fasnachtsnachmittage den Betrag von Fr. 25.—. Dieser für heutige Verhältnisse grosszügige Preis wurde von der Wwe. Kohler, Fuhrhalterei am Rheinweilerweg in Basel, in Rechnung gestellt. Für die vernichtende Laternenkritik kam dann 1927 eine Retourkutsche, indem der National-Zeitung einmal ein Bein gestellt werden konnte. Mit dem Sujet «dr glai Nazi» hatten die VKB den Zorn der Zeitungsgewaltigen erregt, wobei sich natürlich später alles wieder in Minne auflöste.

1929 wurden unter der Bezeichnung «Columbia D 2312 und D 2313» die ersten zwei VKB-Grammophonplatten im Musiksaal aufgenommen.

1925: Sujet «Züribögg à la Bâloise». Laterne von Paul Rudin gemalt.

Die VKB verlangten für ihre Bemühungen hundert Franken. Wahrscheinlich war die Ehre, dabeisein zu dürfen grösser, als finanzielle Überlegungen.

Auf den beiden 78-Touren-Platten wurden die Basler Festspielmärsche und der Gluggsi auf der einen und der Morgenstreich, der Araby und der Vaudois auf der anderen aufgenommen.

Ebenfalls noch 1929 wurde eine Reise an den Pfyfferdaj nach Ribeauvillé beschlossen. Vorgängig wurde aber eine Delegation der VKB dorthin gesandt, die abzuklären hatte, ob dies ein Anlass politischer oder konfessioneller Art sei. Nach gründlicher Rekognoszierung wurde per Brief vom 23. August an den Präsidenten der Société de Gymnastique et de Tir, Monsieur Pierre Heydt, Folgendes bestätigt:

«*Unsere Beteiligung:* Die costümierte Gruppe besteht aus 51 Mann. Teilnahme am Fackelzug am Samstagabend und am Umzug am Sonntag. Weitere Darbietungen nach Wunsch.

Nachtquartier: Sie sollten gemäss Ihrer Zusage bei der Besprechung für ein Massenquartier für obige Teilnehmer besorgt sein. Entweder Strohsack oder, falls dies nicht möglich wäre, würde uns auch eine gewöhnliche Strohunterlage dienen, vielleicht mit einer oder zwei Decken.» (Das waren noch Zeiten!)

Die Verpflegung wurde direkt mit dem Restaurateur des «Hôtel de la Ville de Nancy» abgemacht. Für den Samstagabend: Suppe, Escaloppe de Veau, Pommes et Salade, Dessert; für den Sonntagmorgen: Café mit Milch, Butter und Wurst; für den Sonntagmittag: Fleischpastete, Fischplatte, Braten und Gemüse, Dessert; alles reichlich, zum Preis von 28 Französischen Franken, was zu jener Zeit etwa 7 Schweizerfranken entsprach.

1930: Die VKB am Drummeli.

Man beschloss auch, dem Tambourmajor seinen Säbel wieder geradezubiegen, den er 1923 in Strassburg lädiert hatte. Weitere Angaben zu diesem Anlass findet man ebenfalls im Kapitel «Reminiszenzen».

In den Jahren 1930 bis 1933 gab es etliche interne Schwierigkeiten, welche aber alle im besten Sinne geklärt werden konnten. Man ging ja schliesslich auf den 50sten Geburtstag zu und hatte das Recht, ein wenig mit- und aufeinander zu schimpfen. Nach aussen hin war natürlich alles in bester Ordnung. Darauf haben die Verantwortlichen schon geschaut.

Sämtliche Trommelkonzerte wurden mit Erfolg beschickt. 1933 wurden die Festspielmärsche vorgetragen, wobei dem Protokollbuch zu entnehmen ist: «... soweit wir sie können». Um den Wettsteinmarsch haben sie sich jedenfalls gedrückt. Zu jener Zeit hat das scheinbar keinen Menschen gestört.

 Vereinigte Klein-Basler

Gegründet 1884

Basel, den 22. August 1923.

1927–1936:
Eine Tanzbewilligung und
weitere Strafbefehle.

1931 war auch in der Zeitung zu lesen, dass Droschken und Landauer im Rückgang sind. Nur noch je sechs haben an der Fasnacht zirkuliert. Also hat's schon damals begonnen!

50 Jahre VKB. Das Jubeljahr 1934 wurde wieder gross geschrieben. Ein mächtiger Auftritt am «Monster», mit dem Gluggsi und den «Neije Glaibasler», beides Märsche aus der VKB-Küche der Gebrüder Grieder, eröffnete das Jubeljahr.
Neben den VKB mit dem Sujet «s igfrore Gäld» haben noch weitere 24 grosse Züge, 10 Buebezigli, 15 Wagen, zahlreiche Gruppen und Musikbanden (welch schönes Wort) teilgenommen.
Für die VKB gab's neue Kopflaternen, welche weiterum einen grossen Eindruck hinterliessen.
Als wichtigster Punkt im Jubeljahre war die Tatsache, dass zum ersten Mal an dieser Strassenfasnacht die «Junge VKB» teilnahm. Für die 50jährigen VKB eines der schönsten Geschenke und – wie die Geschichte zeigt – ein Geschenk, das heute auch schon seinen 50. Geburtstag feiern darf.
Neben der Beteiligung am Festprogramm «75 Jahre Quodlibet», den Anlässen der Comité-Schnitzelbänke, einer Schweizer Reise, der Einweihung der Dreirosenbrücke (Ende August 1984 wurde in der BaZ das 50jährige Bestehen gewürdigt) und der Teilnahme an der Feier «500 Jahre Fribourg» wurde zum ersten Mal in der Geschichte der VKB die Jahresfeier in den grossen Saal der Mustermesse verlegt. Der Chronik kann man entnehmen, dass es ein grossartiger Anlass gewesen sein muss.

Aber lassen wir hier wiederum unseren alten Freund Bolo Mäglin, der schon früher zu Wort gekommen ist, berichten. In der damaligen National-Zeitung stand geschrieben:

«50 Jahre ‹Verainigti Glaibasler›!

Die Jubiläumsfeier der ältesten Basler Fasnachts-Gesellschaft in der Mustermesse

Schon der Eintritt in die Mustermesse rief alle guten Fasnachtsgeister wach: Links und rechts der breiten Treppe, in den Ecken der Garderobe und vor den Saaleingängen standen mächtig prächtige Fasnachtsfiguren, teils sogar mit Zugszetteln ausgerüstet, selbst das Ross eines Vorreiters fehlte nicht – das gab gleich die richtige Stimmung im grossen Festsaal, der bis zum allerletzten Plätzchen voll war.
Was man nicht immer behaupten kann – diesmal stimmte es: Die Rede des Präsidenten Gotti Blatter weckte ausserordentliches Interesse. Nach feierlich-herzlicher Begrüssung der Vertreter der Regierung, der Presse, des Fasnachts-Comités, des Schnitzelbank-Comités, der Fasnachts-Cliquen (die vollzählig vertreten waren!), der Gesang-, Turn- und Musikvereine und der grossen VKB-Familie feierte der Redner die Bodenständigkeit und die idealen Hintergründe der Fasnacht in Tönen, wie sie nur ein begeisterter Fasnächtler finden kann. Er fand auch die richtigen Worte zur Würdigung der grossen Verdienste, die sich Quodlibet und Fasnachts-Comité, an dessen Spitze sein Präsident George Fürstenberger, im Laufe der Jahrzehnte um die Entwicklung der Fasnacht erworben

Die zu diesem Jubiläum neugeschaffenen Kopflaternen.

1934:
50jähriges Jubiläum mit dem Sujet «s igfrore Gäld». Der Jubiläumszug vor der Mustermesse fotografiert.

haben. Besonders herzliche Begrüssungsworte widmete er den Veteranen Christian Schreiner, seit 1889 Mitglied des Vereines, und Traugott Schweizer, schon anno 1895/96 Präsident und seit 1902 Ehrenmitglied des V.K.B., die beide an diesem Ehrentag des Vereines nicht fehlen wollten, wie auch Gusti Fischer, der seit 1906 kein Monstre-Trommel-Konzert verpasste. Der Redner schloss mit einem klingenden Hymnus auf den echten baslerischen Fasnächtlergeist, der auch in ihm steckt – wie anders hätte er sich sonst anno 1921 vom verdienten Ehrenpräsidenten Sämi Vogt den neugeschriebenen ‹Gluggsi› von Basel nach Lausanne per Telephon vortrommeln und (mit dem Mund) vorpfeifen lassen, um ihn richtig zu erlernen?

Wurde diese Rede mit Jubel aufgenommen, so steigerte er sich zum Orkan, als drei Buben auf der Bühne erschienen, um in wohlgesetzten schwungvollen Versen den Präses Gotti Blatter, den Tambourenchef Hermi Bitterli, den Pfeiferchef Hans Mangold, sowie die beiden Zugchefs des Nachwuchses, Martin Schäublin und Karli Walter, durch schöne Geschenke zu ehren. Dann meldete sich namens der Regierung Dr. Dannenberger, um herzlichen Glückwünschen eine ebenso geistvolle, als in ihrer Knappheit prägnante Rede folgen zu lassen. Von jeher widmeten sich Regierung und Fasnachtsvolk besondere Aufmerksamkeit, wenn auch aus ganz verschiedenartigen Gründen. Bestand die Aufmerksamkeit der Regierung vom 15. bis weit ins 19. Jahrhundert vor allem darin, durch Gebote und Verbote die überschäumende Fasnachtslust einzudämmen oder ihr Auswirken überhaupt zu verhindern, so ist das heute anders. Das ist in erster Linie dem Fasnachtsvolke zu verdanken. Daran haben die Vereinigten Kleinbasler einen besonders grossen Anteil. Sie bewiesen ja schon durch ihre Sujets jeweils für höchste Staatspolitik immer besonderes Interesse. So besteht also am weiteren Blühen und Gedeihen der Vereinigten Kleinbasler geradezu ein öffentliches Interesse.

‹Nur wer tüchtig trommeln kann,
Gibt ein guter Bürgersmann!›

Dieser Spruch von 1843 scheint grade im V.K.B. immer besonders beherzigt worden zu sein. Möge das auch in weiteren Jahrhunderten der Fall sein.

Weitere Glückwünsche

Präsident Strub von der Mittwoch-Gesellschaft sprach namens sämtlicher Basler Fasnachts-Cliquen. Wer besinnt sich noch, wie sich früher manchmal die Fasnachts-Cliquen verprügelten und einander, wenn es ging, die Laternen in den Rhein warfen? Heute darf ich – was noch nie der Fall war – im Namen aller Gesellschaften reden... und alle sind hier vertreten. Gab es da-

Die vom Fasnachtscomité gestiftete Scheibe zum 50jährigen Jubiläum.

Dass die VKB einige Jahre das Spiel der Drei Ehrenzeichen begleitete, zeigt dieses Dankschreiben und das Foto auf der Mittleren Rheinbrücke. Von links: Hermi Bitterli, Werner Müller, Ernst Zeier.

mals, etwa um 1880, insgesamt 6 Cliquen, so zählen wir heute deren 22, und bestand damals eine Clique, wenn es hoch kam, 3–4 Jahre, so ist auch das heute anders geworden. Das ist nicht zuletzt ein Verdienst des Comités. Mit herzlichen Glückwünschen aller 21 Cliquen überreichte der Redner dem Präsidenten des Jubilars eine prachtvolle grosse Baslerkanne mit 12 Trinkbechern und schön graviertem Plateau. Für das Fasnachts-Comité sprach dessen Präsident den Vereinigten Kleinbaslern, ‹die ja bei der Geburt des Comités als Hebamme mitgewirkt hatten›, die herzlichsten Glückwünsche aus. Für den Turnverein Kleinbasel, zwischen dem und dem Jubilar alte Zusammenhänge bestehen, überbrachte K. Schluep mit kurzen, inhaltsreichen Worten einen Gong. Ehrenmitglied und langjähriger Präsident Hans Löw erfüllte die rührende Mission, namens der Mutter des verstorbenen Tambour-Majors Hans Kaufmann, den diesem einst geschenkten prachtvollen Tambourenmajorstock dem Verein als Jubiläumsgabe zurückzubringen. Namens der Damen des Vereines rief Frau Widmer mit ihren Gaben – 2 Trommeln und 2 Piccolos – stürmischen Beifall wach. Fritz Kaufmann brachte im Namen des Quodlibet ebenfalls eine prächtige Zinnkanne und wünschte den V.K.B. nach ‹bewährten Vorbildern› herzlich eine tausendjährige Existenz. Für die drei E-Gesellschaften sprach deren Meister Sämi Baumgartner: Drei gemeinsame Ziele haben Ehrengesellschaften und V.K.B.: Die Tradition, das Trommeln und das Kleinbasel. Weil wir an ihnen hangen und ihnen zustreben, darum kann das Kleinbasel jedes Jahr so Gutes über den Rhein schicken, wenn es fasnächtelet.

schtube› mit Säuglingen in Wageln, die schrien und wimmerten, bis sie schliesslich strahlend auf ihren Nachthäfen, als welche die Trommeln verkleidet waren, ruessen durften. Es gab ein fröhliches Bild von jener Krisenzeit, da aus der Hauptmasse der V.K.B. die Olympia gegründet wurde, wobei es an gut fasnächtlichen Seitenhieben und Anspielungen nicht fehlte. Der Perversarelin brachte einen träfen Schnitzelbank, der heidenmässig einschlug... und dass bei alledem natürlich die Trommel- und Piccolokunst der Glaibasler in imponierender Art vordemonstriert wurde (famoses Bühnenbild: Der ‹Sternen›), war nicht anders zu erwarten. Die Regisseure Ruedy Hänger und Hans Hoggenmüller und der Bühnenbildner Paul Rudin haben ihre Sache gut gemacht – am besten aber löste seine Aufgabe der Autor Willy Kohler: Das hatte Hand und Fuss und war gespickt mit fröhlichen Einfällen und treffsicher applizierten Witzen. Dass unter solchen Umständen die Stimmung für den Ball geradezu fasnächtlich-übermütiger Art werden musste, versteht sich am Rande. So hatte man für einen ausserordentlich unterhaltsamen Abend zu danken, den die Organisatoren Gästen, Angehörigen und sich selber bescherten. Die Jubelfeier wird noch lange in der Erinnerung haften. Da möchten auch wir gratulieren: Ad multos annos, V.K.B.! B..o»

Eine eigens für das Jubiläum gedruckte Festschrift, die heute bereits als wertvolles Sammelobjekt gilt, wurde in der National-Zeitung Nr. 460 folgendermassen beschrieben.

«50 Jahre ‹Vereinigte Klein-Basler›

Dann konnte das Festspiel beginnen, das aus der Feder des an diesem Abend zum Ehrenmitglied ernannten Willy Kohler stammte. Der gleichgeschaltete Prinz Karneval von Köln, der Züriböögg, als Vertreter Frankreichs ein Waggis, eine urbaslerische alte Tante – das waren die Ehrengäste, die sich der Lenker des Spieles, ein geschliffene Verse sprechender Ueli, hergebeten hatte, um ihnen Bemerkenswertes aus der Geschichte des jubilierenden Vereins vorzuführen. Da wurde die Gründung, d.h. die ‹Vereinigung› der Kleinbasler gezeigt, wurde aufgeklärt, dass man vor 50 Jahren schon glänzend ruesste, ohne Noten zu besitzen; da gab es – glänzender Einfall – eine ‹Glaibasler Buschi-

(Eing.) Unsere älteste Basler Fasnachtsgesellschaft, die ‹Vereinigten Klein-Basler› V.K.B., begeht am 13. Oktober in den Sälen der Mustermesse die grosse Feier ihres 50jährigen Bestehens.
Die Festschrift, ein hübsches Werk, für welches der Historiker Carl Ramstein und als Autor Willy Kohler zeichnen, liegt als Chronik vor uns und ist in allen Teilen ein wertvolles Andenken für alle Fastnächtler und Fastnachtsfreunde. Das bunte Titelblatt von Kunstmaler Paul Rudin vereinigt in künstlerischer Auffassung die moderne Zeit mit unserer alten Fastnachttradition in Form eines motorradelnden Waggis, der ausgerechnet einer alten Tante in die Hinterfassade saust.

Selbstverständlich fehlt als Soziusbegleiterin das zierliche Pierrettchen nicht, das wie ein Bienlein auf dem breiten Rücken des Waggis klebt und zu Ehren der Feier mit einem Blumenstrauss gratuliert. Köstliche Nebenfiguren umrahmen das ganze Spiel zu einem bunten Kunstblatt.»

Aufgrund dieser Jubiläumsfeier sind die VKB auf den Geschmack gekommen und haben in Zukunft sämtliche Jahresfeiern in der Mustermesse abgehalten.

In den Jahren 1934 bis 1937 war es den VKB vergönnt, das Spiel der drei Ehrengesellschaften Kleinbasels zu stellen und den Abendumgang zu begleiten. Kein Kenner von historischen Begebenheiten konnte uns bis heute einen Grund nennen, weshalb dies nur während weniger Jahre der Fall war. Vermutlich lag dies an Unstimmigkeiten zwischen massgebenden Leuten.

Von 1935 bis 1937 malte «Max Sulzbachner», oder wie ihn die meisten kennen, «dr Sulzbi», die Laternen der VKB. Auch für 1938 war der Sulzbi grosser Favorit. In einem Brief an Sulzbi vom 29. Januar 1938 erfahren wir jedoch Folgendes:

«Wir gelangten in den Besitz Ihres Schreibens von Braunwald etc. und haben daraus ersehen, dass Sie zur Zeit dort oben dem Wintersport huldigen. Zu unserem Leidwesen müssen wir Ihnen jedoch mitteilen, dass wir an der diesjährigen Fasnacht auf die Mitwirkung Ihrerseits verzichten müssen. Nachdem Sie uns auf unseren Brief betr. Offerteneingabe lange keinen Bescheid gegeben haben und auch zu jener abgemachten Sitzung nicht erschienen sind, hat sich die Sujetkommission veranlasst gesehen, sich um einen anderen Kunstmaler umzusehen.»

Es scheint, dass sich hier eine hoffnungsvolle Zusammenarbeit aus irgendwelchen Gründen zerschlagen hat.

Neben den Monstertrommelkonzerten und der Fasnacht waren wiederum verschiedene Festivitäten und einige Reisen auf dem Programm. Es war überhaupt eine Zeit, in der sehr viel unternommen wurde. Kein Wunder, die uns heute zur Gewohnheit gewordene Überschwemmung an Autos, Mopeds und Fernsehern gab es noch nicht. Man hatte noch ausreichend Zeit und genoss es, mit Freunden auf Reisen zu gehen.

Als wichtiges Ereignis galt 1937 das erstmalige Auftreten der Jungen Garde am Monstertrommel-Konzert. Die Presse war über die Trommelschule des Lobes voll.

Monstre-Trommelkonzert 1937

«Basler Nachrichten» (Junge Garde)
«Wo und wie ein Baslerbub das lernt, zeigte anschliessend die Trommelschule der Verainigti Glaibasler. Wie die Orgelpfeifen standen die Boys da, vom Binggis bis zum fast Erwachsenen, kein Auge vom Lehrer lassend. Sie zerlegten die Streiche einwandfrei, sie sammelten sich zu einer ‹Tagwacht› und anschliessend mit 8 Pfeifern zu einer so prächtigen Wiedergabe des ‹Morgestraich› und der ‹Aeschlemer›, dass erstmals der Jubel den sich schliessenden Vorhang wegzuwehen drohte.»

«National-Zeitung»
«Diese Aeschlemer – das war schon etwas ganz anderes, als vorhin. Und der kleine links vorn mit dem Basler Advokaten-Haarschnitt, den hättest Du sehen sollen! Wie der dabei war!

Fastnachtsgesellschaft
Vereinigte Kleinbasler
50-jähriges Jubiläum
1884 - 1934

Basel, den 12. Januar 1934

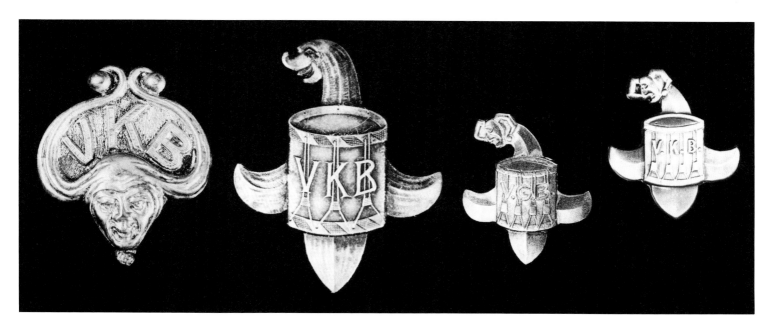

Verschiedene Vereinsabzeichen in der 100jährigen Vereinsgeschichte.

1938. An dieser Fasnacht herrschte selten schönes Wetter, so dass sich natürlich viele Cliquen dazu verleiten liessen, das um 22 Uhr beginnende Trommelverbot zu missachten. 16 Cliquen wurden erwischt und erhielten dafür eine Busse aufgebrummt.

Die schönen Worte «Nur wer tüchtig trommeln kann, gibt ein guter Bürgersmann» von Dr. Dannenberger, anlässlich der 50. Jahresfeier der VKB anno 1934, scheinen da nicht mehr viel Geltung gehabt zu haben.

Vielleicht ist es in diesem Zusammenhang interessant zu erfahren, wie lange man früher trommeln durfte. Um das Jahr 1872 war Schluss um 19 Uhr, ab etwa 1893 eine Stunde später, um die Jahrhundertwende wurde bis 21 Uhr getrommelt und ab 1912 ruhten die Trommelschlegel ab 22 Uhr. Ungeachtet der vielen Zeitungsartikel wollen wir diese Polemik mit einem Abschnitt von Bolo Mäglin, der hier wörtlich wiedergegeben sein soll, beenden. So können die heutigen Leser erfahren, wie die Fasnacht in Basel, ja hier in Basel! erkämpft werden musste!

«Basler Woche»
«Inzwischen pfeifen es die Spatzen von den Dächern, dass nun ‹fraktionell› die morschen Paragraphen geändert werden sollen. Die Fasnacht ist aber keine Sache, aus der politisch Kapital gemünzt werden darf... und wir wollen uns nicht etwa ‹gnadenhalber› das schenken lassen, was wir rechtens zu fordern haben – auch nicht durch Regierung oder Grossen Rat; denn wo es um die Fasnacht geht, da können wir wirklich verdammt ‹unbotmässig› werden.
Unbeschadet jeder Gross-Rats- oder Regierungsrats-Verhandlung wollen wir alle, die an der Fasnacht eine Freude haben, unsere Sache selbst in die Hand nehmen:
Vom Samstag ab können seitens sämtlicher Cliquen die nötigen Unterschriftenbogen am Schalter der ‹Basler Woche› bezogen werden! Es sollen sich alle Cliquen melden, auch die Schnitzelbänkler und die ‹Einzelgänger›!
Wir wollen unsere Fasnacht vor Polizeischikanen schützen! Auf zur Tat!»

Die zahlreichen Bussen zwangen die Cliquen zu energischen Protesten und zu einer Eingabe an die Regierung, das Trommeln an der Fasnacht überhaupt für die ganze Nacht hindurch zu erlauben. Diese Eingabe hatte natürlich keinen Erfolg, aber wie von einem Regierungsratsbeschluss vom 2. September zu entnehmen ist, wurde das Trommeln bis 24 Uhr erlaubt. Die gespannte Lage zwischen Polizei und Fasnächtlern hatte sich dadurch wieder einmal entschärft.

1939. Fröhlich feierte man – in Unkenntnis des kommenden Weltkrieges – das Monstertrommelkonzert mit einem Tambourensolo «Buren» und die Fasnacht mit dem Sujet «Bar chez Henry oder die Milch der frommen Denkungsart».
An der Laternenausstellung im Hof des Steinenschulhauses (Areal des heutigen Stadttheaters) wütete ein Sturm, der die meisten Laternen umlegte und einen Grosseinsatz für Feuerwehr, Comité und Cliquenverantwortliche auslöste.
Die Narben der Auseinandersetzung mit der Polizei waren noch nicht ganz verheilt, da passierte schon wieder ein neuer unangenehmer Zwischenfall. Der nachfolgende Artikel beschreibt ihn:

«Der ‹Zuckerstock› auf der Verkehrskanzel

Kein Fasnachtswitz!

Man schreibt uns: Seit dem Bestehen der drei Verkehrskanzeln am Aeschenplatz, am Barfüsser- und am Claraplatz haben alljährlich, sehr zum Gaudi der Passanten, an den beiden Fasnachtstagen auf und in den leerstehenden Kanzeln gelungene Masken ihren Schabernack getrieben. Dies scheint nun das Missfallen der Polizei erregt zu haben, weshalb das Polizei-Inspektorat anordnete, dass sie heuer erstmals mit einer Absperrung versehen sein mussten. Man konstruierte einen zuckerstockähnlichen Blechkegel, der, über die Kanzel gestülpt, den Zugang hermetisch abschliesst. Damit begnügte man sich jedoch noch nicht. Entgegen den baupolizeilichen Vorschriften, die die Verwendung von Stacheldraht zu Absperrzwecken untersagen, hat man auch um die Eisenstange, die das Dach der Verkehrskanzel festhält, noch eine raffinierte Blechmanschette mit Widerhäkchen anbringen lassen, an denen sich jeder, der dennoch das Heiligtum zu besteigen suchen sollte, die Finger aufreissen kann!»

Die Einweihung der umgebauten Wettsteinbrücke und die Teilnahme an der grossen Landi-Trommler- und -Pfeifergruppe waren weitere Höhepunkte der VKB.

Einer der wichtigsten Anlässe aber war wohl die Gründung der Alten Garde, die dann aber bis 1946 warten musste, ehe sie eine Strassenfasnacht erleben konnte.

Die nächsten Jahre, gezeichnet durch den die Schweiz umbrandenden Zweiten Weltkrieg und ein verständliches Fasnachtsverbot, waren sehr hart.

Dank der Jungen und der Alten Garde konnten diese schweren Zeiten, die durch militärische Abwesenheiten der Aktiven des Stammvereins bedingt waren, gut überbrückt werden. Die einzigen fasnächtlichen Schwergewichte in diesen Jahren waren die Monstertrommel-Konzerte und einige in verschiedenen Lokalen abgehaltene Fasnachtsveranstaltungen.

Im Jahre 1940 lag das Gesellschaftsleben total am Boden. Die unsichere Lage, der tiefsitzende Schock über die Kriegsgeschehen rund um unser Land, aber auch die vielen Grenzbesetzungsabwesenheiten lähmten den so sprichwörtlichen Elan unserer VKB-Fasnächtler. Nicht nur bei uns, auch bei anderen Fasnachtsgesellschaften dürften die Vereins-Chroniken in diesem Jahr wenig Erspriessliches aufweisen.

Aber schon 1941 begannen sich die Geister wieder zu regen. Am Drummeli – mit drei natürlich total ausverkauften Vorstellungen – präsentierten sich die VKB mit den «Mätzli». An den beiden Fasnachtstagen nahmen die Aktiven an einer Fasnachtsunterhaltung im «Konzerthaus Clara» teil, und im November wirkten die VKB am «Journée pour la patrie» anlässlich des Comptoir Suisse mit. Im Juni war es die Junge Garde, welche die ganze VKB-Familie zu einem Familienbummel einlud, und auch im Dezember kam die Initiative von der Jungen Garde, die erneut den zur Tradition gewordenen «Santiglaus», trotz Ungunst der Zeit, durchführte.

Einem Ende November im «Greifen» organisierten «Familienplausch» war kein grosser Erfolg beschieden, wohl (oder vielleicht weil?) ein Herr Georg Minck für eine Gage von Fr. 25.– den humoristischen Teil des Programmes bestritt.

Kurz vor dem Monster 1942, das unter dem Motto «Ygmachti Fasnacht» stand, hatte das Basler Landwehrbataillon einzurücken. Da offenbar die Pfeifer der VKB von dieser Tatsache mehr betroffen waren als die Tambouren, wurde beschlossen, als Tambourensolo «d Märmeli» vorzutragen. In den Basler Nachrichten stand zu lesen: «Dichtauf folgten die VKB unter Leitung ihres kostbaren, kerzenerleuchteten Elektrovogtes; so schön haben wir die «Märmeli» selten gehört.»

 VERAINIGTI GLAIBASLER FASNACHTSGSELLSCHAFT

GRINDIGSJOHR: 1884

BASEL, den 28. Juni 1945.

1944:
Zum 60jährigen Jubiläum die VKB als Zirkusclowns am Drummeli. Das Foto anlässlich der Ehrung durch das Comité.

Die National-Zeitung meinte zu diesem Auftritt:

«Ein EW-Hengst mit Kerzenbeleuchtung führte die 30 stromlosen Charivaner der ‹VKB› auf die Bühne, und ein herrlicher Strom an trommlerischem Können ergoss sich bei diesen ‹Märmeli› in die Ohren der entzückten Hörer...»

Ein für diese Zeit charakteristischer, mit Galgenhumor durchzogener Schnitzelbankvers der damals führenden «Perversarelin» sei hier noch wiedergegeben:

«Mir fyre Sängerfeschtli –
Mir fyre Schitzefeschtli –
Mir fyre Feschtli, will is s Feschtlifyre lytt –
Mir hänn Johresfyre –
Mir hänn Bundesfyre –
Nur zum Ofefyre hämmer nyt!»

Die Teilnahme an einer Fasnachtsveranstaltung im «Clara» stand auf dem Programm, und kurz darauf ging es nach Frenkendorf als Ziel des Fasnachtsbummels.
Am Kantonalturnfest, an der Bundesfeier im Erlenpark und an einem Werbeabend der «Basler Strassenbahnen» wurde fleissig getrommelt und gepfiffen. An der Delegiertenversammlung des Schweizerischen Schneidermeister-Verbandes waren die VKB nebst anderen illustren Künstlern, wie Willy Ackermann und das Ballett des Stadttheaters, eine Gruppe, welche dreimal aufzutreten hatte.
Man sieht eindeutig, der erste Schock war vorüber. Das Vereinsleben begann sich langsam aber sicher wieder zu normalisieren. Die Zahl der «Monstervorstellungen» im Jahre 1943 war auf fünf erhöht worden, was besonders unsere Pfeifer freuen konnte, welche mit selbstgemachten Crêpepapier-Kostümen und den «Neije Schwyzer» brillierten.
An den Fasnachtstagen waren die Aktiven wieder im «Clara» dabei. Aber auch für das im Cinema Palace abgehaltene und von Bolo Mäglin verfasste Fasnachtsprogramm wurden die VKBler verpflichtet. Des grossen Erfolges wegen musste nach der dritten offiziellen Vorstellung noch eine vierte angehängt werden.
Der Fasnachtsbummel führte nach Maisprach. Dazu ist aus dem Jahresbericht des Präsidenten zu entnehmen:

«Die Ankunft und der Marsch in Basel nach dem ‹Warteck› bildete sodann der Clou des Ganzen. In Basel haben uns auch noch die Herren der ‹Alten Garde› erwartet, so dass wir den Zug mit 26 Tambouren und 25 Pfeifern durchführen konnten.»

Aus einem Schreiben an das Fasnachts-Comité vom 16. April ist ersichtlich:

«In Ausführung Ihres mit Schreiben vom 6. April 1943 geäusserten Wunsches haben heute morgen um 06.00 Uhr im Zeichen der Anbauschlacht die Tambouren unserer Gesellschaft in zwei Abteilungen a) auf dem Erasmusplatz und auf dem Claraplatz, b) auf dem Wettsteinplatz und auf dem Mustermesseplatz auftragsgemäss eine Tagwacht getrommelt.»

1944 war, wenn auch keine Fasnacht abgehalten wurde, für die 60jährige VKB ein Glanzjahr. Im gelben Saal der Mustermesse organisierten die VKB das offizielle Preistrommeln und -pfeifen. Dies war auch die Geburt des «Medaillen-Spiegels», der im Kapitel «Reminiszenzen» eingesehen werden kann. Bei den Tambouren siegte Mix Hug von der Olympia, zweiter mit nur 0.25 Punkten Rückstand war Männi Bender von den VKB, und mit auch nur 1.5 Punkten Rückstand war im dritten Rang Migger Lauener, ebenfalls von den VKB.
Bei den Pfeifern siegte E. Antaria von den VKB, im zweiten Rang folgte W. Knecht, ebenfalls VKB mit 1.5 Punkten Rückstand, und mit einem Rückstand von 2.00 Punkten war Pfeifer Wakkernagel von der Alten Richtig in der Rangliste zu finden.
Am Monstertrommelkonzert begeisterten die VKB mit dem Motto «dr Zirkus» und den beiden

Märschen «Pumperniggel» und «Gluggsi». Die Presse schreibt dazu:

Basler Nachrichten
«60 Johr feierten die VKB mit Versen, Gaben und Blumen in ihren schönen Bajassen, pfiffen die ‹Gluggsi›, dass es eine jubelnde Lust war, um dann – etwas dumpf tönend zwar – die ‹Pumperniggel› hinzurussen, dass es nur so glepfte. Das eingeschlagene Tempo 112 begreifen wir zwar nicht ganz. Warum so pressieren?»

National-Zeitung
«Zirkus im Küchlin wollten die VKB mit ihrem Massenaufmarsch von nahezu 60 schimmernden Clowns in allen Farben persiflieren... aber da nahte eine herzige schwarzseidene Tante und ein Blätzlibajass und verschafften dieser ältesten Fasnachtsgesellschaft Basels zu ihrem 60jährigen Jubiläum bei Blumen- und Geschenkübergabe eine wahrliche Ovation, für welche sich der Jubilar mit etwas schnell, aber sonst herrlich getrommelten ‹Pumperniggel› und mit dem wundervoll gepfiffenen ‹Gluggsi› revanchierte.»

Über diesen Monsterauftritt finden wir in den Akten der VKB noch folgende Rechnung der Schweizerischen Kostüm- und Fahnenfabrik Louis Kaiser an der Utengasse in Basel:

1 Kostüm Elephant	zu Fr. 20.–
1 Kostüm Zirkusdirektor (Tambourmajor)	zu Fr. 10.–
30 Kostüme Clowns (Pfeifer)	à Fr. 6.–
30 Kostüme Clowns (Tambouren)	à Fr. 6.–

Am sogenannten Kleinbasler Trommelkonzert glänzten die VKB ebenfalls, und zwar neben den praktisch vollzählig anwesenden «Basler Kinschtlern» wie Lux Dieterle (Vater und Sohn), Werner Bossert, Willy Balzer, Guggi Kleiner, Finy Kappeler, Lotti Kraus, Elsy Ackerschott und vielen anderen mehr. Die musikalische Bereicherung besorgten die «Migger Jeisi's Black-Platin-Merchant-Gugge-Band» und die «Schnabelgass-Gladiatoren». Aufgeführt wurde das umgebaute Stück von Bolo Mäglins «Härzdame blutt», und zwar unter dem Motto «Wenn's Fasnacht sott gä».

Dieses Mitmachen im «Palace» sollte noch Folgen haben. Das Fasnachts-Comité reagierte sauer und sprach von Konkurrenzierung des «eigentlichen Monstertrommel Konzertes», dabei war ja das «Küchlin» bei allen Vorstellungen restlos ausverkauft.

Einige Chargé-Express-Briefe zwischen dem damaligen Comité-Obmann G. Siebenmann und den VKB brachten – ausser einer Menge von unnützer Arbeit – nicht viel Positives. Den Subventionsabzug von Fr. 100.– für die Teilnahme an diesem «Trommelkonzert im Kleinbasel» konnten die VKB natürlich verkraften.

Neben den vorgenannten Anlässen standen die im «Clara» abgehaltenen Fasnachtsveranstaltungen für die VKB wieder auf dem Programm. Die Teilnahme an Veranstaltungen einiger namhafter Vereine waren weitere Anlässe in diesem Jahr.

Aufgrund der weltpolitischen Lage wurde beschlossen, die geplante Jubiläumsfeier in der Mustermesse abzusagen und als Ersatz im «Alten Warteck» einen Familienabend mit Nachtessen zu organisieren, der nach Angaben im Jahresbericht des Präsidenten Pauli Krämer ein grosser Erfolg war.

Nachdem Migger Lauener am Preistrommeln 1945 den ersten Rang und Männi Bender den dritten Rang erreichte, folgten sich die Veranstaltungen wieder Schlag auf Schlag. Zuerst fand das «Monster-Trommelkonzert» statt, und

VEREINIGTE KLEINBASLER FASNACHTS-GESELLSCHAFT

BASEL, DEN 23. Juni 1950

Auch von Schlechtwetterfasnachten blieben die VKB nicht verschont. Die Tambouren lösten dieses Problem auf ihre Art. 1925 auf einem Lastwagen und 1949 auf den Stühlen des Trommelzimmers.

wie in früheren Jahren durften die einzelnen fasnächtlichen Veranstaltungen nicht fehlen.

Am 5. März, grosse Schlagzeilen in allen Zeitungen:

«Basel von Bombern angegriffen. Bombenangriff auf Bahnhofareal. In Basel kein Bomberabsturz, sondern gezieltes Bombardement. 14 Brände im Gundeldingerquartier.»

Die Frage taucht hier nun auf, was hat dies alles mit den VKB zu tun? Ganz viel. Denn der Fasnachtsbummel sollte nämlich die VKB zu diesem Zeitpunkt nach Olten führen, aber aufgrund der Vorkommnisse konnte nicht von Basel weggefahren werden. Man verschob den Bummel ganz einfach und fuhr später dorthin. Zu erwähnen wäre vielleicht noch, dass bei der Rückkehr der lustigen Zecher nach Basel die «Junge Garde» auf dem Perron stand und eine «Tagwacht» ruesste.

Was die strammen Mannen damals im Restaurant Olten-Hammer gegessen haben, ist heute nicht mehr auszumachen. Jedenfalls kostete eine Hafersuppe, Rindsragout, Kartoffelstock, Randensalat und ein Biskuitkuchen den Betrag von Fr. 4.–, während für eine Erbsensuppe, Bernerplatte reich garniert, Sauerkraut, Salzkartoffeln und einen Fruchtsalat Fr. 5.50 ausgelegt werden musste.

Am 29. Dezember 1945 versandte das Comité einen Brief an alle Cliquen, in dem es allen Fasnächtlern ein glückliches und frohes 1946 und eine flotte Fasnacht wünschte. Man spürte deutlich, die erste Fasnacht nach dem unseligen Krieg stand vor der Türe. Um den noch fasnachtsungewohnten Baslern eine kleine Hilfe zu leisten, gab das Comité im gleichen Brief einige Sujetvorschläge bekannt: American-Wild-West-Urlauber-Tournée, Ofetürli uff – Ofetürli zue, Astronomisch-Urinarisches Collegium, Süberig in dr Schwyz, Altstadtsanierig, Panteen, d'Goldküschte, Tropenfimmel, Internationaler Flugplatz Blotze, Dr Elsass Fimmel, s'Frauestimmrächt, dr Schwarzhandel, Miss Basel, Theaterskandäli. Für die Jungen wurde empfohlen: Wätterbricht, Eva und die Gemeinde.

Die VKB entschlossen sich für das Sujet «Schwarzhandel», und was für ein Zufall, schon 1920 anlässlich der ersten Nachkriegsfasnacht spielten die VKB am Drummeli das Sujet «Bauernwucher» aus, was im Klartext ungefähr dasselbe sein dürfte.

Die ersten Nachkriegsfasnachten waren alle von einem gewaltigen Nachholbedarf geprägt. Der Morgenstreich 1946 brachte die Stadt nahezu zum Platzen, jedenfalls gingen – wie damalige Berichterstatter zu schreiben wissen – einige grosse Ladenscheiben in Brüche. Seit jenen Vorkommnissen hat auch das Schuhgeschäft Deiss am Marktplatz ein Gitter vor seinem Laden montiert!

Die «Alte Garde», 1939 gegründet, durfte zum ersten Mal an der Strassenfasnacht mitmachen. Mit dem Sujet «d'Mischt-Haizig» haben sie sich in der Basler Fasnachtsszene gut eingeführt.

In den Akten ist ein Vertrag zu finden, der zwischen den VKB und der Brauerei Warteck abgeschlossen worden war. Er beinhaltete die Vermietung eines Vereinszimmers mit Archivraum im ersten Stock des Hinterhauses vom «Alten Warteck». Der Mietpreis betrug Fr. 250.– pro Jahr. So billig kam man damals zu einem Übungslokal...

1948:
Die erste Laterne von Hans Weidmann gemalt.
Sujet «Nägertschidderboggballett».
Pfeifer als Tschidderböcke,
Tambouren als Lehrmeister,
Tambourmajor als Häuptling.

1948 spielten die VKB mit dem Sujet «Nägertschidderboggballett» eine lokale Angelegenheit aus. Im Basler Zolli logierten nämlich einige Afrikaner, welche als Attraktion par excellence galten. Da wir ja mitten in der Swing-Zeit standen und die grossen Big-Bands, wie Glenn Miller und andere mehr, die Jugend in Schwung brachten, konnte dem Sujettitel seine Aktualität nicht abgesprochen werden.

Viel wichtiger scheint uns aber der Umstand, dass in der Person von Hans Weidmann ein junger Künstler zu den VKB stiess, der während nahezu 20 Jahren die künstlerischen Belange der Gesellschaft beeinflussen sollte. Das Jahr 1951 darf gewiss auch in einem andern Sinne noch als Markstein bezeichnet werden. Zum ersten Mal marschierte neben der «Jungen Garde» auch ein «Binggis-Zigli». Mit der Trennung in zwei Gruppen konnte bei der «Jungen Garde» eine höhere Qualitätsstufe erreicht werden.

1954 spielten die VKB das «Tam-Burefescht 1954» aus. Als Novum ist zu erwähnen, dass dieser Anlass erst im Herbst des gleichen Jahres in Basel über die Bühne ging. Den VKB ging wahrscheinlich der militärische Ton dieser bevorstehenden Veranstaltung auf die Nerven. Erwähnenswert vielleicht noch, dass an dieser Fasnacht 27 Pfeifer mitmachten, was für jene Zeit doch einen beachtlichen Harst darstellte.

1955 ging besonders in die VKB-Geschichte ein. Aus einer verrückten Laune heraus wurde beschlossen, einmal kein Sujet zu wählen, sondern alle zusammen als Zwerge zu verkleiden.

Das Sujet «Sibzig Zwärge und e Wirrlete» war für die Beteiligten ein Riesenspass, für Aussenstehende hingegen ein Verbrechen. Entsprechende Unmutsbezeugungen anderer Cliquen waren die unausbleibbaren Folgen. Auch hier zeigten die VKB Pioniergeist und Mut zu etwas Neuem. Heute würde ein solches Vorgehen wohl kaum so hohe Wellen mehr werfen!

Im Jahr 1959 konnte das 75jährige Bestehen der VKB gefeiert werden. Diesem Markstein wollen wir doch ein wenig mehr Bedeutung beimessen. Eine von Hans Weidmann geschaffene und aus fünf wunderschönen Glasscheiben bestehende Stammtischlampe konnte am 10. Ja-

1953:
Sujet «Basler Nachtlichter». Im Vortrab der Bankverein als Dampfwalze und die Tambouren als Basler-Nachrichten-Zeitungs-clowns.

nuar mit einem gebührenden Fest im «Alten Warteck» eingeweiht werden.
Das Preistrommeln und -pfeifen war ein Erfolg, konnten doch die Tambouren und Pfeifer die Gruppensiege mit nach Hause nehmen. Am Drummeli jubilierte die «Junge Garde» mit einer bravourösen Trommelschule, anschliessend zeigten 22 Tambouren und 30 Pfeifer, wie man einen «Stänzler» darbietet, während zum Schluss 18 Pfeifer das Solo «z Basel an mym Rhy» vortrugen.
Der Stammverein präsentierte «d Ryslaifer» in speziellen, für diesen Anlass hergestellten Harlekin-Kostümen.

Das Comité liess durch eine alte Tante und einen Waggis einen Zinnteller mit folgenden Worten überreichen:

«Dreyviertel Johrhundert sinn ebbe nit nyt!
Dr Wäg drzue ane-n-isch stozig und wyt.
Mechtsch z'allererscht unser Giburtstagskind gseh?
's stoht stramm uff dr Bihni, 's sinn d'VauKaBe.

Au z'Basel isch's Buschi am Aafang jo glai,
Mit wunzigem Myli, näbscht Ärmli und Bai;
's drinkt gärn syni Scheppli, 's wird gross und wird stark
Und gitt halt e Bebbi, bis yne-n-ins Mark.

Dä schwingt syni Schlegel, pfyfft Piccolo
Und waiblet 's ganz Johr syne-n-Uffgoobe noh,
Blangt aber dernäbe veruggt uff die Stund,
Wo d'Fasnacht als wider go z'wädele kunnt.

Do rumplets und kiblets in Gässli und Stroos,
Au d'VauKaBeeler verstehn das famos.
Wenn aine-n-ebbe e Bledsinn abloht,
Dä gniesst me, ass mängem 's Blagiere vergoht!

Und däwäg soll's blybe, 's isch Tradition,
Dr Babbe vermacht's an der Waagle sym Sohn.
Rächt härzligi Gliggwinsch, vom Comité
Mer mechte Di gärn au bym Hundertschte gseh!»

Für die Fasnacht wurde auf ein herkömmliches Sujet verzichtet. Die VKB konnten mit einem

Jubiläumslaterne zum 75jährigen von Hans Weidmann.

«Zug vo feyne alte Fasnachtsgschtalte» in den Strassen und Beizen bewundert werden. Ausnahmsweise verbrachten die VKB den Fasnachts-Dienstag – entgegen ihrem Brauch, diesen Tag in kleinen Gruppen zu verbringen – in geschlossener Formation im Drummeli-Kostüm. Über den 23. Mai, das Jubiläumsfest, lassen wir am besten die Presse berichten. In der Kleinbasler Zeitung «Vogel-Gryff» schrieb d'Bachbumbbele:

«Die Vereinigten Kleinbasler jubilieren.

's isch e wonnig Fescht gsi! Denn die VKB mit ihren 75 Jöhrli verstehen es aus dem ff, Feschter zu bauen und vorher geheim zu halten (!), dass man manchen angehenden Diplomaten unbesorgt zu ihnen in die Schule schicken könnte. Nach der flotten Stammtischlampeneinweihung und dem herrlichen Zug an der Jubiläumsfasnacht war es diesmal e feschtlige Heere-n-Obe, der am 23. Mai rund 280 gänzlich ahnungslose Geister, Vaukabeeler, Delegierte der 28 Cliquen, Ehrengäste und die stets gwundrige Presse zusammenrief. Die viel zu neugierige Tagespresse berichtete bereits darüber, das Fest dauerte offiziell rund elf und eine halbe Stunde (inoffizielle Zahlen sind nicht erhältlich). Versuchen wir den denkwürdigen Anlass wie folgt festzuhalten:

Samstag, den 23. Mai 1959, 16.15 Uhr, Claramatte. Jeder Eingeladene erhält einen nuggischen VKB-Ueli zum Anstecken (im Knopfloch natürlich). Durch die Klingentalstrasse naht ein ehrwürdiger Zug in Häzzle, Zylaschtern, Geggs, Schlychlihosen und mit Schnäuzen und Bärten, dass einem K.K.-Kommandeur selig das Herz im Leibe gelacht hätte. Die VKB, gewitzigt durch die Ehrendamen-Erfahrungen, haben ihren Vortrab als Ehreheere delegiert! Eine entsprechende Proklamation durch einen nicht ganz unbekannten Willy Balzer wird rechtens stürmisch beklatscht. Dann jubelt der Saggodo auf, und 24 junge stolze Pfeifer und rund 15 Tambouren der Jungen Garde erscheinen, um mit den Eingeladenen Richtung Kaserne zu marschieren.

Alle Prognostiker greifen unverschämt daneben, denn es öffnet sich das Tor unseres Stadt- und Münstermuseums, besser bekannt als Kleines Klingental, und der Denkmalpfleger und Hausherr Dr. F. Zschokke persönlich, erweist

1954:
Sujet «Tam-Burefescht 1954». Die Pfeifer als Ehrendamen.

Vorderseite der gelungenen Laterne zum gleichen Sujet von Hans Weidmann.

1955:
Sujet «Sibzig Zwärge und e Wirrlete...». Vom vielseitigen Vortrab bis hinten zu den Tambouren sah man nur Zwerge.

uns beim Betreten seines Refugiums Reverenz. Noch widerhallt der ‹Wettsteinmarsch› der Jungen an den Mauern, als wir das historische Refektorium mit seinen weiss gedeckten Tischen (und Rebensaft in rauhen Mengen!) betreten.
Männi Vogt, Name bestimmt schon gehört, trommelt rasante Tagwacht, und Guschti Fricker als überlegener Präsident des Organisations-Komitees findet herzliche Begrüssungsworte, die mit einer verdienten Totenehrung ausklingen. Otti Horber, in erster Linie VKB-Präsident (nebstdem Ehemann und Geschäftsinhaber), skizziert in freier Rede die Vereinsgeschichte (en détail in der Chronik nachzulesen) – Anno acht hätt's fascht gschärbelet! – und schliesst mit der Feststellung, dass neben dem 75-jährigen Stammverein gleichzeitig die Alte Garde ihr zwanzig- und die Junge Garde ihr fünfundzwanzigjähriges Jubiläum feiern! Und endlich bemerkt er ganz schlicht, dass die VKB heute 500 Mitglieder zählen! Do ka nyt passiere!
Der nachfolgende Gratulanten-Aufmarsch will nicht mehr aufhören; es gibt Ehren- und Doppelmitgliedschaften, und es regnet Zinn in Form von Tellern und Kannen, Keramiken, Stammtischfiguren, eine Glasscheibe und Bilder. Es hagelt von Sprüchen, Bonmots und Apercus, um zwei Dutzend Conférenciers für etliche Jährlein mit besseren Platten zu versorgen. Als Geschenke seien besonders erwähnt: Die Trommel von Ehrenmitglied Willi Kohler – jetzt Ziri und dort ‹Basler Zepf› –, die Sujetjagdflinte, das tambourmajörliche Nebelhorn und die Stäggeladärne.
Sie sind esprit bâlois im besten Sinne des Wortes. Die ‹Wettsteinstube› im Rest. z. ‹Alte Warteck» – dort kann man alle Herrlichkeiten bestaunen! – gleicht bis etwa am 25. Juni einem kunstgewerblichen Atelier!
18.00 Uhr Aufbruch, Ziel unbekannt... Doch da ist an unserem Bach der Dampfer Rheinfelden, und vom Hinterdeck fegt die schaurige Seeräuberkapelle ‹Werner an Willys Homespunknulleri›, Bandleader Fritz Leuenberger! Bergfahrt bis zum Dalbeloch, elegante Wendung und wenig später vertäuen wir an einem Pfeiler der ehemaligen Schiffsbrücke Weil-Hüningen. Fragen Sie Walti Fries, sonst Rest. z. Börse, wie er es fertiggebracht hat, uns auf hoher See, und nur mit einer ‹Kombüse› bewaffnet, gefüllte, warme Ochsenbrust mit Zubehör zu servieren! Zuerst ist man wirklich baff, nachher satt, aber um so höhere Wogen schlägt die allgemeine Gemütlichkeit. Nur ganz hinterhältige Zungen behaupten später, bei der Landung um 11 Uhr seien mehr Gäste ausgestiegen... Ausklang des Festes im Café Spitz, Saal der Drei Ehrengesellschaften. Stimmung erreicht Kulminationspunkt beim Auftreten der leider als Schnitzelbangg von sich aus eingegangenen ‹Kuttlebutzer› (Fer-

Die Stammtischlampe, von Hans Weidmann entworfen und angefertigt, stellt vom Vortrab bis zum Tambour die ganze VKB dar.

Zweimal schon hatte die VKB Platten herausgebracht. 1929 auf 78-Touren die beiden Columbia-Platten D 2312 und 2313, und 1966 «D VKB ruesst und pfyfft».

1959:
Zum 75jährigen Jubiläum war das Sujet «E Zug vo feyne alte Fasnachtsgschtalte». Jubellaterne von Hans Weidmann gemalt.

di und Hanspi: Dasch Muusig gsi), bei den Rädäbäng (Création VKB), bei weiteren brüstlichen Darbietungen (neudeutsch: Streep-Tease) – Operegugger waren nicht erhältlich – bei Fritz Leuenberger und seiner Kugelelagerschnure, bei einem Bangg us aigenem Bode, vor allem aber durch die Tatsache, dass die eigentlichen Hüter und Wahrer unserer einzigartigen Fasnacht fröhlich und unbeschwert mitein-

ander ('s isch au scho anderscht gsi!) am gleichen Tisch höggelten bis... nun, es soll ja immer Gnuschti geben, die noch eine Losche finden...

VKB, 's isch pfundig gsi! Uff Widergix am 3. Oktober bi dr Jubileums-Johresfyr in der Muba, und scho jetzte: ad multos annos!»

Ein Geschenk der Alten Garde zum 75jährigen Jubiläum.

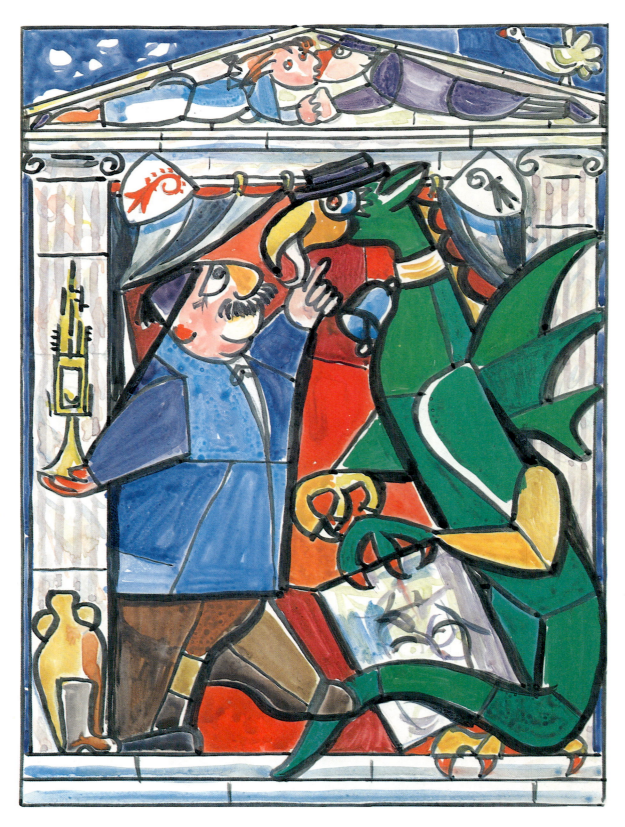

1956:
Entwurf zum Sujet «s Urseli»
von Hans Weidmann.

1968:
Laternenentwurf zum Sujet
«Dr ranzig Angge» von
Hans Weidmann.

Aus dem grossen Reigen der Glückwünsche soll, stellvertretend für alle, der von Niggi Schoellkopf vorgetragene Vers sein:

«Me hätt's nit dänggt, me hätt's verdoria nit dänggt,
ze 75 Johr hett's glängt!

Verehrte-n-Obma, liebi Gescht,
mir findes glatt, das Jubelfescht
wo hitt' mit allem Drum und Speese
abghalte wird bi's VKB-eese.
Grad dorum sin mir also do
mit em Zigli zue-n-Eych ko,
mit Vortrab und aim ainzige Pfyffer,
mit mir und em e Kalbfällschlyffer!

Mir Vier, mir stelle hitt das vor
was ihr vor 75 Johr!
Allerdings, das muess y gaxe,
sythär sin ihr zimftig gwaxe
und nämmet hitt, das losst me sy,
dr erschti Rang an Greessi y!
Usser ere Tageszytig
syge-n-ihr au vo Bedytig,
sunscht hätt doch dr Archivar
eyer Zeedel-Exemplar
vom Grindigs-Johr, so zimlig styff,
nit versorgt im Staats-Archiv!
Eyeri alti Cliquesorte
isch, wie me waiss, au Mamme worde,
hitt gwagglet eyere Goof, lueg a:
sälbständig as Olympia!
Und hett Eych das Johr, lycht verwehnt,
fir d'Fasnacht s'Sujet-Goschdym glehnt!
's verstoht sich, so alt Fasnachtspflaschter
griegt mit de Johre gwisi Laschter;
dr Ruum wird pletzlig schregglig äng,
drum schiggt me gärn vier Rädäbäng
go drummle, jä, dr Grund isch triftig,
's git Gäld fir d'VKB-Alters-Stiftig!

Schluss jetz mit fräche Intrigiere,
y kumm vyl meh ko gratuliere,
dass ihr scho soo lang existiere,
e diggi Fasnacht durefiehre
und nit zletscht ze-n-Eyerem Säge,
e gueti Drummelschuel tiend pfläge.
Dass ihr dä und sälle ‹Gritz›
vertrybe tien mit Basler Witz.
's deent fascht e bitzeli wie bsoffe,
wenn mir fir Eych im Stille hoffe,
ihr meeget mit em Cliquekaare
in Zuekumft witzig wyterfahre…
Hoffe mir, dä Wunsch wärd wohr,
no fyre mr zämme s'hundertscht Johr!
Dä Ueli do soll by Eych sy,
är soll johruus und soll johry
mängg glatti Fasnacht und drnäbe
e gmietligi VKB erläbe!

Das winscht dr alte, glatte, chice
VKB hitte d'Wettstai-Clique!»

Im Zusammenhang mit dem 75jährigen Jubiläum glänzten die VKB erneut mit einer Pioniertat: Heute wohl alltäglich, damals die Sensation: zum ersten Mal in der Geschichte der Basler Personenschiffahrt wurde auf einem Dampfer ein warmes Essen serviert! Am 3. Oktober fand die Jahresfeier in der Mustermesse statt und der Saal war zum Bersten voll. Mit grossem Erfolg wurde das von Max Schweizer geschriebene Stiggli «Glaibasler Gläx – Glaibasler Gwägs» aufgeführt.
Der Schnitzelbank-Altmeister «Perversarelin» erwies den VKB mit seinem einmaligen Comeback eine grosse Ehre.
Von der «Alten Garde» erhielt der Stammverein eine neue Standarte geschenkt. Die Frauen schenkten der Clique einen prächtigen Tambourmajorstock aus der Ciseleur-Werkstatt von Hans Wirz. Die «Junge Garde» vermachte ihrem Papa ein Sonntags-Bandalier für den Tambour-

1961: Sujet «s nej Antike-Museum». Dieses Sujet zählte zu den Rosinen der damaligen Zeit. Die Gestaltung dieses Zuges hatte Hans Weidmann.

1962:
Sujet «Vo dr Landeshymne – zer Standeshymne». Ein eindrückliches und heute noch aktuelles Thema. Gestaltung Hans Weidmann.

1980:
Entwurf von Thomas Keller zum Sujet «Dr Mägg – isch kai Gägg».

Der Drummeliauftritt von 1963 mit der Uraufführung des Whisky-Soda.

Das denkwürdige Whiskyfest als Dank an die Kuttlebutzer. Mit Verpflegung aus dem Brotsack hier am Brunnen auf dem Andreasplatz mit prominenten Gästen.

Die Fortsetzung des Festes im «Alten Warteck», wo den Kuttlebutzern Whisky-Soda offeriert wurde.

«Cheese» Burckhardt bei der Übergabe ihres Geschenkes an die VKB. Links Hans Schlichter, im Hintergrund Otto Horber.

Folgende Doppelseite:

1983:
Laternenentwurf von Dominik Heitz zum Sujet «Hurra die Grünen kommen».

1981:
Laternenentwurf zum Sujet «GAY 80» von Dominik Heitz.

1966:
Sujet «d Franzoose-Wuche». Ein sehr origineller und witziger Zug von Hanspeter Sommer inszeniert und gemalt. Die Pfeifer als Gallische Hähne, der Tambourmajor als De Gaulle-Hirsch und die Tambouren als Clochards.

major, und das Comité überraschte die frohgelaunte VKB-Schar mit einer schönen Glasscheibe.

Eine Totenehrung auf dem Hörnli, an der alle bekannten Gräber von verstorbenen VKB-Mitgliedern aufgesucht und mit einem Blumengruss und einer in den Cliquen-Farben gehaltenen Schleife geschmückt wurden, rundete das Jubiläumsjahr ab.

Etwas hatten die ersten zwölf Jahre nach dem zweiten Weltkrieg gemeinsam: Eine unheimliche Fasnachts-, Fest- und Reisebegeisterung hatte Einzug gehalten. Hans Weidmann gelang es, auf dem fasnächtlichen Sektor neuen Schwung in den Laden zu bringen, und eine begeisterte jüngere Generation begann, sich in den einzelnen Kommissionen breitzumachen.

Die ausgespielten Sujets, fast ausnahmslos waren es lokale Begebenheiten, widerspiegelten diese Entwicklung.

In der Mustermesse wurde jedes Jahr eine Jahresfeier abgehalten. Die Theaterstücke trugen zum Teil sehr wohlklingende Namen. 1949 hiess es «E bsundere Huuch – Glaibasler Bruuch» oder 1958 das lange im «Küchlin» aufgeführte Stück «Härzdame blutt». Beim letztgenannten Stück war die ganze Galerie besetzt von Leuten, die nur wegen des Theaterstücks kamen.

An diesem Punkt möchten wir – stellvertretend für andere Jahre – einmal aufzeigen, wie intensiv sich das Vereinsjahr 1959 gestaltet hatte: Stammtischlampeneinweihung im «Alten Warteck», Preistrommeln und -pfeifen, Marschübung nach Kleinhüningen, Fasnacht in Laufenburg, Monstertrommelkonzert, Auftritt im «Bachofe-Schlössli», Auftritt bei der Liedertafel, Fasnacht, Fasnachtsbummel nach Bremgarten, Auftritt 75 Jahre CIBA, Jubiläumsfest 75 Jahre VKB, Übernahme der Eidgenössischen Turnerfahne, Festzug Eidgenössisches Turnfest, Storchenfest in Cernay, St. Jakobsfest-Umzug, Auftritt 50 Jahre Polizeimusik, Auftritt Männerchor St. Johann, Auftritt bei der Liedertafel, 75. VKB-Jahresfeier, Katerbummel ins Waldhaus, Auftritt bei der Swissair, Teilnahme am Tschudi-Fest.

Auch die nächsten elf Jahre verliefen stürmisch, aber auch erfolgreich. Unzählige Gruppen- und Einzelerfolge an den offiziellen Preistrommeln und -pfeifen wurden erzielt. Die Erfolge lösten eine richtige Trommel- und Pfeifereuphorie aus. Die Geburtsstunde der «Rädäbäng» und späteren «Rolling-Sticks» fielen ungefähr in dieselbe Zeit.

Die Übungen waren immer gut besucht und der Stammbeizer hatte oft Mühe, die gutgelaunten Zecher am Schluss auf die Strasse zu stellen. Wobei zu sagen ist, dass es sich nicht um einzelne Personen gehandelt hat, sondern meistens um ganze Gruppen. Auch die öfters durchgeführten Beizenbummel nach den Übungen durch das Kleinbasel erfreuten sich grosser Beliebtheit. Im «Schwalbennest», im «Rheinkeller», in der «Barrikade», im «Adler», im «Bären», und wie sie alle geheissen haben, waren die VKBler gern gesehene Gäste, sie füllten meistens die halbe Beiz. Sackgeld hatte jeder, auch Autos waren noch dünn gesät, und die wenigen, welche eines hatten, liessen es zu Hause stehen.

Zweimal hatte auch die Junge VKB Gelegenheit, an dieser vorfasnächtlichen Veranstaltung aufzutreten: 1962 das erste Mal mit dem «Glopfgaischt» und 1968 das zweite Mal mit dem «Waggis». Von diesem Auftritt sei nicht nur die Qualität hervorgehoben, sondern es seien auch die lustigen Pyjama- und Hemliglunggi-Kostüme sowie die selbstgebastelten Larven aus Schuhschachteln erwähnt. In das Jahr 1964 fiel

1967:
Die VKB spielte das ominöse 3. Goal des WM-Finals zwischen England und Deutschland am Drummeli aus.

Auf Grund der vielen Reisen und der grossen Belastungen für entsprechende Kostümierungen wurde 1962 beschlossen, eigene «Wallensteiner-Kostüme» anzuschaffen. Die Pfeifer in Rostrot, die Tambouren in Schwarz und der Vortrab in beiden Farben gemischt.
Die Kosten für jeden Einzelnen beliefen sich auf 100 Franken, was sich natürlich in den kommenden Jahren längst bezahlt machte.

Am «Drummeli», wie man es auch im Volksmund nennt, haben die VKB vier Premièren aufgeführt: 1963: «Whisky Soda», 1966: «Dudelsagg», 1967: «Gin and Tonic» und 1969: «Routesymphony».

das 25jährige Jubiläum der «Alten Garde», das mit einer Einladung vom Comité, am Samstagabend am Drummeli mitzuwirken, verbunden war.

In diese Zeit fallen auch die grossen Erfolge des FC Basel (Benthaus-Ära), was zur Folge hatte, dass die VKB oft an ihren Feierlichkeiten zum Zuge kamen. So 1963, als der FCB Cupsieger und 1967 nochmals Cupsieger und zugleich

1968:
Sujet «Dr ranzig Angge». Der letzte Zug von Hans Weidmann für die VKB. Die Pfeifer als «Angge-Alp-Träumli», der Tambourmajor (erstmals Walter Lang) als «Angge-Bäbi-Jowäger», die Tambouren als «Angge-Rölleli-Butze».

auch Schweizermeister wurde. Im Jahr 1968 feierte der FC Basel sein 75jähriges mit den VKB und 1979 war der FCB abermals Schweizermeister, was mit einem gewaltigen Fest verbunden war. Vielleicht fallen darum in diese Zeit, 1965 und 1966, die VKB-internen Fussballturniere. 1964 durfte die «Alte Garde» zu ihrem 25jährigen Jubiläum vom Stammverein eine prächtige Stammtischlampe mit Glasscheiben von Hans Weidmann entgegennehmen.

Ins gleiche Jahr fällt übrigens auch die Geburtsstunde des Gesellschaftsblättlis «dr Ueli».

1966 erschien eine dritte Grammophonplatte der VKB, unter dem Motto «d VKB ruesst und pfyfft». Die Hülle zu dieser Langspielplatte hatte Hans Weidmann entworfen. Schon 1960 wurde die VKB eingeladen, an der Eröffnung und zugleich Akustikprobe der Kongresshalle teilzunehmen. Dieses Gebäude musste 22 Jahre später, im Jahre 1982, dem Neubau des Hotels «Le Plaza» weichen.

1963 fand in Luzern über zwei Wochenende verteilt das Eidgenössische Turnfest statt. Die VKB war als offizielle Clique des Kantonal-Turnverbandes Basel-Stadt dabei. Im Herbst des gleichen Jahres ging für die VKB das legendäre «Whisky-Fescht» über die Bühne. Weil die VKB am Drummeli den «Whisky-Soda» uraufführen durften, wurden die «Kuttlebutzer», unter der Leitung des Komponisten und Regierungsrats Cheese Burckhardt, zu einem Riesenfest eingeladen. Tenue wie um 1900 und man hatte mit Brotsack und Gamelle anzutreten. Auf dem Münsterplatz war Besammlung. In Droschken, auf Hochrädern und Vehikeln aller Art kamen sie; alle im noblen Schwarz mit Gox oder Zylinder. Es war zum Heulen schön. Die «Kuttlebutzer» sandten allerdings nur eine Delegation in Person eines Herolds mit Narrenkappe. Er verlas eine Proklamation, die die Einladung zum Apero in den «Schlüssel» beinhaltete. Offenbar war ihnen die Sache nicht ganz geheuer. Sie glaubten wohl, sie würden von den VKB am Seil heruntergelassen. Also wurde der von den VKB auf einem Wagen bereitgestellte Aperitif unter Trommelklang in den «Schlüssel» gefahren, wo er mit dem von den «Kuttlebutzern» gestifteten getrunken wurde. Dort wurde auch die Zwischenverpflegung in Form einer Flasche Bier, einem Stinggkäs samt Weggli verteilt. Trommelnd und pfeifend ging es zum Andreasmarkt, wo aus dem Brotsack die Zwischenverpflegung verzehrt wurde. Man kann sich vorstellen, wie

1975: Sujet «Basel uff em Abschtellglais» (Künstler Václav Sprungl). Die Pfeifer als Indianer, die Tambouren als Cheminots. Am Morgenstreich wurden die Pfeifer von den Tambouren mit ihren selbstgebastelten Indianern überrascht.

Das Pausieren am Drummeli wurde schon zweimal genützt, um am Kleinbasler Charivari mitzuwirken. Hier eine Aufnahme von 1979.

diese über 100 Stinggkäse gerochen haben! Der Marsch der Vereinigten Gesellschaften führte via «Greifen» ins «Alte Warteck». Gegenseitige Geschenke verteilen, ein phantastischer Wurstsalat aus der Gamelle und ein Riesenplausch waren der feuchtfröhliche Ausklang dieses Festes.

Im gleichen Jahr besuchte eine namhafte Schar die «Basler Zepf» in Zürich.

Aus Anlass der 1964 in Lausanne stattfindenden EXPO entsandte der Kanton Basel-Stadt für den Baslertag eine je hundert Mann starke, aus fünf verschiedenen Cliquen zusammengestellte Tambouren- und Pfeifergruppe an den Lac Lé-

1982:
Der Abbruch des alten Wartecksaals und Aushub der neuen Mubahalle und Hotel «Le Plaza», in dem der letzte Jubiläumsakt stattfinden wird.

man. Die VKB war natürlich auch dabei, und unser Werner Bossert hatte die Ehre, «Cheftambourmajor» zu sein.

1966 wurden Reisen nach Riquewihr, an den «Carnaval d'été» von Le Mans und an ein Spielmannszugtreffen nach Lünen unternommen. Die Teilnahme an der «Gymnaestrada» in Basel im Jahre 1969 war für die VKB ein weiterer Höhepunkt.

1970 organisierte die VKB zusammen mit der Olympia eine grosse American Drum und Fife Show in der Mustermesse, der ein Umzug aller Gruppen durch die Stadt voranging.

Im gleichen Jahr verkleideten sich die Aktiven als Ritter und feierten ganz einfach «ein Ritterfest». Aperitif im Waisenhaus, eine schöne Fahrt nach Stein-Säckingen und darauf eine halbnächtliche Rheintraversierung per Weidlinge waren Glanzpunkte, während das ritterliche Gelage in einer Waldburg ob Wallbach den Höhepunkt darstellte.

Am 1. Juli 1969 kam es im «Alten Warteck» zu einem Wirtewechsel. Auf den 17. Juli lud der neue Beizer, Robi Lachappelle, zur grossen «Aadringgede» ein. Dieser Wirt war nicht nur Stammbeizer, sondern auch ein Freund. Aus Anlass seines 50. Geburtstages schloss er sein Lokal und lud die ganze VKB zu seinem Geburtstag ein. An sämtlichen Fasnachts-Montagen bis 1981 zum Wechsel hat er der ganzen VKB (Junge und Alte Garde und Stammverein) das Nachtessen offeriert. Höhepunkt seiner Karriere war wohl aber, dass ihn die VKB auf ihrer zweiten USA-Reise als Tambourmajor mitnahm. Er hat uns in dieser Funktion manch schönen Augenblick geschenkt.

1967 gilt als Beginn einer erfreulichen Zusammenarbeit mit George Gruntz. Die Veranstaltung «drums and folklore» im ausverkauften und heimeligen alten Basler Stadttheater brachte die VKB zum ersten Mal mit diesem Vollblutmusiker zusammen. Weitere gemeinsame Veranstaltungen folgten, wobei die im Jubeljahr – «100 Joor VKB» – durchgeführte «Basler Palette» in der Mustermesse ein absoluter Höhepunkt sein dürfte.

1968 ging leider die schöne Zeit mit Hans Weidmann zu Ende. Nach den vielen Jahren konstruktiver Zusammenarbeit hat man sich friedlich getrennt. Hans packte die Wanderlust, die ihn manchmal mehrere Monate im Jahr in die Fremde trieb. Er wollte sich einfach nicht mehr verpflichten, vor der Fasnacht stets präsent zu sein.

Seit 1948, mit einer Ausnahme im 1966, wo Hanspeter Sommer mit der «Franzoose-Wuche» einen Wunderzug aufstellte, war Hans Weidmann an allen unseren Zügen massgeblich beteiligt. Die sehr feuchten Sujetsitzungen sind allen noch in guter Erinnerung. Aber auch das Laternenabholen, anfänglich an der Nauenstrasse und später in Binningen, waren immer ein sehr fröhlicher und geselliger Anlass.

Neben dieser kleinen Auslese von Anlässen und Veranstaltungen während des Jahres, möchten die Verantwortlichen natürlich nicht verschweigen, dass die VKB ihrer Verpflichtung, in erster Linie Fasnacht zu machen, immer bestens nachgekommen sind.

Erfolge, manchmal auch hart erkämpft, machten vieles einfacher. Man merkte deutlich, die Verbindungen zwischen den Jungen, dem Stammverein und den älteren Herren waren von gutem Geist getragen. Ein Ausdruck dieser Zusammengehörigkeit ist sicher der alljährliche, gemeinsame Abmarsch am Morgenstreich beim «Warteck».

1982:
Das von Dominik Heitz entworfene Bühnenbild vom letzten offiziellen Preistrommeln und -pfeifen, das noch von *einer* Clique durchgeführt wurde.

Dasselbe darf auch vom Fasnachtsmittwoch gesagt werden. Man merkt es an allem, die VKB sind wirklich *eine* Gesellschaft.

Mit der 1970 organisierten «USA drum and fife show» hat für die VKB ein faszinierendes Kapitel mit Beziehungen nach Übersee begonnen. 1973 empfing man deshalb eine grosse Anzahl amerikanischer Trommler und Pfeifer an der Fasnacht. Zu unserer Überraschung waren (neben Uhren von Eugen Weber) «Warteck-Bierfläschli» mit Bügelverschluss die beliebtesten Souvenirs.

Im gleichen Herbst flog dann eine 55 Mann starke VKB-Gruppe, zusammen mit einer Gruppe des Schweizerischen Tambourenverbandes nach Amerika.

Im Jahr darauf wurde 1974 von den VKB im Gundeldinger-Casino eine «USA–Swiss Drum Time» durchgeführt und bereits 1976 flogen die VKB ein zweites Mal ins Land der unbegrenzten Möglichkeiten. 1978 folgte dann in der Sporthalle zu St. Jakob das «Joggeli-Tattoo». Es wurde mit amerikanischer und französischer Beteiligung durchgeführt. Später flog bis jetzt zum letzten Mal eine aus 21 VKBlern bestehende Gruppe zum dritten Mal in die Vereinigten Staaten. Näheres darüber von Pierre Farine im Kapitel «Reminiszenzen».

Das Fussballfieber war immer noch vorhanden. Darum organisierten sie 1971 und 1981 jeweils das «Glygge-Grümpeli». 1973 wieder grosser Bahnhof in der Stadt. Der FC Basel wurde Schweizermeister und 1975 neuerdings Cupsieger. Seit diesem doch relativ lang zurückliegenden Anlass sind die schönen Verbindungen FCB–VKB etwas unterbrochen worden, nicht zuletzt weil auch der Stadtclub nicht mehr an diese Erfolge anknüpfen konnte.

1972 war aber auch bezüglich der grossen Jahresfeiern eine neue Zeit angebrochen. Fernsehen und andere Faktoren haben diesen Anlässen Einhalt geboten. Das Interesse war nicht mehr so gross. Man begnügte sich wieder mit kleineren Anlässen im «Alten Warteck». Drummelipremieren waren auch immer noch gefragt. Der VKB-Pioniergeist war immer noch aktiv.

Im Jahre 1974 war der «ARA-BY-VKB», 1976 «dr Gleezi» von Chester Gill, 1979 «dr Pekines» von Robi Juen und 1980 «die letschte Schwyzer» von Cheese Burckhardt an der Reihe.

1974 wieder ein Drummeli mit der «Jungen Garde». Sie begeisterten mit zwei Vorträgen, nämlich mit den «Binggis» zusammen mit dem «Vaudois» und allein mit dem «Läggerli».

Die Domäne der Preistrommeln und -pfeifen blieb immer ein Lieblingskind der VKB. Neben vielen Erfolgen «auf den Brettern, die die Welt bedeuten», waren sie in dieser Zeitspanne an drei weiteren Veranstaltungen beteiligt.

1971 und 1982 organisierten die VKB diese

1983:
«Hurra die Grünen kommen». Ein dankbares und ausbaufähiges Sujet vor dem Hundertjährigen. Dominik Heitz ist der Künstler der gelungenen Laterne.

«Olympiade» im Alleingang und 1983 mit den Gesellschaften «die Agfrässene», «Olympia» und «Rätz-Clique» zusammen. Seit jenem Jahr wird dieser Anlass bekanntlich von vier Gesellschaften unter dem Patronat des Fasnachts-Comités durchgeführt.

Als historischen Vorgang darf man bezeichnen, dass 1977 die «Alte Garde» vom Restaurant «Riehenhof» in das Stammhaus der Brauerei «Warteck» zügelte. Seither hängen im «Alten Warteck» zwei wunderschöne VKB-Stammtischlampen.

Bereits 1977 begann man, sich mit dem kommenden 100jährigen Jubiläum zu befassen. Anlässlich des «Fête des Vignerons» in Vevey hatten Pierre Farine und Erwin Jäggi (nach einer Idee von Paul Bigler) die Aufgabe, sich mit dem Problem eines eigenen VKB-Weines auseinanderzusetzen. Anscheinend mit Erfolg, denn die unzähligen Flaschen guten «Waadtländer-Weines», die seither die durstigen Baslerkehlen hinuntergeflossen sind, beweisen dies.

Ebenfalls seit 1977 war man daran, die Larven selbst herzustellen. Es war eigentlich die logische Folge des seit langem bestehenden Wunsches, nur noch das Grundkostüm zu liefern und die Ausschmückung jedem Einzelnen zu überlassen.

1983 hat man mit dem Sujet «Hurra, die Grünen kommen» ganz in diesem Sinne gehandelt, indem man nur das Sujet bekanntgab und jedem das Herstellen selbst überliess. Trotz anfänglichem «Gemecker» war diesem Zug ein durchschlagender Erfolg beschieden.

Als 1968 Hans Weidmann aufhörte, Laternen zu malen, wurde für zwei Jahre Oskar Bré sein Nachfolger. Für mehrere Jahre folgte ihm dann Václav Sprungl, von dem auch unter «Reminiszenzen» ein Bericht zu finden ist. Darauf war Thommi Keller unser Künstler, bis 1980 Dominik

Heitz, ein aktiver Tambour, die Chance erhielt. Von ihm hoffen wir natürlich, dass er nach den vier bereits gemalten Laternen noch viele andere kreieren wird. Wenn nicht alles täuscht, wird sich dieser junge Künstler ehrenvoll in die Liste ehemaliger VKB-Laternenmaler, wie Carl Roschet, Sulzbi, Hans Weidmann, Václav Sprungl – um nur einige zu nennen – einreihen.

1983 haben die Aktiven den Beschluss gefasst, sich zum Jubiläum selbst ein Geschenk zu machen. Aus einigen Bewerbungen wurde das Team Freddy Werber und Harri Bühlmann auserlesen, Holztrommeln herzustellen und bei Erwin Oesch wurden spezielle Holzpiccolos in Auftrag gegeben.

Über Anlässe und Veranstaltungen der letzten zehn Jahre zu schreiben, lassen wir am liebsten sein. In verschiedenen Basler Zeitungen der letzten Wochen und Monate kann man ja nachlesen, wie schön, wie gut, wie gross und wie reich die VKB sind.

Kommenden Geschichtsschreibern sei aber gesagt: Dass wir alle schön sind, dafür können wir nichts, es ist einfach so. Dass wir gut sind, dafür können wir etwas, wir sind eben alles fleissige Übungsbesucher. Dass wir gross sind, ist einfach die Folge der vorangegangenen Punkte. Dass wir reich sind, nun, dafür können wir schon etwas; wir haben nämlich rechtzeitig dafür gesorgt.

Mit diesen tiefsinnigen Worten schliessen wir das Kapitel «99 Joor VKB».

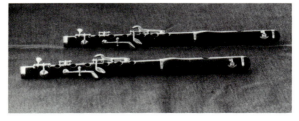

In die Vorbereitungszeit des 100jährigen Jubiläums fällt auch die Anschaffung der Holztrommeln und -piccolos, was sich jeder Aktive selbst zum Geschenk gemacht hat.

Reminiszenzen

Vorwort

Wenn man als stiller Zuhörer an einer Stammtischrunde sitzt und sich zu Gemüte führt, was da so alles aus «alten Zeiten» hervorkommt, ist man geneigt daran zu glauben, dass alleine mit diesen «Memories» ein Buch gefüllt werden könnte.
Wenn man sich dann auch noch an die unzähligen Sitzungs- und Pissoirredner erinnert, dann dürften die letzten noch vorhandenen Vorbehalte auf die Seite gelegt werden.

Diese Überlegungen haben uns also bewogen, ein Kapitel «Reminiszenzen» in unser Buch aufzunehmen.
Dieses Kapitel stand jedem Schreibwilligen offen. Aber eben. An einer Sitzung oder an einem Stammtisch seine «Story» loszuwerden ist natürlich viel einfacher, als in einem Buch festgenagelt zu sein.
Trotzdem haben wir eine erfreuliche Zahl von 15 Beiträgen, welche etliches aus unserem VKB-Leben vermitteln.
De Schryyber e häärzlige Dangg und de Lääser vyyl Vergniege

Erwin Jäggi

50 Jahre Junge Garde

Hanspeter Stebler
Hansjörg Thommen

«Zum Zwecke der Fasnachtsgesellschaft ‹Vereinigte Kleinbasler› tüchtigen Nachwuchs an Tambouren, Pfeifern und guten Fasnächtlern heranbilden zu können, wurde vom Vorstand der Gesellschaft die Gründung einer Trommel- und Pfeiferschule beschlossen, die im Jahre 1932 ihre Tätigkeit begann.» So ist es im ersten Jahresbericht der Buebezigli-Kommission nachzulesen. Als Lehrer amteten bei den Tambouren Hermi Bitterli und bei den Pfeifern Hans Mangold.

Vor der Fasnacht 1934 tauchte dann der Wunsch auf, den Schülern Gelegenheit zu bieten, ein bescheidenes Buebezigli auf die Beine zu stellen. Der damalige Vorstand wandte sich darum mit dieser Bitte an die Väter der Kursbesucher. Bald fanden sich in diesen Reihen gute und arbeitsfreudige Fasnächtler, welche sich in der Folge an die Ausschaffung des ersten Zuges des «Buebezigli» machten. Das Sujet «Der Ziri-Panther» fand allgemeinen Beifall und Beachtung und das Fasnachtscomité honorierte diesen gelungenen Zug der «Jüngeren Vereinigten Kleinbasler» mit 500 Franken Subvention. Der Fasnachtszettel stammte übrigens aus der Feder von Theobald Baerwart und fand in der Presse ebenfalls Anerkennung. In diese Buebezigli-Kommission wurden Rudolf Hänger als Obmann, Hans Hoggenmüller als Sekretär, Karl Walter sen. als Kassier und Ernst Steppacher, Karl Kröpfli, Gustav Portmann sowie Edi Stalder als übrige Mitglieder gewählt. Von diesem ersten Zug der Jungen Garde finden wir in unseren Listen doch noch einige damalige Aktive, vor allem Tambouren. Es sind dies Ernst Stalder, Hanspeter und Zächy Hoggenmüller, Alfred Steppacher und Hans Schlichter. In der Trommelschule wurden damals bereits 42 Knaben unterrichtet. Bei den Pfeifern 6 Knaben und zwei Fräuleins. Vom Entgegenkommen dem weiblichen Geschlecht gegenüber wollte man in den folgenden Jahren, aus welchen Gründen auch immer, nichts mehr wissen. Heute verbieten unsere Statuten die Aufnahme von Mädchen in die Trommel- und Pfeiferschule.

Lustiges kann man auch von jenem Fasnachtsbummel berichten, welcher nach Binningen führte, wo ein internes Preistrommeln und -pfei-

Mit dem Sujet «Der Ziri-Panther» zeigte sich die Junge Garde 1934 erstmals an der Fasnacht. Nur gerade drei Pfeifer standen den zwölf Tambouren gegenüber. Im Hintergrund rechts das alte «Schöneck» und links der «Münchnerhof».

Fasnacht 1934

Jüngere Verainigti Glaibasler.

Der Ziri-Panther.

Us em Zircher Zolli isch
's Pantherwyb vertloffe,
Und voll Mitlyd het me gfroggt:
„Isch's grepiert? Versoffe?"

Iberal fascht het me's gseh,
Wie's dieg ummeschwanze,
S'haig zwai Auge gha wie Fyr
Und e schwarze Ranze.

Mänge Jäger het sich gsait:
„Wenn i's gseh, so gnall i's".
Vo Schaffhuuse hän si's gsuecht
Bis in Kanton Wallis.

Alles het e Schyssangscht gha,
Gferchtet syni Gralle;
Z'Basel het me's au entdeggt
By de Nachtigalle.

Sälte-n-isch e Wybli gsi
So verfluecht umworbe;
Aber schliesslig het me dänggt,
's syg vilicht scho gstorbe.

Bald het kain meh gredt dervo
Und me het's vergässe,
Bis vernoh het d'Polizei,
's haig's e Wildrer gfrässe.

Us em Belzli haig dä Fingg
— 's isch zem Deifelhole! —
Syni alte Läderschueh
Welle frisch lo sohle.

Ziri isch erschittert gsi,
's het nur miese lose,
Und im Zolli d'Vicherei
Het e Truurmarsch blose.

Und in's Aug het's Träne gäh
Bis zem letschte Dybli;
Alli hän Biduure gha
Mit em Pantherwybli.

Doch der Zircher truurt nit lang!
Wird e Panther gfrässe,
Kunnt per Poscht e neie-n-an
Zolli sy Adrässe.

Scho am andere Dag isch ain
Us der Wieschti Gobi
Agruggt und zwor gstiftet vom
Feine Zircher „Globi".

Dä het wider emol der Rangg
Fir d'Regglame gfunde,
Nobel und kai Rand am Huet,
Zahle dien's jo d'Kunde.

D'Hauptsach isch, e Panther het
Wider jetz der Zolli;
Numme waiss me noni gnau,
Ob's nit isch e Rolli.

Ladärne-n-Usstellig am Zyschtig im Staineschuelhuus
vo demorge-n-am 9 bis z'obe-n-am ¼ 10.

Eine Trommelschule von 1935 mit dem Trommellehrer Hermi Bitterli im Hof des «Alten Wartecks». V.l.n.r.: Ernst Stalder, Fritz Jakob, Ernst Wirth, unbekannt, Werner Irminger, Fritz Jenny, Hans Schlichter, Max Menton und Ruedi Hänger.

fen in diversen Kategorien durchgeführt wurde. Der Clou aber war der Heimmarsch durch die Stadt, wo die Tambouren, unterstützt von den Geschwistern Maurer, abwechslungsweise trommelten und handörgelten.

Aus den Aktivitäten im Gründungsjahr ist die Mitwirkung an der Einweihung der Dreirosenbrücke hervorzuheben. Mit einer 32 Mann starken Gruppe in Beresina Schweizer-Uniformen war die junge VKB an diesem Anlass vertreten. Allerdings musste die doch recht kleine Pfeifergruppe durch Mitglieder vom Stammverein verstärkt werden. Die Junge Garde wurde in den Basler Zeitungen in Wort und Bild festgehalten. Die zweite Fasnacht der Jungen VKB wurde bereits mit *73 Aktiven* bestritten. Speziell erwähnen sollte man, dass die Kostüme von einigen «Buebezigli-Eltern» ohne jegliche Entschädigung angefertigt wurden. Das recht bescheidene Marschrepertoire lag damals bei vier Märschen. Was heute ebenfalls undenkbar wäre, ist, dass ein Wagen mit vier Töchtern aus dem Bekanntenkreis mitfahren durfte. Der damalige Schreiber äusserte sich nach dieser Fasnacht skeptisch: «Ob je wieder einmal ein solcher Zug zustande kommt, scheint heute fraglich, denn mit einer solchen Menge Arbeit, mit solch enormen Kosten und mit so opferfreudigen Helfern dürften wir kaum mehr so schnell zusammentreffen. Doch hoffen wir das Beste.» Mittlerweile sind daraus 50 Jahre geworden. Jedenfalls resultierte aus der Fasnachtsabrechnung, trotz Höchstsubvention, ein Defizit von 50 Franken. Dabei ist zu sagen, dass der Obmann aus dem eigenen Sack 300 Franken an die Kosten beisteuerte.

Es war kein leichtes Unterfangen, mitten in den

Der Zettel des ersten Zuges stammte aus der Feder des bekannten Kleinbasler Dichters Theobald Baerwart.

Am 1. und 2. September 1934 war die Einweihung der Dreirosenbrücke für die Junge Garde das herausragendste Ereignis.

Hier sind alle Teilnehmer der ersten Fasnacht samt Instruktoren anlässlich des Fasnachtsbummels in die «Hofmatt» verewigt.

Krisenjahren eine Junge Garde zu gründen. Das dafür benötigte Geld war ja wirklich nicht im Überfluss vorhanden. Es bedurfte echter Pioniere, wie des legendären Louis Völker, der das Amt als Obmann 1935 übernahm, sowie des Trommellehrers Hermi Bitterli, des Pfeiferlehrers Karl Eichin und des Kassiers Edi Stalder, um dieses Kind am Leben zu erhalten. Nicht zuletzt war es auch das grosse Verdienst des unvergesslichen Ehrenpräsidenten Sämi Vogt, unterstützt vom damaligen Hauptkassier Oski Ziegler und vieler ungenannter Helfer, dass unsere Junge Garde diese schwierige Zeit überstehen konnte.

Mit der Gründung der Jungen VKB setzte die damals 50jährige Stammgesellschaft einen wichtigen Meilenstein in der Vereinsgeschichte. Man erkannte zu Recht, dass nur die Pflege und Förderung eines in allen Belangen gesunden Nachwuchses das weitere Bestehen unserer Gesellschaft sichern konnte. Die Erfolge dieser Bemühungen blieben nicht aus. Bereits drei Jahre später, 1937, stand die Trommelschule der Jungen VKB unter der Leitung von Hermi Bitterli auf der «Kiechlibühne» am Monster-Trommelkonzert. Im gleichen Jahr stellten unsere Jungen zum ersten Mal das kleine Vogel-Gryff-Spiel sowie eine Trommler- und Pfeifergruppe am Kleinbasler Jugendfest. Dieser schönen Tradition sind wir bis heute treu geblieben. Das gute Verhältnis kam auch zum Ausdruck, dass die VKB im Jahre 1959 zum Ehrenmitglied des Jugendfestvereins Kleinbasel, ernannt wurden. Höhepunkte in der Vorkriegszeit bildeten die Teilnahme in der Revue «z Basel an mym Rhy», am Eidgenössischen Sängerfest 1936 in Basel und die Mitwirkung in der Operette «Grüezi» im Spiel der drei Kleinbasler Ehrenzeichen, welche mehrmals im Basler Stadttheater aufgeführt wurde.

Die Fasnachtsbummel der Jungen VKB enthielten schon vor dem Zweiten Weltkrieg einen bunten Nachmittag mit einem Bühnenprogramm aus eigenem Boden. Wer sich in den letzten Jahren dieses zur Tradition gewordene Programm ansehen konnte, weiss, dass man sich um die Erhaltung des berühmten Basler Witzes in unserer Gesellschaft keine Sorgen machen muss. Auffallend ist, dass schon die ersten Züge der Jungen VKB über viel zu wenig Pfeifer verfügten. So standen 1935 ganze 8 Pfeifer einem Trommelharst von 18 Buben gegenüber. 1936 waren es gar nur 6 Pfeifer, welche gegen eine stattliche Zahl von 22 Tambouren antreten mussten. Gegen dieses Missverhältnis kämpft unsere Junge Garde heute noch, wenn auch nicht in diesem Verhältnis.

Die langen Jahre des Zweiten Weltkrieges liessen die Basler Fasnacht von der Strasse verschwinden. In der Nachkriegszeit stand die Junge Garde wieder unter der umsichtigen Leitung von Louis Völker und anschliessend ab 1949 von Otti Horber, welcher in der Folge Präsident und danach verdienter Ehrenpräsident unserer Stammgesellschaft war. Zur selben Zeit lernte Männi Bender den Trommelschülern das Trommeln. Man kann ohne Übertreibung sagen: Wer unter dem Männi das Trommeln gelernt hat, kann in seinem Leben alles verges-

«Wär leest s Rätsel an dr Freiestross?» war das Sujet 1935. Die Laterne, ein Fragezeichen darstellend, war sehr einfach und prägnant gemalt. Es handelte von einem Wettbewerb der IG-Freienstrasse.

Am Drummeli 1937 war die Junge VKB zum ersten Mal im Küchlintheater. Ein recht grosser Trommlerharst unter der Leitung von Hermi Bitterli.

1951: Der erste Binggiszug nach dem Zweiten Weltkrieg. «Pärlhiehneriade» hiess das Sujet. Das Laternlein wurde schon damals wie auch heute noch von einem Binggis selbst gemalt.

Sie haben sich für das Wohl unserer Jungen in ausserordentlichem Masse verdient gemacht. Durch die Pflege und die Weitergabe des Fasnachtsgeistes von den Alten an die Jungen ist neben der Trommel- und Pfeiferkunst ein ebenso wichtiges und kostbares Stück Kultur bis auf den heutigen Tag erhalten geblieben. Die Ausbildung zum Fasnächtler war deshalb von Anfang an im Kursgeld unserer Trommel- und Pfeiferschule inbegriffen.

Mittlerweile wurden 1951 auch die VKB-Binggis wieder ins Leben gerufen, nachdem es schon Ende der 30er Jahre einen oder zwei solcher Binggiszigli gegeben hat. Dadurch lebte der Name «Buebezigli» wieder auf. Der Zweck dieses Zigli war und ist es noch heute, die Unterschiede in der Ausbildung unserer Jungen auszugleichen und somit auch den Jüngsten Gelegenheit zu geben, an der Fasnacht im Spiel mitzuwirken.

Damals war die Heuwaage noch in die Fasnachtsroute miteinbezogen und sie galt auch für den kleinsten Binggis als Marschhalt. Abmarsch war an beiden Nachmittagen seit eh und je beim Restaurant «zum Alten Warteck». Den absolut längsten und für alle Beteiligten in jeder Beziehung unvergesslichen Marsch hat die Junge VKB in den 50er Jahren an der Fasnacht in Colmar absolviert. Der Umzug bestand aus einer Clairon-Gruppe an der Spitze, welche in echt französischem rasantem Tempo durch Colmar flitzte. Dahinter kamen nur Wagen, dann die Junge VKB, links und rechts von Traktoren flankiert, und hinter ihnen wieder jede Menge Wagen. Am Ziel trafen dann die in Fasnachtskostümen marschierenden Jungen, mit einer Stunde Rückstand auf die Marschtabelle und mit vom Kopfsteinpflaster havarierten «Wegglifiess», ein. Glücklicherweise fand in den folgenden Jahren keine solche Wiederholung statt.

Als Nachfolger von Otto Horber übernahm Otto Stebler die Führung der Jungen VKB. Ein strenger, gewissenhafter und doch sehr verständnisvoller Obmann. Unter seiner Leitung ging während vieler Jahre im Restaurant «zum Greifen» die Niggi-Näggi-Feier mit den legendären Theateraufführungen und mit einem mit Spannung erwarteten Käsperlitheater, bei welchem er persönlich mitwirkte, über die Bühne. Er hat eher selten geschimpft, aber wenn, dann sehr. Zum Beispiel damals, als an einer Fasnacht die Jungen ohne die Begleiter vom Zvierihalt im

sen, selbst den Verstand, aber das Trommeln nie. Manche Episoden aus dieser Zeit werden noch heute an unseren Stammtischen erzählt.
In der Folge fanden sich zwei mehr als würdige Nachfolger für Männi Bender. In der Person von Ernst Stalder zusammen mit dem ihm mit Rat und Tat beistehenden Männi Vogt. Zusammen mit ihren Pfeiferkollegen Paul Locher und Franz Freuler führten sie die Jungen VKB zu manchen ersten und vordersten Rängen am offiziellen Preistrommeln und -pfeifen.

«Schnabel» abmarschierten, weil diese ganz einfach zu lange in der Beiz sitzen blieben.
Mit der Einführung der Kunststofftrommelfelle verschwanden die romantischen Holzfässli und Tabourettli, welche bei regnerischem Wetter zum Einsatz kamen. Ebenso die über die Trommel gezogenen Plastikhäute, welche die Trommeln dumpf ertönen liessen und dadurch manchem Jungen beinahe die Freude an seinem Instrument genommen haben.
Am 25. Geburtstag unserer Jungen stand wiederum die Trommel- und Pfeiferschule auf der Bühne im Küchlin-Theater. Unter der Leitung von Dölf Meister und Ernst Stalder bei den Tambouren und Paul Locher bei den Pfeifern demonstrierten sie ihr Können mit einem unvergesslichen Auftritt. Am 75. Jubiläumsfest der VKB begleitete das Spiel der Jungen Garde die jubilierenden Herren des Stammvereins mit ihren Gästen am nachmittäglichen Zug durch das Kleinbasel.
Als Ersatz für die in letzter Minute abgesagte Lälli-Trommelschule standen unsere Schüler drei Jahre später wieder auf dem Programm des Monster-Trommel-Konzertes. Die Leitung hatten wiederum Ernst Stalder und Paul Locher. Im Programmblock der damals noch im festlichen Rahmen durchgeführten Jahresfeiern hatte die Junge Garde ihren festen Platz. Besonders lustig waren die immer mit viel Applaus bedachten Ballett-Nummern. Im Jahre 1969 gaben unsere Schüler erneut ihre Trommel- und Pfeiferkunst anlässlich vom Drummeli zum besten. Diesmal unter der Leitung von Hanspeter Stebler und Franz Freuler. Es war übrigens die letzte auf Trommelböckli vorgetragene Darbietung. Erwähnenswert dazu sind die von den Jungen selbstgebastelten Schuhschachtel-Larven.
Mitte der 60er Jahre gab es nach dem Rücktritt von Otto Stebler einige Wechsel im Amt des Obmannes. Nach Fritz Fischer folgte Roland Recher, welcher vorher selbst als Trommellehrer bei den Jungen gewirkt hatte. Danach sprang Otto Horber nochmals ad interim ein, bis 1969 Marcel Schaub das Zepter übernahm.
In dieser Zeit kam in der Jungen Garde die Idee auf, die Larven selber anzufertigen. Dieses Vorhaben wurde anfänglich für undurchführbar gehalten, weil man befürchtete, die dafür notwendigen Idealisten nicht zu finden. Ohne die wirklichen Idealisten wie Marcel Schaub, Rolf Kessler, Peter Bär, Hans Lischer und Paul

Am Kleinbasler Jugendfest ist die Junge Garde zu einem festen Bestandteil geworden.

Die Junge Garde war seit jeher im Kleinen Spiel der drei Ehrenzeichen vertreten, so auch 1955, als das Jugendfest zusammen mit der Einweihung der St. Albanbrücke stattfand. (Die Brücke ist ohne Grund der VKB 1975 abgebrochen und durch die heutige Autobahnbrücke ersetzt worden).

1959: Zum 25jährigen Jubiläum war die Junge Garde erneut am Drummeli vertreten. Mit einer eindrücklichen Darbietung, nämlich mit 22 Tambouren und 30 Pfeifern bot man die «Stänzler» gemeinsam und «z Basel am mym Rhy» als Pfeifersolo.

Zum Sujet «Adie Clara-Variété» meinte die Presse: «Uns hat diese Sujet ganz besonders gefreut, denn die junge VKB hat hier als eine der wenigen Jungen Garden ein wirkliches Buebe-Sujet ausgespielt. So schön ein perfektionierter Zug ist, von den Jungen Garden möchte man altersgerechte Sujets sehen.»

Aeschbach wäre diese Idee nie verwirklicht worden und die heutzutage immer noch ausserordentlich tiefen Kostümpreise gar nicht denkbar. Nicht zuletzt auch dank der grossen Hilfe und Unterstützung der Jungen-Garde-Mamme Maieli Schaub.
Anlässlich ihres 40. Geburtstages standen die Jungen am Drummeli 1974 ebenfalls auf der Bühne vom Küchlin-Theater. Die Trommelschule leiteten diesmal Hansjörg Thommen und die Pfeiferinstruktion Ruedi Grüninger, der für das brillante «Läggerli» verantwortlich zeichnete. Seither sind bereits wieder zehn Jahre vergangen.
Unsere Jungen dürfen auf ein Jubiläumsjahr zurückblicken, welches sicherlich alle Erwartungen übertroffen hat. Ein optisch und akustisch perfekter Drummeli-Auftritt unter der Leitung von Ruedi Maurer bei den Tambouren und Beat von Wartburg bei den Pfeifern. Der unvergessli-

Die Tambouren zum gleichnamigen Sujet «Adie Clara-Variété».

che, historische Umzug an der Fasnacht, ein toller Fasnachtsbummel und ein nicht minder lustiger zweitägiger Ausflug.

Wir dürfen ohne Überheblichkeit stolz sein auf unsere Junge Garde. Zahlreiche Fasnächtler sind in den vielen Jahren aus der erfolgreichen Trommel- und Pfeiferschule hervorgegangen. Dies soll auch in Zukunft so sein und wir betrachten es als Aufgabe, in echtem VKB-Geist unseren Nachwuchs für den Stammverein in den eigenen Reihen grosszuziehen.

Es würde den Rahmen dieses Berichts sprengen, würde man hier alle Trommel- und Pfeiferlehrer aufführen. An die 40 Namen würde diese Liste gut und gerne umfassen. Dasselbe gilt für alle Helfer und guten Geister der Jungen VKB.

Die in diesem Rückblick genannten Namen sollen stellvertretend für alle jene stehen, welche der Jungen VKB durch ihre uneigennützige Arbeit zu dem verholfen haben, was sie heute ist: Ein prachtvolles Kind einer stolzen Mutter.

Nachfolgend bringen wir noch die Ehrenliste der Obmänner seit dem Gründungsjahr:

1934	Rudolf Hänger
1935–1937	Louis Völker
1938–1944	Luggi Münch
1945–1948	Louis Völker
1949–1953	Otto Horber
1954–1964	Otto Stebler
1965–1966	Fritz Fischer
1967	Roland Recher
1968	Otto Horber
1969–1984	Marcel Schaub

45 Jahre Alte Garde

Max Kaspar
Hans Schlichter
Benni Schöpflin

Sämi Vogt

Hans Löw

In diesem Jahr kann die «Alte Garde» der Vereinigten Kleinbasler auf das stattliche Alter von 45 Jahren zurückblicken.

Diesen Umstand verdanken wir den Aktivitäten der beiden VKB-Mitglieder Sämi Vogt und Hans Löw, welche mit einem Schreiben folgenden Inhaltes zu einer Sitzung (links) eingeladen haben.

Nach dieser Besprechung folgte dann die Einladung zur Gründungsversammlung (rechts). Als pikantes Detail ist zu erwähnen, dass dieses Schreiben bereits mit «Sämi Vogt, Präsident» unterzeichnet war.

Geniessen Sie nun den Inhalt dieser Einladung aus der Vorgründungszeit.

Zu dieser Gründungsversammlung trafen sich dann 50 Personen, wobei nicht alle Anwesenden den Übertritt in die «Alte Garde» erklärten. Als erster Obmann wurde Sämi Vogt gewählt, während der Posten eines 1. Kassiers mit Hans Löw besetzt wurde.

Somit hatten also die beiden Hauptinitianten das Zepter der jungen «Alten Garde» in ihre Hände genommen und damit den Grundstein zur heutigen Blüte gelegt. Diese Gründung hatte sich aufgedrängt, um im Kreise von älteren Fasnachtskameraden eine etwas gemütlichere Fasnacht zu erleben. Das Spiel vom Stammverein war doch anno 1939 mit über 30 Tambouren und Pfeifern recht ansehnlich angewachsen. Im weiteren kam noch dazu, dass verschiedene Väter nicht in der gleichen Gruppe wie ihre Söhne an der Fasnacht teilnehmen wollten.

Bedingt durch den Zweiten Weltkrieg waren die Aktivitäten der neu gegründeten Gesellschaft natürlich eingeschränkt. Da vom Stammverein viele Aktive an die Grenze mussten, konnte die «Alte Garde» ihre Verpflichtung, die Tradition der VKB aufrechtzuerhalten, voll ausschöpfen. 1946 war's dann soweit. An der ersten Fasnacht der «Alten Garde» haben immerhin noch 23 der damaligen Gründungsmitglieder mitgemacht. An dieser ersten Fasnacht konnte endlich der bereits im Mai 1940 bestellte und von Walti Heckendorn entworfene Tambourmajorstock gebührend eingeweiht werden. Die Kosten für dieses versilberte Prachtsstück kamen auf 130 Franken zu stehen. Ebenfalls feierten die bei François Béboux jun. in Neuallschwil bestellten und von zwei Mitgliedern offerierten Steckenlaternen ihre Premiere. Der Preis aller Laternen war damals 80 Franken. Die 17 neuen, mit Stolz getragenen Kopflaternen waren ebenfalls durch einen Gönner bezahlt worden. Durch die Druckerei wurden 35 000 Zettel geliefert, welche alle unters Volk gebracht wurden. Summa summarum: Die «Alte Garde» hatte ihre Hauptprobe auf der Strasse mit Bravour bestanden.

Bevor wir uns nun mit den folgenden Fasnachten beschäftigen, sei hier die Ehrenliste der verantwortlichen Obmänner aufgeführt:

1939–1948	Sämi Vogt	
1948–1951	Hans Löw, 1. Ehrenobmann	
1951–1956	Max Kaspar	
1956–1972	Hans Schlichter, 2. Ehrenobmann	
ab 1972	Benni Schöpflin	

Dank guter Kameradschaft und einer erfreulichen Zusammenarbeit konnte Jahr für Jahr problemlos ein aktuelles Sujet gefunden und auch ausgearbeitet werden. Nachfolgend sind die von der «Alten Garde» ausgespielten Aktualitäten chronologisch aufgeführt.

1940–1945	Keine Strassenfasnacht
1946	D Mischt-Haizig
1947	Die aidgenessischi Hochburge-n-Uusstellig!
1948	D Spinne-Invasion!
1949	Der Bettiger Broh-Zoo
1950	Casapollos «Speisung der Achthundert»
1951	D Ermatinger Belcheschlächter
1952	L'e-Sprit Jurassien
1953	«Heer Doggder, isch die Alti Richtig?»
1954	Mer sammle fir e-n-aigene Balloon!
1955	20 Johr «Cäsar Basiliensis»
1956	Muesch au zigle?
1957	4-Wuche-n-Americaine im Hokus-Pokus
1958	D Wältruumwasemaischterei
1959	Hummer fir's Glaibasel
1960	Baroggoggonaissance oder «Antik isch schygg»
1961	Rosshofbolle-Sy-loo
1962	Fudi-Kaltbad
1963	Dasch diggi Boscht
1964	«Ganggo» (Bangsionierte-Grätsch)
1965	Laterna Reclamica Helvetica
1966	Wär hett Amerika entdeggt?
1967	D Basler Suffragette hän butzt
1968	Basel Bi Kasso
1969	Fäldbärgs liebligi Tochter
1970	Die Schwyzerische Jassmaischterschafte
1971	Helau Lälli
1972	Les Parföng Bâlois!
1973	Rytte-rytte Ressli...
1974	S gärt in dr Rhygass
1975	Wie mänggmool glaubt dr Schwyzer-Knab ächt no dä Mischt vom Doppelstab?
1976	Mr sinn häller, hänn aigeni Käller
1977	Rund um dr Claraplatz
1978	«Rhy ne va plus!»
1979	Dr Häxedanz vo Basel
1980	Dr Kalorie-Fimmel
1981	Wyber-in d'Hoose
1982	In Vino Profitas
1983	H.M. schliiping Bögginghämmers
1984	Basler Carneval 1884

Die Alte Garde 1948 mit dem Sujet «D Spinne-Invasion!»

Der prächtige wie auch originelle Zug der Alten Garde 1960 mit dem Sujet «Baroggoggonaissance oder antygg isch schygg».

Auf ein gutes Verhältnis im Spiel lässt schliessen, dass der Verschleiss an Tambourmajoren sehr tief gehalten werden konnte. Nachfolgend die Ehrenliste der Spielführer:

1946–1955	Charly Wirt
1956–1962	Karl Ehlers
ab 1963	Gusti Fricker

Weil wir gerade beim Aufzählen sind. Nachfolgend noch die Laternenmaler:

1946	Paul Breisinger
1947–1953	Alfons Magne
1954–1957	Ernst Schuhmacher
1958–1964	Eric Fasolin
1965	Ernst Schuhmacher
1966	H. R. Gysin
1967–1974	Otto Rehorek
1975–1976	Christoph Gloor
1977	11 Maler der ILMV*
	a) Peter Affolter
	b) René Beuret
	c) Peter Fürst
	d) Christoph Gloor
	e) Peter Heitz
	f) Gino Lisa
	g) Werner Nänni
	h) Fredy Prack
	i) Otto Rehorek
	k) Manfred Werren
	l) Jean Willi
1978	Manfred Werren
1979–1981	Hanspeter Hoggenmüller
1982	Erhard Hoenecke
ab 1983	Otto Rehorek

* ILMV = Internationaler Laternen-Maler-Verband

In einer «Alten Garde» wird gerne gefeiert. Erstens weil es Spass macht und zweitens weil es einem Bedürfnis entspricht. Die Abgänge sind leider viel grösser, als in einer Gesellschaft mit vorwiegend jüngeren Mitgliedern.
Nachdem 1949 das 10jährige Jubiläum glanzvoll in Basel gefeiert wurde, hat man sich dann entschlossen, alle 5 Jahre eine Jubiläumsveranstaltung durchzuführen. Nachfolgend unsere vergangenen Veranstaltungen:

1954: 15 Jahre
in Bottmingen, Sonnenberg

1959: 20 Jahre
im Begghuus Hochwald und im Rebstock in Maisprach

1964: 25 Jahre
im Holsteinkeller und in der Mustermesse

1969: 30 Jahre
auf der Löwenburg und im Bottmingerschloss

1974: 35 Jahre
im Marionettentheater und im Barbara-Keller

1979: 40 Jahre
im Alten Warteck und im Meierhof in Riehen

1984: 45 Jahre
im Alten Warteck und im Wenkenhof in Riehen

Anlässlich jeder Jubiläumsfeier wurde in einem besinnlichen Akt der verstorbenen Freunde gedacht.
Dass viel und gerne gefeiert wird, haben wir bereits erwähnt. So wurde z.B. 1949 aus der Kas-

Vorder- und Rückseite der Laterne von 1977. Sujet «Rund um dr Claraplatz» von 11 verschiedenen Künstlern gemalt.

Die Alte Garde 1964 anlässlich ihres 25jährigen Jubiläums am Drummeli mit dem Gluggsi.

se ein Metzelessen gestiftet. Neben der Erbsensuppe mit Schnörrli gab es Blut- und Leberwürste, Brat- und Schweinswürste, Speck, Rippli, Kesselifleisch, Sauerkraut und Spätzli. Nach diesem kleineren Gelage gab es dann noch als Dessert einen Savarin au Rhum. Wenn man dann noch den Preis von sechs Franken berücksichtigt, kann man mit gutem Gewissen den alten Zeiten nachtrauern. Heutzutage sieht die Sache ganz anders aus. Hauptsächlich in der Sprache, im Preis und in der gebotenen Menge hat sich einiges geändert. Anlässlich der unvergesslichen Jubiläumsfeier im Holsteinerhof, welche mit einem Apero, einem Bläserquintett und einer Totenehrung begann, wurde uns anschliessend in der Mustermesse folgendes Essen serviert: Consommé brunoise au tapioca, Paté Maison, Sauce Cumberland, Jambon frais au Chablis, Sauce à la crème, Spaetzle au beurre, Salade, Vacherin au cumin, Café et liqueur. Nach dem Essen präsentierte sich unser Jubiläums-Chörli unter der Leitung von Max Theo Zehndner mit dem schönen Lied «So ein Tag, so wunderschön wie heute», was von den Anwesenden mit Applaus belohnt wurde. Der Obmann vom Fasnachts-Comité, Dr. Peter Lotz, welcher unter den 142 Gästen und Mitgliedern weilte, überraschte uns mit folgendem Vers:

En Alti Garde, wie-n-er wisse,
isch s Fundamänt und s Fasnachts-Gwisse,
Grad d'Jubilarin isch bekannt,
als ganz e bsundere Garant
fir d'Wahrig vo de alte Forme,
fir d'Pfläg vo Tradition und Norme,
vo froher Frindschaft, wo erheischt
an ächte, guete Fasnachts-Geischt.

Als grosse Ehre haben wir die Einladung des Fasnachts-Comités betrachtet, die «Alte Garde» am Drummeli auftreten zu lassen, um die Ehrung zum 25jährigen Jubiläum entgegenzunehmen. Diese Gelegenheit wurde gerne benutzt, und am Sonntag, den 9. Februar 1964, traten wir im Kiechli auf, um aus der Hand der prächtigen Frau Fasnacht die Geschenke des Comités zu erhalten. Einen prächtigen Jubiläumsmaie und den grossen wunderschönen «Schnäggetäller».

Der Prolog der Frau Fasnacht lautete:

Syt 25 Johr duet starte
do, d'Vaukabe, die Alti Garde.
Si hänn die Junge losse renne,
fir sälber gmietlig laufe z'kenne.
Ihr hänn in däne lange Johre
scho mängge guete Frind verloore.
Doch blibe-n-isch dr Witz, dr gsund,
wo jedi Fasnacht fire kunnt.
Drey Grieder mache by Eych mit,
drumm git's e zwaite Jubel hit:
Vor 50 Johr hett d'Clique do
dr «Gluggsi» s'erschtmool styge lo!
Und drumm: so lang Ihr d'Schleegel schwinge,
darf y Eych hitte-n-ebbis bringe:
e glai Presänt vom Comité
Eych stramme-n-Alte Vaukabe!

Mit einem sehr aktuellen Sujet sah man 1968 die Alte Garde durch Basels Strassen ziehn, «Basel Bi Kasso».

Folgende Doppelseite:

Laternen zum Sujet 1976 «Mir sinn häller, hän aigeni Käller» und 1978 «Rhy ne va plus!» von Christoph Gloor.

Darauf ertönte, vorgetragen von den 24 «Dr. h.c.» wunderschön dr «Gluggsi». Für viele war es ein Erlebnis, nach langen Jahren wieder einmal aktiv auf der Drummelibühne zu stehen.

Seit dem April 1955 haben wir das grosse Glück, im Thomas-Platter-Schulhaus über Kellerräumlichkeiten zu verfügen. Anfänglich nur für den Requisitenbau benützt, dienen sie heute als Übungslokal, Larvenatelier und, da Konsumationsmöglichkeiten vorhanden sind, auch als Ort des «gemütlichen Beisammenseins».

Anlässlich der Generalversammlung vom 27. April 1961 erhielt die «Alte Garde» ihre ersten Statuten.

Seit ihrer Gründung hatte die «Alte Garde» ihren Stamm im Restaurant «Riehenhof» am Riehenring. Mit Frau Hug, Camille Drexler, Fritz Däschle, Ambrosius Wuttke und Willy Schröppel erlebten wir 5 Wirte.

Am 6. November 1975 teilte uns die Brauerei Ziegelhof mit, dass sie beabsichtige, den Riehenhof mit seinem Säli in eine «Pizzeria» umzuwandeln.

Dies war der Grund, den Entschluss zu fassen, das Stammlokal zu wechseln. Am 18. Dezember 1975 war es dann soweit. Mit Trommel- und Pfeifenklang zogen wir ins Restaurant «Altes Warteck», wo wir vom Stammverein, der Jungen Garde und der Direktion der Brauerei Warteck fasnächtlich empfangen wurden. Von diesem Tag an konnte man sinnigerweise sagen: «Die ganzi VKB under aim Dach». Eine Plakette, gestiftet vom Stammverein und an der Wand hinter dem neuen Stammtisch befestigt, zeugt von dem denkwürdigen Ereignis.

Nachdem Robi Lachappelle, nach langjährigem, gutem und kameradschaftlichem Verkehr das Lokal wechselte, kam Beat Reinmann in das «Alte Warteck». Wir hoffen, auch unter seiner Regie, in unserem Stammlokal noch viele, schöne Stunden erleben zu können.

In fünf Jahren wird die «Alte Garde» ihr 50jähriges Jubiläum feiern. Wir hoffen, dass dann noch recht viele unserer Kameraden als Aktive oder Gäste dabei sein werden, um 1989 ein halbes Jahrhundert «VKB Alti Garde» zu feiern.

Fasnacht 1968

Vereinigte Kleinbasler 1884 Alti Garde

BASEL BI KASSO

E Stoss-Syfzger vom Zeedel-Schryber

Bättlerfescht, Picasso-Trubel,
Volksabstimmig, Bildkredit –
do verstoht e jede Dubel:
Fir e Zeedel isch das nyt.

Het denn iberhaupt sich aine
(usserem Lauper) do blamiert?
Suech und lueg, de findsch e kaine,
und der Schryber isch laggiert.

Wil jetz deckt sin alli Keschte,
d'Beppi-Bruscht vo Hochmuet gschwellt,
wil jetz alles stoht zuem beschte,
hätti gärn zwai Froge gstellt.

Die erschti Frog

Zerscht mechti eppis zimlig haikels froge,
's hangt zämme mitem «Harlequin assis».
Klar, het dä Blätzlibajass zimftig zoge
und het mänggi Fasnachtshärz zuem «Jo» bewoge,
e jede setzt do gärn sy Stimmrächt y.

Es isch doch aber um zwai Helge gange
(fir zämme acht Millione oder mehr).
's Museum dieg no balde glych fescht blange –
si sind jo links und rächts vom Holbai ghange –,
der «Harlequin assis» und «Les deux frères».

Was mainsch, hätt d'Ciba jetz in Tepplig-Greessi
d ä Helge vors Casino aneghängt,
vo Kopf bis Fuess in syner ganze Bleessi
('s klainscht Detail miessti jo diräkt pompees syl) –
was mainsch, hätts denn zuem «Jo»-Mehr au no glängt?

Wär alles hätt noch Fygebletter gschraue,
und dass dä Greiel sofort wäggnoh wärd?!
Me derf doch nit e däwäg d'Stadt versauel
Me dänggt an Astand! Und me dänggt an d'Frauel
Und wie das doch d'Moral ganz schregglig gfährdl

Drum händ mit weiser Vorsicht d'Standesvätter
als Pièce de résistance der Bajass gno –
e schigglige Picassokunscht-Vertrötter!
I find zwor, d'Biebli sygen ehnder nätter,
aber was witt – i glaub, 's isch besser so.

Die zwaiti Frog

My zwaiti Frog isch die: I mecht gärn wisse,
wär denn jetz aigetlig do gwunne haig.
Wär luegt ächt y? Wäm schloht vilicht gar 's Gwisse?
Wär het der Plausch? Und wär isch ehnder bschisse?
's isch Zyt, dass ych Eich dä, wo butzt het, zaigl

Dänggd doch nooch: was hätte mir denn tribe,
wenns ohni Referändum gange wär?
Der Staat hätt syni sächs Millieenli gribe,
vier Mords-Picasso wäre z'Frankrych blibe,
und d'Maja, die gäbt Ihren au nit här.

's wär Essig gsi mit där Picasso-Schwemmi,
so vyl wie hie gäbts au in andere Stedt,
und unsere Kunschtvolk-Wältruehm wär im Kemmi.
Drum sott doch Basel froh sy, gopferglemmi,
dass es so aine wie der Lauper het!

Är duet sy Referändum propagiere,
und mänggge Knorzi, mänggi Schrumpf-Poschtur
keit yne uf das myggerlig Lamäntiere.
Doch zwaledryssigtausig dien teschtiere:
Pic-Ass(o) sticht, und nit der Schufleburl

Als Retter wämmir dankbar ihn erkenne,
wänd abeschlugge Spott und Hohn und Gift,
no ihm e Stross mit Laupe(r)ring benenne,
sogar e Gipfel: 's Lauperhorn! (Säli Renne
dert obe hets jo ebefalls verschifft!)

Happy End

Isch nit das Picasso-Feschtli
gsi e rächt Inkasso-Teschtli?
Denn der Beppi sait: «Me gitl»,
und 's Museum macht der Schnitt.

Alli Helge sind jetz uffghänkt,
der Picasso het no druffgschänkt.
(Numme naime hets e Loch:
dert fähit d'Berceuse vom Van Gogh.)

Vor de gschänkte Risehelge
bisch ganz glai und uf de Felge:
luegsch si a, verstohsch kai Dunscht.
Steerts di, Beppi? Walsch, 's isch Kunschtl

Wämmir 's nägscht Johr nit probiere,
der Picasso z'engagiere,
dass men en uf Basel holt
und är uns d'Ladärne molt?

's git au Helge, wo nit so dyr sind und ainewäg guet. Gang si am Zyschtig in der Baslerhalle go alueget

Festivitäten und Reisen der VKB

Erwin Jäggi

1919: Auch in diesem Jahr fand keine Strassenfasnacht statt, was die Teilnahme an Festen und Feiern nur förderte.
Hier formiert sich eine Gruppe der VKB im Hof des Alten Wartecks zu den Einweihungsfeierlichkeiten der Mustermesse.

Nach dem Durchlesen der VKB-Chronik darf man mit ruhigem Gewissen die Ansicht vertreten, dass die Vereinigten Kleinbasler eine reiselustige und festfreudige Gesellschaft gewesen sind.

1923 taucht in der VKB-Chronik der erste ausführliche Bericht über eine der in den folgenden Jahren immer beliebter gewordenen Elsässerreisen auf. Im Rahmen der damals abgehaltenen Basler Tage reiste neben anderen Basler Vereinen auch eine 60 Mann starke VKB-Wallensteinergruppe nach Strassburg.

«La République» vom 9. September und «Les Dernières Nouvelles de Strasbourg» vom 10. September waren voller Lob über die Darbietungen der Basler Gäste. Auch eine brillant vorgetragene Retraite der VKB wurde speziell gewürdigt. Seit dieser Zeit waren in unserer Gesellschaft die Ausflüge ins benachbarte Elsass nicht mehr wegzudenken.

So wussten die «Basler-Nachrichten» vom 2. September 1929 zu berichten, dass die VKB am Samstag-Nachmittag, als stattliche Gruppe aus der Zeit Wallensteins, vom Stammlokal durch die Innerstadt marschierten, um an den Pfyfferdaa nach Ribeauvillé zu fahren. An der Spitze berittene Offiziere, gefolgt von weiss-blau gekleideten Spiessträgern und weiss-roten Büchsenschützen. Nachfolgend ein Bannerträger mit einer Fahnenwache in Harnischen und Brustpanzern, ebenso war natürlich auch die 1922 vom damaligen Ehrenpräsidenten Sämi Vogt geschenkte Standarte dabei! Den Schluss des über 50 Mann starken Zuges bildete neben

An den «Journées Bâloises» in Strassburg beteiligte sich 1923 eine grössere VKB-Gruppe in den legendären Wallensteiner-Uniformen.

1927: Teilnahme am Kantonalen Schützenfest beider Basel.

einer Ratsherrengruppe ein strammes Pfeifer- und Tambourencorps. Auf ihrem Marsch durch die Stadt kehrten die Söldner, ähnlich wie im Dreissigjährigen Krieg, da und dort ein, um nach echter Kriegerart noch einen hinter die Binde giessen zu können. Um 14.44 Uhr war dann die Abfahrt nach Ribeauvillé. Soweit die «Basler-Nachrichten».

Dass die Reisegesellschaft am Bestimmungsort in recht guter Laune angekommen ist, kann nach der vorangegangenen Stadttraversierung hundertprozentig angenommen werden. Über den Empfang, welchen die VKB-Delegation in Ribeauvillé erlebte, lassen wir am besten die «National Zeitung» vom 5. September 1929 erzählen.

Clairons schmetterten, Trommeln rasselten, um die Honoratioren von Ribeauvillé stand ein ansehnlicher Haufen Volkes, als das Kommen der «Wallensteiner» aus Basel verkündet wurde. Es war nicht das erste Mal, daß das malerische Städtlein Truppen des großen Friedländers beherbergen sollte, mehrmals während des dreißigjährigen Krieges war ihm das passiert. Diesmal kündeten die Wallensteiner aus Basel gleich an, in welchem Geiste sie sich der Stadt zu bemächtigen gedächten; Meldereiter und ein grimm draufschlagender Tambour begleitete den Herold, der vortrat, um, vom Volke bestaunt und von der Jugend umdrängt, mit weithinhallender Stimme den Text seiner mit drei Siegeln versehenen Pergamentrolle zu verkünden:

«An Den Hohen Rat Der Wohlloeblichen Stadt Rappoltsweyler –
Eurer ehrenwerthen burgerschaft kund und ze wissen,
Daß wir wallensteiner mit bichsen und spißen,
Ein wacker fehnlin, wol 50 mann,
Rucket gen euer staedtlin an.
Zem zeychen, daß ihr nit unser findt,
Aber uns wolgesinnet sindt,
Gebet unserer fruendschaft zem lohn
Folgent ehren-contribution:
Fuer jeden gemeynen mann an wyn
Sovill als mag platz in eyner drummle syn,
Und daß keyner leyde hungers not,
Vill fleysch und ouch eyn groß leyb brot.
Der tambour-major, der feyste hanns,
Er mag alleyn eyn gestopfet gans.
Druff seht euch vor, ihr gueten luet
Und lasset euch gereuen nuet,
So werden wir euch danken vill
Mit drummen und mit pfyffenspill.

Anno domini MCMXXIX
Sonnabend vor 1. herbstmonat.
VKB   VKB   VKB»

Die VKB 1932 in Chaumont (Frankreich).

An der Weltausstellung 1929 in Barcelona war die VKB ebenfalls dabei

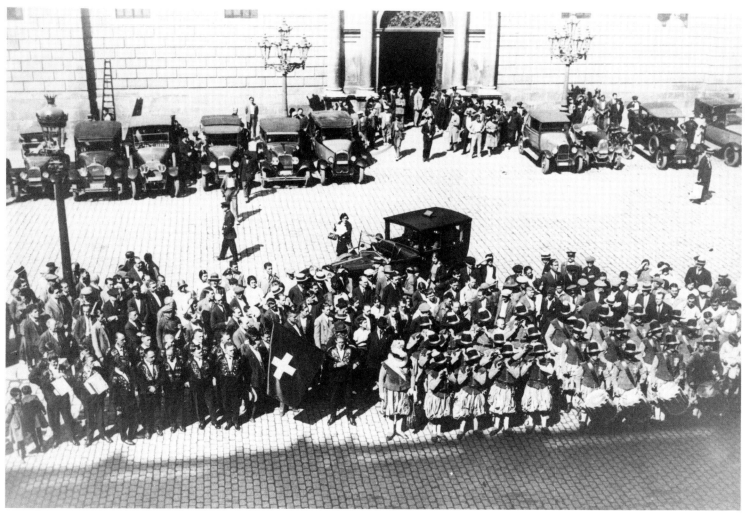

Dass das Elsass zum beliebtesten Reiseziel gehörte, dokumentiert diese Aufnahme vom Pfyfferdaa 1936 in Bischwiller.

Die Reisetätigkeit beschränkte sich in den Kriegsjahren auf die Schweiz, wie 1941 an das Comptoir Suisse in Lausanne.

Durch die regelmässige Teilnahme am «Fête des Ménétriers» in Ribeauvillé entstand für die VKB mit diesem Ort eine stärkere Verbindung.

Und unter tosendem Jubel und den machtvoll klingenden Rhythmen der «Alti Schwyzer» bemächtigten sich die 58 Wallensteiner aus Basel der Stadt Ribeauvillé ...wobei sich bald herausstellte, daß es umgekehrt kam...

Das war der Auftakt zum diesjährigen «Pfifferdaj». Wie hallte es in den engen Gäßlein, wie stand die Menge Kopf an Kopf, wie drängte sich die liebe Jugend furchtlos zwischen die grimmigen Wallensteiner.

«Zum Herrengarten» ging der Zug, wo vor dem Gefallenen-Denkmal ein mächtiger Lorbeerkranz mit schwarzweißen Schleifen niedergelegt wurde – und diese beau geste entfachte einen Begeisterungssturm, der sich noch steigerte und in Staunen wandelte, als das ganze 16köpfige Tambourenkorps eine «Retraite» rueßte.

Ehrenwein und dann Triumphzug in die Stadt, anschließend Zapfenstreich im Scheine der Fackeln und Lampions. Wahrlich: dieser Vorabend versprach das Beste für den andern Tag! Tausende harrten nach dem Nachtessen der Wallensteiner, und auf dem Festplatz im prächtigen «Herrengarten» entwickelte sich eine Stimmung und eine Freundschaft, daß den Baslern die Augen übergingen, ohne daß der wundervolle Tropfen daran schuld gewesen wäre.

Ab diesem Zeitpunkt gab es nahezu kein Jahr ohne Ausflug zu unseren elsässischen Freunden. Unvergessliche Pfyfferdaas in Guebwiler, in Bischwiler und in Ribeauvillé, das «Grande Fête des Roses» 1931 in Saverne (Zabern), viele Storchenfeste in Cernay, Besuche von Weinfesten und anderen Veranstaltungen in Sélestat, Colmar, Riquewihr und vielen anderen schönen Orten; nicht zu vergessen die traumhaft schönen Fasnachtsbummel, gehören zu den schönsten Erinnerungen.

1983 war die letzte Reise an den Pfyfferdaa von Ribeauvillé. Seit der ersten in der Chronik festgehaltenen Reise 1929 an diesen romantischen Ort sind bereits 55 Jahre vergangen. Eine Reisetradition, auf die wir mit Recht stolz sind.

Auch das übrige Frankreich war vor den VKB nicht sicher. Die Reisen an das «Fête Franco-Suisse» 1932 nach Chaumont-en-Bassigny, nach Saint Jean de Boisseau 1957 und an den «Carnaval d'été» von Le Mans im Jahre 1967 waren grosse Erlebnisse.

Kleine Begebenheiten gibt es zu erzählen wie diese: Nach einem Zwischenhalt in Paris, vor der Abfahrt nach Hause, fehlte unser Hans

1951: An der 450-Jahrfeier vom Eintritt Basels in den Bund.

Bei einem Ständeli in Harsewinkel (Deutschland)

Ebenfalls in Harsewinkel. Die Übung der motorisierten Polizei für den Empfang der englischen Königin.

Bigler am Bahnhof! Schweren Herzens fuhr man halt ohne ihn weg. Unterwegs hat man ihn dann gefunden. Aus unerfindlicher Fügung hat er Stunden vorher den richtigen, bereitgestellten Zug erwischt und sich zu einem gemütlichen Schläfchen in ein Gepäcknetz zurückgezogen. Oder: Als Männi Vogt an einem Storchenfest den Maire in sein eigenes Gefängnis einsperrte, oder dem schlafenden Hans Schlichter ein jahrelang nicht mehr gerusstes Ofenrohr ins Bett legte. Man spricht heute noch vom schwarzen Zimmer in Cernay. Diese und viele andere Episoden machen noch heute die Runde und geben Anlass zum Schmunzeln.

Aber auch nach Deutschland sind die wackeren Mannen gezogen. Wenn diese Verbindungen auch sehr viel später aufgenommen wurden, so haben sie doch viele und schöne Erlebnisse gebracht. So waren die beiden Reisen 1962 und 1967 nach Lünen an ein Spielmannszugtreffen für alle Beteiligten ein grosses Erlebnis. Als kleine Episode von der ersten Lünenreise darf hier erzählt werden, dass es sehr heiss und der offizielle Festzug sehr lang war. Beim Vorbeimarsch an einer Beiz konnte unser Tambourmajor Werner Bossert nicht widerstehen und befahl einen Halt, während der Festzug fröhlich weitermarschierte. Die ganzen Programmnummern stimmten natürlich zum Schrecken der Organisatoren überhaupt nicht mehr. Sie haben wahrscheinlich bis heute noch nicht begriffen, dass man so etwas tun kann. Wahrscheinlich wegen dieser und noch anderer VKB-spezifischen Einlagen waren die Kontakte so gut, dass der Spielmannszug «Alte Kameraden» aus Lünen zu einem Besuch nach Basel kam. Zum Glück für uns ohne Instrumente und Uniformen. 1965 war der Reise nach Harsewinkel zu einem internationalen Musiktreffen ebenfalls ein Erfolg beschieden. Bereits die Ankunft in Gütersloh war beeindruckend. Zehn Motorradpolizisten, einige Polizei-PWs und Militärjeeps standen zum Empfang bereit. Die Deutsche Bundesbahn hatte uns irrtümlicherweise als «Vereinigte Kleinbastler» deklariert. Für die Polizei muss das Wort «Kleinbastler» so richtig terroristenverdächtig geklungen haben. Daher der Polizeiempfang. Aber weit gefehlt. Zu unserer Enttäuschung war das Empfangskomitee nur zu einer Probe für einen späteren Empfang der englischen Königin auf einem nahegelegenen Militärflugplatz angetreten. Die einzige von 35 Gruppen, welche einen Tag früher angereist kamen, waren natürlich die VKB. Dies wurde nach Programm dazu benutzt, zusammen mit dem 40jährigen Spielmannszug Harsewinkel, dem ältesten Mitbegründer des letzteren, ein Ständeli zu bringen. Die zackigen Melodien fuhren dem alten Knacker so in die Knochen, dass er alles vergass und seine Hand zum alten Hitler-Gruss erhob. Erst unsere typisch schweizerischen Reaktionen weckten ihn aus seinen Erinnerungen und er schwächte seinen Gruss zu einem schwachen Winken ab. Ein grosser Umzug und eine internationale Musikschau aller 35 Gruppen brachte uns grossen Erfolg, waren doch in diesen Landen unsere Melodien noch nicht so bekannt. Nachdem sich Männi Vogt noch als Schlegel-Jongleur produzierte, waren wir die ungekrönten Könige des Festes. Das bei

den anderen Musikanten geflügelte Wort «Mensch, können die Schweizer saufen» dürfte auch noch dazu beigetragen haben.
Zu erwähnen wäre auch die kleine VKB-Delegation von Fritz Albicker, Erwin Jäggi und Paul Locher, welche 1969 nach Rüsselsheim an den Internationalen Gardetag geschickt wurden (d Ella Rehberg het is dää ybroggt). Jene wollten unbedingt einmal eine Basler Gesellschaft an ihrem Fest haben. An einem Gala-Empfang musste Erwin Jäggi in die Bütt steigen, während Pauli Locher anschliessend bei einem dreistimmig vorgetragenen Dudelsagg, mittendrin, der Hosenträger platzte. Sachen gibt's. Leider wurde aus dieser Verbindung nichts, da diese Veranstaltung immer Mitte Februar stattfindet.
1974 wurde an die Kirschgarten-Druckerei die 250 000. Heidelberger Druckmaschine ausgeliefert. Aus diesem Grund reisten die VKB mit den Wallensteinern im Koffer nach Heidelberg, um auf Einladung der Herstellerfirma und der Druckerei im Schloss Heidelberg an der feierlichen Übergabe mitzuwirken.
Erwähnenswert auch der gemeinsame Bummel von Stammverein und Alter Garde im Jahre 1972 nach Breisach. Nach Vorführungen der dortigen Karneval-Vereine folgte eine Besichtigung der Sektkellerei «Deutz Geldermann». Kleinere Gruppen waren 1929 an der Weltausstellung in Barcelona und 1930 am Deutschen Bundesschiessen in Köln.
Aber auch die Schweiz wurde unermüdlich bereist. Eidgenössische und Kantonale Tambourenfeste, Schützenfeste, Gesangsfeste, Trachtenfeste, Schwingerfeste und Hornusserfeste. Winzerfeste und andere Veranstaltungen aller Art wurden fleissig besucht. An Eidgenössischen Turnfesten durften die VKB einige Male die Basler Turnerschaft als offizielle Begleitmusik anführen. In der Chronik ist nachzulesen, dass es 1963 Diskussionen gegeben hat, ob am Sonntagabend am Umzug durch die Stadt des Marschtempos wegen die Trommler und Pfeifer nicht durch eine Marschmusik ersetzt werden sollte. Diesem Ansinnen haben sich natürlich die VKB energisch widersetzt und den abgekämpften Basler Turnern mit den dazu prädestinierten Märschen wie Saggodo, Retraite, Vaudois etc. ein Tempo aufgezwungen, dass den Opponenten das Hören und Sehen (aber auch das Laufen) verging.
St. Jakobsfeste, Schweizer Reisen, 1924 die Gartenbauausstellung in Basel, unzählige Metzelessen, 1931 die 450-Jahrfeier vom Eintritt Fribourgs in den Bund, 1939 und 1964 die Teilnahme der ganzen Gesellschaft an der Landi- resp. EXPO-Monstergruppe, 1951 die 450-Jahrfeier in Basel, 1957 als offizielle Gesellschaft am Festspiel, Umzug und einer Radiosendung anlässlich der «2000 Joor Basel»-Feier. 1960 Einweihung und Akustikprobe der umgebauten Basler Halle zur Kongresshalle, welche bereits wieder verschwunden ist und dem Mustermessehotel «Plaza» weichen musste.
Fasnacht in Laufenburg und Volksfest in Binningen. Eine jahrzehntelange Verbindung, Metallharmonie Binningen und VKB, brachte einen regen musikalischen Austausch bei unzähligen Anlässen. Offizielle Gesellschaft bei sämtlichen Festivitäten anlässlich der Cup- und Meisterschaftssiege des FC Basel. Die Triumphzüge-Bahnhof-Marktplatz sind in die Stadtgeschichte eingegangen.
1963 Whiskyfest mit den Kuttlebutzer in Jahrhundertwendekleidung. 1967 Teilnahme am

Auch an Turnfesten war die VKB lange Zeit vertreten. So 1955 am Eidgenössischen Turnfest in Zürich, 1959 folgte Basel (unser Bild) und vier Jahre später 1963 in Luzern zur Übergabe der Eidg. Turnerfahne an den damaligen Organisator.

Konzert Jazz und Folklore im Stadttheater Basel. Gymnaestrada 1969 und im gleichen Jahr die 525-Jahrfeier der Schlacht bei St. Jakob.
Nicht zu vergessen die Gruppen, welche an den Fêtes des Vignerons 1928, 1955 und 1977 teilgenommen haben. Die 1977 als «Clique Elite» benamste Gruppe hatte im Welschland bald einmal die liebevolle Bezeichnung «Clique Hectolite» und «Les Incroyables». Die VKB stellten neben der Olympia die meisten Teilnehmer.
Tief Luft holen und weiter geht's. 1970 das Ritterfest der VKB-Aktiven mit einer romantischen Rheintraversierung in Weidlingen, 1971 das Stadtfest und 100 Jahre Lange Erlen. 1974 das Eidg. Tambourenfest in Visp, die 800-Jahrfeier in Reinach und das Kleinbaslerfest. 4 wunderbare Reisen mit einer Zürcher Bank in verschiedene historische Schlösser wie Lenzburg, Rapperswil und Sargans. 1975 Einweihung vom Basler Stadttheater, 1976 Fährifest, 1977 Stadtfest und Volkshaus-Einweihung. 1980 Tour de Suisse-Fest und 1981 eine legendäre Reise an das «Grande Fête de la Bière» nach Genf in den Kostümen der Warteck-Brauerei. In diesem Zusammenhang sei erwähnt, dass die VKB als Stammgesellschaft der «Warteck-Brauerei» an unzähligen Baizen-Eröffnungen, Brauerei-Besichtigungen (die erste 1913 in der Chronik nachweisbar) und anderen Festivitäten teilnahmen. Die spektakulärste Festivität war wohl die Einweihung der neuen Flaschenabfüllanlage im Jahre 1972. Jeden Tag stellte die VKB über den Mittag 12 Pfeifer und 9 Tambouren. Da jeden Tag andere Gäste anwesend waren, und es waren doch jedesmal einige hundert, gab es ein Standardmenü. Die Brauerei mutete den Spielleuten aber nicht zu, zehnmal das gleiche Essen einzunehmen und kochte extra für die VKB. Die logische Folge einer solchen Bierflaschenabfüllanlage-Einweihung war natürlich auch, dass das köstliche Nass in nahezu unerschöpflichen Mengen floss. Mancher Absturz und blauer Arbeitsnachmittag waren einfach nicht zu vermeiden. Von den unzähligen Jahres-Feiern und Familienabenden wollen wir hier an dieser Stelle nicht reden, da dieser Bereich den Rahmen dieses Berichtes sprengen würde.
Im Hinblick auf das 100jährige Jubiläum hat sich dann die VKB eine Reiseabstinenz auferlegt, welche hoffentlich im 101. Jahr wieder aufgehoben wird, und zwar mit einer Reise an den Pfyfferdaa in Ribeauvillé.
Wenn man die Summe der besuchten Anlässe betrachtet, darf man in aller Bescheidenheit erwähnen, dass die VKB volkswirtschaftlich gesehen einen erwähnenswerten Faktor darstellen. Die Mitglieder dieser ehrenwerten Gesellschaft haben doch jahrzehntelang einen wesentlichen Beitrag zum Umsatz von Brauereien und Weinlieferanten beigetragen. Wenn man noch die drei Amerikareisen dazuzählt, dürften auch noch einige Whiskydestillerien einen wirtschaftlichen Höhepunkt erlebt haben.
Über die drei Amerikareisen unserer Gesellschaft in den Jahren 1973, 1976 und 1980, die American Fife and Drum Show 1970, die Swiss Drum Time 1974 und das Joggeli-Tattoo 1978 wird aus berufenerem Munde, von meinem Freund und heutigen Gesellschaftspräsidenten Pierre Farine, berichtet werden.

Ein weiteres beliebtes Reiseziel im Elsass war 1960 Cernay.

VKB = Very Kind Boys

Pierre Farine

Die drei USA-Reisen der VKB in den Jahren 1973, 1976 und 1980 weiteten das Besuchsprogramm unserer Gesellschaft auf interkontinentale Dimensionen aus. Die Kontakte zu den amerikanischen Trommler- und Pfeiferfreunden sind das Verdienst unseres Trommelchefs Fons Grieder. Als Musterschüler und (im positiven Sinne) «enfant gâté» des legendären Basler Trommelpapstes Fritz Berger war Fons schon früh in die überregionalen und internationalen Kontakte eingeführt worden. Nach Abschluss seiner Studien hatte er die Möglichkeit, seine berufliche Weiterbildung in den Vereinigten Staaten zu vervollkommnen. Wer Fons kennt, weiss, dass ihn die Trommelschlegel auch auf Reisen begleiten. So nahm er im Laufe der 60er-Jahre Kontakt mit den American Drum and Fife Corps auf und wurde bald Mitglied der Dachorganisation, der Company of Fifers and Drummers, Inc., unter deren Obhut sich die Tambouren- und Pfeifergruppen der amerikanischen Ostküste zusammengeschlossen haben. Zusammen mit seinen Freunden der Gruppe Rädäbäng (nachfolgend Rolling Sticks) nahm Fons 1969 am bedeutendsten Trommel- und Pfeifertreffen in den USA, am Deep River Muster in Connecticut, teil. An diesem Anlass wurde eine Teilnahme der in New Haven ansässigen Corps der Lancrafts und der Ancient Mariners am eidgenössischen Tambourenfest 1970 in Solothurn erwogen.

Dieser Reiseplan wurde im Juni 1970 Wirklichkeit. Im Anschluss an das «Eidgenössische» weilten die U.S. Boys aus New Haven als Gäste der «Olympia» und der VKB in Basel. Am Montag, dem 22. Juni 1970, gaben unsere Gäste aus der Stadt der berühmten Yale-Universität mit den Percussion Nauts aus Spokane (Staat Washington) in der Mustermesse vor ausverkauftem Hause unter dem Titel *American Fife and Drum Show 1970* ein einmaliges Gastspiel. Anlässlich dieses ersten offiziellen Besuches amerikanischer Trommler und Pfeifer in der Schweiz erhielten der Schweiz. Tambourenverband und die VKB eine offizielle Einladung zum Gegenbesuch in die Vereinigten Staaten. Anfangs 1971 wurde eine paritätische Reisekommission ins Leben gerufen. An 16 Sitzungen wurde die Reise vorbereitet und am *18. Juni 1973* flog die 175 Personen umfassende Reisegesellschaft mit einer Chartermaschine der Trans World Airlines (TWA) von Kloten direkt nach Hartford, Connecticut. Die 55 VKBler übri-

Die amerikanischen Teilnehmer am ersten USA-Konzert
The Ancient Mariners, New Haven, Connecticut
Lancraft Fife and Drum Corps, North Haven, Connecticut
The Spokane Percussion-Nauts, Spokane, Washington.

Plakat für das erste USA-Konzert in Basel.

gens in neuem himmelblauem Reiseanzug, mit orange-ockerfarbenen Hemden und einheitlichem Schuhwerk plus dito Krawatte. 48 Freunde bildeten die Untergruppe des Tambourenverbandes, die baslerische «Union folklorique Suisse», der Rest rekrutierte sich aus Tambouren aus allen Landesteilen der deutschen Schweiz. Das Reiseprogramm umfasste folgende Stationen: Besuch einer U.S. Submarine Base in Groton New London, Konzert in New Haven und Besuch der Yale-Universität, Teilnahme am berühmten Deep River Muster (Connecticut); New York, mit vielfältigen Erlebnissen von der Besteigung des Empire State Buildings über die Circle-Line-Bootsrundfahrt bis zur schmerzhaften Erinnerung eines Einzelnen in Form einer beim nächtlichen Alleingang erlittenen Stirn-Platzwunde, die ambulante Spitalbehandlung erforderte, die Ausflüge mit Konzerten in West Point, dem Elitetreibhaus der U.S. Army, und in New Rochelle beim (dunkelhäutigen) Dickerson Field Music Corps. Über Philadelphia, wo sich der Schweizer Konsul, Prof. Läubli, es sich nicht nehmen liess, als gewiegter Kommentator auf der Stadtrundfahrt der grössten Stadt Pennsylvaniens zu agieren, nach Platzkonzert und üblichem TV- und Presseinterview gelangten wir, in jeder Beziehung gesättigt, zur Schlußstation der Reise: Washington. Höhepunkte dieser Endstation: der Besuch mit Konzert im amerikanischen Verteidigungsministerium, dem Pentagon (das sogar für Amerikaner üblicherweise eine «Sperrzone» darstellt), der Empfang in der Schweizer Botschaft und last but not least das gemeinsame Konzert mit der Band der Leibgarde Präsident Nixons im Auditorium der Department Hall. Diese unvergessliche «Gastspielreise» fand in den USA ein

American Fife and Drum Show 1970

Montag, 22. Juni 1970, 20 Uhr
Mustermesse, Roter Saal
mit über 300 Mitwirkenden

- Lancraft Fife and Drum Corps New Haven, Connecticut
- Ancient Mariners New Haven, Connecticut
- Percussion Nauts Spokane, Washington
- Knabenmusik Basel

Organisiert durch die Fasnachtsgesellschaften Olympia und Vereinigte Kleinbasler

Vorverkaufsstellen:
Vorverkauf-Center Securitas, Steinentorstraße 11
A. Haegeli-Briefer, Tabakwaren, Marktplatz 21
R. Hablützel, Lederwaren, Falknerstraße 7
E. Weber, Uhrengeschäft, Greifengasse 9
Restaurant zum alten Warteck, Clarastraße 59

Eintritt: Fr. 6.90

überraschend starkes Medienecho (Fernsehen, Radio und lokale Presse). Die meistgestellte Frage (aufgrund des Cliquensignets an der Brusttasche der «Ausgangsbüchse»): What does VKB mean? – die logische Antwort darauf: Very Kind Boys!! – Vielleicht mag dieser Eindruck nicht bei allen unseren Gastgebern durchs Band vorhanden gewesen sein (ich denke dabei an ein Corps am Deep River Muster, dem unser Hanspi Bürgin den Inhalt ihres Picknick-Korbes als VKB-Zwischenverpflegung verteilte), aber immerhin war mit dieser Reise der Kontakt auf breiter Basis geknüpft, und auch die Basler Presse, die laufend über den Trip berichtete (Titel: «Eine Clique geht in die Luft…») stellte nach unserer Rückkehr erleichtert fest:

«Und im August
wie sim-mer froh
sin si alli wider do!»

Die VKB vor der Abreise.

Reiseleitung
Von rechts: Alfons Grieder, Trommelchef VKB und 2. Vizepräsident der Company of Fifers and Drummers, Pierre Farine, Präsident VKB und Peter Bernhardsgrüter, Präsident des Schweizerischen Tambourenverbandes.

Empfang durch die Company am Bradley International Airport.

New Haven, Connecticut. Aufmarsch zum offiziellen Empfang durch den Bürgermeister der Stadt.

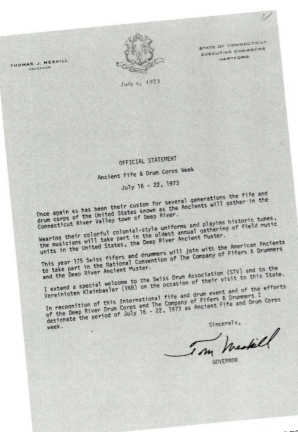

Offizielles Begrüssungsschreiben von Thomas J. Meskill, Gouverneur des Staates Connecticut.

Empfang vor dem Rathaus in New Rochelle, New York, durch den Bürgermeister und eine Abordnung der Charles W. Dickerson Field Music.

Dankschreiben für das Konzert in der Yale University in New Haven.

Plakat für ein Konzert mit den Dickerson, den Ancient Mariners und den Lancrafts.

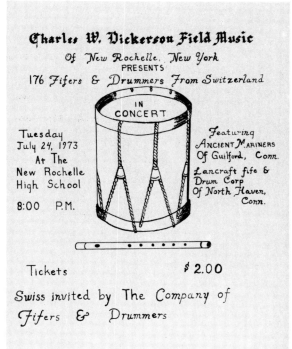

Empfang im Weissen Haus, Austausch von Landesfahnen.
Von links: Bill Gallagher, Trustee and Travel Chairman der Company; Peter Bernhardsgrüter, Präs. Schweiz. Tambourenverband; Erwin Jäggi, Vizepräsident VKB; Pierre Farine, Präsident VKB; Nils Bormanis, Travel Agent; Robert Steele, Connecticut Congressman.

Bestätigung, dass die erhaltene USA-Fahne am 23. Juli 1973 über dem Weissen Haus in Washington gehisst war.

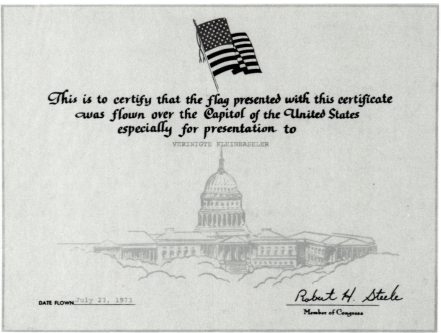

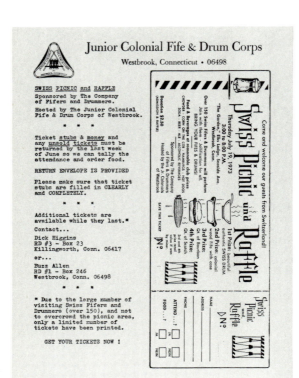

Einladung zu einem Swiss Picnic mit dem Junior Colonial Fife & Drum Corps in Westbrook.

Konzert in der U.S. Submarine Base in Groton, Connecticut.

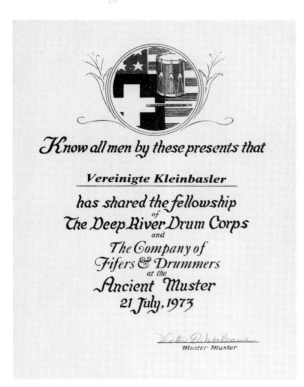

Urkunde für die Teilnahme am Deep River Muster.

Dog's-Nose, das Hausgetränk der Ancient Mariners. Wer den Inhalt dieses Gefässes (halb Bier und halb Gin) ex den Hals herunter brachte, erhielt diese Auszeichnung.

«Und im Auguscht wie simmer froh, sin si alli wider do!». Marsch durch die Stadt ins «Alte Warteck».

Die Weiterführung unserer Kontakte mit unseren amerikanischen Freunden fand mit der «USA – Swiss Drum Time» am *4. Juli 1974* im Gundeldinger-Casino ihre Fortsetzung. Das Programm sah Darbietungen einer Trommlergruppe unter der Leitung von John Bosworth, Berufsschlagzeuger in der berühmten USAF-Band (United Air Force Band) und wohl einer der vielseitigsten Drummer in Amerika, vor. Leider musste der Stargast des Abends, Roy Burns, zu jener Zeit wohl die Nummer eins der weltbesten Schlagzeuger, kurzfristig krankheitshalber absagen. Dank der weltweiten guten Beziehungen unseres Freundes George Gruntz, der mit Isla Eckinger und einer Pfeifergruppe unter der Leitung von Georges Mathys einen der Höhepunkte dieses Konzertes beisteuerte, gelang es uns, anstelle von Roy Burns im Schweizer Daniel Humair einen vollwertigen Ersatz zu engagieren. Danis Show bestätigte, dass auch er ein Weltklasse-Drummer ist. Aus eigenen Reihen lieferten die Rolling Sticks mit dem «Spiel» des Stammvereins den würdigen Programmrahmen in solch erlesener Künstlergesellschaft.

Der Nachhall der US-Reise 1973 liess im Hinblick auf die festliche Begehung des 200jährigen Geburtstages der Vereinigten Staaten (Bicentennial 1776–1976) den Wunsch und die Gelegenheit einer *zweiten Amerikafahrt* sehr rasch wach werden. 38 VKBler bestiegen am *15. Juli 1976* erneut in Luxemburg das Flugzeug, um über Island New York anzusteuern und noch am gleichen Abend zu unseren Freunden nach New Haven (Connecticut) weiterzureisen. Erneut wurden wir vom Lancraft Fife and Drum Corps und den Ancient Mariners überaus herzlich und gastfreundlich empfangen. Das Deep River Muster erlebten wir in der festlichen und traditionsreichen Ambiance im Rahmen des U.S.-200-Jahr-Jubiläums bei strahlendem Sonnenschein unter dem Applaus von ca. 20 000 Zuschauern. Die folgenden zwei Tage waren dem Besuch New Yorks mit Stadtrundfahrt und Galavorstellung am Broadway von Shirley McLane gewidmet (ambulante Spitalbehandlungen waren diesmal gottseidank nicht nötig). Über Philadelphia, wo wir uns der mehrtausendköpfigen Pilgerfahrt zur extra ausgestellten Freiheitsglocke der USA, der Liberty-Bell, anschlossen, gelangten wir nach Washington. Ein Auftritt im neuen Künstler-Mekka der Vereinigten Staaten, dem John F. Kennedy-Center, und die Einladung der ganzen Gruppe, zusammen mit dem Botschaftspersonal, durch Minister Probst, den Schweizer Botschafter, in die private Botschaftsvilla bildeten den Höhe-

Plakat für das zweite USA-Konzert in Basel.

Drei Bilder vom Deep River Muster 1976.

Gratulation aus USA

Unsere Freunde in Washington D.C. haben es sich nicht nehmen lassen, über die offizielle Stelle der United States Air Force den VKB einen Gratulationsgruss zu schicken. Der Kommandant und Dirigent der USAF-Band, Oberst Arnald D. Gabriel, hat die Mitglieder unserer Gesellschaft seinerseits zum 100jährigen eingeladen. Allerdings dauert es noch ein wenig bis ins Jahr 2042.

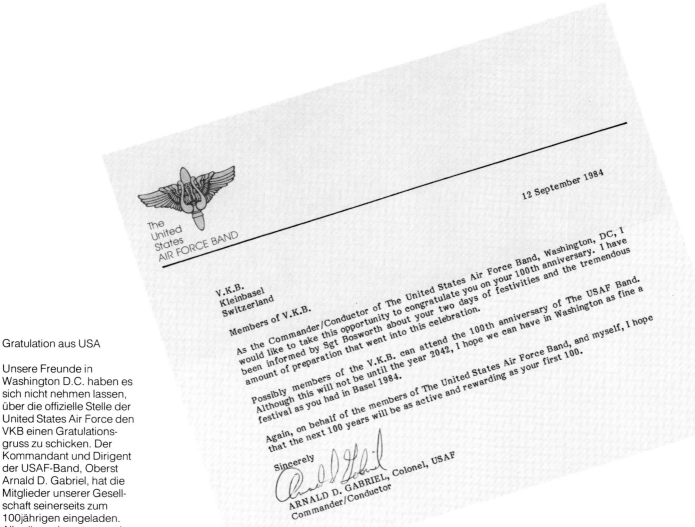

12 September 1984

V.K.B.
Kleinbasel
Switzerland

Members of V.K.B.

As the Commander/Conductor of The United States Air Force Band, Washington, DC, I would like to take this opportunity to congratulate you on your 100th anniversary. I have been informed by Sgt Bosworth about your two days of festivities and the tremendous amount of preparation that went into this celebration.

Possibly members of the V.K.B. can attend the 100th anniversary of The USAF Band. Although this will not be until the year 2042, I hope we can have in Washington as fine a festival as you had in Basel 1984.

Again, on behalf of the members of The United States Air Force Band, and myself, I hope that the next 100 years will be as active and rewarding as your first 100.

Sincerely

ARNALD D. GABRIEL, Colonel, USAF
Commander/Conductor

punkt unseres Aufenthaltes in Washington D.C. Ganz besonders in Erinnerung wird uns allen auch die (datummässig vorgezogene) 1. August-Feier im «Old South Mountain Inn» (etwa 30 Meilen nordöstlich von Washington in den Shenandoah-Bergen) bleiben. Auf Einladung eines Schweizer Gastronomen, der schon lange in den USA weilt, verbrachten wir unvergessliche Stunden, bevor uns die Reise per Flug 1500 km weiter südlich nach New Orleans, der Ursprungsstadt des Dixie-Jazz mit gross-carnevalistischer Tradition führte. Fasziniert von der Ambiance der Mississippi-Raddampfer, stimuliert durch die tropischen Getränke (Hurricanes!) und den Beat der Bourbon-Street und des French Quarters wurde jeder Reisetag zum 24stündigen Mardi-Gras! Von den Bajous des Mississippi ging es wiederum per Flug nochmals 900 km südwärts nach Orlando (Florida) ins Reich Walt Disney's. Im riesigen «Disney-World»-Vergnügungspark erlebten wir die monströse Bicentennial-Disney-Parade und sind zusammen mit dem Disney Drum and Fife Corps bei brütender Hitze aufgetreten. (Weltpremiere: Marschieren der VKB-Tambouren und -Pfeifer während des Vortrages «an Ort», weil die Höllentemperatur des Asphalts augenblicklich durch die dünnen Sohlen drang!). Mit dem Bus erreichten wir St. Augustine, wo wir beim Alten Fritz, der, obwohl bayrischer Herkunft, sich in Florida seit über 20 Jahren als Schweizer ausgibt, verköstigt wurden. Dies nach einem Marathon mit Trommel- und Pfeifenklang durch diese älteste südliche Ansiedlung der Vereinigten Staaten. Am nächsten Tag wurde der Einblick in Amerikas Geschichte vom Tatsachenbeweis des Fortschritts dieser Nation, mit dem Besuch des Raketengeländes des Kennedy Space Center in Cape Canaveral, abgelöst. Über West Palm Beach ging es weiter südwärts nach Miami Beach, wo wir die letzten Tage mit Aktivitäten rund um den Atlantikstrand und den Swimmingpool beschlossen. Als letztes high-light erfolgte auf dem Heimflug ein ganztägiger Aufenthalt auf den Bahamas, wo wir neben der zauberhaften Atmosphäre dieser Inseln nochmals mit einem spezifischen Beat-Sound, nämlich jenem der Steel-Drums konfrontiert wurden. Wohlbehalten und um viele Erfahrungen und Eindrücke reicher erreichten wir braungebrannt und sicher nicht ausgeschlafen am 13. Juli 1976 wieder die heimatlichen Gefilde am Rheinknie.

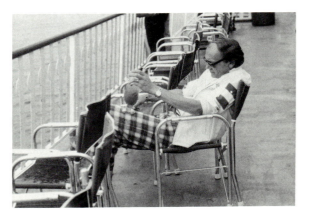

Unser lieber Reiseleiter und VKB-Präsis Pierre Farine im Kampf mit einem der so berühmten Hurricans.

Nach der American Fife und Drum Show 1970, der USA – Swiss Drum Time 1974 ging am *15. Juni 1978* in der Sporthalle St. Jakob das *Basler Joggeli-Tattoo* über die Bühne resp. durch die Halle. Es war ein weiteres Konzert, das bewies, dass sich nicht nur in Basel die Musik- und Trommelkunst weiterentwickelt. Das «Tattoo» (Sinngemässe Übersetzung: «Parade mit Vorführungen») brachte mit der Floor Show der Polizeimusik Basel, den Vorführungen der Happy Pipers Bag Band, dem Vortrag der Knabenmusik und der Perfektion der Basler Militärtambouren ein

Plakat für das dritte USA-Konzert in Basel.

reichhaltiges Programm, dem die 85 jugendlichen Musikanten der «Sensational Percussion Nauts» von Spokane (State of Washington) die Krone aufsetzten.

Die Teilnehmer der dritten VKB-USA-Reise auf dem 4000 m hohen Pike's Peak.

Am *26. Juli 1980* schnürten 21 VKBler ein weiteres Mal das Bündel zu einer dreiwöchigen *dritten Amerikareise*. Diesmal ging es direkt von Basel-Mulhouse per Flug nach London und von dort nonstop an die Westküste nach Los Angeles. Der Anschlussflug brachte uns nach San Francisco, wo wir zwei herrliche Tage in einer der ausserordentlichsten Städte der USA verbrachten. Die Fahrt in der Bucht, unter der Golden Gate-Brücke durch, und die Gay-Parade (der jährliche Umzug der amerikanischen Kongregationen jener vom «anderen Ufer») wird allen unvergessen bleiben. Von der Westküste ins Landesinnere ging die Reise mit den United Airlines weiter zur Mormonenmetropole Salt Lake City, einem Ort, wo aus gesinnungsmässigen Gründen die Prohibition in gemässigter Form noch intakt ist, was den momentanen Unwillen einiger Reiseteilnehmer blitzartig zum Ausbruch brachte, fast im gleichen Tempo, wie der Tornado, der während unseres Aufenthaltes über die Stadt wegfegte. Von den Salzseen ging es ebenfalls per Flug (diesmal mit Propellermaschinen) ins Grand Teton-Gebirge nach Jackson Hole. Die Schlauchbootfahrt auf dem Snake River (VKB-Übersetzung: Schnäggebach) brachte die sonst übliche Auseinandersetzung mit dem flüssigen Element einmal in ganz anderer, aber umso eindrücklicherer Form. Per Bus ging die Reise weiter in den weltberühmten Yellowstone-Park, wo wir die Natur in ihrer Urform mit Geysiren, Bergen und Hektaren unberührten Waldes (der aber auch dort stirbt) erleben durften. Scharen von Rotwild, Vögeln und Büffeln wurden aus hautnaher Entfernung abgelichtet, doch einen echten Grizzly haben wir trotz Büggses Stossgebeten nicht zu Gesicht bekommen. Auf der Reise nach Denver hatten wir in Cody (Wyoming), der Heimat Buffalo Bills, am 4. Juli die Gelegenheit zum Besuch eines Rodeos, mit vorgängiger Parade der Akteure durch das Städtchen. Zum ersten Mal konnten wir dort in einem Saloon erleben, dass man auch hoch zu Ross in einer Beiz einen Whisky aus dem Sattel bestellen (und auch erhalten) kann. (Was würden unser Beat Reinmann oder Robi Lachappelle dazu sagen?) In Denver hatte sich zu jener Zeit der TV Clan noch nicht etabliert, dennoch fühlte sich mancher VKBler als kleiner Carrington (besonders abends). In Colorado Springs fuhren wir in einem Spezialbus mit kurzem Radstand auf den über 4000 m hohen Gipfel des Pike's Peak und statteten der berühmten Air Force Academy einen Besuch ab. Vom Staate Colorado erreichten wir nach zweistündigem Flug die Hauptstadt Arizonas, Phoenix. Wieder per Bus ging die Reise weiter zum Sonnenaufgang an den South Rim des Grand Canyon. Las Vegas, die Spielerstadt in der Wüste Nevadas, wurde für manchen in Sachen Schlaf die Pièce de resistance der ganzen Reise. Dass beim Abflug jeder beteuerte, er habe mit den Spielgewinnen fast die ganze Reise finanziert, versteht sich von selbst. Die letzten beiden Tage verbrachten wir in der Stadt der Engel, Los Angeles. Die Besichtigung der Universal Film-Studios und die letzten Souvenir-Shoppings am Hollywooder Sunset Boulevard werden allen, wie die ganze Reise, unvergesslich bleiben.

Es soll nicht als Eigenlob ausgelegt werden, ist aber dennoch erwähnenswert, dass auf allen drei Amerikareisen niemals Streit aufkam und damit auch diese ausgedehnten Fahrten zur Festigung der Freundschaft und zur Verbesserung des gegenseitigen Verständnisses beitrugen. Dies soll auch in Zukunft so sein, denn eine VKB ohne Reisefieber ist schlichtgesagt nicht mehr denkbar!

Unser Gesellschaftsblättli «Dr Ueli»

Erwin Jäggi

Das Aufrechterhalten effizienter Kommunikation sowie gegenseitiger Orientierung und des sich Absprechens wird in dem Masse erschwert, in dem eine Gesellschaft wächst und sich in immer mehr Gruppierungen, Sektionen und Garden aufgliedert, in welchen sich zudem immer mehr Mitglieder aktiv betätigen.

Diese Überlegungen machte sich 1959 ein Wilhelm Waldvogel, der eine eigenständige VKB-Zeitung – mit Texten und Inseraten – voll professionell aufziehen wollte. Die damalige Generalversammlung hat diesem Projekt nicht zugestimmt, da wohlberechtigte Zweifel daran aufkamen, dass es möglich wäre, monatlich 20–30 Schreibmaschinenseiten VKB-Text zur Verfügung zu stellen.

Die Idee eines gesellschaftseigenen Blättlis hat dann bis ins Jahr 1964 geruht, bis ich, in meiner Eigenschaft als 1. Aktuar und Gesellschaftschronist, den Gedanken wieder aufnahm. In recht aufwendiger Arbeit habe ich, ohne jemanden zu orientieren, auf einem Handumdrucker die erste Nummer herausgegeben und in einer damit verbundenen Umfrage die Bedürfnisfrage für ein solches Instrumentarium abgeklärt.

Siehe da! Das Bedürfnis war vorhanden und die erste Nummer hatte eingeschlagen!

Im heutigen Jubiläumsjahr feiert unser Gesellschaftsblättli schon sein stolzes 20jähriges Jubiläum und als Krönung des Ganzen wird in diesen Zeitabschnitt auch die 50. Ausgabe fallen.

Dieser Einmannbetrieb wurde bis anfangs 1965 weitergeführt, bis Kurt Stalder und Urs Peter Bürglin zur Redaktion stiessen.

An der Generalversammlung 1965 wurde dann beschlossen, die «Ueli-Redaktion» als feste Kommission zu erklären. Das kleine gesellschaftseigene Blättli hatte die Herzen aller gewonnen und war nun ab diesem Zeitpunkt ein fester Bestandteil der Gesellschaftsorganisation.

Da ich zu jener Zeit gleichzeitig noch 1. Aktuar und Chronist und durch diese Doppelfunktion recht ausgelastet war, stellte sich Kurt Stalder spontan zur Verfügung, die Position eines Chefredaktors zu übernehmen. Als Hilfsredaktoren standen ihm Rolf Bertschmann, Roger Stalder und ich selbst zur Verfügung. Ab 1965 ist «dr Ueli» ganz den Kinderschuhen entwachsen. Unser Blättli erschien in einer feudaleren, von der Kirschgarten-Druckerei ausgeführten Form, mit unserem Tambourmajor Werner Bossert im Fasnachtskostüm 1965 auf dem Umschlag. Durch eingebrachte Inserate wurde die ganze Angelegenheit selbsttragend. Im 1969 wird die Kommission folgendermassen benamst: Chefredaktor immer noch Kurt Stalder, als Hilfen: Roger Stalder und Hans Mangold. Bis ins Jahr 1973 hat das gespielt, dann gab es eine Flaute bis ins 1976 mit einem Neuanfang unter der Leitung von Urs Rohner und als Acquisiteur Kurt Stalder.

1978 bekommt «dr Ueli» ein neues Gesicht. Das Motiv entstammte einer von Rolf Vogt gemalten VKB-Schtäggeladärne. Mit dem neuen Gesicht gab's auch eine neue Kommission. Hanspeter Stebler übernahm die Chefredaktorenposition und Peter Ledermann fungierte als Hilfsredaktor. Kurt Stalder besorgte immer noch die Acquisitionen. Gedruckt wurde bei der Typo AG. Ein Jahr später wechselte man zur Basler-Zeitung, was alles ein wenig vereinfachte, da beide Redaktoren dort arbeiteten.

Im September 1980 zeichnete immer noch Hanspeter Stebler als Chef, während Roland Weber und Dieter Brugger (Alti Garde) dazustiessen. Für Inserate sorgte immer noch Kurt Stalder.

Im September 1982 hat dann Kurt Stalder – nach jahrelanger Mitarbeit und in Sicht auf grössere Aufgaben – die Redaktion verlassen. Werner Arnold und Karl Reinschmidt haben dann diese Lücke spontan ausgefüllt.

Im September 1983 hat sich das Gesicht unseres Blättlis wieder gewandelt. Dominik Heitz, unser Tambour und Laternenmaler, hat für das Jubiläumsjahr einen passenden Umschlag entworfen. Auch personell gab's Änderungen, so dass die heutige «Ueli-Kommission» mit folgender Besetzung ins Jubeljahr eintritt:

Chefredaktor: Hansjörg Thommen
Hilfsredaktoren: Hanspeter Stebler
Roland Weber
Dieter Brugger (Alti Garde)
Werner Arnold (Inserate)
Karl Reinschmidt (Inserate)

Ich möchte zum Abschluss dieses 20jährigen Abrisses doch noch kurz erwähnen, dass neben der übergrossen Zahl der Befürworter immer auch einige negative Stimmen auftauchten. Diese Leute argumentierten hauptsächlich so: «Wir bekommen ja die Basler Zeitung (früher National-Zeitung und Basler Nachrichten), die COOP-Zeitung, den Brückenbauer, den Vogel-Gryff, den Baslerstab, den Doppelstab, die Basler-Woche (inzwischen eingegangen) und noch viele andere Blätter mehr. Wir gehen an Sitzungen und Übungen, erhalten auch eine Unmenge von Briefen und Einladungen, weshalb also noch ein eigenes Gesellschaftsblättli?»

Diesen Argumenten bin ich immer mit der Begründung entgegengetreten, dass dieses Blättli das grosse Verbindungsglied zwischen einer 600köpfigen VKB-Familie ist, in dem sich jeder zu Wort melden kann, den irgendwo der Schuh drückt. Worauf ich aber noch viel mehr Gewicht lege, ist der Umstand, dass unsere Nachfahren in 50 oder sogar 100 Jahren auf eine fast lückenlose Dokumentation unseres Gesellschaftslebens zurückgreifen können. Im Verbund mit unserer Vereinschronik haben wir hier etwas geschaffen, das zukünftigen Generationen von Nutzen sein wird.

Wenn sich im Jahre 2084 einige «agfrässeni Biecherwirm» wiederum entschliessen sollten, zum 200jährigen Jubiläum der VKB eine Fortsetzung unseres heutigen Buches herauszugeben, können sie auf eine echte «Ueli»-Dokumentation zurückgreifen, deren Grundlage heute genau vor 20 Jahren gelegt wurde.

Aus dieser Sicht betrachtet, bin ich recht stolz, dass ich 1964 den Mut gefunden habe, in einer Nacht- und Nebelaktion das heute vorliegende Gesellschaftsblättli «dr Ueli» in die Welt zu setzen.

Ich wünsche mir und der VKB, dass sich immer einige schreibgewandte Leute finden werden, die das Blättli in unserem Sinne weiterführen, und dass aus den Mitgliederkreisen eine ständige lawinenartige Menge von Beiträgen eintreffen wird. Unseren Freunden in naher und weiterer Zukunft wünsche ich viel Spass beim Lesen unserer heutigen Probleme und Ereignisse.

Vom alte Böbberli

Hanspeter Stebler

In däm Hinderhuus sin unseri Iebigslokal gsi. Vor em Umbau vom Böbberli isch au unde drummlet und pfiffe worde.

Dr Hof vo dr Drohtzugschtrooss här gseh. Hinde dr alt Warteggsaal.

Afangs 1982 sin die letschte wehmietige Drummel- und Pyfferdeen von ere risige Schtaubwulgge ändgiltig verschluggt worde. An däm Daag isch unseri ehrwirdigi und altvertrauti Glyggeschtube nur no e groosse Abbruchhuffe gsi. Im Hof vom «Alte Wartegg», mit ere Zuefaart vo dr Drootzugschtrooss här, isch das Hinderhuus gschtande, wo s Drummel- und Pyfferlokal vo dr VKB sy Blatz gha het.

D VKB isch syt de Afäng im «Alte Wartegg» dehaim. Die erschte Fottene schtamme allerdings erscht uss em Johr 1911, also vor iber 73 Johr. Wenn prezys die erschte Drummelschleeg oder Pyfferdeen d Iebigslokal in däm Hinderhuus so richtig haimelig und fasnächtlig gmacht hän, isch nimme gnau z eruiere. Uff alli Fäll het in dääne Zyte, wo unsri Mammene und Babbene allwäg no in d Schuel gange sin, d Brauerey das Hinderhuus nur no dailwys as Lager bruucht und dr hinder Dail vom erschte Schtogg isch an d VKB vermietet worde. Dert isch dr Fundus vo dr VKB und em Materialverwalter sy Ryych gsi. Do hets Larve, Goschdym, Schtägge- und Kopfladärnli, Requisyte, zämmegrollti Ladärnebilder und sunscht no allerhand Giggernillis gha. Sogar e Käschperlitheater isch dert gsi mit hitte sicher sältene Figuure, wo an de Santiglausefyre vo de Junge im Volggshuus und schpeeter im Reschtorant Gryffe z Ehre ko isch. Me mag sich au no an e Milidäärdrummle bsinne, wo ebber no dr Inschpäggzion dert abgschtellt und vergässe het, um in aller Rueh in dr Baiz aine z sirpfle. Underem Dach, grad nur ai Hienerschtääge heecher, sin die greessere Requisyte und Waagedail abgschtellt gsi. Sogar ganzi Ladärne hän dert Blatz gha. Will dr Brauerey Wartegg das Hinderhuus laider kai groosse Nutze me brocht het, isch au nimme vyl dra gmacht worde. S het ynegschifft und dur das isch au mänggs kaputtgange. Notdirftig het me die Lecher gfliggt, aber trotzdäm sin verschideni Sache fermlig verfuult. Und will dä Eschtrig zimmlig luftig gsi isch, het me au no d Bekanntschaft mit ere Schtadtploog mache kenne, nämmlig de Duube samt de wysse Näbeerschynige. Me isch zwunge gsi dä Eschtrig z ruume. Zem Dail isch die Waar in d Muschtermäss in Schnierboode iber dr Bihni vom alte Saal ko, schpeeter au hinder d Bihni vom Warteggsaal oder in e Gaaraasch im Hof.

Zerscht isch im Parterre vom Hinderhuus drummlet und pfiffe worde, erscht vyl schpeeter grad obedra im erschte Schtogg vor em Materialruum. Wievyl Buebe in dääne Zimmer schtun-

Vo inne het s Drummelzimmer e so usgsee.

S «Böbberli» mit em erschte Zug im Hindergrund.

Au im Böbberli sin unsri baide Schtandarte ghange.

delang ihri erschte Babbe-Mammeschtraich oder Doonlaitere giebt hän, isch nimm uszmache. S sin sicher iber dausig Schieler gsi. Wo denn die geburteryche Johrgäng ko sin, ischs neetig worde, au s Materialmagazyn in e Drummel- und Pfyfferschtube umzbaue. Alles was handwärgglig gschiggti Händ gha het, isch bi däm Umbau drby gsi. Das neye Zimmerli isch denn bi dr Yweyig uff dr Namme «Böbberli» dauft worde. Das kunnt nit ebbe vo Bebberle, nai ganz aifach vom Namme Bobby Kleinbub. Em Bobby sy Grundidee isch mit däm Umbau verwirggligt worde. Und eso ischs denn meeglig gsi, d Wuche dure jeeden Oobe in baide Zimmer lebige durezfiere. Trotzdäm, au wenns d Drummel- oder Pfyfferscheffe vom Schtammverain nit gärn heere, sin mr aigetlig amme froh gsi, wenn nit alli mitenand an d lebige ko sin; mr hätte nämmlig uff d Letschti gar nie alli Blatz gha und s wär e hailloosi Druggete worde.

Au dr Hinderhof darf me bi däre Glägehait nit vergässe. Im Friehjohr, wenn die neye Schieler amme z frieh in d lebig ko sin, isch dert nadyrlig gschuttet worde. Au Verschteggis und Jääglis het me in däne Winggeli guet kenne mache. Also s rainscht Buebeparadys. Au vor und währed dr Fasnacht isch dä Hof sehr praggtisch gsi. Dr Uff- wie au dr Abbau het dert schtattgfunde. Aber au firs Yschtelle vo Ladärne und Requisyte an de drey heggschte Dääg isch me froh gsi.

Und jetze gits das alles nimme. S blybe nur no die scheene und luschtige Erinnerige. Adie Drummelzimmer, adie Böbberli.

Erinnerungen eines Laternenmalers

Hans Weidmann

Laternen wirken auf mich immer faszinierend. Wenn am Morgenstreich alle die strahlenden grossen und kleinen «Lampen» aus den Gassen hervorkommen, davor die Steckenlaternen und hintendrein alle die Kopflaternlein, dann ist das Glück eines Baslers perfekt. Selbstverständlich gehört das Trommeln und Pfeifen dazu. Aber auch der Lichtzauber trägt dazu bei, dass man das berühmte Morgenstreichgefühl verspürt.

Schon als kleiner Binggis malte ich Laternlein, mit denen wir mit unserem Vater an den Morgenstreich zogen. Laternlein, auf einem Leiterwägelchen montiert, mit einem Sujet, das nur wir verstanden. Vor dem Krieg reichte es nicht zu einer grossen Laterne. Während der traurigen, fasnachtslosen Zeit gab es keine Laternen. Nur in der Kunsthalle war einmal eine Fasnachtsausstellung. Ich war mit Haiggi Müller, einem der Initiatoren, gut befreundet. (Haiggi Müller war übrigens der unerreichte «Värsli-Brünzler» aller Zeiten. Seine Verse waren auf Laternen Hindenlangs und Sulzbis zu finden). Haiggi machte es auch möglich, dass einige von uns jungen Malern Hindenlang helfen durften, alte Laternen aufzuziehen und auszubessern. Da holten wir uns das technische Wissen über Laternenmalerei.

Ruedi Handschin hat Hans Weidmann zur VKB gebracht. Hier 1948 anlässlich eines Fasnachtsbummels nach Zofingen.

Schon an der ersten Fasnacht nach dem Krieg war es soweit. Zwar nicht offiziell, sondern für irgend jemanden, der mit seiner Laterne nicht zu Rande kam. Eine grosse Clique traute uns Jungen noch nicht. Uns war es egal, wenn wir nur eine Laterne malen konnten. So war dies eine wirklich anonyme Laterne.
(Nach aussen kennt man den Laternenmaler nicht. Signiert wird nie. Nur Niggi Stöcklin passierte einmal dieser Lapsus. Dabei weiss natürlich jeder «Insider», wer – was. Erst mit den neuen Laternenbüchern und Fasnachtsausstellungen wurden die Namen allgemein bekannt.)
Ein Jahr später fragte mich Ruedi Handschin, ob ich für die VKB eine Laterne malen würde. Damit fing eine schöne Zeit an. Bei der ersten Laterne musste ich noch einen Vertrag unterschreiben, in dem ich den Termin und die Geheimhaltung garantierte. Walti Hersberger war damals Präsident. Ein unvergesslicher Mensch, wie Willy Balzer, Louis Völker und viele andere. Mir bleiben manche gute Erinnerungen an die lange Zeit mit der VKB. Ich blieb der Cli-

Laternenentwürfe, Vorder- und Rückseite zum Sujet «Sibzig Zwärgli und e Wirrlete».

que treu, bis mich meine Reiseleidenschaft hauptsächlich im Winter in ferne Länder lockte. Die Arbeit an einem Zug fängt im Früh-Winter an. Es geht meistens nicht nur um die Laterne, sondern um die Gestaltung des Ganzen. Dies beginnt mit Sitzungen, zusammen mit der Sujet-Kommission. Alleine schon die Wahl des Sujets, dann die Kostümentwürfe, Stoff aussuchen und einkaufen, Besprechungen mit der Schneiderin, Larvenentwurf, Muster malen usw., nimmt viel Zeit in Anspruch.

Während des Laternenmalens ist es unmöglich, eine andere Arbeit im Atelier stehen zu haben. Die Farbigkeit der Laterne schlägt alles andere zusammen.

Ideal für den Maler ist, wenn in der Sujet-Kommission Leute sitzen, die etwas beizutragen haben. Es sollte eigentlich eine gemeinsame Arbeit sein und vom Maler formuliert werden. Es ist eher peinlich, wenn die Cliquenmitglieder am Donnerstag fragen: «Was haben wir eigentlich ausgespielt?»

Andererseits kann nicht jeder Maler Laternen malen. Es braucht eine starke, dekorative Begabung und das Vermögen, auf andere einzugehen, aber auch noch Witz. Eine Laterne soll eine Persiflage sein. Sie soll Witz haben, dies zuallererst. Eine kunstvolle Laterne ohne Witz ist überhaupt nichts. Sie kann aber auch gleichzeitig ein Kunstwerk voller Witz sein, wobei der formale Witz eine riesige Rolle spielt. Genau so gut kann eine sogenannte Dilettanten-Laterne sein. Das tollste ist, wenn Witz und künstlerische Qualität vereint werden. Dies war in den Jahren nach dem Krieg bei vielen Laternen der Fall. Wir kannten natürlich den Urheber jeder Laterne. Zuallererst Hindenlang, der Laternenkönig. Er war auch der Erfinder der Hintermalerei und des Arbeitens mit Textilfarbstoffen. Nicht minder begeisterten mich die Laternen Sulzbachners, die mehr mit zeichnerischen Mitteln gestaltet wurden. Dann waren noch viele andere, wie Eble, Wilke, Theo Balmer, Rudin usw. Für mich waren die Hindenlang-Laternen die schönsten.

Die farbigen Transparente sehen auf eine lange Vergangenheit zurück. Schon auf den Zeichnungen der ersten VKB-Züge sind Laternen zu

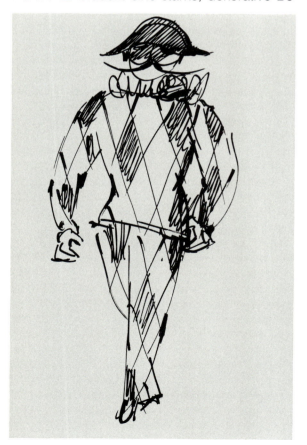

Entwürfe, links Drummelikostüm 1959, rechts Pfeiferkostüm 1962, Morgenröte.

In seinem neugebauten Haus in Binningen hat uns Hans Weidmann 1967 seine zweitletzte Laterne gemalt.
Hans im Element, denn beim Laternenabholen ging es seit jeher feucht und fröhlich zu.

sehen. Manchmal sehr komplizierte Dinger. Ganze Häuser. Die aufgelockerte Form ist keine Neu-Erfindung. Gemalt wurden damals die Laternen mit Pantachrom-Ölfarbe. Auffallend ist übrigens, wie bei diesen alten Zügen das Militärische noch eine grosse Rolle spielte. Auch damals waren wesentliche Basler Maler dabei, wie Perret, Burkard-Mangold usw.

Wie eine Laterne entsteht? Zuerst viel darüber palavern, einige feuchte Sitzungen gehören dazu. Skizzen, bis die Idee geboren ist. Dann der definitive Entwurf im Maßstab 1:10. Die Clique will meistens wissen, hinter welcher Lampe sie die drei schönsten Tage herläuft. Mit dem Entwurf der Laternenform geht man zum Schreiner. Da gibt es ganze Theorien über Lattenprofil, Verstrebungen und Zugfestigkeit. Schon manches Gestell ging beim Spannen oder Leimen auf die Knie. Die Laterne wird unter der Leitung eines Tapissiers aus der Clique mit Hilfe von vielen Mithelfern im Atelier des Malers gespannt. Als Stoff dient doppelt gezwirntes, gebleichtes Baumwolltuch. Das Spannen ist natürlich mit anschliessender Abendunterhaltung verbunden. Nun beginnt das schwierige Werk des Leimens. Gelatine in bestimmtem Verhältnis mit Leim wird mit der grossen Bürste heiss aufgetragen, der Stoff bekommt nach der vierten Schicht eine Spannung wie eine Trommel. Geleimt wird, damit das Licht der Kerzen oder der Gasbrenner gestreut wird, sonst wäre durch den Stoff jede Flamme einzeln sichtbar. Dies wäre dann der von jedem Maler gefürchtete «Tannenbaum». Eine Schande, von der man sich schwer erholt. Jetzt erfolgt das Aufzeichnen mit Kohle, zum Teil mit Hilfe der Projektion. Meistens folgt das Nachzeichnen der Konturen mit schwarzer Tusche oder das direkte Gestalten mit Farbe. Gemalt wird hauptsächlich mit Textilfarbstoffen, an denen in Basel ja nicht gerade Mangel herrscht. Auch farbige Beizen werden verwendet. Damit die Farben richtig leuchten, müssen sie im Innern der Laterne auf der Rückseite des Stoffes noch einmal gemalt werden und zwar nicht alle gleich stark. Da hilft nur die Erfahrung und das Ausleuchten der Laterne. Die Farben sind absolut transparent wie farbiges Glas. Wenn man Blau auf Gelb legt, wird wirklich Grün daraus. Korrigieren oder flikken kann man nicht. Man muss mit absoluter Sicherheit arbeiten. Dies macht das Laternenmalen so schwierig. Es gibt natürlich verschiedene Tricks. Abdecken mit Klebband oder die Erfindung Sulzbis: die Reservetechnik mit Rubber ergeben unerhörte Wirkungen.

Die Laternensprüche gut ins Bild zu setzen, dass sie zugleich auch ein Dekor und doch gut lesbar sind, auch wenn der Leser sich drehen und winden muss, ist ein Kunststück.

Wenn die Laterne soweit fertig ist, wird bei vielen Cliquen die Laternentaufe vollzogen. Die Sujet-Kommission und einige Auserwählte treffen sich im Atelier zur Begutachtung des Werkes. Das war bei mir nie eine trockene Sache. Louis Völker baute das zu einem Abend in Frack mit viel Plausch aus. Beim Malen färbt man nicht den Stoff, sondern die Leimschicht. Damit die Laterne wasserfest ist, muss lackiert werden. Es hat an der Fasnacht auch schon geregnet. Am Samstag vor der Fasnacht kommen am frühen Morgen die Gasbrenner-Monteure. Sie bauen den «Weihnachtsbaum» ein und montieren die Laterne auf das Trag- oder Fahrgestell. Früher erschien am Samstagnachmittag auch noch eine Delegation des Fasnachts-Comités zur angeblichen Zensur. Auch dies ist eine würdige Sache. Am Sonntagabend nach der Cliquen-Fasnachts-Sitzung kamen alle, die meisten mit Familie, um die Laterne abzuholen und sie mit Piccoloklängen ins Lokal zu bringen. Auch wieder eine Gelegenheit, ausdauernd die Zinnkanne zu schwingen. Bei diesem Anlass hatte ein Cliquen-Mitglied die glorreiche Idee, dass jeder dem Maler eine Flasche Weissen mitbringen solle. Es war eine tolle Auswahl von über 100 Flaschen.

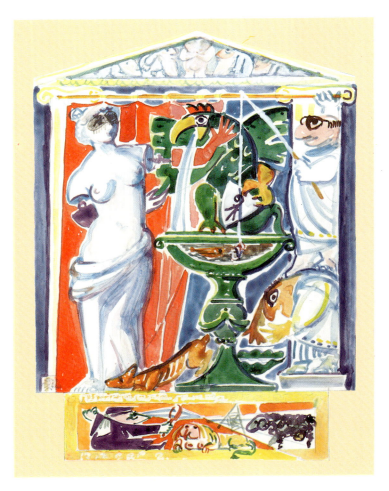

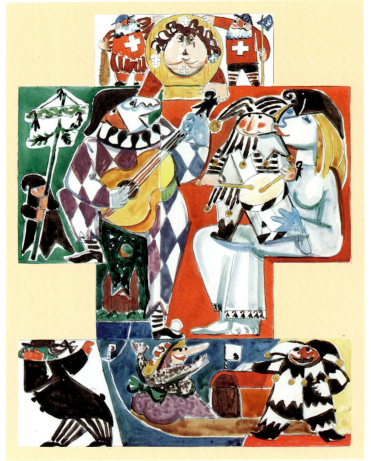

162

Laternenentwürfe 1961 zum Sujet «s ney Antyggemuseum» und 1962 «Vo dr Landes- zer Standeshymne».

Eine Generation lang habe ich für die VKB gearbeitet. Ich möchte diese Zeit nicht missen, es liegen zu schöne Erinnerungen drin.
Wie ich die erste Laterne in der Kaserne malte, im gleichen Raum, in dem Alex Maier für die Olympia, die zweite im nicht mehr benützten Saal des Restaurants Hirschen am Riehenring zur gleichen Zeit wie Ferdi Afflerbach.
Seither ist eine neue Generation herangewachsen, bei den Cliquen und bei den Malern: Prack, Sommer, Thommen und eine grosse Zahl jüngerer Maler, die ich zum Teil nicht mehr beim Namen kenne. Sie sollen alle zum Wort kommen und doch möchte ich eigentlich liebend gerne wieder einmal eine Laterne malen, wenn ich zu nützlicher Zeit in Europa wäre. Ideal ist natürlich, wenn ein Maler mit der Clique quasi verheiratet ist und lange Zeit dabeibleibt.

Tambourenentwurf 1964 zum Sujet «d Antarktis» als «Ysdäbbeler».

d'Franzoose und d'Indianer

Kurt Stalder

In dr vorfasnächtlige Zyt stoht dr Sujetobmaa im Mittelpunggt vom Cliquelääbe. Sy Sterggi muess nid ebbe in dr Kreativiteet lige, nai, är muess en Ass sy uff em Gebiet vom Disponiere und Organisiere. In sym Vokabular het's Wort «unmöglig» aifach kai Existänzberächtigung.
Sy Uffgob ischs, d'Idee vo dr Kommission und vom Künstler ins Praggtische um z'setze. Är goht go dr Stoff ykaufe, rächnet mit dr Schnydere dr Façonbrys us, segglet zem Schryner wägem Ladärnegstell, verhandlet mit em Zeddeldichter und em Drugger, suecht e glatte Ort fir dr Bummel, luegt ass jede sy Giggernillis fir ans Gostüm het, stellt e Gsamtbudget uff, kontrolliert immer wider d'Termin, undsowyter. Är isch au zueständig, ass dr Ydrag in Rädäbäng rächtzytig bim Comité landet und grad in däm Zämmehang kunnt mr e glatti Reminiszänz in Erinnerig.
Es dörfe rund ebbe 20 Johr här sy. Sällmoll het sich bi uns dr Guschti vorgstellt. Är syg vyly Johr im Tessin dehaim gsi, aber jetz haig en Basel wider und er möcht gärn bi uns als Vorträbler mitmache. I glaub, für dr Nobelbrys wär dr Guschti nid unbedingt in Froog kho, ganz sicher isch är unwohrschynlig naiv gsi. Will aber Vorträbler in jedere Clique ehnder Mangelwar sin, hämmer dr Guschti in unseri Reihe uffgnoh. An däre Fasnacht isch d'Franzoosewuche unser Sujet gsi. D'Vorträbler hänn anere Sitzig die verschidene Figure besproche und beschlosse wie jede kunnt, doch unserem neue Maa isch aifach nüt Gschyds ygfalle, bis ain im Spass maint: «Waisch was, kumm doch du als Indianer». Dr Guschti isch sofort Für und Flamme gsi und het todärnscht gmaint, das wär e spoote Buebedraum. Denn isch er e weny still worde und plötzlig froggt är: «Was het aigetlig en Indianer mit de Franzoose z'due?» Mr hänn em die diggschde Määrli uffdischt, wo denn aber ain froggt: «Jä waisch denn du nid, ass dr Columbus e Franzoos gsi isch?», do isch dr Guschti überzügt gsi.
Kurzum, am Fasnachtsmäntig-Nommidag isch näbscht em gallische Hahn, em Mariannli und eme Clochard under anderem au no en Indianer ygschtande, nadyrlig zem Gaudi vo uns alle.
Dr Guschti het nur eimool mitgmacht bi uns. I glaub, er isch wider ewäggzooge vo Basel. Er het is aber en Erinnerig zrugg gloh. Denn sythär, do kas Sujet haisse wie's will, lauft bi uns im Vortrab allewyl en Indianer mit.

Es geschah im Jahre 1969

Václav Sprungl

Václav Sprungl, 1. November 1926 in Dobris (CSSR) geboren. Freischaffender Kunstmaler, Illustrator, Mitarbeiter am tschechischen Fernsehen (Kindersendungen). Seit 1969 in der Schweiz (im Anschluss an Prager Frühling). Laternen- und Zuggestalter der VKB von 1970–1978.

Ein paar Tage vor der Fasnacht bin ich von Prag in die Schweiz gekommen. Für immer. Mein Zimmer, in welchem ich die ersten Nächte noch unruhig geschlafen habe, ist in unmittelbarer Nähe von Basel. In Basel, an der Rheingasse, habe ich einen leeren Raum gefunden, in welchem ich in Zukunft arbeiten kann. Alles spricht nur von der Fasnacht: «Kommen Sie nach der Fasnacht...; es wäre besser erst nach der Fasnacht...». Die Fasnacht muss etwas sehr Wichtiges sein, sie teilt das Jahr in vor und nach der Fasnacht.

Was ist eigentlich Fasnacht? Was weiss ich davon? Ich weiss, dass die Fasnacht ein Volksbrauch ist, der weit in die Vergangenheit geht, vielleicht bis zu den Römern und ihren Fruchtbarkeitskulten, dass die Fasnacht dem alten Winter die Herrschaft nimmt und sie dem jungen Frühling übergibt, dass schon im Mittelalter die letzte Woche vor Aschermittwoch als närrische Zeit galt, dass die Basler Fasnacht eine spezielle Bedeutung unter diesen Festen hat und dass sie eine Woche später, d.h. erst nach dem Aschermittwoch, beginnt.

Ich freue mich auf meine erste Fasnacht. Ich bin am Morgenstreich. Das Licht geht aus und im Dunkeln hört man etwas wie Befehle und dann trommeln und pfeifen. Die ungewohnte Musik, die karikierten Trauermärsche für zwei Instrumente, sie gehen bis in die Knochen. Tausende kleiner Lichter in allen Farben. Unter jedem ist ein Mensch, der mitmachen kann, aber nicht muss, der entweder in einer grösseren Gruppe oder auch ganz allein «Fasnacht macht». In der Atmosphäre liegt etwas Dämonisches, Teuflisches, die ganze Stadt ist verhext. Durch die Gassen rasen wirklich die Hexen und fantastische Tiere der Fabelwelt. Man muss an die Symbolik des Mittelalters denken, man sieht wieder die Pest von Arnold Böcklin, man sieht Breughel und Bosch.

Die riesigen Laternen nehmen alle Farben an sich und bedecken in den schmalen Gässchen den ganzen Himmel. Eine grosse strahlende Sonne bewegt sich langsam vorwärts und drängt die winzigen Schatten auf der Erde zum Rückzug.

Meine Augen sind überflutet und mein Herz überfüllt. Noch vor einer Woche habe ich auf dem Flugplatz in Prag eine düstere Kolonne von Panzern gesehen. Wenn sich ein paar Freunde auf der Strasse trafen, einige Minuten stehenblieben und plauderten, kam schon die Polizei, um die «Versammlung» zu zerstreuen. Und jetzt das ganze hier. Die gleichen Augen sollen das wahrnehmen...?

Am Nachmittag stand ich stundenlang am Strassenrand und schaute die Cliquenzüge an. Ich war fasziniert von den Kostümen, Ideen und der Arbeit, die dahintersteckt. Ich habe für das Prager Fernsehen Kostüme für Märchensendungen entworfen und kenne den langen Weg, vom Entwurf bis zum fertigen Kostüm. Hier defilieren Tausende davon. Die Sujets konnte ich damals nicht verstehen, ich spürte das zeitgenössische und politische Geschehen, welches satirisch ausgespielt wurde. Ich war ganz vernarrt in die klassischen Masken der einzelnen «Alti Dante, Blätzli-Bajass und Harlekin». Sie haben mich in ihren Bann genommen. Ich lief ihnen nach und schaute und schaute. Und plötzlich war Abend mit seiner Faszination in den «Gässli». Poesie, lauter Poesie. Frieden. So ist die Fasnacht für mich geblieben, so will ich sie haben.

Am Dienstag, gleich am Morgen habe ich in der EPA einen Block mit Bleistift gekauft und die letzten zwei Tage gezeichnet, viel gezeichnet. Und am Mittwoch nachts war ich fast dem Weinen nahe, dass nun alles vorbei ist.

1971:
Sujet «Myni drait no Mini – und Dyni?»
Erster Tambourmajor-Entwurf.

1973:
Links: Sujet «Uffschloo schtatt abschloo».
Vorderseite.

1978:
Rechts: Sujet «Cheese zie Fääde!»
Rückseite (zugleich auch die letzte Laterne von Václav Sprungl).

1974:
Mit dem seinerzeitigen aktuellen Sujet «Schwyzer uff s Velo!»
Vorder- und Rückseite.

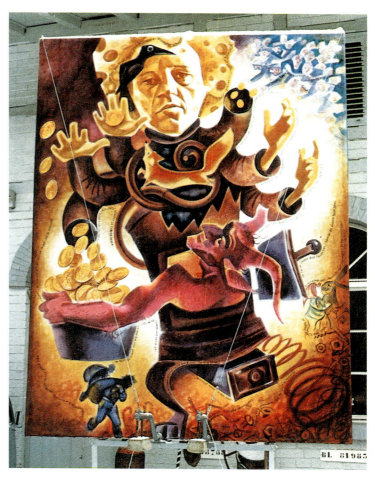

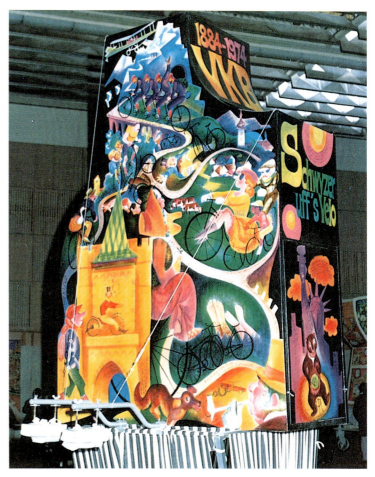

167

VKB Beitrag zur Basler Trommelliteratur

Alfons Grieder

Dass die Trommel in Basel seit jeher eine besondere Rolle gespielt hat, weiss allenthalben jedes Kind. Nicht nur für militärische Zwecke und bei Zunftanlässen war sie von Bedeutung, sondern auch bei Volksfesten aller Art war und ist die Basler Trommel immer sehr beliebt. Dass der Basler Trommler auch im 18. Jahrhundert dem französischen Tambour in keiner Weise nachstand, war selbst ausländischen Potentaten bekannt. Davon gibt die Anekdote (entnommen aus «Das Basler Trommeln, sein Wesen und Werden» von Dr. Fritz Berger) Zeugnis, wonach am königlichen Hofe zu München ein dort tätiger Basler Handwerksmeister dem trommelfreundlichen König Max Joseph (1756–1825) eine Probe seines Könnens als Basler Trommler geben musste, welcher Aufgabe sich dieser mit dem Bemerken «er schlage seinen Wirbel trotz dem besten französischen Tambourmajor» vortrefflich zu entledigen verstand, worauf ihm der König beifällig erwidert haben soll: «Ja, ja, ich kenne dies und habe mir sagen lassen, es können's alle Basler, sie können's glaub ich, schon im Mutterleibe».

Dass sich unsere Volkskunst bis auf den heutigen Tag erhalten und sogar erfreulich erweitert hat, verdanken wir wohl dem Umstand, dass die Trommel und das Piccolo die tragenden Instrumente der Basler Fasnacht sind. Durch systematische Schulung in den Trommel- und Pfeiferschulen der Stammcliquen wird Althergebrachtes weitergegeben und die Technik verbessert und verfeinert. Die VKB als älteste Kleinbasler Gesellschaft hat immer sorgsam darauf geachtet, die Trommelkunst in ihren Reihen auf hohem Niveau zu halten und die traditionellen Märsche möglichst unverfälscht zu überliefern. Es ist deshalb kein Zufall, dass aus der VKB-Trommelschule immer wieder hervorragende Einzeltambouren hervorgegangen sind. Neben den überlieferten, traditionellen Trommel- und Pfeifermärschen hat sich die Trommel- und Pfeiferliteratur in Basel in den letzten Jahrzehnten enorm vergrössert. Ein wesentlicher Beitrag zu dieser Entwicklung ging von der VKB aus, indem manch bekannter Trommelchef oder VKB-Tambour sein Talent im Komponieren von Trommelmärschen oder Verfassen von Trommeltexten zu Pfeifermärschen unter Beweis stellte. Viele davon sind in das Standardrepertoire der Cliquen eingegangen und tragen somit zur Erhaltung unserer Trommel- und Pfeifertradition bei.

VKB-Trommelmarsch-Kompositionen

Charly Abrecht	Rezessionsmarsch
	Kung Fu
Alfons Grieder	Schnoogge-Roller
	Schlangefänger
	dr Gneggis
Markus Hauger	Der Paradiddel
Emil Lauener	Gorilla
	Nynenynzger
	Wäntele
Peter Stalder	dr Ruesser

VKB-Trommeltexte zu Pfeifermärschen

Männi Bender	die neye Glaibasler
	Sambre et Meuse
Bruno Graf	Junteressli
Alfons Grieder	Altfrangg
	Ara-by VKB
	dr Calvados
	dr Gleezi
	dr «Hinkende Bott»
	(Marche de Vevey)
	Kettledrums Shitparade
	dr Nundedie
	s Pfyfferli
	Pinocchio
	dr Yankee
Ernst Stalder	Route-Symphonie
	d Pekinese
Männi Vogt	dr Dudelsagg
	d Brite
	Blätzlibajass
	Käschperli
	dr Bänggler
Paul Zeier	dr Gryff
	dr Harlekin

VKB-Pfeifermarsch-Kompositionen

Fritz Grieder	dr Bänggler
	dr Dudelsagg
	Gluggsi
	dr Harlekin
	die neye Glaibasler
	dr Dyssi

Fasnachts-Zyschtig

Erwin Jäggi

Wenn mr in d 30er Joor zruggblettere, so finde mr derten e VKB-Guggemuusig, wo nääbe dr legendääre Migger-Jeisi-Gugge, s ainzig erwähnenswäärti Gebilde vo därän Art gsi sey, wo s Glaibasel unsicher gmacht haig.
Dääne mindligen Iberliifrige vo soonige, wo mitgmacht hän, mien mr glaube, well in dr beschtehende Lyteratur kaini nennenswärte Aagoobe zfinde sin. Nit zverwäggslen isch die VKB-Gugge mit de Muusige, wo wyt in d Vergangehait zrugg d Fasnachtszig mit ihrem Mitmache berycheret hän. An dr Jooresfyr 1937 het me si sogar as Nummere im Programmheft finde kenne. Dr Zwait Wältgrieg het denne die Aggtyviteet underbroche, si isch aber im Joor 1946 wytergfiert worde. Im Joor 1951 isch denne die VKB-Zyschtigs-Gugge zuenere Muusig vo iber 120 Lyt aagwaggse. Sälbetsmool en impossante Aabligg, isch aber au scho als e Vorgänger vo de hittige Zyschtigs-Gugge-Monschterzig z bezaichne. Me het sich denne entschlosse, die Riise-Gugge wider in urschpringlige Zueschtand z bringe und in glaine, gmietlige Grubbe wyterzmache. Das isch d Geburtsschtund vo mänggem no hit beschtehende VKB-Drummler- und -Pfyffergribbli gsi.
Sit däre Zyt ischs bi de VKB Dradizion, dr Fasnachts-Zyschtig nit in Groossformazion zgniesse. Wenn i doo vo Dradizion reed, drno main i ebbe die verruggti Noogriegszyt aagänds de 50er Joor, mit ihrem immerno imänse Fasnachtsnoohoolbedarf. Die langi Fasnachts-Abschtinänz wäared em Grieg isch no alle dief in de Gnoche ghoggt. Die zaalryche glaine Grubbe hän denne en individuelli Fasnacht gmacht, quasi als Kompensazion zem durenorganisierte Määntig und Mittwuch. Die doomooligi konjungturelli Laag het eebefalls mitghulfe, ass sich dä Fasnachts-Zyschtig langsam aber sicher zemene dritte Fasnachtsdaag gmuuseret het.
Die alti Kinderfasnacht isch als wie mee e Sach vo den Erwaggsene worde. E groosse Aadail an däre Entwigglig hän ebbe zää Joor schpeeter d Guggemuusige gha, wo gsait hän, si wurden ab 1962 am Morgeschtraich nimme mitmache. Si hän drfir am Zyschtig-Zoobe zwische den Achte und Nyne fir sich e freyi Innerschtadt gforderet. Dä Bschluss vom 5. Novämber 1961, wo aalässlig dr Delegierteversammlig vo dr Gugge-IG im Wiirtshuus «Gryffe» gfasst worden isch, gilt hitte no und die groosse Guggekonzäärt hän sich zemene feschte Dail vo däm Daag entwigg-let. Dä dritti Fasnachtsdaag isch bald emool beliebter gsi, ass die baide offizielle Dääg. Im allgemaine isch dä Bschluss eschtimiert worde und d Drummler- und d Pfyfferzyschtigszig hän d Hauptschtroosse gmide und sich in d Nääbeschtroosse und in die glaine Gässli verdruggt. Derte, wo s eso richtig dätsche duet. Die vyyle VKB-Zigli, wie au unseri Guggemuusig, sin sehr aggtyv. Die ainte dien scho am Morge mit eme feyne Zmorgenässe und -dringgen aafoo, die andere dräffe sich zem Zmiddagässe oder aber zien ganz aifach en Oobeumgang vor. E baar maches ganz familiär und bilden am Noomidaag mit de Fraue, Kinder, Schätz und was es sunscht no alles git, e feyne Familiezug. Nonem Nachtässe drenne sich denn d Wääg, d Heere gehn elai uff d Gass. Well d Fraue, d Kinder und au d Schätz in de maischte Fäll au inere Grubbe oder Glygge sin, isch au das Probleem gleest. Alli VKB-Zigli hän aber ai Zyl, em Usus entsprächend no vor de zwelfe im «Alte Warteck» yzmarschiere. Em Zyschtigs-Masggi im Schtammlokal isch vo jehär e groossen Erfolg beschiide gsi. Dr Ymarsch vo de divärse VKB-Grubbe isch joorzäänilang aine vo de Hehpinggt gsi, denn die maischte hän in d Baiz yyne drummlet und pfiffe. Am zwelfi wird normalerwyys dr Laade dicht gmacht und nur no VKBler oder Ygweyti kemmen yyne.

Die VKB-Zigli sin en äärnschti Aaglägehait. E Dail vo däne Grubbe dräffe sich au underem Joor ze Gartefescht, Bummel, Ässe oder andere Aläss. Die gsellschaftligen Eraignis gheere, nääbe dääne vo dr Glygge, halt bi jedem VKBler as e feschte Bschtanddail vo syym fasnächtlige Lääbe drzue. Aiges Schryybbapyyr, aigeni Abzaiche und aigeni Zyschtig-Fasnachtszeedel sin kai Sältehait. Nowuggs-Süüscheemänner, -Bresidänte, -Dambuurmajoore, -Seggelmaischter, -Seggredääre und so wyters, hän do e brait Fäld, sich im glaine Raame z entwiggle und z profiliere. Insider saage sogar, ass die vyyle Zigli d Steerggi und s Ruggrood vo de VKB sin. Aggtyvi Zälle, wo unsri groossi Gsellschaft zämmeheebe und au schtändig mit neije Impuls versorge dien.

Uff de näggschte vier Sytte wärde verschideni Zigli samt ihre Embleem vorgschtellt, wo zem Dail scho lengeri Zyt exischtiere. S eltschde Zigli hets scho syt 1951 gää und s jingschde syt 1979.

D Pirate an dr
Grindigsfasnacht 1979.

Die Glungene
an dr Fasnacht 1976.

s Zyschdigszigli
an dr Fasnacht 1984. Grindet: 1977.

Ains vo de VKB-Zyschtig-Zobe-Zigli an dr Fasnacht 1961
's Ziebelezipfelzyschtigzoobezwitscherzwärgli-zampasszämmezogezapfezieherzeedeli

s Zibelezyschdigszigli an dr Grindigsfasnacht 1954.

D Dätschmaischter 1984 bym 10jehrige Jubileum. Grindet: 1974.

E Zigli ohni Namme vo dr
Alte Garde an dr Fasnacht 1964.

D Mexikaner an dr Fasnacht 1979.
Vo 1971 a as Indianer gloffe.

D Maharadscha
an dr Grindigsfasnacht 1975.

Dr OFG-Zug an dr Fasnacht 1982.
Grindet: 1968.

Dr Zug 5 an der Fasnacht 1956
...und 1976 bym 25jehrige Jubileum.

D Knillepfuuser an dr Fasnacht 1966.
Grindet: 1965.

Die Zwaitbeschte
an dr Fasnacht 1984.
Grindet: 1969.

Die baide W. B.

Hans Bigler

Zerscht hani aigedlig *zwai* glaini Artiggel iber die baide W. B. schrybe welle: Ain iber unsere beriehmte und iberall beliebte friehnere Tambourmajor Werner Bossert und dr ander iber unseri aigeni VKB-«Sunne», dr Willi «Söm» Bitterli. Die baide hän aber fir unseri Glygge und d Lyt im Glaibasel zämme sovyl Gmainsams, ass me grad so guet iber baidi mitenander brichte ka. Derzue kunnt, ass unseri baide W. B. fascht mitenand z Basel im Frauenschpittel uff d Wält ko sin: im Joor 1911, am 15. Dezämber dr Werni, und e paar Schtund schpeeter, am 16., dr Willi. Was die baide so tribe hän, wott i aber ainewäg e glai bischele, und mit em Eltere afoh:
Näbenem Schaffe hett dr Werni mit de VKB iber vierzig Joor Fasnacht gmacht. Langi Joor hett är am Radio Schtudio Basel mit syner sonoore Schtimm in Herschpil mitgwirggt, isch im alte Kiechli und nadyrlig au an de Jooresfyre vo de VKB als Dialäggt-Schauschpiler uffträtte. Die eltere Lyt kenne sich beschtimmt no guet an «Krach im Schtäägehuus», «d Tante Galathé» oder an «d Härzdame Blutt» bsinne oder au an «d Rhygass-Ballade»; «s Imbergässli 7» isch sogar fuffzig Mool iber d Bihni. Wenn mr amme in

Dr Werner Bossert mit em Willi Bitterli

de letschte fimfezwanzig Joor gmietlig zämmegsässe sin, hän mir vom Werni «dr Fährimaa» welle loose. Dr Werni – me hett em amme au «dr Digg» gsait – isch denn verkehrt uff e Schtuehl ghoggt, hett dr Hemlikrage uffgmacht, e Schtumpe aazunde und denn isch es allewyl ganz lyslig worde in dr schpoote Runde. «Sy» Fährimaa hett is e glai wehmietig und bsinnlig gschtumme, und wenn unsere Digge fertig gsi

Dr Werni Bossert mit em Alfred Rasser sälig im «Millionär Läppli».

An dr Cäcilie-Fyr vo dr Basler Liedertafele, «dr Fährimaa».

Dr FCB isch wider Schwyzer-Maischter! E groossi Druggedde anno 1969 uffem Märtplatz.

isch, hämmer maischtens nimm so luutt doo und die bsunderi Schtimmig gnosse. S Gschpräch hett druffaabe maischtens au mit «Waisch no…??» aagfange. Wenns aber em «Vetter» – so hän mir ihm au no gsait – zue lyslig worde isch, hett är sy Mansarde-Klavier firegno und ain gfäggt! Sy «Huus-Orchester», d «BOZEFREU» isch in dr ganze Region e Begriff gsi.

Näbedra isch dr Werni 16 Joor Presis by dr Jodlergrubbe Basel gsi, hett im Riechemer-Chörli, by dr Schifflyte-Zunft und als Gsellschaftsbrueder vo de Drei E im Männerchor gsunge. By de Wurzegraber isch dr Werni so bekannt wie bym FCB. Dert hett är in junge Joor gschuttet und isch scho sächzig Joor bym Schtadtclub (ohni Transfer!). Und wemmer scho bym FCB sin: E groossi Ehr fir unsere TM und die ganz VKB isch jedesmool d FCB-Maischterschafts- und Cupsiger-Fyr gsi. In dr unvergässlige Ära vom Helmut Benthaus hämmer x-mool derfe der FCB d Schtadt ab bis uff e Märt beglaite. Verruggt imposant isch d Fyr anno 1969 gsi – 25 000 Lyt – Si hän rächt glääse – sin em FCB Schpalier gschtande und s Volgg hett gsunge: «Odermättli, Odermättli, schiess e Gööli unters Lättli». Sin das no Zytte gsi!

Zrugg zem Werni Bossert: Ebbis Aimooligs isch fir ihn s Mitmache an baide Landesusschtellige gsi, 1939 an dr «Landi» und 1964 an dr «Expo», und baidi Mool hett är derfe s Basler Schpil aafiehre – uff de Fotene schpyrt me diräggt sy groossi Fraid als Tambourmajor. Aber au mir VKBler sin immer schtolz uff ihn gsi, dreyedrissig Joor hett är als TM dr Schtogg gschwunge, im Joor 1967 zem letschte Mool. Denn isch s Amt und d Wirde an sy Nochfolger, an Walter Lang, ibergange. Dr Vetter hett druffaabe no e mängg Joor uffem VKB-Waage mitgmacht.

An alle Ufftritt im In- und Ussland, an de Fasnachte und Fasnachtsbimmel hett dr Werni sy Schpil immer im Griff gha. Wenn ain zdief ins Glas gluegt hett oder mit ere Sey-Blootere am Huet hett welle d Schtadt ablaufe, isch vom TM die obligat Schtandpaugge ko und maischtens isch dä Dissy fir sälle Dag «abkommandiert» gsi. Am Monstre 1967 hett d Frau Fasnacht im «Kiechli» unsere Tambourmajor mit eme Värs verabschidet:

Dr Werni in Aggzion!

Em Digge sy Abschid als Tambourmajor

*Wie heerlig sin doch die Teen,
d Wält dunggt aim noonemool so scheen
und s Härz fillt sich voll Ibermuet
wenn s dääwäg ruesst und pfyffe duet,
so meischterhaft und uss aim Guss,
jä d Vau-Ka-Bee die isch im Schuss
das gsesch doch aifach dytlig hit,
vom Glainschte-n-aa macht jede mit
und isch mit Lyb und Seel derby;
e Schtolz sin ihr fir d Schtadt am Rhy!*

*Gwiiss, scheen und prächtig schtehn ihr doo,
doch nit wääge däm bin-ych hit koo,
nai Eyrem Dambourmajor deert,
em Digge, nur my Bsiechli gheert,
denn är het jetz, es dunggt aim glunge,
dr Dambourschtägge s letschtmool gschwunge
und kinftig sell vo hit-n-aa
e jingri Kraft sy Poschte haa!*

*Noo kan-ys nit so rächt begryffe,
dass wenn s denn drummle duet und pfyffe
und d Fasnacht z Basel s Zepter fiehrt,
wenn d Vau-Ka-Bee dur d Schtadt marschiert,
dass denn im gwohnte, sichre Schritt
der Bossert Werni nimm lauft mit!*

*Du hesch syt dreyedrissig Joor
als Vau-Ka-Bee-Dambourmajor
die scheenschte Goschtym, hoch und breit,
mit Charme und Schtolz dur d Schtroosse treit,*

*und hesch derby, es het aim paggt,
Dy Schpiil agfiehrt im guete Taggt,
vo wytem het me Dy als gseh
und gwisst, jetz kemme d Vau-Ka-Bee!*

*Am Drummeli hesch ixmool z Nacht
Dy Schtägge gschwunge voller Pracht
und hesch Dy Grubbe presentiert
so schtolz und sicher, s het aim griehrt,
d Lyt hänn sich gfrait und gwisst, e-soo,
schtoht nur der Bossert Werni doo!*

*Wie mänggmool hesch doch routiniert
e Monschterdambourgrubbe gfiehrt
in andere Schtedt, in fremdem Schtaat
als Dambourmajor mit Formaat!*

*Lueg Digge, ych kennt lang no doo
e Loob-Lied Dir vom Schtapel loo,
denn kaim vo uns e Ghaimnis isch
dass Du halt e Kanoone bisch!*

*S Scheenscht aber isch, dass jung und alte
Du immer trey hesch d Frindschaft ghalte
und drum bisch au, wie sell ych s gaggse,
so fescht in unsri Härze gwaggse,
dass mir Di halt, das sellsch no wisse,
no vyli Joor nit wänn vermisse!*

*Doch au vergässe wänn mer nit
Dir rächt vo Härze z dangge hit
und drum sellsch au e Gschänggli ha,
mer hoffe haigsch vyl Fraid do dra!*

*Das Zigli sell vor alle Dinge
Dir rächt vyl Gligg fir d Zuekunft bringe
und immer Di uff Frohsinn schalte,
au sell s Erinnerige Dir erhalte
an scheeni Schtunde und vyl meh
an d Fasnacht und an d Vau-Ka-Bee!*

Won i am Aafang vo däm Artiggeli bym Willi «Söm» Bitterli vo unserer aigene VKB-«Sunne» gschribe ha, no ka me sicher bhaupte, ass är au fir Lyt, wo nit by de VKB sin, so ebbis wiene Sunne isch. Do driber schpeeter.
Sy Babbe, dr unvergässlig Hermi Bitterli, langjehrige Drummellehrer, hett anno 1934 zämme mit em Hans Hoggenmüller, em Fritz Jenny und em Edi Stalder die Jungi Garde vo de VKB grindet. Kai Wunder also, ass dr Söm e guete Tambour worde isch, und no hitt mit iber 70 Lenz an Schtändeli, Hochzyte undsowyter, dr Kibel schpannt und zaggig aine aane bebberlet. In de zwanzger Joor hett dr Söm no Requisyte zooge,

D «Expo-Grubbe 1964» uffem Minschterblatz.

schpeeter by dr «Märtplatz» drummlet, und syt 1930 by de VKB 38 Fasnachte als Tambour mitgmacht. Sy ganz groossi Zyt hett är aber by de Drei E verläbt, iber e halb Joorhundert nota bene! Nadyrlig hett är im Schpil, wie alli Tier, als Ueli aagfange; erscht schpeeter isch e Buebedraum in Erfillig gange: am scheenschte Glaibasler-Dag isch är als Wilde Maa in de Gasse ummedanzt. Zmitts im Zwaite Wältgrieg, anno 1942, isch nonem Vogel-Gryff sy Wild-Maa-Zyt verbi gsi, aber är isch immer no derby blibe und im 1983 isch fir ihn s goldig Jubileum by de Drei E ko.

Derzue isch dr Willi Ehrepresis bym Jugedfeschtverain Glaibasel und zimftig innere EE Zunft zu Webern. Wenn Si lääse, ass är dert no 40 Joor Mitglidschaft dr bigährti Ehrebächer biko hett, iber dryssig Joor im Vorschtand vo de Wurzegraber gsi isch, maine Si sicher, dr Söm syg e Verainsmaier. Wär ihn scho by de Wurzegraber als Conférencier – immer mit Schtumpe! – gseh und gheert hett, waiss as dr Willi kai so «Maier» isch. Dä Maa will mit sym goldige Härz aifach alli Lyt gligligg mache – meh nit! So isch au d Fasnacht 1960 («Callas») fir uns VKBler unvergässlig: duss hetts gschifft wie uss Kibel. D Glygge isch ab dr Gass in «d Börse» yne, und dert simmer au lang hoggeblibe: Dr Söm isch nonem erschte Zwaier Wysse mitere Zytig in de Händ wiene Schnitzelbänggler uff e Schtuehl gschtande und hett sy ewig alte und junge Värs duregäh:

«Und Buuremagd vo Nänzlige,
die brinzlet numme schtänzlige,
worum ka denn die dummi Gure,
bym Brinzle nit au aabehuure.»

Gly isch in dr Baiz e tolli Schtimmig gsi und me hett is kuum lo goh.

Au e Hehepunggt isch fir dr Söm s «Fête des Vignerons» gsi, sogar zwaimool: anno 1955 und 1977 isch är derby gsi – diräggt e Rariteet.
Zem Abschluss no ne paar Reminiszänse vo unsere baide W. B. ussem Joor 1948 und vo dr Rais uff Londe mit dr U.F.S. (Union Folklorique Suisse).
D Basler Delegazion unter dr Fiehrig vom Doggter Fritz Berger, alias «Frutz» und em Max Blatter, au mit unserem Max Menton, wo hitt no in dr Alte Garde drummlet und Fasnacht macht, isch im Hotel nit ganz nätt behandlet worde. D

Dr Willi Bitterli, dr «Söm» as Wilde Ma anno 1939 uff dr Terrasse vom Café Spitz.

Dr «Söm», wie er leibt und lebt bym Witzverzelle!

Schtimmig isch, wie hitt die Junge sage, «cool» gsi; s Hotelpersonal isch nämlich dr Mainig gsi, es syg e Schwoobegrubbe. Langsam isch aber duregsiggeret, ass unseri Manne uss Basel vom änglische Keenig und au vom Sir Winston Churchill erwartet wärde. So isch gly Tauwätter ybroche und d Swiss Boys sin bewundert, verwehnt und verhätschlet worde, bsunders wo bekannt worde isch, ass unsere General Henri Guisan die ganz Delegazion em änglische Keenig offiziel und perseenlig vorschtelle duet. Ammene Morge uff die Elfi isch e Grubbe Tamboure und Pfyffer uff d Schwyzer Botschaft yglade gsi. Fir dä Aaloss und z Ehre vom Winston Churchill hett dr Frutz äxtra dr «Windschdi» komponiert. Bevor aber dä Ufftritt iber d Bihni isch, hetts no rächti Wirbel gäh: unsere Tambourmajor hett sy zwait Paar suuberi Händsche nimm gfunde, alles Sueche im Nachtdischli und underem Näscht hett nyt gnutzt. Dr «Söm» hett aber gwisst, ass em Mix Hug sy Schweschter, s Trudi Hug, bynere änglische Familie e «Stage» macht, und das zmitts in Londe. Unseri baide W. B. hän e Taxi gno und sin zem Trudi in Huushalt gfahre. Das Maitli hett nit lang gfagglet, die bruuchte Händsche vom Werni gwäsche, mit em Feen troggnet und glettet. Dr Taxameter hett vor em Huus derwyl gwartet und die baide sin mit suubere Händsche Richtig Botschaft.

En unvergässlig Erläbnis syg au dr Empfang im Buckingham-Palast gsi, brichte die zwai. Aber no meh Yydrugg haig s Konzärt in dr «Albert Hall» gmacht: Zähdausig Lyt sin dert gsässe, wo dr Digg kommandiert hett: «Arabi, vorwärts Marsch!». Jede Tamboure und Pfyffer waiss, ass dr Arabi e änglische Militärmarsch isch. D Lyt im Saal häns au gwisst, sin uffgschtande und hän afoh mitsinge!

Dr Digg hett däm Gsang e bitzli zuegloost und denn abgwungge. Erscht wo d Lyt im Saal ihr Arabi-Lied fertig gsunge hän, isch dr «Swiss»-Arabi iber d Bihni – und wie; s Volgg hett glatscht und gschtampft! Wo die baide mir die Erinnerige vor e paar Wuche verzellt hän, sin si e bitz mit vergläärtem Bligg in ihre Sässel ghoggt und s hett mi dunggt, baidi haige e bitz «Augewasser» byko.

Dr Söm hett Kaffi nochegschänggt, dr Digg hett e Schtumpe aazunde und baidi hän fascht mitenand gsait: «Gäll, schrybsch nit ganzi Sytte iber is, s isch jo e VKB-Buech und nit e Laudazio iber is. No so vyl Joor gegesyttiger Frindschaft han is nit ganz so kurz welle mache, s Härz hett wider emool miesse schwätze!»

Und no ebbis: E Dangg vo de VKB goht au an die baide Ehefraue fir ihr grooss Verschtändnis by däne vyle Männerabsänze, e groosse Dangg fir die Groosshärzigkait! E gschyyd Schprichwort sait jo: «Erst die Frau macht den Mann zum Helden!»

S Bachofeschlössli

Erwin Jäggi

D Bewohner vom Altersheim dien sich sälbverschtändlig au goschtymiere.

«Bachofeschlössli» – e Wort, wo uss em hittige Schproochschatz total verschwunden isch, läbt bi uns VKBler unschtärblig wyter. Kasch im Delifonbuech sueche so lang de wottsch, wirsch nyt finde. Insider wisses aber ganz gnau, mr schwätze nämlig vom «Altersheim am Bruderholz». Kasch Di jetze mit Rächt frooge, was het en Altersheim mit de VKB z due, usser ass dr aint oder ander, wo d Schtrapaze vom VKB-Lääbe beschtens iberschtande het, derte Pensionär worden isch.

Mr mien do rächt wyt hinderzig gryffe und zwor ebbe 40 Johr. Ze sällere Zyt hän mr in dr Clique e ganz feyne und grissene Dyssi gha, Walti Hersberger het er ghaisse. Im 1945 noonem Pauli Krämer het er fir fimf Johr, bis ins 1950, d Gschigg vo de VKB in d Händ gno. Är isch e gschiggte und sehr aggtyve Presis gsi und aini vo syne Glanzidee isch au «s Bachofeschlössli» gsi. Dr Walti Hersberger het bim Schtaat gschafft und in däre Aigeschaft mit de Altersheim z due gha. Amene scheene Dag het är gmaint: Liebi Frind. Jetze mache mr ebbis ganz Neijs, mr gehn ze däne alte Lyt, wo nimm uff d Gass kenne und bringene e bitzeli Fasnachtsluft in d Schtube. Gsait und scho hets glabbt.

Syt sällere Zyt isch allewyl e gueti VKB-Drummler- und Pfyffergrubbe im Bachofeschlössli oder, wies sit em Umbau im Johr 1956 haisst, im «Altersheim am Bruderholz».

Dr Muusigverain Glaihynige beschtrytte: dr musikalischi Dail.

Fir uns ischs und blybts aber ganz aifach «s Bachofeschlössli».

Glych lang kunnt au d Glaihynigermuusig, wo allewyl mit glatte Schtiggli Schwung in Laade bringt und die alte Lytli zemene Dänzli animiert. Jedesmool sin ebbe drey bis säggs Bängg drby, wo die Glägehait gärn as Hauptproob fir d Fasnacht benutze. Beriehmti Bängg wie d Mischtgratzerli, s Gratzhändli, d Grundele, d Rätsch-Dätsch, dr Dr.h.c. und no vyl anderi meh hän derte scho ihri Premiere gha. Am Mittwuch vor dr Fasnacht duet s Personal mit vyl Liebi dr Ygang und au dr Uffenthaltsruum fasnächtlig deggoriere. Wenn mr als uff die sibeni derte akemme, sitze die alte Lytli, zem groosse Dail costümiert und guet gluunt zämme und warte mit Schpannig uff das, was alles laufe duet.

Dr Haimlaiter het mr gsait, ass är in däm Johr e Pensionäraltersdurchschnitt vo 83 und eme halbe Johr haig und alli wurde sich uff dr hittig Oobe fraie.

S het au vyl Aagheerigi, wo zämme mit ihre Eltere oder suscht Verwandte dä vorfasnächtlig Oobe gniesse wänn.

I mecht ganz schtellverträttend fir die vyle vergangene Johr s Programm vo 1984 uffzelle.

Fir d Unterhaltigs- und Danzmuusig isch wie allewyl d Glaihynigermuusig mit ebbe 15 Maa verantwortlig gsi.

E Grubbe vo de VKB isch fir dr drummler- und pfyfferischi Dail zueschtändig gsi. Mit em Dudelsagg, dr Retraite, em Altfrangg und no e baar andere Märschli, hän si e Schtigg Schtroossefasnacht anezauberet. Fir dr fyneri und pointierteri Dail vo dr Fasnacht hän in alphabeetischer Raiefolg s Glepfschytt, d Gift-Spritzer und d Setzlig fir groosse Applaus gsorgt. As bsunderi Ylag het dr singendi Uelischtube-Baizer «Sir Françis» mit zwai vo syne bekannte Liedli, dr Vogel abgschosse. Dr Werner Bossert, wo sit iber 30 Johr dr gueti Gaischt vo däm Aloss isch, het fir das Johr d Begriessig vo de Lyt und au die verbindende Wort em Schrybende ibergää.

Zem Abschluss isch no e Drummlergrubbe, e Zyschdigszug vom CCB uffmarschiert und het näbere feyne Drummelylag jedem aawäsende VKBler zem 100jehrige Jubileum e glai Gschänggli iberraicht.

D Muusig het denn no e baar Schtiggli gfäggt und die letschte hän no e Dänzli risggiert. So geege die halber elfi isch denn d Bettschwääri ko und unseri Gescht sin go schloofe.

Nodäm no e baar vo de Aggtyve ghulfe hän, die alte Lytli in s Bett z bringe, isch me no gmietlig zämmegsässe und het sich vo dr Haimlaitig mit Mählsubbe, Zibele- und Käswaie bewirte lo. Drzue hets Roote, Wysse und Bier gä.

E so isch also s Programmli in däm Johr gsi, e so ischs aber scho immer gsi und e so wirds wohrschynlig au immer blybe. Under däne Pensionäre hets au e Huffe Lyt, wo friehner ganz agfrässeni Fasnächtler gsi sin. I waiss das ganz gnau, haa i doch emool e halben Oobe lang die fasnächtligi Gschicht vo me soonige Pensionär derfen aaloose. S het mr zwor e bitzeli gschtungge, aber i glaub dä Maa het en ächti Fraid gha. Är het wider emool in synere Vegangehait kenne schwelge und s het em ebber ganz aifach zuegloost.

Oder em andere Mannli, wo mr em zuegluegt hän, wien är e Fläsche Bier im Kittel verschteggt het und drmit ins Zimmer abgschliche isch. Won er denne zrugg ko isch, hän mr em gsait, ass mr em zuegluegt haige. Är het denn gmaint: Wissener die kaibe Mätze (gmaint het är s Pflägpersonal) basse uff, ass mr nit z vyl suffe und drum han ich mr jetze e Resärvefläsche in my Zimmer gschtellt. Wo dä guet Maa denne in sy Bett isch, het är allwäg gly gmerggt, ass näbe synere Resärvefläsche no e baar anderi gschtande sin. E so nätt sin mir VKBler halt wider. S gäb no vyl z verzelle, aber i glaub mr lehns bi däm glaine Brichtli.

D VKB isch allewyl mit greessere und glainere Grubbe drby.

Me het au nie ebbis inere Zytig kenne lääse, mr häns ganz aifach gmacht. Wenns Di interessiert, kumm doch ganz aifach emool mit.

D Setzlig und s Glepfschytt sin zwai Schnitzelbängg, wo regelmässig dert uffdrätte.

S Zyschdigszigli vom CCB mit sym Drummelsolo.

Au s Danzbai wird greftig gschwunge.

s Brysdrummle im Wandel vo dr Zyt

Männi Vogt

Wenn y so zrugglueg uff die Zyt, won y agfange ha am Brysdrummle mitmache und drnoh schpeeter in dr Schüry gsässe bi, und wenn y hitt als Zueschauer und Zueheerer im Saal sitz, denn goht mr ebbenemool dur dr Kopf, wie rasch sich dä Aloss in de letschte 20, 30 Johr – und laider nit immer zue sym Beschte – entwigglet, oder besser gsait, veränderet hett.

Wo sinn d Ursache z sueche?

Fehn mr emool bi de Fasnachtsglygge und Gsellschafte sälber a. Friehjer sinn d Goobedisch no bschaide gsi und das hett zer Folg gha, dass in erschter Linie die Drummler und Pfyffer ko sinn, wo sich e Schpitzerang, oder doch e guety Blatzierig usgrächnet hänn, drzue aifach no die Agfrässene, wo kai Glägehait usgloh hänn, wo sy ihrer Lydeschaft hänn frehne kenne. Do isch e Brysdrummle no am Zwelfy oder Ains znacht z Änd gange und me hett no Glägehait ka, mit Glychgsinnte zämmezhogge und z fachsimple oder aifach no aine z näh. (s Zittere vo de «Schpitzekandidate» isch aber allewyl vorhande gsi, wie hitt no.)

Denn aber hett sich – fir mi – d Unsitte afoh brait mache, dass jedy Glygge dr vorhäryg Veraschtalter in bezug uff d Organisazion und vorab uff d Rychhaltygkait vom Goobedisch, hett welle iberdrumpfe. (Y erinnere mi do – wenn y das als Zwischebemerggyg darf abringe – an e Glygge, wo sogar e Glaiauty abotte griegt hett. Si hett denn allerdings und gliggligerwys uff dä Brys verzichtet.) Das hett denn aber drzue gfiehrt, dass au meh Konkurränte ko sinn, drzue settigy, wo sich usgrächnet hänn, dass au dr Letscht immer non e Brys griegt, wo sy Ysatz wäsentlig iberschtyggt. S materiell Dängge hett Yzug ghalte.

Die aigetlig rasant agschtigeny Konkurräntezahl hett denn logischerwys au greessery und verbesserety, organisatorischy Massnahme bedingt. Mittlerwylen isch das zenere Perfäggzion usgartet, wo schlicht und aifach fir en ainzelny Glygge – au fir e groossy – fascht nimme z bewältigen isch. Das hett denn au drzue gfiehrt, dass sich hitte fimf Glygge in die enormy Uffgob daile. Y darf bi däre Glägehait erwähne, dass dä Modus uff en Iniziative vo de VKB zruggzfiehren isch. Y mecht aber do doch no yflächte, dass es das ganz frieher au scho gäh hett. Y dängg do ans Johr 1931 zrugg, wo sich vier Glygge zämme do hänn, um e settigen Aaloss uff d Bai z schtelle. Es sinn das die Alte Stainlemer, d BMG, d Lälli und d VKB gsi. S folgendy Inserat beleggt do my Ussag.

Y glaub me hett dodrmit zwai Fliege uff ai Schlag droffe: Ainersyts verdaile sich die risyge organisatorische Uffgoobe uff mehrery Glygge, anderersyts git das Glägehait, d Mentalideet vo andere Fasnächtler kenne z lehre, sich besser z verschtoh und sich au frindschaftlig neecher z ko.

Dass mittlerwylen au d Technygg Yzug ghalte hett, isch fascht sälbverschtändlig. Au do sinn d VKB voragange. Im Johr 1971 isch d Uswärtyg vo de Nootebletter zem erschte Mool mit eme Computer vorgnoh worde. Y dängg aber au an d Tonbanduffnahme vo de ainzelne Vordräg. Dodrmit ischs hitte nimme meeglig, dass sich e Konkurränt, trotz Marsch- oder Värsfähler in d Schpitzegrubbe schmuggle ka.

Im Lauf vo de Johr hetts nadyrlig no vyl andery Neyeryge gäh. Nit alli sinn aber vo Vordail gsi und sinn denn dailwys au wider verschwunde. Zem Byschbyl hett – au wider – d VKB emool versuecht, d Schurore (was fir e scheen Wort) eso z blatziere, dass abwäxligswys e Drummler näbe me Pfyffer gsässen isch. Me hett mit däre Massnahm däne Dailnähmer, wo immer gsait

182

Basler Mittwoch-Gesellschaft

Basel, den 10. Februar 1924

Tit. Vereinigte Kleinbasler,
        Basel.

Sehr geehrter Herr Präsident,

    Unser diesjähriges Preis-Trommeln und Pfeifen findet nächsten Samstag, den 16. ds. im Rest. Salneck (Johannbahnhof) statt. Der Wettstreit für die Junioren ist zwischen 3 und 6 Uhr festgesetzt worden, von 6 Uhr an ist die Konkurrenz den Senioren offen. Wir bitten Sie höfl., Ihre w. Tambouren und Pfeifer zu recht zahlreicher Teilnahme zu veranlassen. Eine sachliche Jury, sowie ein schöner Gabentisch werden die Konkurrenten durchaus befriedigen. Nach der Preisverteilung Freinacht und gemütliche Unterhaltung.

    Mit Fastnächtler-Gruss,
    Basler Mittwoch-Gesellschaft
    i.A. der Aktuar:

Fastnachtgesellschaft Älti Steinlemer

Lokal: Rest. z. „Löwenfels"
Postcheck-Konto:
V 3515

Basel, den 12. Februar 1924.

Tit. Fastnachtsgesellschaft "Vereinigte Klein-Basler,
        Basel.

Sehr geehrter Herr Präsident,

    Wir nehmen uns die Freiheit Ihnen hiermit kund zu tun, dass wir am nächsten Sonntag, den 17. crt. in unserem Lokal " Rest: Löwenfels " Steinenvorstadt unser diesjähriges Preistrommeln & Pfeiffen abhalten werden.

    Dem Ausgang des Wettkampfes haben wir für die jüngeren Tambouren zwischen 3 und 6 Uhr festgesetzt, von 6 Uhr an gilt der Wettstreit den älteren Tambouren.

    Wir möchten Sie hiermit höflichst bitten Ihre werten Tambouren und Pfeiffer zu veranlassen dieser Konkurrenz beizuwohnen.

    In Erwartung Ihrer werten Mitglieder, kommenden Sonntag bei uns begrüssen zu dürfen zeichnen wir mit

    fastnächtlichem Gruss
    " Alti Steinlemer "
    Der Präsident:

Innere Kleinbasler
Fastnachtsgesellschaft

Basel, den 22. Januar 1923.

Geehrter Herr Präsident!
Werte Fastnächtler!

    Mit Gegenwärtigem teilen wir Ihnen mit, dass wir am nächsten Sonntag, den 28 Jan 1923 von 4-11 Uhr im alten Warteck (Clarastr.) ein Preistrommeln und Pfeiffen veranstalten.

    Es ist uns gelungen eine Jury zusammen zu stellen welche Ihr Amt korrekt und impartial führen wird. Was den Gabentisch anbelangt, glauben wir einen jeden Konkurrierenden zufrieden stellen zu können.

    Als Eintrittspreis haben wir fr. 1.10 (incl. Billetsteuer) festgesetzt.

    In der angenehmen Hoffnung auf eine rege Teilnahme seitens der Mitglieder Ihres Vereines zeichnet

    Mit fastnächtlichem Gruss.
    pr. J. K. B.
    Der Aktuar:
    E. Wieland.

BAJAZZO
FASTNACHTS - GESELLSCHAFT
BASEL

LOKAL: ~~Mittelrheinschiff~~ Baselstab
POSTCHECK V 3135

Basel, den 4. Januar 1923.

Tit. Vereinigte Kleinbasler,
        Basel.

    Wie Ihnen aus den bisherigen Comité-Sitzungen bekannt geworden ist veranstaltet unsere Gesellschaft zur Eröffnung des diesjährigen Reigens am 27. ds in der Konzerthalle St. Klara ein Preis Trommeln & Pfeifen und laden wir Ihre w. Mitglieder hierzu höfl. ein.

    Zur glatten Durchführung der Veranstaltung haben wir folgendes Pensum ausgestellt:

a) Jüngere Produktionen von 4 - 6½ Uhr
b) Aeltere Tambouren do. 4 - 9 Uhr
    Pfeifer do. 4 -10 Uhr
c) Gruppenwettkämpfe do. 10 -10½ Uhr

NB. Teilnehmer-Kontroll-Nummern werden jeweils nur eine Stunde vor Abschluss einer jeden Kategorie noch abgegeben.

    Wir möchten Sie höfl. bitten Ihre Mitglieder darauf aufmerksam zu machen, dass wir uns fest an dieses Pensum halten und keinerlei Ausnahmen bewilligen.

    Sollten Sie ein Interesse daran haben, dass wir für Ihre Gesellschaft einen speziellen Tisch reservieren, dann bitten wir um ehesten Bescheid, damit wir rechtzeitig das Nötige vorkehren können, eventl. wäre uns auch mit einer ungefähren Teilnehmerzahl gedient.

    Indem wir auch dieses mit einer starken Frequenz rechnen zeichnen wir

    mit fastnächtlichen Grüssen

    Präs.

hänn, d Schürymitglider däte enander abluege, dr Wind welle us de Sägel näh. Das isch denn aber – in erschter Linie uff Bedrybe vo de Schürymitglider sälber – wider abgschafft worde. (D Resultat hänn au dailwys greessery Differänze zaigt.)

Y muess sage, die friehjere Brysdrummle sinn fir mi – by aller Konkurränz vo de Dailnähmer – doch gmietliger gsi. Dr Kontaggt isch besser gsi, denn me isch lang vorhär scho, mänggmool fascht schtundelang, hinder dr Bihny zämmegschtande und hett beraits dr «psychologisch Machtkampf» usdrait. Aber das alles uff luschtigy und fasnächtligy Art. D Schprich, wo dert als gfalle sinn, wurden ellai e Biechli fille. Bym ainte oder andere, wo nit grad e schtarggs Närvegossdym gha hett, hett sich das denn mänggmool doch usgwirggt. Me hett au bym ainte oder andere bsundery Aigehaite kenne beobachte: Zem Byschbyl e Schpitzedambuur, wo s ganz Johr nit graucht hett, isch allewyl mit eme Päggli Camel erschine und hett vor sym Uffdritt graucht wien e Dirgg. En andere hett uff jedem erraichbare Gegeschtand ununderbroche bebberlet und eso welle syny «närveese Schteeryge» abreagiere. Au mir, mit unserer Grubbe, hänn gmaint, ohni e Zwaierli Wysse giengs nit. Drby hämmer sunscht nur Bier, oder wenn scho, Roote drungge. Eso hett wohrschynly au hitte no jede sy bsundery Art vo Vorberaitig.

s Brysdrummlen und -pfyffe im Wandel vo dr Zyt! s isch e scheeny Zyt gsi und – das darf y do erwähne – au e rächt erfolgrychy fir d VKB. Y dängg do vor allem ans Johr 1967, wo d VKBler, mit ainer Usnahm, alli erschte Räng beleggt hänn.

s Brysdrummle isch fir mi e wichtyge Aloss, s isch quasi e Beschtandsuffnahm iber d Qualideet vom Drummlen und Pfyffe. Y main do nit dr ainzelny Konkurränt. Das, was me dr ganz Oobe, oder besser gsait die ganz Nacht dure gheert hett, hett doch jewyls uffzaigt, wo mr schtehn. Mir hetts au zaigt, dass s Kenne vo de friehjere Schpitzedrummler und -pfyffer eme Verglych mit de hittyge schtandhaltet. Nur – und das find y s Scheene – d Schpitze isch hitte vyl braiter. Y beduur allerdings, dass hitt dr Dambuur, wo mit Härz und Saft drummlet – das gheert no myner Mainyg zem Basler Drummle – vom «Roboter-Dambuur», wo technisch perfäggt, aber ohny Seel sy Marsch vordrait, verdränggt wird. Aber au das isch offebar e zytgemässy Entwigglig, wo nit uffzhalten isch... laider. As VKBler biny nadyrlig schtolz, wenn y aaschliessend dr Medallie-Schpiegel vo 1944 bis hitte presentiere darf. Unsery Gsellschaft macht do e bsunders gueten Ydrugg.

Cliquen-Medaillenspiegel 1944–1984

Rang	Clique	Gold	Silber	Bronze
1.	VKB	43	49	23
2.	Gundeli	22	8	7
3.	BMG	13	18	10
4.	Seibi	12	12	13
5.	Olympia	10	18	18
6.	Giftschnaigge	10	7	5
7.	JB Santihans	5	5	6
8.	Alti Stainlemer	5	1	8
9.	Basler Bebbi	4	2	4
10.	Sans Gêne	4	–	1
11.	AGB	3	1	–
	Grieni Hind	3	1	–
12.	Schnurebegge	2	3	4
13.	Spale	2	2	3
14.	Bajass	2	–	–
	Letzitürmler	2	–	–
15.	Lälli	1	3	13
16.	CCB	1	2	–
	Kuttlebutzer	1	2	–
17.	Ueli	1	–	1
18.	Wettstai	1	–	–
19.	Spezi	–	3	4
20.	Harlekin	–	2	3
21.	Dupf Club	–	2	1
22.	Verschnuuffer	–	1	2
23.	Märtplatz	–	1	–
	Optimischte	–	1	–
24.	Die Agfrässene	–	–	2
	Alti Richtig	–	–	2
	Barbara	–	–	2
25.	Junteressli	–	–	1
	Muggedätscher	–	–	1
	Schloofhuube	–	–	1
	Wielmys	–	–	1

Luschtyg isch aber sicher au, emool z luege, wie d Ylaadige in de verruggte 20er Johr, wo die domoolige «Fastnachtsgesellschaften» sogar Konkurränzveranschtaltyge organisiert hänn, gschribe worde sinn. Zwai vo däne agfiehrte Glygge gits allerdings nimme und die Alte Stainlemer sinn no «die Alte Steinlemer» gsi.

S Grubbebrysdrummle isch mir immer e bsunders Aalige gsi, aifach dorum, well s usser em guete technische Kenne au no grossi Disziplin, Aabassygsvermeege und, nit zletscht, Kameradschaftsgaischt bruucht, denn nit immer isch s lycht, d Mainyge iber d Interpretazion vomene Marsch uff ai Nenner z bringe.

Näbe vyle erfolgrych beschtandene Grubbekonkurränze isch s ys au glunge, ainigi Wanderbrys ändgiltyg in unsere Bsitz z bringe.

Charly Abrecht, Christian Heitz, Hansruedi Gerspacher, Peter Oppliger, Roland Weber, Charly Zeindler.

Dr erscht Wanderbrys, wo s iberhaupt gäh hett, isch im Johr 1954 vom Fasnachtscomité gschtiftet worde. Als erschte Gwinner isch d Lälli-Glygge usgruefe worde. Denn aber hänn dreymool hinterenander d VKB mit em Dölf Meister, Ernst Stalder und Männi Vogt gwunne und ainigi Blättli, zem Ygraviere vo wytere Siger, sinn läär blibe.

En andere wunderscheene Wanderbrys kenne mr laider nimme zaige. Är isch zer Fraid vo uns alle an dr Schtammtischwand ghange, aagschrubt, aber trotzdäm isch er gschtohle worde, wie ibrygens andery Erinnerygsschtigg au! Gwunne hänn dä Wanderbrys in de Johr 1961 bis 1963 dr Walti Mäder, dr Bruno Graf, dr Fongs Grieder, dr Roland Recher, dr Ernst Stalder und dr Männi Vogt.

Die Jungi Garde hett sogar drey Wanderbrys in ihre Bsitz brocht.
Dr erscht isch vo 1972 bis 1974 vo folgende Drummler gwunne worde:

Vo 1974 bis 1976 sinn denn unsery junge Pfyffer dra gsi. Do sinn d Nämme vo däne Buebe, wo fir dr Gwinn vo dämm Brys verantwortlig gsi sinn:

Dieter Aeschbach, Roger Ammann, Ewald Bader, Adrian Barth, Kurt Büttikofer, René Diesch, Peter Gerspacher, Ivo Heitz, Guy Lachappelle, Mario Moracchi, Stefan Münch, Christian Rais, Dieter Steffen, Beat von Wartburg.

Denne hänn wider d Dambuure zuegschlage. Vo 1978 bis 1980 hänn

dr Marcel Hügi, dr Daniel Graf, dr Raymond Loeffler, dr Felix Freuler, dr Markus Grieder, dr dritty Wanderbrys gwunne.

Me ka glaub wirgglig mit guetem Gwisse sage: D VKB gheere zem Brysdrummlen und -pfyffe, wien e Bierring zemene guete Bier!
Bim Schrybe vo so Bricht muess me haillos uffbasse, ass me sich sälber, oder au andery beraits erschineny Bricht, nit widerhoole duet. Au e feyne und fascht luggeloose Ruggbligg iber d Brysdrummlen und -pfyffe hänn dr René Gass und dr Peter Obrist vo dr Seibi-Glygge gschribe. Dr Aloss drzue isch s Brysdrummlen und -pfyffe 1980 gsi, wo vo dr Seibi organisiert worden isch. Dodrmit kumm y zem Schluss. Y mecht aber nit uffheere, ohny unsere Drummler und Pfyffer au wyterhi vyl Erfolg an däne Wettschtrytt im bsundere und dr ganze VKB e gueti Zuekumft am allgemaine z winsche!

Dä Bricht zaigt, was dr Männi Vogt fir s Drummle im allgemaine und fir d VKB im schpezielle glaischtet hett.
Nodäm sy Grubbe ussenander gangen isch, hett är sy Wisse und Kenne ganz in Dienscht vo de Junge gschtellt.
Mit Erfolg, hett är doch im Joor 1971 mit de baide Nohwuggsdrummler Jules Kessler und Beat Tschudin wider s Grubbe-Drummle gwunne und dodrmit au manifeschtiert, ass är mit Rächt johrelang in dr Schüüry gsässen isch.

Vor 25 Johr, am 75jehrige Jubileeum, hänn sich unsery Aggtyve sälber e scheen Gschänggli gmacht, denn sy hänn baidy 1. Grubbebrys uff dr Bihny abhoole derfe.
Schtellverträtend fir alli, wo in däne vyle Johr an de Brysdrummlen und -pfyffe Ehr fir d VKB ygleggt hänn, d Nämme vo de domoolige Siger.

Drummler-Grubbe:
Bruno Graf, Walter Mäder, Roland Recher

Pfyffer-Grubbe:
Fritz Albicker, Franz Freuler, Erwin Jäggi, Paul Locher, Rene Spinnler, Heinz Stebler

Wyt zrugg verfolge ka men au die organisatorische Ysetz vo de VKB. 1931, 1944, au in de Nohgriegsjohre, 1971, mit em OK-Bresidänt Erwin Jäggi und dr erschte Computer-Usswärtyg vo de Nootebletter, denn aber au 1982, mit em OK-Bresidänt Peter Marrer. Das isch denn au zueglych s letscht Mool gsi, ass s Brysdrummle und -pfyffe vo ainer Gsellschaft ellai organisiert worden isch.

Wanderbrys-Ibergoob dur dr OK-Bresidänt Erwin Jäggi und dr Speaker René Diesch (ex Schnitzelbänggler Dr.h.c.).

Vom Pfyfferschieler zem Pfyfferchef

Pauli Locher

Karl Eichin, Pfyfferlehrer. Är isch 1939 gschtorbe.

An dr Fasnacht 1938 han y pletzlig Fraid griegt am Pfyffe. Gli no dr Fasnacht het mi e Schuelfrind in d Pfyfferschtund vo dr Junge Garde mitgnoo.
D Aafänger hän probiert, die erschte Deen uf em Piccolo z pfyffe. Y haa mi au aagmäldet und bi denne regelmäässig in d lebige gange. Dr Pfyfferlehrer Karli Eichin isch e Dipflischysser gsi, aber är hets mit syne Schieler hailos guet kenne.
Es isch denne in de Griegsjohre 1939–1942 rächt schwäär worde, in gregleti lebige zgo. Hinterem Saal vom «Alte Warteck» hämmer e haimeligi Glyggeschtube gha. E groosse Ofe isch im Egge gschtande. Ze sällere Zyt isch s Haizmeterial razioniert gsi. Zem Fyre het me alles miesse vo dehaime mitbringe.
Fir s Monschter-Drummelkonzärt 1943 het d Pfyffergrubbe vom Schtamm die Neije Schwyzer glehrt. Well das die ainzigi Gläägehait gsi isch, sich em Publikum z presentiere, sin au d Iebige entschprächend guet bsuecht worde.
Zer glyche Zyt het me au in dr gschrumpfte Junge Garde s Pfyffe flyssig pfläggt. Wie kaas nit anderscht sy, hän au mir die Neije Schwyzer glehrt. Pletzlig het mr ebber e guetgmainte Floh ins Ohr gsetzt. Y sell mi doch bim Pfyfferchef vom Schtamm mälde, eb y am Monschter derf mitmache. Fir d Uffnahmebedingige in d Schtammgsellschaft z erfille het mr nämlig nume no e halb Jehrli gfäält.
Imene Bittbrief an Pfyfferchef Ernst Bohny han em my Wunsch zuekoo loo. Kurz druffaabe het är mi uffbotte und mr zueglych mitdailt, y miess dr Pfyffergrubbe die Neije vorpfyffe. Und das scho am näggschde Zyschdigoobe.

Bsunders gwissehaft han y mi uff die Priefig vorberaitet. Nadyrlig kaa sich kai Mensch vorschtelle, wien y Lampefieber gha haa. Pinggtlig am achti zoobe bin y in dr Glyggeschtube erschiine. Um e lange Disch umme sin iber zwanzig Heere gsässe und am vordere Änd dr Pfyfferchef mit eme qualmende Schtumpe in dr Hand. Ohni groossi Begriessig het är mr s Zaiche zem Aafo gä. Die ganze Neije het me aagloost. No mynere unbedytende Mainig het dä Vordrag guet deent. Dr Pfyfferchef het mr uff d Aggsle glopft und sich frindlig bedanggt. Kai Kommentar iber my Darbietig, numme, kasch vo jetze aa an de Iebige mitmache.
Y ha mi hailos gfrait. Es isch Mitti Dezämber gsi, also kurz vor Wiehnachte. Fir mi isch das s scheenschti Gschängg gsi.
In dr erschte Wuche vom neije Johr bin y zer Schnydere Frau Eichin an Claragraabe uffbotte worde. Mit vyl Gschigg und Fantasy het si die Crèpebabyyr-Goschdym zämme gschnyderet. Mr hän e heggscht aggtuells Süüschee ussgschpilt. Ze sällere Zyt sin bi de Fraue kurzi Junte Moode gsi. Drum het au s Süüschee «Moodeditti» ghaisse.
Und well Grieg gsi isch, sin d Textylie razioniert gsi, drum as Notbehälf Babyyr.
Bis zem Johr 1942 sin allewyl drey Monschter-Vorschtellige duregfiert worde. Neij sin 1943 noo zwai meh drzue koo. Au d Billjee sin gly ussverkauft gsi.
Vor jedem Ufftritt, e soo ischs vom Pfyfferchef verlangt worde, sin alli Pfyffer im Schtaineschuelhuus im Goschdym und in dr Bihni uffschtellig barat gschtande. Grindlig het me d Piccolo gschtimmt und denne aimoole dr Marsch duregnoo. Vo Abhogge isch in däne Goschdym us Babyyr kai Reed gsi. In heerlig scheene Paschtellfarbe hän si glychtet. Aber verrumpflet hätte si kai Gattig me gmacht.
E gueti Kameradschaft und Disziplyn hän zem groosse Erfolg vom VKB-Ufftritt bydrait. S Johr druffaabe sin denne d Drummler ellai an s Monschter gange.
In dr Zwischezyt isch dr Grieg z Änd gange. Mit dr wider duregfiehrte Schtroossefasnacht hets au widder Noowuggs in d Drummel- und d Pfyfferschuel gää. Y waiss nimm gnau ischs 1947 oder 1948 gsi, won y Pfyfferlehrer worde bi. Mit groosser Begaischterig han y de Buebe die erschte Deen bybrocht.
Aber au uff d Haltig vom Inschtrumänt isch ganz bsunders gluegt worde.

1943: D Pfyffergrubbe am Drummeli mit de Crèpebabyyrgoschdym. 24 Moodeditti mit de «Neije Schwyzer».

D Laitig vo de Junge het mr vyl Kompetänze iberdrait und so han y d lebige kenne gschtalte, wies mr basst het.

Immer in Zämmenarbeit mit de Drummellehrer, sin neiji Märsch ins Schuelprogramm uffgnoo worde.

Die Schieler, wo erscht e Johr oder zwai byn is gsi sin, hän amme die greeschti Mieh gha, die Märsch denne bis zer Fasnacht uffzhoole. Noodinoo sin d Buebe so wyt gsi, mit grindliger Vorberaitig am offizielle Pryspfyffe mitzmache. Am Inträssi und dr neetige Fraid hets nit gfäält. Bald sin au scheeni Erfolg z schtand koo.

Iber Johre isch d Begaischterig drait worde vomene guete Gaischt und ere scheene Frindschaft.

An dr Generalversammlig 1959 het dr Ernst Jäger, wo 14 Johr d Pfyffergrubbe vom Schtamm glaitet het, dr Ruggtritt gno.

Well y ihn scho e baar Johr vorhär as sy Schtellverträter ha kenne underschtitze, bin y denne nit unvorberaitet noochegrutscht.

Mit divärse Aaläss und Fyyrligkaite isch s 75jehrig Jubileum 1959 groos gfyyrt worde. Die wo sälbetsmool derby gsi sin, kenne sich mit Schmunzle dra erinnere.

Uss Erfahrig han y bald emool uusegfunde, ass me mit neije Märsch d Pfyffer hett kenne fir d lebige begaischtere. Vyl Underschtitzig han y am Franz Freuler gha. Mit syne guete Idee het är mängg Drummeli berycheret.

Fascht immer hän mr die neije Märsch s erschtmool am Monschter vordrait. Fir dr Whisky-Soda, wo mr 1963 uruffgfiert hän, het sich dr Franz äxtra uss Schottland en ächte Dudelsagg loo koo. Erscht e baar Däg vor dr Premiere isch er ändlig ydroffe. In kurzer Zyt het är no druff schpile glehrt.

In de Sächzger- und Sibzgerjohre sin wyteri scheeni Märsch ins Programm uffgnoo worde. Mit Begaischterig het me Neijs glehrt. Y erinnere an Gin and Tonic, an Dudelsagg, an d Route-Symphony und au an Ara-by VKB, wo mr alli au im Kiechli uruffgfiert hän.

So isch denne mit de Johre ganz e reschpäggtabels Repertoire zämmekoo. Mit fimfezwanzig Märsch, wo me het miesse usswändig kenne, isch doch vom e Pfyffer scho allerhand verlangt worde.

Es sin sälbetsmool scho iber 30 Pfyffer an dr Fasnacht ygschtande. Hinder heerlig scheene Ladärne vom Hans Weidmann sin mr Johr fir Johr am Morgeschtraich vor em «Alte Warteck» abmarschiert und im unbeschryblige Gligg vom gmainsame Erläbnis gschwäbt.

So widerhoolt sich das hitte noo glych, wie friehner, won y agfange ha pfyffe.

Y hoff es goht Eich VKBler und Fasnächtler eebefalls esoo.

Und well dr Aafang mit em Morgeschtraich so sääälig macht, isch denne d Schtroossefasnacht, wo am Määntig- und Mittwuchnoomidag sich im scheenschte Gwand zaigt, aifach e Wunder. Unzähligi Süüschee wärde in glatt ussgschaffte Zig farbeprächtig dargschtellt. Es isch e Symbiose vo Witz, Form, Farb und Gligg.

Und so mach y scho säggsevierzig Johr aggtyv bi de VKB mit. Dodrvo han y die Junge 14 Johr inschtruiert. Bim Schtamm bin y 18 Johr Pfyfferchef gsi und zwor bis ins Johr 1976.

Es isch mr hoffentlig vergennt mit myne Frind in dr Alte Garde, won y scho syt e baar Johr mitmach, no e mänggi scheeni Fasnacht z erlääbe.

E wyter Pfyffersolo isch 1957 dragsi. 22 Pfyffer in de Urseligoschdym mit em «Z Basel am mym Rhy».

Mit eme neye Marsch isch me 1969 wider ans Drummeli. Mit dr «Route-Symphony» und as Wanderveegel het me vyl Erfolg gha.

Das Jubeljahr

Der Teufel steckt im Detail

Kurt Stalder

Ich soll also einen Bericht über unser Jubeljahr, respektive dessen Organisation schreiben; wie die Ideen zustande kamen, wie sie gesponnen und vollzogen wurden. Eigentlich könnte ich ein Organigramm aufzeigen. Ein Manager würde in seiner besonderen Sprache die Geschichte über die Gedanken eines Grundkonzeptes, welches wiederum in verschiedene Teilkonzepte aufgeteilt wird, berichten. Er würde weiter von der Zielsetzung und deren Gewichtung schreiben. Doch, wäre das nicht reichlich fade und trocken? Also versuche ich, mich doch lieber im Klartext auszudrücken.

Am 23. Mai 1977 (gut Ding will Weile haben) sind in der Wettsteinstube zum «alten Warteck», unserem Stammlokal, ad hoc sechs wackere Mannen der VKB zusammengesessen, um beim Stande Null die ersten utopischen Visionen über unser bevorstehendes Jubiläum von sich zu geben. Diese Blabla-Sitzungen haben sich in der Folge noch einige Male wiederholt. Im Laufe der Zeit hat sich dann eine aus 18 Mitgliedern bestehende Kommission zusammengerauft, und auch die Hierarchien wurden problemlos festgelegt. In vielen, langen und intensiven Gesprächen wurde ein Grobrahmen ausgeklügelt, mit welchem wir an der Herbstversammlung vom 23. Oktober 1981 erstmals unsere Mitglieder konfrontierten.

Klar und unbestritten war, dass wir ein tolles «Drummeli» und eine aussergewöhnliche und denkwürdige Fasnacht auf die Beine stellen wollten. Schliesslich bezweckt unsere Gesellschaft nämlich nach Statuten (§ II, Art. 2, Abs. a) u.a. «die Mitwirkung an der Basler Fasnacht»! Weiter soll unser Jubiläum mit der Bevölkerung und mit unseren treuen Anhängern gefeiert werden. Für die Liebhaber der «Basler Musik» war ein kulturelles Konzert im Konzept. Dann kam da noch die Idee einer Erinnerungsplakette, die undiskutabel war, und dass unsere Vereinsgeschichte in Form einer Chronik auf den heutigen Stand aktiviert werden soll. Der Jungen Garde offerieren wir eine zweitägige Schweizer Reise, sie sind schliesslich unsere Zukunft und feiern innerhalb des grossen Festes ihr 50jähriges Bestehen.

Eine weitere Aufgabe war der Ausbau unseres neuen Keller-Übungslokales. Der würdige Abschluss des Jubiläumsjahres soll in Form eines vereinsinternen Gala-Abends mit geladenen Gästen stattfinden.

Die positiven, negativen und destruktiven Kritiken an unseren Vorschlägen blieben, gottseidank, nicht aus. Männiglich (nomen est omen) wünschte sich noch etwas Salz in die Suppe, resp. in das 100jährige, und fand dieses in einem weiteren Anlass, dem Jubiläums-Herrenbummel.

Nach dieser und einigen anderen Kosmetiken wurde dann an der Generalversammlung vom 26. Mai 1983 die ganze «Kleinigkeit» annähernd einstimmig abgesegnet.

So, und nun ging es daran, Farbe ins Badezimmer zu bringen, Nägel mit Köpfen zu machen, und die Ideen von der Theorie in die Praxis umzusetzen. Es wurden Pflichtenhefter erstellt und die Verantwortungen und Aufgaben wie folgt verteilt:

Fasnacht:	K. Stalder
Herrenbummel:	U. Schaub
Plakette:	W. Hamberger
Volksfest:	K. Stalder P. Bigler W. Lang
Konzert:	A. Grieder D. Cattelan
Junge Garde-Reise:	M. Schaub
Chronik:	H. Bigler E. Jäggi H. P. Stebler H. Schlichter
Gala-Abend:	P. Farine, Chr. Bolliger W. Lang
Finanzen:	Hr. Widmer
Presse:	Hj. Thommen
Sekretariat:	R. Bertschmann
Beisitzer:	B. Schöpflin

Dr Schtammverain am Drummeli mit dr Retraite und de neye Inschtrumänt, wo sich jede sälber zem Gschängg gmacht het.

Den Zahlen-Fetischisten unter Ihnen und der Nachwelt sei mit nachstehender Tabelle noch folgendes kundgetan:

Ressort	Sitzungen	Kommissionsmitglieder
Jubiläumskommission	38	17
Fasnacht/Drummeli	10	27
Herrenbummel	10	8
Plakette	4	7
Volksfest	14	18
Konzert	10	15
Junge Garde-Reise	3	2
Chronik	61	4
Gala-Abend	12	10

Für einige war die Fülle unserer Jubiläumsanlässe vielleicht etwas zu vielfältig, anderen war es eine zu grosse Nabelschau. Sicher, auch wir haben anfänglich nicht mit einer derart grossen Palette von Anlässen gerechnet, sie haben sich im Laufe der Diskussionen so ergeben. Auch uns war klar, dass wir trotz aller Mühewaltung schlechterdings nicht für jeden das Gelbe vom Ei finden konnten. Doch was soll's, 1984 war halt nicht nur das Orwell-Jahr, sondern – immer aus lokaler Sicht gesehen – schlicht und einfach das Jahr der VKB.

Es bleibt mir noch die angenehme Aufgabe zu danken, und mein erster Dank gilt der gesamten Jubiläumskommission. Sie hatte ihre Aufgabe immer im Griff, und es war eine erfreulich kameradschaftliche, tolerante und effiziente Zusammenarbeit. Dank aber auch an alle jene VKBler, welche inkognito ihren Anteil zum Gelingen unseres Jubeljahres beigetragen haben.

Halt, sicher wollen Sie noch wissen, warum eigentlich der Teufel im Detail steckt. Bitte fragen Sie doch unsere Ressortleiter; sie können Ihnen ein Lied davon singen.

Im Vordrab sin das mool grad nur säx verschideni Figuure gloffe. Dodrvo zwai. Was au ungwehnlig gsi isch, ass si nit voruus, sondern näbenem Schpil gloffe sin.

D Aaläss im Jubeljoor

Erwin Jäggi

Zwelf Schleeg. Me gheerts ganz guet vom nooche Kirchturm.
Hoch d Gleeser, Broscht zämme, alles Gueti!
Scho wider het e neys Joor aagfange. S isch s 1984.
Fir uns e ganz bsunders Joor. Mr fyyre nämlig 100 Joor «Vereinigte Kleinbasler». Was bringts ääch, het in däm Momänt e mängge dänggt, wo sich scho sit Moonede oder Joore mit däm Brobleem befasst het.
Wenn mr jetze in däm Kabittel wytersblettere, wärde mrs erfaare.
Iber Zylsetzige, Hoffnige und Erwartige. Iber Ruggschleeg, Erfolg, iber Hoch und Dief vonere Gsellschaft, wo d Eer aber au die nit so ganz lyychti Vorgoob het, die erschti Fasnachts-Glygge z sy, wo d Joorhundertschwelle iberschritte het. Me het im Vorwort vom Jubileums-OK-Presis kenne entnää, ass e ganz grosse Dail vo unsere Mitgliider am Glinge vo däm sich iber s ganz Joor verdailti Fescht mitgschafft hän.
Nääbe de vyyle Sitzige sin fir s Drummeli bsunderi lebige abghalte worde. Fir s Konzäärt hän e rächti Aazaal vo Aggtive neyi Märsch leere miesse, wie s Ganzi iberhaupt e rächt heggtische Dramp gää het.
Notgedrunge hän e baar Sache miesse zruggschtoo, mr dängge do hauptsächlig an s offizielle Brysdrummlen und -pfyffe. Aber leen mr das emool uff dr Syte und fange mr doch ganz vornen aa.

7. Jänner – Blaggedde-Ussgoob

Dä Blaggedde-Ussgoobedag isch bi de VKB vo jeehäär ganz grooss gschriibe gsi, sin mir doch erwiisenermaasse die Faasnachts-Gsellschaft, wo am maischte vo dääne Revers-Schmuggschtigg verkaufe duet. In unserem Jubeljoor hets dr Schtammverein fertig brocht, 560 Goldigi, 1 840 Silbrigi und 1 420 Kupfrigi under d Lyt zbringe.
Die Alti Garde hets uff 298 Goldigi, 850 Silbrigi und 635 Kupfrigi brocht, aber au die Junge sin mit 335 Goldigi, 1 320 Silbrigi und 1 245 Kupfrigi guet dogschtande.
Im Ganze sin das 1 193 Goldigi, 4 010 Silbrigi und 3 300 Kupfrigi Blaggedde gsi.
E rächt scheene Erfolg und e guete Zueschtupf an d Unkeschte.
S sin zwoor Zaale, wo me normalerwyys nit so effedlig ussbraite duet, aber fir d Noowält ischs ainewääg vo Inträssi. D Blaggedde het dr Peter Affolter entworfe und dr René Müller het si gschtanzt. E so hän si ussgsee:

Die Kupfrigi het 4 Frangge,
die Silbrigi 8 Frangge

und die Goldigi 30 Frangge koschtet.

Noonemoolen am

7. Jänner – Wurzegraber-Heerenoobe in dr Muschtermäss

D Wurzegraber, wo s näggscht Joor ebefalls 100 Joor alt wärde, setze sich zemene groosse Dail, nääben andere glatte Dyssi, uss Faasnächtler zämme. Ai Drittel vo de Mitgliider derfen uss em Groossbasel koo und zwai Drittel uss em Glaibasel. Bedingt dur numme ai Joor Geburtsdaagsunterschiid sin nadyrlig d Verbindige zwische de baide Gsellschafte rächt wyt zrugg z verfolge. Me kaa glaub au mit beschtem Gwisse saage, ass d VKB vo alle Glygge die maischte Mitgliider schtelle. Scho im Joor 1891 kame im Bricht vo de Wurzegraber lääse, ass si de VKB e Vergoobig vo fuffzig Schtitzli gmacht hän. Ganz feyni Sitte sin das gsi. Das Joor aber hän d VKB, das haisst d Mitgliider, wo bi de Wurzegraber sin (und das sin wie berait erwäänt e rächte Huffe), im Brogramm derfe mitmache.
Mit feyne Vorträg het me, vor vyyle Frinde und fachkundige Zuelooser, s VKB-Jubeljoor ydrummlet und -pfyffe.
Schlag uff Schlag ischs wyters gange.

Basel, im Dezember 1983

Liebe VKB-ler,
Liebe Olymper,

Hier Jubiläumsausklang, dort Jubiläumsauftakt: Sicher Grund genug, sich etwas Spezielles einfallen zu lassen. Und so hat die Kommission der Olympia im Einverständnis mit den Drei Ehrengesellschaften beschlossen, das Spiel der VKB im Sinne einer einmaligen "Jubiläumsaktion" einzuladen, die Olymper am Vogel Gryff 1984 auf dem nächtlichen Umgang durch die Strassen und Gassen Kleinbasels zu begleiten.

Damit wir alle einen gemütlichen Abend verbringen können, möchten wir auf folgende Punkte aufmerksam machen:

1. Besammlung
   Wir treffen uns am Freitag, den 13. Januar 1984, ab 18.00 Uhr im Meriansaal des Café Spitz, wo die VKB alle Teilnehmer zu einem Apéro einladen wird. Punkt 18.45 Uhr stellen wir uns in der Rheingasse vor dem Café Spitz auf.

2. Tenue
   Der Vogel Gryff ist im Kleinbasel bekanntlich der höchste Feiertag des Jahres. Dieser Tatsache tragen wir mit unserer Kleidung Rechnung. Einer Olympertradition folgend, tragen wir ausserdem einen Hut. (Das Wort "Hut" soll nicht symbolisch irgendeine Möwe umschreiben; gemeint ist ein ganz gewöhnlicher Hut.)

3. Route und Abmarschzeiten
   Die genaue Route und die Abmarschzeiten werden wir Euch zu einem späteren Zeitpunkt im Detail bekanntgeben. Schon heute möchten wir aber alle Teilnehmer dringend bitten, sich zu den festgesetzten Zeiten am vereinbarten Ort wieder einzufinden, um einen reibungslosen Abmarsch zu gewährleisten.

4. Schlussmarsch vor dem Café Spitz
   Zum Abschluss ist der Wettsteinmarsch (zweimal, stehend) vor dem Café Spitz vorgesehen, wobei wir uns in loser Formation rund um den Tambourmajor aufstellen werden.

Schon heute wünschen wir Euch allen einige gemütliche Stunden im VKB-Olympia-Kreise.

Mit fasnächtlichen Grüssen
VKB   OLYMPIA

13. Jänner – Vogel Gryff

Wie allewyl oder wenigschtens sit langem, hän sich d Gsellschaftsbrieder vom Rääbhuus, em Gryffe und em Hääre zem Aperitif im Spitz droffe. Geege die zwelfi het me sich uffgschtellt und isch hinder dr gsellschaftsaigene Drummler- und Pfyffergrubbe in s Volggshuus gwaggled. Die Verantwortlige vom Rääbhuus häns denne gly emoole fertig brocht, näbeme feyne Ässe und Brogramm au no e schtindigi Verschpeetig uff d Marschtabäll anezbringe. Well vorgängig alli VKBler dr abbildeti Brief biko hän, het nadyrlig so geege die säxi s groossi Zittere aagfange. Uff dr ainte Syte hätt me im Volggshuus noonemoole mit de Drummler und Pfyffer sotten uffdrätte und uff dr andere hätt me scho sotten im Spitz am Aperitif sy. Dr Pierre Farine hätt als gladene Gascht und Presis vo de VKB no e Reed halte selle! S isch denne wirgglig e richtigi Segglerey worden und s het grad no glänggt vor em gmainsame Abmarsch no aine z schnabbe. Doch leen mr do en Aggtive reede und zwor in dr Person vom Ruedi Grüninger, seines Zeichens «Birgerrootschryber».

Schwein gehabt?

Zur Eröffnung des VKB-Jubiläumsjahrs waren Pfeifer und Trommler unserer Clique von der Olympia eingeladen worden, einmalig und mit olympisch-obligater Kopfbedeckung am abendlichen Rundgang des Vogel-Gryff aktiv teilzunehmen. Dies bedeutet offensichtlich nicht nur eine grosse Ehre für die VKB, sondern insbesondere eine viel zu wenig praktizierte Gelegenheit, freundschaftliche Verbundenheit zwischen den Mitgliedern verschiedener Cliquen zu erleben.

Das kollegiale Zusammenwirken der Cliquen an der Stelle von unsinnigem Konkurrenzdenken fehlt in der Fasnachts-Szene noch vielfach. (Einer der Fälle sichtbaren Ausdrucks für erfolgreiche Zusammenarbeit mehrerer Vereine ist das offizielle Preispfeifen und -trommeln, wo seit wenigen Jahren jeweils fünf Gesellschaften den Anlass organisieren und durchführen. Dadurch sieht sich nicht alljährlich eine Clique dazu gedrängt, eine noch perfektionistischere und prächtigere Veranstaltung auf die Beine zu stellen als die Vorgänger. Aus der Not, dem Mangel an geeigneten und willigen Organisatoren, wurde eine Tugend gemacht.) Zuviele Fasnächtler sind, so meine ich, allzusehr auf ihre Eigenständigkeit und gewollte Isolierung bedacht.

Nun bot sich aber eine gute Gelegenheit, gegenseitige Kontakte mit der Olympia zu knüpfen und zu pflegen. Sie wurde auch rege benutzt, wenngleich – ähnlich wie an Fasnachtsbummeln zusammen mit unsrer Alten Garde – am Vogel-Gryff-Umgang die Tendenz vorherrschte, dass beieinander war, wer ohnehin schon zu-

sammengehörte; wer die Chance aber ergriff, konnte ein gelungenes Gemeinschaftserlebnis geniessen; und, «es het gfäggt».

Eines stimmte mich aber nachdenklich und etwas traurig: Warum schritt unser VKB-Tambourmajor – von den Organisatoren gewollt – nicht, gleichberechtigt wie an einem Fasnachts-Mittwochabend, neben demjenigen der Olymper? Ich fühle mich an jene Parabel erinnert, die man zur Zeit der Vereinigung zweier baslerischer Zeitungen erzählte: Ein Huhn schlug einem Schwein vor, sie könnten doch ein gemeinsames Unternehmen starten, den Verkauf von «Schinken und Ei», was auf dem Markt sicher besser ankomme als blosse Frühstückseier. Das Schwein nahm die Einladung freudig an und merkte erst hinterher, dass es ja bei einem solchen Unternehmen dran glauben musste. Auf Vorhalt antwortete das Huhn: «Das ist eben der Preis dafür, dass Du bei meinem Geschäft, das Dir Vorteile bringt, mitmachen darfst!» Was hat das mit uns zu tun?... Nichts?... Schwein gehabt!

5. Hornig – s intärn Brysdrummlen und -pfyffe vo de Junge

Brysdrummlen und -pfyffe: das deent eso gfäärlig. S Wort «Brys» saits jo scho, do goots um ebbis, do muess me sich bewääre.

Uffreegig, Lampefieber, uff s Hysli seggle, alles das gheert drzue. Die beese Jurore, d Mamme oder dr Babbe, wo aim duubedänzig und zwirbligg mache. D Drummel- und d Pfyfferleerer, wo zueluege, und denne no die liebe Frind, wo alli au no e bitzeli uff psychologischer Griegsfierig mache, das alles git en Atmosfääre, wo me fascht nit beschryybe kaa.

Ains isch glaar, e Bueb, wo rund dur s Intärne kunnt, wird au am Offizielle kaini Aaschtänd haa. In dääre Atmosfääre waggse die zueikimftige Drummel- und Pfyfferkeenig aane. Aber leen mr doch e frienere Drummelleerer brichte, wo under eme Pseudonym e Brichtli gschriibe het.

Fascht no meh uffgreggt as wie fimf Minute vor em Morgeschtraich sin unseri Junge vor em intärne Brysdrummlen und -pfyffe. Bsunders die wo zem erschte Mool vor so vyl Lyt ganz ellai mien drummlen oder pfyffe. Au das Johr isch das nit anderscht gsi. Am Sunntignommidag, dr 5. Februar, isch die Olympiade wider wie friener, im Reschtorant «zem Alte Wartegg», aber zem erschte Mool im neye Saal (däm scheene) duregfiert worde. Am lyslige Zittere vom ainte oder andere Hosebai het me kenne gseh, ass d Uffreegig bi ne Dail Buebe greesser gsi isch als dr Vordraag.

No dr Rang- und Brysverdaillig hets noonemoole en Uffregig gäh, will, wie alli Johr, e Dail vo de Buebe (und ganz bsunders ihri Eltere) gfunde hänn, ass si vyl z schlächt ewägg ko syge. Das isch aber nit wyter schlimm und hailt amme schnäll wider, s isch fascht verglychbar mit em Yskunschtlaufe an dr richtige Olympiade. Dert bruucht me ebbe glych vyl Gligg näben em Kenne. Ebbis anders git aim aber z dängge: Numme grad zwai Buebe hänn e bryswirdigs Goschdym drait und das isch e Schämmer, s isch zuegäh vyl schwiriger, e glatts und originells Goschdym z baue als zem Byschpil d Jurymitglider z gritisiere, aber ganz beschtimmt e luschtigi Uffgoob (au fir d Eltere).

Rätsch-Dätsch

D Ranglyschte

Binggis Pfyffer
1. Markus Herren
2. Dominik Kessler
3. Patrik Straumann
4. André Büttler
5. Alexander Lutz

Binggis Drummler
1. Daniel Stebler
2. Sascha Büttler
3. Oliver Brun
4. Martin Zeier
5. Cyrill Bätscher

Jungi Pfyffer
1. David Bielander
2. Thomas Locher
3. Serge Policky
4. Robert Salkeld
5. Thomas Hauser

Jungi Drummler
1. Markus Hauger
2. Markus Grieder
3. Martin Graf
4. Thomas Stebler
5. Patrik Rhyn

Grubbe Pfyffer
1. Guido Mäschli, Michel Jehle, Antonio Ligorio, Sacha Ursprung, Markus Herren, Dominik Kessler.
2. Bernhard Karle, Thomas Locher, Serge Policky, Thomas Hauser, David Bielander, Robert Salkeld.

Grubbe Drummler
1. Markus Hauger, Patrik Rhyn, Daniel Bär.
2. Markus Scherrer, Thomas Stebler, Markus Grieder.
3. Christoph Grieder, Stephan Meier, René Hottinger.

Goschdymbrys
1. Oliver Brun (Jubiläumsblumenstrauss)
2. Markus Ueltschi (1000 Joor VKB)

Die Ranglyschte hän mr miesse uffschryybe. Die Buebe sin nämlich unsere Schtolz und au dr Garant, ass dr Namme VKB nit ab dr Bildflechi verschwinde duet. Mainsch dää Blausch, wenn in 40 oder 50 Joor ihri Kinder oder Grooskinder in däm Buech d Nämme vo ihre Babbe und Groossbabbe lääse kenne.

18. Hornig – s offiziell Brysdrummlen und -pfyffe

Iber dää Aaloss hän mr ganz am Aafang scho e baar Wort verloore. Wenn au nit vyyl aggtivi VKBler mitgmacht hän, d Zyt fir e serieses lebigsbrogramm in unserem Jubileumstrubel het aifach gfäält, isch d Ussbytti doch rächt guet gsi.
Dr Hanspeter Stebler schryybt do drzue.

1 x Gold, 3 x Silber, 1 x Kupfer

*Ass d VKB fascht so guet wie d Schwyzer an dr Winterolympiade abgschnitte hän, isch zem greschte Dail s Verdienscht vo de Pfyffer.
Mr gratuliere an däre Schtell alle ganz härzlig.
Vorewägg d Räng:*

*1. Rang vo dr Pfyffergrubbe
2. Rang vom Stephan Münch und e
4. Rang vom Kurt Stalder jun., alli bi de Alte.*

*Bi de Junge au ganz erfrailig zwai 2. Räng, und zwor dr Markus Hauger bi de Drummler und dr David Bielander bi de Pfyffer. Drzue no dr 3. Rang vo dr Drummlergrubbe. Im Geegesatz zer Basler-Zytig schtimmt do die Uffschtellig.
D Pfyffergrubbe isch im e harte Wettschtryt mit dr Spale- und dr Seibi-Glygge gschtande und s Resultat isch vermuetlig gnabb ze Gunschte vo dr VKB-Grubbe ussgfalle. In däre Grubbe sin dr Dieter Cattelan, dr Stephan Münch, dr Dieter Steffen, dr Thomas Grieder, dr Fritz Fischer und dr Urs Stebler drby gsi. Ihre 10. Värs isch scho rassig gsi, fir myni Begriff fascht e bitz z schnäll.*

*Dr Dieter Cattelan aber het gmaint, si haige d Verschpeetig uff d Marschtabälle wider welle uffhoole. Bi dr erfolgryche Drummlergrubbe bi de Junge isch dr Markus Hauger, dr Patrick Rhyn und dr Daniel Bär drby gsi.
Laider ka me vo de ibrige Dambuure nit Glychs brichte. Si sin, was unverschtändlig isch, alli in dr Vorusschaidig hängge blibe oder hän gar nit mitgmacht.*

27. Hornig – 4. Meerz – s Drummeli

S Drummeli, d Visytekaarte vo de Schtammglygge, schtoot for dr Dire.
Jedes Joor s glych Brobleem. Was mache mr, ass es dätscht und alli zfride sin? Verglemmi, das Joor hän mr no Jubileum. Vyyl zschpoot hän mr aagfange z iberlegge. Mr hän gmaint, joo das glabbt denne scho. Kasch dängge. Allerlai isch no bassiert. Dr Migger het gsait, dasch e Saich, dr Megge maint, das miess me eso mache, jede het no sy Sämpf welle drzue gä.
Aber was sell das, mr glaube e jede, wo inere Glygge schafft und aggtiv isch, kennt die Brobleem.
Afin. Nodäm mänggi Fläsche Bier und Wy dr Hals ab gurglet isch, hän mr s Gfiel gha, jetze hän mr s Ei vom Columbus gfunde. Nonem Drummeli hän mr is denne gsait: s isch wirgglig s Ei gsi. Vo Aafang aa isch is glaar gsi, ass die Junge s erschtmool d Lampe vom Kiechli zem Waggle bringe selle.
Denn grad aaschliessend ganz sicher die 100jeerigi VKB. Die Aggtive vom «Schtamm»

Die 50jehrigi Jungi Garde mit dr Drummelschuel am Drummeli under dr Laitig vom Ruedi Maurer.

D Jubellampe vom Schtammverain, wo dr Dominik Heitz gmoolt het.

und dr «Alte Garde» hän derfe mitmache. En ächt Zaiche, ass mr wirgglig ai Gsellschaft sin.
S isch au s erscht Mool, ass e jungi Garde grad diräggt vor em Schtammverain uffdrätten isch. So quasi im Multipack. Mr glaube au do het d VKB ebbis praggtiziert, wo fir die andere Glygge wägwysend sy wird. Fascht wärs no vergässe worde, fir dr Drummelisamschdigoben isch en Yylaadig vo den Agfrässene do gsi, mit ene zämme imene gmainsame Zug in ihre Käller z zieh und dert e bitzeli wyterzfeschte. S sell schyynts e baar beesi Abschtirz gä haa. Well mr grad so nätt dra sin, mechte mr au grad no dr Värs, wo d Frau Faasnacht uff dr Bihni verzellt het, presentiere und fir die Wunderschyybe und em Prachtsmaie, wo mr gschänggt griegt hän, danggerscheen saage.

Die Glygge, wo me do ka seh,
Das isch si jetz – die Vau Ka Bee
Wo doo – «in Dulci Jubilo»,
Ihr Hundertjährigs ka begoo.

Scho hundert Joor zellt d Vau Ka Bee
Zer Basler Fasnachts-Hautvolee
Und lauft im alte Fasnachts-Schritt,
Syt achtzäävierenachzig mit.
Zwoor bhaupte d «Ueli» unverfroore,
Si syge vor Eych scho geboore
– Doch lehn mr das – syt hundert Joor,
Sinn Ihr e Gnuss fir Aug und Ohr,
Denn Pfyff- und Drummelqualiteet,
Das isch e Vau Ka Bee-Signet.

In däne hundert Joor, dasch gwaltig,
Gitts numme grad ai Glyggespaltig:

S het anno nyynzäähundertacht
S erscht – und au grad s letscht Mool gracht;
Dr Noowux – quasi d «Filia» –
Die nennt sich hit «Olympia».
Und baidi derfe – ohni Schand –
Hitte stolz sy uffenand.

Mit dääre scheene Fasnachtsschybe,
Wo s Comité Eych hit duet rybe,
Duen ich, well Ihr dien jubiliere –
Eych ganz ganz härzlig gratuliere.
Ich winsch Eych Esprit, Witz, Humoor
Au fir die näggschde hundert Joor.
Das winscht der ganze Vau Ka Bee
Vo Härze: s Fasnachts-Comité.

Aber leen mr doch alles uff dr Syte und lääse mr, was e Drummel- und Pfyfferschieler und nohär e Drummler uss em Schtammverain zbrichte hän.

Sonntag, 26. Februar, 5.45 Uhr, Tagwache. Warum so früh aufstehen? Sonst stehe ich immer um…, aber lassen wir das.
Schlotternd und mit dem Kopfkissen im Gesicht abgezeichnet stehen wir hinter dem Küchlin. «Warum so früh? Wir kämen ja sowieso erst um Viertel nach acht dran», sagte man uns. Also marsch in den Zivilschutzkeller zum Piccolostimmen. Punkt Viertel nach acht stehen wir endlich auf den Brettern, die für viele die Welt bedeuten. Für uns ist es ein einmaliges Erlebnis, das nicht so schnell vergessen werden kann. Denn die sieben folgenden Tage sind eine Bestätigung für unsere Anstrengungen und den grossen Übungsfleiss.
An der Premierenvorstellung stehen wir nun

s Schlussbild mit de Pfyffer zämme mit em Wettschtaimarsch und eme Vorschpil, wo vom René Brielmann gschribe worden isch.

also, diesmal schlotternd vor Aufregung und Spannung, unter der Bühne im Warteraum. «Jungi VKB uff d Bihni», tönte es aus dem Lautsprecher. Wir strömten in einem wilden Durcheinander auf die schwach beleuchtete Bühne. Während die Sans Gêne vor uns das Läggerli mit eingebauter Triko(h)lore zum besten gibt, stellen sich die Tambouren auf, so gut es geht. Noch während dem Applaus für die Sans Gêne geht der hintere Vorhang hoch. Die Tambouren richten sich aus und nach wenigen Sekunden leuchten die Scheinwerfer auf. Die Trommelschule kann beginnen. Wir Pfeifer warten hinter der Bühne und konzentrieren uns auf unseren Auftritt. Letzter Neunerruf und es ertönt grosser Applaus, den sich die Tambouren redlich verdient haben. Nun sind wir an der Reihe, jetzt gilt es ernst. «Wettsteinmarsch, vorwärts, marsch!» Also schmettern wir unser Vorspiel in die Ränge. Nach unserem Vortrag können alle Pfeifer und Tambouren mit dem Auftritt zufrieden sein. Der grosse und langanhaltende Applaus entschädigt uns. Wir sind alle sichtlich erleichtert... und das neun Vorstellungen.

Bis zur letzten Vorstellung am Sonntagabend verliefen die Auftritte ohne besondere Ereignisse. Aber an der neunten und letzten Vorstellung ist während unserem Auftritt doch einiges los. Nach der Trommelschule kommt wie aus dem Nichts eine Ehrendame auf die Bühne und überreicht Ruedi Maurer eine goldene Medaille samt einem Blumenstrauss. Beim Einmarsch der Pfeifer entdeckte man unter ihnen einen ziemlich grossen, schlanken Jüngling. Man darf dreimal raten, wer es gewesen ist? Unser Pfeiferlehrer, Beat von Wartburg, wollte es zum Abschluss auch noch wissen. Zur Heraufsetzung des Durchschnittsalters sorgte freundlicherweise auch unser Obmann als Transparentträger.

Den Verantwortlichen für diesen erfolgreichen Auftritt möchten wir im Namen aller den herzlichsten Dank aussprechen.

Thomas Locher
Thomas Stebler

No nie het e Drummeli-Uffdritt so vyyl zreede gäh. S Maximum, e Bombe und ähnligi Superlatyv sin in däm Zämmehang gnennt worde. Zuegäh, s isch au e Bombe gsi. Sogar d Basler Zyttig het lobendi Wort gfunde. Dr Schpräcker vom Radio Basilisk het sich fascht iberschlaage und in dr Begaischterig inne sogar vergässe z schtaggele. D Propaganda-Zentrale vom Zircher-Verkehrs-Verain, in unsere Braitegrad au bekannt underem Namme «Fernsehen der deutschen und rätoromanischen Schweiz», het unsere Uffdritt filme welle. Laider isch däne Dubeli zmitts drin dr Film ussgange! He jo, s isch halt scho nit grad aifach in Meter pro Minute z rächne und fir e Zircher scho gar nit. Die filme vyl lieber e Verschiebig von ere Zircherbrugg. Das goht eso langsam, ass dr Film 10 Mool ka ussgoh, ohni ass ebber ebbis merggt, und hän erscht no die heecheri Yschaltquote (in Ziri).

Vor langer Zyt scho het me sich bi uns in dr VKB agfange Gedangge mache iber dä Drummeli-Uffdritt. Am Aafang hets eso uusgseh, as giengs nit ohni neyi Märsch. Es hät solle e Marsch sy, wo nit numme ney isch, nai, wo zuedäm no vo mene so beriemt als meeglige gschribe worden isch, und erscht no d Drummeli-Bsuecher ab de Schtiel grisse hät. Das isch nadyrlig schwär. Bsunders wenn me an gwissi neyi Märsch denggt, wo mr in dr jingere Zyt uffgfiert hän, ka me wirgglig nit vo Begaischterig reede. Drum ischs villicht au z begryffe, ass die, wo so ebbis Neys mien lehre, au nit grad begaischteret sin. Item, me het drno au no ebbis Uraltem ummegluegt mit glych wenig Erfolg. Was macht me in soonere verzwiggte Situazion? Me gryfft uff ebbis Altbewärts zrugg! Zem Byschbyl uff d Pfyffer-Retraite. Me ka das als Verläägehaitsleesig aluege. Me ka dr Laitig e Mangel an Motivazionsvermeege oder e Mangel an Autoriteet vorwärfe. Me ka de Damboure und Pfyffer Glychgiltigkait, Phantasyloosigkait oder ganz aifach Fuulhait vorhalte. Worum den au? Mr hän Erfolg ka und wie! Mit ebbis Altbewärtem. S hän (fascht) alli kenne mitmache und zaige, ass mr e Fasnachts-Glygge sin und kai Rhythmus-Grubbe, kai Muusiggsellschaft und au kai Simfony-Orcheschter mit Solischte.

Weniger Erfolg het d Sujetkommission gha mit ihrem erschte Vorschlag, nämlig as hundertjehrigi Manne in Schwarz und Gummilarve uffzdrätte. Vo dr Idee här ebbis Glunges und Luschtigs. D Mehrhait vom Schpil het das aber nit luschtig gfunde und in ere Versammlig abglähnt. Dr zwaiti Vorschlaag, ass Ueli uffzdrätte, het Zueschtimmig gfunde und zue däm wunderscheene, unvergässlige Bihnibild gfiert. Mr hän drfir au vyl Applaus byko und Applaus isch das, wo schliesslig und ändlig zellt am e Drummeli.

Hansjörg Thommen

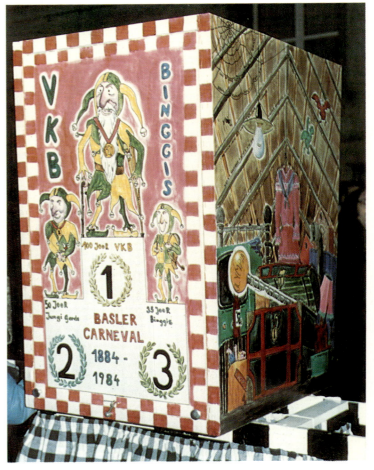

Die räschtlige Ladärne im Zug. Obe die vo dr Alte Garde, vom Otti Rehorek gmoolt, unde linggs die vo de Junge, vom Robert Sterchi und drnäbe s Binggisladärnli, vom Philippe Thommen gmoolt.

So das wärs.
Jetze leen mr no e bitzeli d Bräss schwätze.

12. – 14. Meerz – Faasnacht

S Drummeli isch erscht e Wuche verby gsi und ändlig isch das vor dr Dire gschtande, wo mr scho lang druff gwartet hän. Unseri Jubelfaasnacht.

Alles, wo vorussgangen isch, het me vergässe. Die vyyle Süscheesitzige, d Broobe, s Schtoffyykaufe, d Brobleem mit de Kinschtler und Schnyydere, s Larve modeliere, denne s kaschiere und s aabasse, s Requisyte baue und was es no alles bruucht. Schloofloosi Nächt, beesi Werter, alles isch nimme exischtänt gsi, wo mr s Resultat vo unsere Bemiehige gsee hän.

Unsere Blaan, die ganzi VKB in aim Zug laufe zloo, het ghaue.

Unseri Süschekommissione hän hervorragendi Arbet glaischtet.

309 Maa immene Monschterzug vo ebbe 350 Meter. So ebbis hets no nie gää.

Voruss 5 Vorryter.

Denn dr Schtamm mit 50 Drummler und 48 Pfyffer, die Alti Garde mit 17 Drummler und 17 Pfyffer, die Jungi Garde mit 21 Drummler und 16 Pfyffer und d Binggis mit 17 Drummler und 10 Pfyffer.

Drzue nadyrlig die vier schtramme Dambuurmajoore.

Dr Vortraab vo 104 Maa verdailt uff Wääge, Droschgge und Fuessvolgg, isch nit numme zwische de Grubbe aazdräffe gsi, sondern au linggs und rächts drvoo. D Schpiillyt alli in de glyche Goschdyym wie anno 1884.

D Dambuurmajoore alli in gääl und schwarz, d Dambuure alli in häll- und dunggelroot und d Pfyffer alli in häll- und dunggelblau. D Vorträäbler alli in verschidene Goschdyym, eso wie me si uff em erschte Helgge vo de VKB dytlig gsee kaa.

«D Rieblizupfer», e befrindeti Waage-Glygge (die maischte sin Passivi bi de VKB), hän uff iiri aigeni sälbschtändigi Faasnacht verzichtet und hän mit zwai Wääge in unserem Zug mitgmacht. Uff em Muusigwaage, wo fascht ohni Underbruch gfäggt worden isch, sin liebi und langjehrigi Frind vo dr Glaihynigermuusig gsässe.

Sunntig-Morge punggt Elfi, Vorschtand-, Ehremitgliider- und Geschteaperitif.

Sunntig-Nommidag am Vieri, Faasnachtssitzig vom Schtamm und dr Alte Garde im «Alten Warteck».

Aaschliessend Ladäärneabhoole.

ROUTENPLAN FASNACHT 1984

MORGESTRAICH

04.00 h	Warteck
04.40 h	Rümelinsplatz an
05.00 h	Rümelinsplatz ab
05.30 h	Casino an
06.00 h	Casino ab
06.20 h	Börse/Stadtkeller an
06.50 h	Börse/Stadtkeller ab
07.20 h	Rheinfelderhof an
08.00 h	Rheinfelderhof ab
08.15 h	Warteck an

MÄNTIGNOMMIDAG, USSERI ROUTE

	VARIANTE I	VARIANTE II
Muschtermäss ab:	13.00 h	13.00 h
Börse an	14.00 h	14.00 h
Börse ab	14.45 h	14.45 h
Barfi/Casino an	15.30 h	15.30 h
Barfi/Casino ab	16.15 h	16.15 h
Drachen an	16.45 h	
Drachen ab	17.30 h	
M/S Stadt Basel an	18.00 h	
M/S Stadt Basel ab	18.45 h	
Rhybrugg an Nachtessen	19.00 h	
(Warteck/Schöneck) Nachtessen	19.20 h	
M/S Stadt Basel an		17.15 h
M/S Stadt Basel ab		18.00 h
Riechetorstr./Dupf an		18.30 h
Riechetorstr./Dupf ab		19.00 h
Rhybrugg an Nachtessen		19.15 h
(Warteck/Schöneck) Nachtessen		19.30 h

MITTWUCHNOMMIDAG, INNERI ROUTE

Kartausgasse/Waisenhaus ab	13.00 h
Brunngasse/Glogge an	14.00 h
Brunngasse/Glogge ab	14.45 h
Casino an	15.15 h
Casino ab	16.00 h
M/S Stadt Basel an	16.30 h
M/S Stadt Basel ab	17.15 h
Wartegg an Nachtessen	18.00 h
Wartegg ab	19.45 h
Rümelinsplatz an	21.00 h
Rümelinsplatz ab	21.30 h
Barbarakeller an	22.00 h
Barbarakeller ab	23.00 h

anschliessend gemäss Tambourmajor

Im Hof vom Thomas Platterschuelhuus het fir die maischte die erschti Begegnig mit unsere vier Ladäärne schtattgfunde. Mit eme feyne Zug, alli vier Grubbe zämme, het me denne die Ladäärne ins Schtammlokal pfiffe.

Denn wär aigetlig haim in s Näscht uff em Brogramm gsi, aber iber das Thema bruucht me sich jo glaub nit wyters usslo.

Sicher het sich jede dr Routeblaan, wo dr Dambuurmajor uusegää het, beschtens ybräggt. Jo me het schlussändlig de Fraue, Kinder,

Schätz, Frindinne und was es sunscht no alles git miesse mitdaile, wo me ebbe zdräffen isch! Fir schpeeteri Zyte mechte mr dä Faarteblaan au abdrugge. S isch sicher interessant z luege, wie d VKB im 1984 gloffe sin. In 100 Joor laufe viilicht d Zueschauer nooneme Routeblaan, so quasi imene Gsundhaits-Fitness-Faasnachtsmarsch und d Glygge schteen am Märtplatz, oder aber me macht Schtudio-Video-Uffnaame vo den ainzelne Ziig und losst denne s Ganzi iber d Bildschirm flimmere. Wär waiss?

Aber jetze wämmer zerscht emool luege, was an däre Fasnacht bassiert isch. Leen mr doch zallererscht dr Daniel Stebler, e Binggis, iber syyni erschte Ydrigg brichte.

E Kutsche vo dr Alte Garde vor em Comité und s Oggsegschpann, wo d Wääge vo de Rieblizupfer zooge het.

Punkt vier Uhr ertönte das Kommando: „Morgestreich, vorwärts Marsch" Und dann setzte sich der ganze VKB-Zug in Bewegung. Es war ein tolles Gefühl, dabei zu sein. Als echte Kleinbasler sind wir nur rasch über die Brücke gegangen und alle freuten sich zum Schluss auf das Morgenessen im Schöneck

An beiden Nachmittagen ist die VKB geschlossen marschiert. Aus diesem Grunde mussten wir uns immer früh besammeln, denn es ging immer lange, bis wir abmarschieren konnten. Es gab viele Stockungen, Kunststück, mit so einem grossen Zug. Bei dem Halt sind die Grossen in die Baiz gegangen und wir Jungen haben Tee und ein Zweri bekommen. Als Vorträbler habe ich immer darauf geschaut, dass ich nur denen einen Zeedel gebe, die auch eine Blageddte tragen. Schliesslich war unser Zeedel ein Kunstwerk. Das Nachtessen haben wir im Alten Warteck eingenommen. Es gab: Schnitzel - Pommfrit und am Schluss noch Däfeli. Nach dem Nachtessen war für uns Binggis Schluss. Ich durfte allerdings noch mit meinen Eltern gässeln. Es war eine herrliche Fasnacht, das Wetter war ja auch immer schön.

Daniel Stebler

D Ladärne und d Pfyffer vom Schtammverain in dr Claraschtrooss, drhinder dr imposanti Drummlerharscht.

Zwai wyteri Vordräbler-Figuure, wie si au im erschte Zug vo 1884 vorko sin.

Aaschliessend wämmer grad no lääse, was dr Hansjörg Thommen, als «Ueli»-Redaggter und aggtive Drummler im Schtamm, zbrichte het.

Soone Faasnacht!

Dr Ablauf isch scho e bitzeli anderscht gsi wie sunscht an däne baide Nommidääg. Uff jede Fall schtoht fescht, ass dr Kurt Stalder zaubere ka oder iber magyschi Greft verfiegt. Anderscht ischs nit z erglääre, ass sich soone lange Zug so aifach uffschtelle und yfäädle lo het und das no jeedem Halt. Schad isch numme gsi, ass ussgrächnet die Faasnacht no vyl schnäller as anderi Johr verby gsi isch.

Iber dä dreydägig Hehepunggt gits aigetlich nit vyl z schrybe. Jeede Aggtive erläbt d Fasnacht sowyso anderscht. S git kai Ydrugg, wo fir alli basst, usser aim und do sin sich alli ainig: s isch die allergreeschti vo alle Bombe-Fasnachte gsi! Worum? Ebbe, fir dr ainti wäge däm und fir dr anderi wäge sällem. S het aifach alles gschtimmt. Mr sin am Mäntig- und am Mittwuch-Zoobe no gar nie so lang so vyl gsi. Worum? Ebbe...

D Ydee, dr Zug vo 1884 noonemoole uff d Bai z schtelle, isch e groosse Erfolg worde. Scho numme d Muusig uff em ainte Wage! Oder die zwai Oggse, wo dr ainti bi jeedere Gläägehait abglääge isch! E fanatische Dubel het zwor e Mais gmacht und vo Dierquälerey gschwätzt.

Wohrschynlig isch das aine vo däne, wo dehaime e Bärnhardyner in ere Aizimmerwohnig, e Goldfisch im ene Zahnglas – oder sogar e Kanarievogel in ere Muusfalle het. Drby kenne die zwai Oggse jo gar nyt anders as numme Wääge zieh.

S het fascht z vyl Superlatyv gha. Prachts-Goschdyym, Prachtslampene, Prachtswääge, Prachtswätter. D Lyt am Schtroosserand sin nit immer druss ko (und wenn kemme die scho druss). Scheen sin zem Byschbyl d Kommentar und d Frooge wääge unsere Holzdrummle gsi: «Si, wievyl koschtet soone Drummle?» «Fimfdausig Franggge.» «Was, soo vyl! Het denn das jede kenne zahle?» «S het kaine ebbis miesse zahle, mr hänn die Drummle zem 100jehrige Jubileum gschänggt griegt.» «Was Si nit sage, vo wäm, wenn i frooge derf?» «Vom Comité.»

Wo die Alti Garde duregloffen isch und hinde dra d Binggis neecher ko sin, maint e Schweebene zue ihrem Maa: «Na sieh mal Karl-Heinz, dort hinten kommt dieselbe Kapelle noch mal!»

S isch e Risegrampf gsi fir alli, wo gholfe hän, so ebbis Aimooligs uff d Bai z schtelle. S isch aber au e Riseplausch gsi und vor allem e groossi Befridigung, wenn me ka saage: mr sinn aako! und wie!

Jetze leen mr no e bitzeli d Zytigsschryyber, d Zeedeldichter, d Schnitzelbänggler und anderi Poete z Wort koo.

Basler Zeitung

D'UELI 1876
winsche de VKB 1884 e gliggligs Jubiläumsjohr
314146
28 03-355821

Ladärnli vo de Schlisselkinder

Ueli sind älter...
108-ung!

Weiter im Text
1000 Jahre VKB

Kaum hatte sich die Kunde von der Entdeckung des olympischen Ur-Fasnächtlers verbreitet, als das Staatsarchiv mit der nicht minder aufsehenerregenden Mitteilung aufwarten konnte, aus einem soeben aufgefundenen spätkarolingischen Dokument lasse sich beweisen, dass die Existenz der VKB ins Jahr 984 zurückzudatieren sei. Es handelt sich dabei um einen Bussenzettel, datiert aus Basilea vom 12. März 984 wegen Übertretung des Trommelverbots. Der Text lautet: «Item sollent gebuesset werden die Mannen von der Kliken Vereinigte Klingental-Brüder wegen lautem Getrumme und anderem mummenschäntlichen Unfuog, so si getriben hant um vier Uhr in der Fruhe. Die Trummer sollent in den Schuldturm geworfen werden und 100 Gulden zahlen.»

Bei der VKB löste diese Nachricht begreiflicherweise grossen Jubel aus. Der Vorstand beschloss sofort, die Jubiläumsfeierlichkeiten im Kleinen Klingental abzuhalten, mit einem Buffet von Stucki und den Berliner Philharmonikern unter Karajan, die zum Tanze aufspielen. Zudem wurde an Menotti der Auftrag vergeben, eine Oper «Trommeln in der Nacht» zu komponieren, deren Uraufführung im Stadttheater stattfinden soll. Das Motto zu den Feierlichkeiten lautet:
's wird alles gmacht,
Confetti-Schlacht,
Bis d'Schwarte gracht.
Wär het do glacht!
In voller Pracht
Glänzt d'VKB
Was wottsch no meh,
Du wirsch's denn gseh
Herjemineh!

En Ueli vor 108 Joor...

Sensationelle Entdeckung! Die Fasnachtsgeschichte muss neu geschrieben werden – und die VKB kann am hundertjährigen Zorn kauen: D'Ueli sind älter! So heisst ihr diesjähriges Sujet:

108-ung, d'Ueli kemme! Und sie kommen dann auch mit Trommelwirbel-Tempo 108.

Die berühmte Tambouren-Gruppe, die also bereits 1876 als «Basler Ueli» zum ersten Mal gelaufen sein soll (es handelt sich damals allerdings um die Vorfahren, wenn man das jetzt auch nie vermuten würde!), die «Ueli 1876» also können ein Signet vorweisen, das bereits vor 108 Jahren in einem Eugen-A.-Meier-Buch «Von Basels Ueli und Faadespueli Bd. 49» erschienen ist.

Auch die «junge Garde» wird im Signet gezeigt: zwei lustige Kinder-Ueli mit Narrenstab – aus der Gründerzeit dieser jungen Garde sind die heutigen Stammväter hervorgegangen (Gründerzeit: 1902!)

Es bleibt abzuwarten, wie sich die VKB gegenüber den gehobenen (Alters)ansprüchen dieser Gruppe stellt...   *-minu*

Ganz einzigartig in ihrer Form d'Jubel-Lampe der **VKB**. Sie entspricht ihrer Vorgängerin, die man vor 100 Jahren bereits durch die Gassen getragen hat – die Clique jubiliert also (mer gratuliere härzligg) ganz nach dem Motto: VKB – V-olk, K-urliger B-rieder!

Und dann endlich die Hundertjährigen! D'VauKaBe, D'Binggis, die Jungi Garde, dr Stamm und die Alti Garde – alli kemme genau glych. In de Zugs-Gossdym vom Basler Carneval 1884. Landsknächtig mit uffgschlitzte Ermel. Gääl-Schwarz dr Dambourmajor. Und dann die anderen in Rot-Rosa, Blau-Türkis, etc. Imposant!

doppelstab

Perseenlig

S'**Zyschtigszigli 1677**
wynscht de **UELI 1876** und
dr **VKB 1884** e scheeni Fasnacht

342936   03-53315

Fasnachtsclique Junteressli

V atter
K asch
B lybe

In letschter Zyt isch das diräggt e Sychi,
wie mänggi Clique – groossi, glaini, rychi –
ylade dien zum digge Schnabuliere
und im illuschtre Rahme z jubiliere!
Das isch e Liechtbligg zmitts im Johr, e hälle,
und denn e Grund nadyrlig fir e Wälle!

Mit vyl Brimborium gits Glunges z gniesse,
will alli doch dr Vogel wänn abschiesse!
Bi jedem Fescht bikunnsch denn au z verstoh:
D Witzbolde vo dr Fasnacht gits nur doo!

Als jungi Clique kunnsch dr munzig vor,
wenns jetz haisst, d VKB sig 100 Johr!
Mir finde das nadyrlig ganz enorm,
bewundere die männlig Cliqueform,
wo ganzi 100 Johr lang iberläbt
und stramm an ihre Traditione gläbt!

Fir uns duet sone Byspil glatt bewyse:
D Verainslimaier kenne kaini Krise!
Bi sovyl Super-Helde uff aim Huffe,
wo pfyffe, ruesse, schwaudere und suuffe,
sin 100 Jehrli doch e Glainigkait,
drum sage mir zue däre Jubelfraid
und zum Erfinder vo däm Fasnachtsstrybe
mit Iberzygig: **V** atter, so **K** asch **B** lybe!

Mir fraien ys an Jubelfyr und Feschter,
mit Drummler, Pfyffer, Jodler und Orcheschter,
Konzärt und Ehrig, Feschtaggt und Bankett,
Spaghetti, Burgers oder Schwynsgotlett,
Blaggedde und Medaille, Zirkus oder Zält,
mit Chronik, Foti, Helge, Stich und Gmäld,
mit alle Clique-Gschwälli uff ai Dätsch,
e Huuffe Gschichte, Gschyss und Gschäär und Grätsch,
mit Reede, Gschwaafel, Gschängg und Reveränz,
mit Präss und Basilisk und Prominänz,
mit Epesses, Fendant oder Römerbluet,
mit Gescht und Comité und Eel am Huet,
und sage froh zum Grinder vo däm Trybe
mit Iberzygig: **V** atter, so **K** asch **B** lybe!

Ob 50, 60, 75 Johr,
ob 100 jetz, das kunnt uns zimftig vor!
Und wemme d Jubelbiecher duregnaisst
und stuunend liist, was Fasnacht mache haisst,
und feschtstellt, was fir Sibesieche amme
am Wärgg gsi sin mit Doublé, Babbe-Mamme,
mit Pfyffermärschli und Ladärnemoole,
mit Saft und Kraft fir d Clique-Gloriole,
denn waisch als jungi Fasnachts-Kreatur:
Dasch Kunscht! Dasch Muusig! Dasch Kultur!

Mir kenne uus däm allem numme lehre
und s Alter respektiere und au ehre!
Und will mir halt uffs Fasnachtmache stehn
und haillos gärn im Goschdym ummegehn,
am Drummle und am Pfyffe hänn dr Spass,
zum Dail, dasch klar, als "Drache uff dr Gass",
drum sage mir firs hittig Fasnachtstrybe
zum alte Babbe: **V** atter, so **K** asch **B** lybe!

Wettbewärb:
108 Joor Fasnachtsgschicht

D Wettbewärbsfrooge: Wie hänn die baide eltschte Fasnachtsinschtituzione by ihrer Grindig ghaisse?

1. VKB 1884   ☐ Verbund Konditer + Begge
              ☐ Vereinigte Kleinbasler
              ☐ Verbindung Kandertal – Basel

2. UELI 1876 ☐ Basler-Ueli
              ☐ Uli Carnaval Bâle
              ☐ Urner Erwachsenen-Lieder-Instanz

Dr Ysänder vo dr richtige Leesig gwinnt e

** Bon fir e Guetschyn zem «Volggsfescht 100 Joor VKB»**.

By mehrere richtige Ygoobe entschaidet e Lotto uff em Korrespondänzwäg unter ärztliger Uffsicht.

Wir wollen faire Fasnacht!
Kumm mit, mach dr erschti Schritt.

Teilnahmeberechtigung
Alter: geb. 1876 oder 1884
Beruf: Fasnächtler oder Talerschwinger
Kenntnisse über Fasnachtsgeschichte erwünscht.
VKB-ler und Ueli 1876-Angehörige sind von den erwähnten Bedingungen entbunden.

Mir gratuliere de VKB
zer 100schte Fasnachtskonzession

Im Namne vom Gratulations-OK
dr Ehrepresidänt: Ueli Ulricht

Dem Robi Juen sein Märschli «S. Rhygold» heften sich die **Passgänger** ans Fanion

Dä Marsch, s isch klar, do git s nyt z biggle,
wird sich dangg uns zem Hit entwiggle,
es wird em woorschynts sogar länge «die Alte» vo Platz 1 z verdränge
und wenn is d Reemer denn no heere
und ihre Duume uffe keere
no sinn – dangg «Rhygold» – mir,
wirsch see
besser no as d VauKaBe!

Baslerstab

Noch bevor der Cortège überhaupt begann, machten die jubilierenden **Vereinigten Kleinbasler** schon vor halb zwei den Versuch, beim Claraplatz in die Route einzubiegen. Doch galt es zu warten: Andere Cliquen drängten sich ebenfalls so früh vors Comité im Kleinbasel. Dafür konnte man den 100-Jahre-Zug der VKB in Ruhe bewundern: Gleich fünf Vorreiter liessen die Kleinbasler Jubelmänner vortraben, dahinter eine veritable Blasmusik wie um die Jahrhundertwende noch üblich. Doch die Musikanten durften sich im Pferdewagen durch die Stadt fahren lassen. Dahinter der riesige Harst der blauen Pfeifer und roten Tambouren in ihren geradezu vornehmen Kostümen alter Schweizer Reisläufer.

SCHLISSELKINDER

Mir sinn ganz eerlig, mir hänn welle
e digge Zuug denn aanestelle.
Doch beschaide, wie mr sinn,
hämmer gsait, das liggt nitt dinn.
Mir kennes uff kai Fall rysgiere,
d V.K.B. z konkurränziere.

die Sälbschtändige:
Vivat **K**reseat-**B**loseat

Comité-Schnitzelbängg 1984

d Gloggezinsler

Will me hitte nimm rächt waiss,
Wie me Fasnacht macht,
Git's im Glaibasel Nohhilfstunde
In're Reemernacht.
Wenn's au in dr Muschtermäss
Driiber goht und drundert,
Im Verglych zer V.K.B.
Sin d Reemer nit ganz hundert!

d'Grundele

Sytt zwai Millione Johr duet d Aerde scho rotiere!
Vor 100'000 Johr hesch d Saurier kenne gseh!
5000 Johr dien d Pyramyde existiere.....
und stell dr vor, scho 100 Johr lang d V.K.B.!

Paragraphe rytter

Mit der Jodlermäss foht a in Rom
e ney hailig Johr im Petersdom.
Das hailig Johr muesch au als Vorspil gseh
zem Jubileeum vo der VKB.

d Spassveegeli

Dr Orwell Schorsch het gschriibe, was s 84 bringt
Är het nit iberdriibe — me merggt wie s iberal stinggt!
Die schlimmschte Katastrophe het är zem voruus gsee
Nur nit die allergreschti: Hundert Joor VKB!!

hanslimaa

liebi Dame und Herre doo in
mir sammle und wänn das Sii groosszyygig sin
mir hoffe, dass Sii doo au ebbis dien gää
ans Groos - Defizyyt vo dr V K Bää

Mitwirkende an der Fasnacht

Stammverein

Vorreiter:
Dill Peter
Ehrsam Beat
Hamann Peter
Leuthardt Markus
Wirz Heinz

Musikwagen:
(Musikverein Kleinhüningen)
Hirt Fritz
Meier Josy
Schlienger Marcel
Stettler Ruedi
Stocker Hans
Stürchler Werner
Von Catelberg Primus
Wassermann Ruedi

Mäusewagen:
(Riebli-Zupfer)
Bader Gustav
Brunner Armin
Hofer John
Keller Moritz
Rainer Paul
Strasser Fred

Lotteriewagen:
(Riebli-Zupfer)
Diethelm Robert
Dürr Fredy
Frutig Gustav
Kiefer Hanspeter
Rüesch Hanspeter
Senn Hansruedi

Ochsengespann:
Huber Karl
Rothen Markus
Stohler Werner

Fuhrmann:
Schmid Hans

VKB-Wagen:
Arnold Hans
Heckendorn Paul
Roth Martin
Zeller Werner

Vortrab:
Bolliger Ueli
Bolliger Walter
Engelhardt Gerd
Huber Hans
Huber Paul
Kessler Rolf
Kirchhofer Hans
Mayer René
Roth Stephan
Schmid Fredy
Spycher Fritz
Spühler Armin
Weber Eugen
Wick Hanspeter
Widmer Hansruedi
Zehnder Werner

Laternenträger:
Hoffmann David M.
Hoffmann Florian P.
Koelbing Remigius A.B.
Wittwer Peter
Rusch Adolf

Pfeifer:
Aeschbach Dieter
Aeschbach Urs
Ammann Roger
Arnold Werner
Bader Ewald
Bader Roland
Barth Adrian
Bauer Jürg
Bauer Peter
Bolliger Christian
Bossert Ruedi
Brändle Arthur
Bühler Markus
Burckhardt Jürg
Cattelan Dieter
Dietz Claude
Eschbach Markus
Farine Pierre
Fischer Fritz
Fischer Georges
Grieder Thomas
Grüninger Ruedi
Hamberger Walter
Hauser Markus
Heimlicher Georges
Heitz Ivo
Hipp Beat
Hottinger Ruedi
Jehle Rolf
Kirchhofer Werner
Kunz Marco
Lachappelle Guy
Ledermann Peter
Manser Böbbsli
Manzoni Christian
Michel Dominik
Münch Stephan
Nägeli Werner
Portenier Raymond
Reinschmidt Karl
Schaub Markus
Schmocker Beat
Stalder Kurt jun.
Stebler Urs
Steffen Dieter
Tanner Thomas
Vogt Joggi
Von Wartburg Beat

Tambourmajor:
Lang Walter

Tambouren:
Albrecht Werner
Ammann Peter
Baumgartner Peter
Bertschmann Rolf
Bossert Urs
Cahenzli Robert
Cattelan Victor
Dössegger Jürg
Eng Markus
Freuler Felix
Graf Bruno
Grieder Alfons
Gross Alwin
Hauger Otto
Heitz Christian
Heitz Dominik
Hügi Marcel
Kägi Werner
Kurz Peter
Lachappelle Alain
Lichtenberger Paul
Loeffler Raymond
Mangold Hans
Marrer Peter
Maurer Ruedi
Menton René
Moser Ruedi
Müller Philipp
Nussbaumer René
Ohnemus Kurt
Oppliger Peter
Rader Andreas
Rauschenbach Thomas
Schaub Urs
Schultheiss Hanspeter
Stalder Jürg
Stalder Kurt
Stalder Markus
Stalder Peter
Stebler Hanspeter
Stegmaier Ernesto
Tanner Stefan
Thommen Hansjörg
Thommen Heinz
Thommen Rolf
Thüring Peter
Ursprung Marcel
Weber Roland
Zeier Paul
Zeindler Charly

Alte Garde

VKB-Wagen:
Aldrovandi Flori
Arnold Franz
Weiss Albert

Droschke:
Schlichter Hans
Stalder Otto

Fuhrmann Droschke:
Andreas Furger

Kutsche:
Braun Werner
Kägi Walter
Müller Paul
Sprecher Menz
Weder Josef

Fuhrmann Kutsche:
Heinz Niklaus

Vortrab:
Altermatt Urs
Amrein Franz
Bigler Hans
Blanchard Niggi
Burckhardt Beat
Engel Karl
Frey Max
Hablützel Albert
Jost Georges
Kolb Ernst
Ochs Paul
Pfeiffer Charles
Raisin Jürgen
Schweizer Dänni
Völlmin Reto
Wälle Ernst
Weder Andreas
Zehnder Marcel

Pfeifer:
Albicker Fritz
Bigler Paul
Eichin Werner
Freuler Franz
Greber Alfred
Herrmann Karl
Hügi Koni
Jäggi Erwin
Kaspar Max
Locher Paul
Morf Werner
Pfenninger Edi
Rais Arnold
Rebucci Bruno
Schöpflin Benni
Schuhmacher Ruedi
Weisskopf Ernst

Tambourmajor:
Fricker Gustav

Tambouren:
Bitterli Willi
Brugger Dieter
Bürgin Hanspeter
Dill Ernst
Herrmann Willi
Hoggenmüller Hp.
Horber Egon
Lerch Fritz
Matt Hanspeter
Maurer Max
Menton Max
Müller Erwin
Stalder Ernst
Stalder Roger
Thöny Hans
Willi Ernst
Wolf Robi

Binggis

Vortrab:
Bätscher Rafael
Burkhardt Daniel
Hauger Stephan
Hendry Pascal
Lüthi Pascal
Ruffieux Stephan
Schäublin René
Schöni Benoît
Serafini Markus
Stebler Daniel
Ursprung Marc
Wascher Stefan
Andreoli Aldo
Bär Peter
Schaub Marcel

Pfeifer:
Büttler André
Ferrat Thomas
Herren Markus
Kessler Dominik
Ligorio Antonio
Lutz Alex
Straumann Patric
Sutter Beat
Ueltschi Markus
Ursprung Sacha

Tambourmajor:
Wick Thomas

Tambouren:
Avigni Stephan
Bätscher Cyrill
Betschart Tobias
Brun Oliver
Büttler Sacha
Heinzelmann Guido
Keller Marcel
Kurz Andreas
Mangold Hanspeter
Moesch Christian
Norris Jan
Schlichter Eric
Thommen Philippe
Trächslin Fabian
Uhlmann Roger
Wagner Stephan
Zeier Martin

Junge Garde

Vortrab:
Buxtorf Alexander
Manca Andreas
Melches Max
Schirach Markus
Schnarrwiler Michel
Schneuwly Daniel
Speidel Renato
Stähelin Andreas
Aeschbach Paul
Moesch Roger

Pfeifer:
Bielander David
Born Roland
Hauri Thomas
Hauser Thomas
Imboden Beat
Jehle Michael
Karle Bernhard
Locher Thomas
Mäschli Guido
Policky Serge
Salkeld Robert
Schneeberger Patrick
Schneeberger Thomas
Trächslin Pascal
Wernli Beat
Weber Eugen

Tambourmajor:
Bader Daniel

Tambouren:
Bär Daniel
Dürr Pascal
Graf Martin
Grassi Sven
Grieder Christoph
Grieder Markus
Hauger Markus
Hirt Beat
Hoegel Roger
Hottinger René
Irminger Rolf
Lang Alexander
Lang Michel
Mangold Urs
Meier Stephan
Rhyn Patrick
Ritter Bruno
Scherrer Markus
Stebler Thomas
Suter Yves
Tschudin Urs

Fimf Vorrytter wie si d VKB scho lang nimme gsee het

Dr Muusigwaage mit de Frind vo dr Glaihyniger-muusig.

Dr VKB-Waage 1884 am Mittwuch vor em Comité.

E Chaise vo dr Alte Garde bym Waisehuus uff dr Wettschtaibrugg.

Die baide Rieblizupferwääge. Dr Lottery- und dr Muusfallewaage.

Die Alti Garde vor em Comité.

Obe d Binggis und zem Abschluss vom Zug unde die Junge. Alli nadyrlig au in de glyche Goschdym.

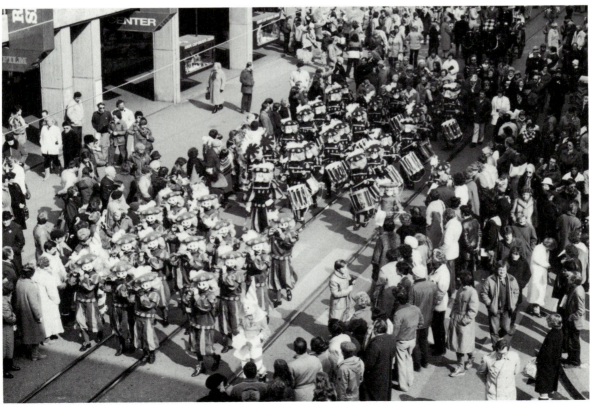

D Ella Rehberg.

D Comité-Schyybe zem Hundertjehrige.

E bitzeli allgemaini Schtadischtigg isch glaub au no am Blatz. Nit fir uns, nai fir d Lyt, wo das Buech schpeeter emoole lääse dien.
Im Jubeljoor vo de VKB hän im Ganze 463 Ainhaite (dasch en Ussdrugg vom Comité) an dr Schtroossefaasnacht mitgmacht. Es sin das gnau 20 mee als 1983.
Zämmegsetzt het sich dä Faasnachtswurm uss

  37 Schtamm-Glygge
  22 Alte Garde
  38 Junge Garde
  11 Buebezigli
 131 Pfyffer- und Drummlergrubbe
  65 Gugge-Muusige
  97 Wääge
  16 Chaise
  30 Grubbe und
  16 Ainzelmasgge

Die baide Route sin säggsehalb Kilomeeter lang gsi und dr Wurm, wo driiber groppled isch, zwische zää und zwelf Kilomeeter. Ebbe e Drittel het also immer miesse inere Baiz hogge.
Wenn me das liist und mit de Zaale, wo vor 1900 aggtuell gsi sin, verglyycht (1884 = 25 Zig), ka me sich guet vorschtelle, was fir en Uffschwung vor sich gangen isch.
Nit vergässe wän mr au unseri liebe Frind, wo iber dää ganzi Faasnachtswurm wache dien. Gmaint isch doodrmit s Comité, wo in unserem Jubeljoor uss folgende Mitgliider bschtoot. Als Eerenoobmaa dr Philipp Fürstenberger, als Obmaa dr Felix Musfeld, denne dr Roger Baumann, dr Werner Edelmann, dr Hanspeter Löw, dr Peter Lotz, dr Ruedi Meier, dr Werner Muster, dr Hans Georg Oeri, dr Alfred Sarasin, dr Walter Strasser, dr Karl Wissel und als Ängel und Seggredäärin d Ella Rehberg, wo s Comité, sämtligi Faasnächtler und iberhaupt die ganzi Faasnacht im Griff het.
Schtellverträttend fir alli schtille Hälfer, die joorzääntilangi gueti Zämmenarbet mit em Comité, sell si do bi uns VKBler e glai Dänggmool griege.
Wie allewyl no dr Faasnacht, kemme no die soo beriemte Bimmel zem Zug. Das sin die Ussmäärsch, wo sich mängge vyl mee druff fraie duet, ass uff d Faasnacht. Dasch doch dää Hehepunggt, wo me sich in dr Freye Schtrooss so richtig zaige und presentiere ka.
Zem Gligg hän mir kaini settige in unsere Grubbe!

Aber leen mr jetze zerscht emoole dr Serge Policky, dasch e Pfyffer vo dr Junge Garde, brichte.

25. Merz – dr Bummel vo de Junge

Das Johr simmer wideremool no Balsthal gfaare, nodäms is s letscht Mool so guet gfalle het. Und me ka aimool meh saage, ass dä Bummel e Erfolg gsi isch.

Am Morge simmer mit vier Auticar bis vor s Hotel Rössli gfaare und hän dert zem Gligg grad in groosse Saal kenne, will dusse e sibyrische Wind bloose het.

Kuum isch dr letscht an sym Blatz gsässe, isch au scho s Ässe ko. No däm ippige Ässe isch d Närvosideet, vor allem bi de Glaine, schtargg gschtige, denn dr erscht Uffdritt im Brogramm het de Binggis gheert. Mit eme guete Vordrag, nämmlig em Gluggsi, hänn si s Publikum in Schtimmig brocht.

Drno isch d VKB-Chronig uff s Korn gnoh worde. Vo dr Grindig bis zem Jubeljohr isch alles uff e haiteri Art drakoo. Zem die arg schtrapazierte Lachmusggle wider z entschpanne, isch me denn go gässle. Zwai Schtund hämmer no drummlet und pfiffe bi scheenschtem Sunneschyn und blauem Himmel.

S het ghaisse yschtyge und an Aescheblatz zrugg faare. Vo dert ischs loosgange und in aim Zug d Freye durab bis uff e Märtblatz. Dert hän sich d Binggis vo de Junge verabschidet und sin ellai em Alte Wartegg zue. Die Junge hän noonemoole e Kehr gmacht und sinn uff die Zähni im Schtammlokal ymarschiert.

Me het zem letschte Mool dr Wettschtaimarsch samt Vorschpil vordrait und het eso ändgiltig von ere heerlige Faasnacht Abschid gnoo.

D Wuche druff sin denne die Alte am Bummle gsi.

1. April – Bummel vom Schtamm und dr Alte Garde

S isch e feyne Bschluss, wo me vor vyyle Joore gfasst het, ass me – gmaint isch dr Schtamm und die Alti Garde – alli fimf Joor dr Faasnachtsbummel mitenander durefiert. So ischs au das Joor gsi. Mir Aggtive finde das guet. S git e Kitt und ferderet s Verschtändnis zwüsche alt und jung.

Bevor mr dr Werner Kägi brichte leen, d Yylaadig zem Jubel-Bummel.

1884 **1984**

YLADIG JUBEL-BUMMEL

Sunntig, 1. 4. 1984

's Programm vom 1. April 1984

Am viertel vor Nyni
   isch Besammlig an dr Schiffländi, wo au dr Drummle-Verlad organisiert isch.

Punggt Nyni
   goohts uf d' Bärgfahrt mit dr MS/Stadt-Basel Uffem Schiff wird e z' Morge offeriert.

Am halber Zwelfi
   kemme mr in Rhyfälde aa und sin e viertel Stund speeter im Feschtsaal.

Am halber Ains
   FESCHTBANGGET

Am viertel vor Fimfi
   laufe mr an Bahnhof in Rhyfälde.

säggs ab Fimfi
   isch d'Zug-Abfahrt no Basel.

zwanzig ab Fimfi
   kemme mir in Basel aa, wo-n-is d'Fraue, d'Kinder, d'Frind und d'Frindynne abhoole.

Am viertel vor Säggsi
   isch Besammlig vor em Hotel Hilton. Dert sin au d'Drummle barat.

Punggt Säggsi
   haisst's:...... Vorwärts Marsch, uff d'Gass bis...

Am Zähni
   Im Alte Warteck isch denn dr JUBEL-BUMMELSCHLUSS-JUBELTRUBEL Me ka ässe (glaini Spezialplättli), dringge und danze bis am Fyroobe.

Dr Ablauf vom Jubileums-Fasnachtsbummel gseet me uff dr näggschte Dobbelsytte.

Rund um dr Faasnachtsbummel

Fir dä Bummel, wie ibrigens au fir alles anderi in däm Jubileumsjohr, hetts e gresseri Organisazion bruucht, scho numme, well mr vyl meh Lyt gsi sinn ass suscht (Alti Garde, Rieblizupfer, Schtamm und e Huffe Passivi) und well men allgemain ebbis Bsunders erwartet hett. So hett sich s OK au uss Mitglider vo den erwähnten Aggtive-Grubbe zämmegsetzt, nämmlig em Hans Bigler, Guschti Fricker, Bruno Graf, Johnny Hofer, Walti Lang, Pauli Müller und em Werner Kägi.

Dr aint hett sich um d Ylaadige und Aamäldige kimmeret, en andere um e Transport, dr näggscht um e Maagefahrteblaan und wider en andere um en Unterhaltigsdail.

Bereits im Herbscht 1983 isch me zämmeko und hett die ainzelnen Ämtli verdailt. Am 19. Novämber hett is dr Guschti Fricker zeme Probe-Ässe ins Rest. Kurbrunne z Rhyfälde yglaade. Mr hänn das gärn uff is gno, hämmer doch eso en Ydrugg biko, wie d Lokalideete sinn und was fir Gschiir ass si hän. Wo theoretisch alles gschtanden isch, hämmer is uff e glatte Bummel kenne fraie.

Am 1. April 1984 isch es denn eso wyt gsi. Dr ainzig, wo «gschpränggt» hett, isch dr Petrus gsi – s hett nämmlig gschifft wie verruggt. Sinnigerwys hämmer is jo au an dr Schifflandi droffe, wo mr am Nyni demorge mit dr «MS Basilea» abglegt hänn. D Drummle sinn nit mit no Rhyfälde gno worde; si hänn im e Laschtwaage vor em Hilton uff is gwartet. Zmorge hetts uff em Schiff gä ze de Gläng vo dr Ländlerkapälle «Alphüttli» uus Basel. Wägem Rääge sinn alli Fänschter uff em Schiff zue gsi und so hämmer die Guggemuusig, won is vom Ufer uus e Schtändeli brocht hett, nummen optisch kenne gniesse. Quel malheur!

In Rhyfälde simmer drno grad in Kurbrunne-Saal gange, wo unseri Frind vom Muusig-Verain Glaihynige barat gschtande sinn und druffaben isch e feyn Middagässe serviert worde: Huuspaschtete garniert, Bouillon mit Flädli, Piccata und Funghi-Risotto und zem Dessert Epfelwaihe mit Rahm.

Zwische den ainzelne Gäng hänn dr Pierre Farine als Presis vom Schtamm und dr Benni Schöpflin als Obmaa vo dr Alte Garde s Wort ergriffe (mit dr lingge Hand nota bene – mit dr rächte hänn si sich am Glas ghebt!), d Gescht begriesst und si sich bedanggt. An Darbietige hämmer folgendes derfe gniesse: e Bombevordrag vom Trio Piccolomini, d Mischtgratzerli mit em e schpritzige Bangg, e glungeni Schleegerey mit em Tschüggen Röthlisberger und em Judo-Club, und zem Schluss dr allewyl heerligi Willi Schenk als Zauberkinschtler Primera.

Kurz no de Fimfe simmer im e Äxtrazug vo dr SBB uff Basel zruggko und schnuerschtraggs ins Hilton gloffe. Dert hetts e glainen Umdrungg gä, und zwor zämme mit den UELI, won is – ass Iberraschig – ihri Lampe vo däm Joor (Sujet: «108ung – d Ueli kemme») ass Gschängg iberraicht hänn. Dr Peter Affolter hett d Laudazio drzue verlääse. E härzlig Danggerscheen noonemoole an däre Schtell. Drno hämmer d Kibel gfasst (wägem schlächte Wätter laider nit die holzige) und hänn – voruss «unser» Ladärnli – d Schtadt ab drummlet und pfiffe bis ins Wartegg, won is dr Otti Gygax ass Fyrdambuur mit 100 Rageete empfange hett.

Im Wartegg isch denn no rächt vyl Schtimmig gsi; d Muusig-Waage-Muusiger (dr Muusigverain Glaihynige) und s Otti-Gygax-Duo hänn nämmlig no zem Danz uffgschpilt und mr hänn zämme mit den Aagheerige bis in friehje Morgen yne gfeschtet.

Wemme s Probe-Ässe in Rhyfälde ass Prolog fir dä Bummel wett bezaichne, so hett dr Epilog im Wild-Maa-Horscht schtattgfunde, noonemoole uff Yladig vom Guschti Fricker. Bim e gmietlige Nachtässe hämmer Bilanz zogen und kenne feschtschtelle, ass alli zfride gsi sinn und dr Plausch gha hänn.

Wie me uss däm Bricht entnää kaa, isch alles beschtens gloffe.

Aagfange bim Drummlen verlaade an dr «Schiffländi» bis zem Drummlen abzie bim «Alten Warteck». S isch, um bim modärne Schproochschatz z blyybe, «e Hit» gsi.

Iber dr Uffdridd vom Jürg Röthlisberger, wo ibrigens im 1980 Judo-Olympia-Gwinner gsi und binis Mitgliid isch, mechte mr no e bitz verzelle.

S Biinibild isch e Baiz gsi. D Mischtgratzerli hän versuecht, iire Bangg z singe. E baar Drunggebolde hän das mit iirem Glaafer verhinderet, bis denne dr Jürg fir Oornig gsorgt het.

S Fazit isch gsi, ass sämtligs Mobiliar uff dr Biini zue Glaiholz worden isch. Eso hän mr scho lang nimm kenne lache. Unseri Frind hän das Schauschpiil so lyydeschaftlig duurezooge, ass e baar vo dääne Judokas äächti blaui Flägge kaa hän.

No däm Ysatz hän denne d Schnitzelbänggler kenne aafoo wirgge. Do druss en äächte Mischtgratzerliväärs:

Hundert Joor scho VKB
e soone Fescht hesch noonig gseh,
s isch jede VKBler stolz grad wie n-e-Pfau.
Hundert Joor scho drummle, pfyyffe,
hundert Joor scho Sujets schlyyffe
und uff e Daag gnau au hundert Joor blau.
Doch was sin scho hundert Joor,
dert ooben-n-isch jo bim e Hoor
in dr Comité-Loge halt
jeedi Gstalt scho bald soo alt.

Dr Ruedi Meier vom Comité (äär basst aigedlig gar nit in das Bild, wies d Mischtgratzerli in iirem Bangg gsunge hän), het is noonemoole im Uffdraag vo dr Imbergässli-Regierig gratuliert und zwoor in Väärsform.

Als Gast deerf y am Jubelbummel dailneh
und d'Griess Eych bringe vom Fasnachtscomité
Y mecht Eych Danggscheen sage fir die Geste
und ha dänggt, e Värs syg do derfir am beschte
dr Seibi-Ladärne-Värs-Computer isch zwor off line
drum bruuch y halt «The rest of spirit of mine»
ze Eyrem Jubiläum het s'Comité am Monster
   scho kenne gratuliere
aber au mir wärde das iber s'Johr
   no e paarmool repetiere
y mach das do perseenlig ganz gärn noh-ne Mool
denn wämm wär's by de VKB nit sauwohl?
me waiss sich by Fasnachtsfrind, s'isch familieer
spirsch halt die speziell Glaibasler-atmosphère
am Monster ha-n-y bewunderet Eyri Retraite
s'isch so gsi, wie jede Dambuur drummle wett
au Eyri Junge hänn zaigt, vorne dra
ass fir dr Nohwuchs kai Sorg bruchsch ha
und denn Eyre Jubelzug: 1884 Basler Carneval
kasch nur saage, VKB phänomenal
so n'e Zug, das fäggt, das duet e Bebbi jugge
und nit 100 Gruppe und vyl z'vyl Gugge
syt 100 Johr git's Eych als Fasnachts-Institution
d'bald 75 Johr vom Comité sin drnäbe
   fascht e Hohn
doch grad das isch fir uns e grosse Hit
will's doch no Elteri als im Comité git
doch wär dr Fasnachts-Gaischt in sich inne läbt
und immer no sälig bym Drummle und
   Pfyffe schwäbt
dä wird nit elter, kasch die Theorie vergässe
nur als wie meh: Fasnachts-aagfrässe
dr bescht Bewys isch Eyri Gligge
s'het Jungi, Alti und au mängge Digge
doch duur Digg und Dinn, by Sunne oder Räge
dien d'Ihr wie mir unseri Fasnacht pfläge
do derfir mechte mir Eych Merci saage
s'kennt no e paar Gligge wie d'VKB vertrage
doch aimoolig isch und blybt d'VKB
do derfir gratuliert Eych s'Comité
drum rief y lutt jetzt in dä Saal
Vive l'Union du Petit Bâle

«Dr Alternaiv», dasch en intäärne Iberraschigs-Bangg gsi, het au e baar scharfi Väärs vordrait. Do isch aine drvo:

Am Fasnachts-Määntig sait e glaine Bueb
   zer Mamme:
«Du wart, i sott emool, i glaub dert ääne ka me»
«He nai maint d Mamme dasch kai Pissoir,
   muesch no warte.
Das isch doch d Juubellampe vo dr Alte Garde».

Au vo unserem Mitgliid, em Willi Schenk, won is als «Primera» vorzauberet het, mechte mr no ebbis brichte. Fir vyyli, vor allem fir die eltere VKBler, isch dää Maa under em Namme «dr Willi vo Böggte» vyyl bekannter und sy «Wasser vom Ganges» isch nadyrlig sit ebbe dryssig Joor e Wältgääg.
Au dr Wirt vom Rhyfälder-Casino isch gryyslig zfriide gsi mit is. Är het ämmel gfroggt, wenn mr wider kemme, s sig nämmlig no nie soo vyyl «Rote, Wysse und Bier» in sym Saftlaade drungge worde. Lueg au under Reminiszänse Kabittel «Festivitäten und Reisen».

Z Basel aakoo isch me – wie dr Werner Kägi scho verzellt het – diräggt ins Hilton in die undere Gmäächer. Derten isch in dr Mitti vom Saal e riise Geburtsdaags-Daarte in Form vonere Ladärne gschtande. E Gschängg vo den «Ueli», wo allewyl verzelle und glaubhaft mache wän, si syygen elter als d VKB.
Immene Egge e riise Fass gfillt mit Bier. Au do hän d VKBler wider zuegschlaage, sin doch ebbe 300 Halbliter-Gleesli Gäärschtesaft die ussdroggnete Häls durab. Eso schnäll no vor em Abmarsch d Schtadt ab!

Dr Peter Affolter het denne folgendi Laudazio z dääre Gschänggibergoob verlääse:

Liebe Verainigte Klain-Basler!

es ischt sowohl mir aine Ehre – als auch
ain bsunderer Dag heute!
Denn es ischt zwoor ain altes Vorrecht
des Aelteren, dem Jüngeren die Loorbeeren
um den Hals zu hängen – die sich dieser
jo nicht gut sälber ans Revers heften
kann; hingeegen kommt dieser Aeltere nur
selten dazu, wail er maischtens hierfür
nicht mehr vorhanden ischt...

Gottsaidangg ischt ers heute! Und die
Ueli 1876 stehen nicht an, im Rückbligg
auf die gloorraiche Zait der VKB nunmehr
zu ainer dänggwürdigen Uebergabe zu
schraiten! Nadyrlig ischt es ain weeneli
painlich, wenn sich anlässlich hundertjehriger
Faiern und Festivitäten so noodinoo heraus-
stellt, ass sich aine berats acht Jahre
ältere Glygge ganz beschaiden und ohne
grossen Wind diese urkundlich beglaubigten
Jubilaaren-Waihen scho längst unter den
Nagel gerissen hat...

Nun aber, wie auch immer; man soll nicht
in Wunden ummen bohren; und nachdem je jo die
Ueli schon immer für Wohltätigkait waren –
man dängge nur an das flaissige Sammeln
zur Zait der tanzenden Ehrenzaichen – sai
heute den Gesten souveränen Grandseigneur-
tums quaasi die Krone aufgesetzt: Die Ueli
1876 wärden in öbben dreyainhalb Minuten
den VKB 1884 aine Ehren-Torte iberraichen.
Es ischt mitnichten aine gwehnliche Torte,
nain: Es handelt sich um aine Torte, die
duur ihr Leuchten – wenn sie leuchtet (und
aigendlich leuchtet sie auch, wenn sie nicht
leuchtet, quasi) – asso duur ihr Leuchten
versinnbildlichen will, mööge, soll, ass
das Licht alles an den Tag bringt!

Diese Geburtstags-Torten-Lampe, an welcher
ainige der bedeutendsten Lampen-Kinschtler
gebacken haben – sogar (aine bsundere Ehre!)
der offizielle VKB-Mooler – wollen die Ueli
nadyrlig an ainem der Sache würdigen Platz
wissen. Und das kann ja nur, ganz folgerich-
tig, bei ihren quaasi Aenkelkindern sain –
bai den VKB. Denn Koschtbares muess zu
Koschtbarem – aber reden wir nicht von den
Kosten; iiber Gäld reedet man nicht, Gäld
hat man. In hundertacht Jahren kommt mänggs
zusammen...Honny soit qui mal y pense.

Der Glyggenaigene Ueli-Kunscht-Sachverstendige
wird nadyrlig auf Wunsch gerne erläutern, wie
das thematische Konzäpt dieser wahrhaft blenden-
den Geburtstags-VKB-Erhellung zu deuten sai;
von mainer beschaidenen Saite als Ueli-Hischto-
riker will ich mich mit dem Hinwais auf die
Untersaite begnügen – die in ihrer Oschteraier-
Manier ja evident assoziieren lässt, dass das
Ai als Fruchtbarkaits-Symbol aine ändlig
begriffene Wiedergeburt in Gratulations-Wünschen
faiert und damit können wir glaub' zur
Enthüllung schraiten: Die Ueli – quaasi als die
älteren Brüder – verehren hiermit der jubilier-
enden ältesten "konzessionierten" Glygge, den
VKB, do, dieses Geburtstags-Gschängg-Leucht-
Gemälde – diese ächte Leuchte, deren zarter
Schimmer den künftigen Wäg der VKB mit fas-
nächtlichem Gaischt begleiten soll – und schlies-
sen ihre besten Geburtstags-Wünsche mit den
Worten:"Vivat VKB, ad multos annos – kainer
zu glain, Hälfer zu sain – ain Ueli kommt
sälten allain –
Proscht!

Basel, 1. April 1984

Ueli 1876
vorm. Basler-Ueli

Dr Häbbse (Hansjörg Hersberger) bi dr Ibergob vo däm tolle Helgge vom Christoph Gloor.

No e bitzeli Schtadischtigg. Am disjeerige Jubelbummel hän
199 aggtivi Faasnachtsdailnämmer vom Schtamm und der Alte Garde,
22   Passivi und
4   Gescht, also total
225 Persoone dailgnoo.

Also, d Schtadt durab sin glaub alli uff d Rächnig koo.
Im Wingge, im Schmitzli verdaile, im Bier und Zwaierli dringge, sin alles glaini Wältmaischter gsi. Drzue ane hets aber au no dätscht wie sichs gheert fir d VKB und d Piccolo hän gschallered, ass es e Fraid gsi isch.
Wo mr geege s Alt Wartegg koo sin, hets noone-mool dätscht. Dr Rageete-Otti het is mit synere wältbekannte Nummere als Fyrdaifel-Dambuur empfange. Dr Gygax Otti, e liebe Frind, wo z Basel zem Faasnachtsinventar gheert, het is denne mit syynere Big-Bänd (2 Maa Gygax und unseri Frind vo dr Glaihynigermuusig) bis am Morgen unterhalte. Dr Warteggsaal isch bummsvoll gsi, d Schtimmig grandios und mit em Fyroobe gehn mr mit em Hansjörg Thommen ainig – bis zum waiss nimm so gnau.

14. April – Gugge-Gala

Alli Joor isch dä bekannti Oobe vo dr IG-Gugge in dr Muschtermäss und jedesmool duet au e jubilierendi Glyggen uffdrädde.
Das Joor ischs d VKB gsi. Vor ussverkauftem Saal hän mr in de brächtige Goschdym vo dr Jubileums-Faasnacht mit em «z Basel an mym Rhy, dr Retraite und em Wettschtaimarsch» e Glanzuffdritt aanegleggt. Uss de Händ vom

E Bild vom Uffdritt in dr Muschtermäss vom Gugge-Gala-Oobe.

Hansjörg Hersberger, alias Häbbse, hän mr e wunderscheene Helge derfen in Empfang nää. Dasch e Bild, wo äxtra fir is gmoolt worden isch, und zwoor vom Christoph Gloor, wo jo in dr Alte Garde au scho e baar Ladärne gmacht het. Uff dr ainte Syte sin alles VKBler und uff dr andere alles Guggemuusiger. In dr Mitti begriesse sich dr Gugge- und dr VKB-Dambuurmajoor.

E witzigs und gaischtrryychs Gschängg, wo uff d Verbundehait zwische de guete Gugge und unserer Gsellschaft hiiwyyse duet.

26. Mai – 45 Joor Alti Garde

Es isch e Bschluss vo dr Alte Garde, alli fimf Joor e Jubileumsfescht z organisiere. Dä Bschluss finde mr seer vernimpftig, will die Alti Garde doch zemme greessere Dail uss eltere Lyt beschtoot und d Zyt vyyl, vyyl schnällääbiger isch oder s kunnt aim wenigschtens eso vor.
Neechers iber die Alti Garde ka me im Kabittel «Reminiszenzen» noolääse.
Afin. Das Joor ischs au wider eso wyt gsi, die Alti Garde het iir obligats glains Jubileumsfeschtli gfyrt.
Fir d Noowält het dr Dieter Brugger e Bricht gschriibe.

D Jubileumsfyr vo dr Alte Garde

Kuum het d VKB dr erscht Dail vo ihre 100-Joorfyr-Feschtiviteete, nämmlig d Fasnacht und dr Bummel, hinder sich gha, isch scho die Alti Garde no separat ans Jubileumsfyre gange. Am erschten April 1939 isch nämmlig die Alti Garde vo de VKB grindet worden und isch drum au dasjoor 45 Joor alt. Me gseht, die Grindig sällmool isch denn ebbe gar kai Aprilscherz gsi.

Am 28. April vo däm Joor, zooben am fimfi, hänn sich alli Dailnähmer vo däre Fyr, meh oder weniger feschtlig aagleggt, im Foyer zem Saal vom «Alten Warteck» zem Apéro droffe. Zer Begriessig isch grad jeede mit eme Bhaltis in Form vonere Erinnerigsblaggedde beschänggt worde. Schpeeter isch denn s näggscht Zyl, nämmlig dr Wänggehof bekannt gäh worde, wo me individuell per Drämmli, Taxi oder au z Fuess het kenne aaschtyre. In dr Rythalle vom Wänggehof isch fir s feschtligi Mähli bereits uffdeggt gsi, wo die gladene Gescht in glaine Grubbe oder ainzelschprungwys so nodisnoh ydruudlet sinn. Wo denn alli doo gsi sinn, het men allerdings s Gfyhl gha, ass sich die rund hundertkepfigi Gsellschaft an däne paar sehr scheen deggorierte Disch in däre groosse Halle fascht e weeneli verlore het. Andersyts isch es au emool scheen, wenn de rächt Platz hesch und s Ässe nit jeedesmool abwäggsligswys mit em Noochber muesch yneschuufle. S Ässe, e richtig Feschtmenü mit divärse Gäng, won is unsre Schtammbaizer, dr Beat Reinmann, mit eme Liferigswägeli dert uffe brocht het, isch uusgezaichnet gsi. Ass s Gurgeli verdroggne kennt, het men au nit miesse befirchte, denn zem Ässe hets roote und zem Dringge wysse VKB-Wy gäh, und zwor rychlig!

Zwische den ainzelne Gäng isch denn au e glainers Programm abgloffe. Zerscht hänn is d Pfyffer und d Drummler vo dr Junge Garde mit e paar rassigen Ylaage erfrait, woby z saage wär, ass si im Lauf vom Oobe none paarmool uffdräte sinn und doodrmit dr greescht Dail vom Programm beschtritte hänn. E härzligen Applaus, wo si au wirgglig verdient hänn, isch ene au jeedesmool gwiss gsi. As wyteri Nummeren im Programm isch dr Circus Maus mit syne vyle Tierli

E Querschnitt vom Jubileumsaloss vo dr 45jehrige Alte Garde im Wänggehof.

wie Hiehner, Giggel, Meersäuli etc., jä sogar mit ere Sau, ere Gaiss, eme Pony und natyrlig mit ere Muus uffdrätte.
Laider hets vor dären Ylaag e glaini Panne gäh. Aigentlig wär die Nummeren erscht nonem Hauptgang vorgseh gsi. Dä wär au sowyt parat gsi, aber well dr Baizer dummerwys d Täller im Alte Wartegg vergässe het, was ebbe s Glych wär, wie wenn dr Beat Breu ohni Velo an d Tour de Suisse gieng, het sich die ganzi Sach halt e weeneli verzeegeret. Me het uff das aabe natyrlig dr Circus Maus welle vor em Ässen uffdrätte loh, doch bis dä syni Requisyten und Vycher uffgschtellt gha het, isch au dr Baizer mit de Täller wider doo gsi. Baidi hänn natyrlig denn ihri Produggzion welle looswärde, dr Wirt dr Brootis und dr Dompteur sy Nummere, sodass me halt abbwäggsligswys het miesse aanehogge und ässen und denn wider uffschtoh und go luege. Denn wär hätt scho vom Platz uss e Muus gseh iber e Schnuer laufe? Trotzdäm hänn aber alli an däm Circus e groossi Fraid gha, au, wonr syni «Artischte» wider zämmepaggt het.
Druffaabe het denn dr Benni Schöpflin as Obmaa vo dr Alte Garde e paar Wort im Zämmehang mit däm Jubileum an die Aawäsende grichtet. Wie maischtens, isch au das Programm mit em obligate intärne Schnitzelbangg z Änd gange. Wo denn langsam die lääre Gleeser nimme noochegfillt worde sinn, het me allgemain gwisst, ass es Zyt isch zem Uffbräche. Dussen isch nämmlig scho dr Car vom Dölf Hardegger parat gschtande, wo die mittlerwyl rächt munteri Gsellschaft ins Alte Wartegg iberegfriert het. Nohdämm sech no jeede, wo het welle, e Täller voll Mählsuppe in Hals gleffelet het, isch denn dä nätt Ooben in den erschte Morgeschtunde offiziell abgschlosse worde.

Im Stamm haisst's ständig, dasch nyt Neu's:
Alti Garde gleich alti Kläus.
Drby sinn sinn mir jo, das isch wohr,
mit unsre finfevierzig Johr,
wie me doo kaa dytlig gseh,
die Jingschte vo dr VKB.

Alles Kläus, dasch nyt Neu's
in dr Alte Garde, drumm dien si warte
zem zue-n-ys koo, und mir sinn froh.

*

Dr Wysskopf Ärnscht het vyli Stunde
fir d'Clique grampft im Käller unde.
Vom Morge frieh bis zoobe spoot
isch är dert unde, wenn's nur goht,
dä wird jetz dängg denn näggschtens welle
au 's Näscht grad no in Käller stelle.

Isch nie dehai, losst d'Frau ellai.
Im Käller hoggt'r, dr Larve-Doggter.
's wurd sech lohne, grad dunde z'wohne.

*

Was ghert me doo vom Freuler Franz?
Y glaub, dä het nimm alli ganz!
Är well schynts nimme Fasnacht mache,
do muess dirägget e Ross drab lache.
Oder will emänd dä Bainlemer
als Funkenmariechen zue de Stainlemer?

Oder will'r emänd, im freye Gländ
uff d'Alp goh pfyffe, das wär z'begryffe,
wo-n-en niemerts stert, und är nur sich ghert.

Em Stalder Ärnscht, wo uff dr Drummle
scho fufzig Johr duet ummefummle
mecht ych doo härzlig gratuliere
und saag Dir, ohni grooss z'flattiere,
ass Du im Grund e Liebe wärsch,
nur – bloggsch halt d'Lyt mit neye Märsch.

Das isch wohr, syt fufzig Johr
haut är's Fäll, schandbar gschnäll,
im Daag finf Stund, dä Drummelhund!

*

Dr Donnschtig het sy bsundre Raiz
in dr Alte Garde-Källerbaiz.
Doch kuum hänn grad no d'Veegel gsunge,
und 's Oobegleggli isch verklunge,
duet grad druffaabe scho bizyte
dr Kolb Ärnscht mit dr Glogge lyte.

Scho bizyte, duet är lyte
und haut's mit alle, in d'Wettstaihalle
ab uff d'Sogge, doch dert blybt är hogge!

*Es kunnt jo schliesslig, gottseidangg,
nit jeede-n-uff e Schnitzelbangg.
Dr Frey Max will ych au verschoone
und nit no mit eme Värs doo flohne,
suscht wurd emänd är, kaasch's jo dängge,
dr Kassier wider an Nagel hängge.*

*Max, y bitt, gäll machsch's nit,
's wär nit zem fasse, drumm bhalt die Kasse,
loss lieber gly, 's Serviere sy.*

*

*Ain, wo alles duet verdraage,
ain, wo nie e Wort duet saage,
und wenn'r ebbis saage duet,
no sait är's nätt und lieb und guet.
Wär kennt das sy, froog ych mi hit?
Dr Pfyffer Charles isch's sicher nit.*

*Dr Charly Pfyffer, dä Aierschlyffer,
mit syne Sprich, wie Noodlestich,
das merggsch gly: Dä kaa's nit sy!*

*

*Im Drummeli het me 's Spil verjingt
und hofft jetz, ass das ebbis bringt.
Dr Muschter Werni isch efange
as erschte vo de-n-Alte gange.
Dr Otti und Guschti, vo däre Truppe,
sinn au scho in dr Abstigs-Gruppe.*

*Die baide-n-Alte, mien si bhalte,
das gäb e Loch, die ghere doch –
das isch klar – zem Inventar.*

*

*Dr Rebucci Bruno het maischtens als
syni beschte Zig im Hals.
An dr Fasnacht suufft är wie-n-e Kueh
und isch denn praggtisch drey Dääg zue.
Me bruucht mit Suuffe-n-au nit spare,
wenn me nit muess autifahre.*

*Doo kaasch em gäh, und zwai-drey näh,
's spilt kai Rolle, bi dämm Volle
wenn'r em git. Är fahrt jo nit!*

*

*Bi jeeder Stoggig, jeedem Halt,
do ghersch dr Büxe saage kalt:
«Wär d'Larve-n-abzieht, das merggsch gly,
kaa gar kai guete Fasnächtler sy.»
Doch – e guete Fasnächtler, maint ych hit,
macht au am Fasnachts-Mittwuch mit!*

*E beesi Gschicht, mit soome Gsicht
wie dr Büxe het, jeedi Wett,
wurd ych au nie, d'Larve-n-abzieh.*

14. Juni – Doppelschtändeli
Ernst Jäger und Bobby Kleinbub

Baidi Frind hän s Gligg, im Jubeljoor vo de VKB iihre 80. Geburtsdaag fyyre zkenne. Baides sin aggtyvi Pfyffer gsi.

Dr Ernst Jäger isch 14 Joor dr Pfyffergrubben als Chef vorgschtande (1945–1958). Dr Bobby Kleinbub isch bim Schaffe, vorallem wenns ums Schryynere oder Larvemache gangen isch, immer in de vordere Raie aazdräffe gsi.
Fir iihri Verdienscht sin baidi, vor vyyle Joore scho, zem Eeremitgliid ernennt worde.
Mit eme feyne Schtändeli hän dr Schtamm zämme mit dr Alte Garde dääne baide Frind e groossi Fraid gmacht.

15. Juni – Jubileums-Blaggedde-Ussgoob

Uff dää Frytig, ai Daag vor em Heerebummel, isch d Ussgoob vo dääne lang erwartete Blaggedde organisiert gsi. Flyssigi Hälfer under dr Laitig vom Walter Hamberger hän die vorbschtellte Blaggedde in Guggen abgfillt: Men isch gschpannt gsi, wie die vom Dominik Heitz entworfene und vom René Müller produzierte Blaggedde im Original ussgseen.

Do die drey häärgschtellte Modäll:

Die erschti mit Goldrand isch fir die Aggtive, die zwaiti mit ere Widmig isch fir die Junge und die dritti isch die, wo me fir 10 Frangge het kenne kaufe.

Noonem Dominik isch die Form exclusiv, bis hitte gits nämlich kai Faasnachts-Blaggedde in dr glyyche Form.

16. Juni – Heerebummel

Scho lang het me vo däm Aloss gredt. Ganz e Huffen isch gschwätzt worde. Nit vyyl Gscheyts, aber au nit vyyl Guets. Kai Wunder, d Organisatore – si hän sich sälber «d Dätschmaischter» gnennt –, hän dicht ghalte. Nyt isch an d Effedligkait koo, e richtigs Fundamänt fir d Grichtlimacher.
Ebbe zwai Mooned vor em Fescht isch denn folgendi Yylaadig ins Huus koo.

S hän denne e baar gmiffeled, vo wääge dr Aaleegi. Derbyy hät e mängge verglaidet vyyl besser ussgsee ass normal. Aber was sells!
Gly druff aaben isch in dr Basler-Zytig under «Perseenlig» dreymoole en Aazaig erschine.

Uff aimool isch denn dä Samschtig doo gsi. Vo den Achte ewägg het e mängge Hoorschnyder, wäge Schnaiz und Frisure, kai anderi Kundschaft mee aanää kenne. Aber leen mr au doo wider e Frind brichte. S isch dasmool dr Joggi Vogt, aine vo de «Dätschmaischter» und «Protokollfierer» vom Schtammverain.

Jubiläums-Herrenbummel

Dieser Anlass im Rahmen des 100jährigen Vereinsjubiläums geht eigentlich auf das Jahr 1982 zurück. An der Generalversammlung stellte ein Aktivmitglied den Antrag, wieder einmal ein tolles Fest für die Aktiven durchzuführen, er dachte dabei an das Ritter- und Whiskyfest. Der Antrag kam durch und ein entsprechender Kredit wurde bewilligt.

An der Herbstversammlung des gleichen Jahres wurde Urs Schaub damit beauftragt, diesen Anlass 1983 durchzuführen, nachdem scheinbar aus mangelndem Interesse der Initiant seinen Antrag zurückgezogen hatte. Das Jahr 1983 stand vor der Türe, als an einer Jubiläumskommissionssitzung vereinbart wurde, diesen Anlass in die Jubiläumsfestivitäten einzubauen. Nachdem das Datum, der 16. Juni 1984, einmal bekannt war, setzte sich Urs Schaub mit seinen Freunden vom Zyschdigszigli in Verbindung und das OK war gebildet. Die ersten Sitzungen fanden im Herbst 1983 statt, wo der Grobrahmen abgesteckt wurde. Man war sich einig, dass dieses Fest in Basel stattfinden sollte und somit Transportkosten und nachherige Klagen über zu lange Fahrten vermieden werden konnten. Im ersten Semester 1984 folgten sich die Sitzungen Schlag auf Schlag, denn nach der Jubelfasnacht wollte man die ungefähre Teilnehmerzahl kennen, um Platzbedürfnisse und den finanziellen Rahmen berechnen zu können.

Ende April waren die Rekognoszierungen abgeschlossen und die meisten Anmeldungen eingetroffen, so dass man anfangs Mai die offizielle Einladung verschicken konnte. Dabei wäre uns fast ein Lapsus passiert, denn freundlicherweise schenkte uns der Graveur Felix Müller einen Prägestempel mit dem Signet der VKB-Plakette. Da aber dieses «Abzeichen» erst kurz vor dem Herrenbummel erscheinen sollte, konnten wir diesen Stempel für die Einladung nicht verwenden.

Ende Mai waren alle Bewilligungen mehr oder weniger unter Dach und der «Count-down» begann am Pfingstsamstag mit der ersten von drei

E baar Ydrigg vo däm sauglatte Heerebummel kemme uff de näggschte drey Sytte.

Anzeigen, welche unter der Rubrik «Perseenlig» in der Basler Zeitung erschienen. Wieviele etwas merkten, möchten wir hier nicht untersuchen.

Gespannt war man vor allem über die Aufmachungen der Teilnehmer, denn es hiess in der Einladung – «wie vor hundert Jahren». Für viele ein Grund, sich etwas Originelles einfallen zu lassen, für andere wieder, und dies war schade, am Anlass nicht teilzunehmen. Wie dem auch sei, die Firma Kostüm Kaiser war für das ominöse Datum für alte Fräcke, Uniformen und dergleichen schon frühzeitig ausgebucht. Das Wetter hatte sich seit Pfingsten mächtig gebessert und die Vorzeichen standen sehr günstig.

Der Jubeltag erstrahlte im schönsten Sonnenglanz und frühmorgens sah man in gewissen Quartieren der Stadt ehrwürdige Herren mit Bart, Gehrock und Stock, welche sich noch beim Theatercoiffeur herausputzen liessen.

Zwischen acht und neun besammelten sich die Teilnehmer in der Fischerstube und erlabten sich am Ueli-Bier und an einem Kalten Teller mit Leberwurst und Schwartenmagen. Somit war der Boden für alles, was noch kommen sollte, vorhanden. Die Stimmung war schon grossartig und jedermann freute sich an den verschiedenen Figuren. Unter den mehr als 130 Anwesenden sah man eine Grosszahl von Alten Baslern im Gehrock, in diversen Farben und Nuancen, zum Teil auch mit Strohhut, ältere und jüngere Sennen, Polizisten (Ländsggi), Soldaten mit alten Trommeln, Feuerwehrmänner, einen Mönch, Zweiradfahrer, einen sogar mit einem Laufvelo aus Holz, Kellner und andere mehr. Kurzum, es war ein Gaudi, und als man vor elf Uhr das Lokal verliess, begleiteten uns die Vorreiter via oberen Rheinweg ins Bürgerliche Waisenhaus. Auf der Grossbaslerseite, auf der Pfalz, wurde das Transparent «100 Joor VKB» vom Drummeliauftritt enthüllt.

Am Eingang zum Waisenhaus empfingen uns Landsknechte mit Hellebarden bewaffnet und eskortierten den Zug in den schönen Innenhof. Sie entpuppten sich als Mitglieder der Jungen Garde im Jubiläumskostüm und waren für die Bewirtung verantwortlich. Der kühle Weisswein wurde in Zinnbechern, mit dem Emblem der Jubiläumsplakette, ausgeschenkt und mundete allen vorzüglich. Jedermann freute sich an diesem schönen Bhaltis. Zur musikalischen Unterhaltung spielte die «Fägi-Muusig» aus ihrem vielseitigen Repertoire.

E nätti Iberraschig sin au d «Olymper» gsi, won is ins Glaibasel drummlet und pfiffe hän.

Bevor die Sonne im Zenit stand, verliess der ganze Harst das Kleinbasel und gelang via Wettsteinbrücke, Rittergasse auf den Münsterplatz, wo auf der Pfalz unter den mächtigen Kastanienbäumen für uns der Tisch gedeckt war. Unser Stammwirt, Beat Reinmann, war für die herrlich schmeckende Erbsensuppe samt Wurst verantwortlich und auch das kühle Ueli-Bier passte ausgezeichnet. Während unseres zweistündigen Aufenthaltes unterhielt uns ein Handörgeler aus dem Urnerland. Zur Erinnerung wurde ein Gruppenbild am Pisoni-Brunnen gemacht, wobei einer im Frack und Zylinder noch ein kühles Bad nahm.

Kurz vor 14 Uhr erschienen die «Ueli 1876» und begleiteten uns mit ihrem Spiel durch die Freie Strasse via Marktplatz, Spalenberg in den Fasnachtskeller der «Alte Stainlemer»-Alte Garde. Dort liess man sich im Hof oder im angenehm kühlen Keller mit Weissem und Gugelhopf verwöhnen und als noch Sir Francis mit Handorgel aufkreuzte, herrschte eine tolle Stimmung, fast wie an der Fasnacht. Daraufhin wurden wir dort von der «Olympia» abgeholt und mit Trommel- und Pfeifenklang zum Marktplatz zurückbegleitet, wo von der Brauerei Warteck Freibier ausgeschenkt wurde. Nach dem allgemeinen Gesang «Alle Vögel sind schon da» (und was für schöne), unter der Leitung von Walter Lang, ging das Schauspiel weiter in Begleitung der 76jährigen Olympia in den Rheinfelderhof. Zum Apero wurde ein spritziger, aber auch heimtückischer Cassis ausgeschenkt. Es war Abend geworden und man sichtete langsam allmählich die ersten müden Gesichter.

Das letzte Stück unseres Stadtbummels, vom Rheinfelderhof ins Stammlokal, erreichten wir in Begleitung des Kleinen Vogel-Gryff-Spiels. Es liess sich auch nicht nehmen, uns im Wartecksaal die Reverenz zu erweisen. Ein schöner Augenblick, wenn man diese Jungen an der Arbeit sah.

Im originell dekorierten Saal wurde uns in gewohnt speditiver Manier ein Nachtessen serviert. Gemäss gezeichneter Speisekarte wurde ein Essen wie vor 100 Jahren mit Fisch zur Vorspeise, Fleischvögel garniert zum Hauptgang und Caramelköpfli zum Nachtisch aufgetragen. Nach der Vorspeise wurde ein Video-Film über die Jubiläumsfasnacht vorgestellt, in dem nicht alle Szenen echt waren. Ein Imitator verstand es später ausgezeichnet, als VKB-Sekretärin gewisse Leute aufs Korn zu nehmen und zur vorgerückten Stunde versuchte sich ein Zauberer mit seiner Partnerin, die Leute zu unterhalten. Den Abschluss des Programmteils vollzog die Stripperin Inge aus Düsseldorf und zeigte ihre Reize und Künste.

Gegen Mitternacht, für einige auch noch viel später, ging ein schöner, unvergesslicher Tag zur Neige, der hoffentlich noch jedem Teilnehmer lange in guter Erinnerung bleiben wird und zur Förderung der Kameradschaft sicher beigetragen hat.

Aine vo de Dätschmaischter

Perseenlig

d Dätschmaischter
dangge de Ueli,
dr Olympia,
em Sir Francis,
de Alte Stainlemer, Alti Garde
de Vorryter und
alle wo mitgmacht hän,
au de Aggtyve vo dr VKB,
fir dr Bombe-Heerebummel,
s isch s Maximum gsi.

386426

24.–26. Auguscht – Volggsfescht

In dääne zää Wuche zwischen em Heerebummel und em Volggsfescht hets denn ebbe gar nyt gää vo uff em fuule Sagg lige. Die Kommissione, wo no irgend ebbis z organisiere gha hän, sin ganz digg in dr Arbet glääge. Fir die aggtyve Dailnämmer vom Konzärt sin d Iebigsschtunde immer intensyver worde.

Ganz zablig sin aber die VKBler gsi, wo d Finger in dr Volggsfescht-Organisazion gha hän. Sitzige vo de sogenannte Undergrubbe sin an dr Daagesornig gsi. Im «Alte Wartegg» und im «Rhyfälderhof» het me sich d Dirfalle in d Hand gää.

Wäm wurds besser lige, ebbis iber das Fescht zschrybe, als em Rolf Bertschmann, Vizepresidänt vom Schtamm und zueglych au Seggredäär vo dr Volggsfescht-Kommission.

Volksfest «100 Jahre VKB» vom 24.–26. August auf der Rosentalanlage

Warum ein Volksfest?

Am 19. Oktober 1979 setzten sich VKB-Tambouren in drei Gruppen zusammen und diskutierten in einer Art «Brainstorming», wie dieser 100. Geburtstag gebührend gefeiert werden könnte. Diverse Vorschläge wurden der Jubiläumskommission zur Prüfung übergeben. Unter vielen guten Ideen stach diejenige des Volksfestes immer wieder heraus, ja alle waren darüber begeistert. Der Hauptgrund war, dass wir die Bevölkerung an unserem Jubiläum in irgendeiner Form teilnehmen lassen wollten, wozu das Volksfest den idealen Rahmen darstellte. Es sollte kein Anlass mit Festrednern und Ehrungen sein, sondern eine gemütliche Sache mit Schaubuden, einem grossen Festzelt, diversen kleinen Beizen von befreundeten Vereinen geführt, etc. Man dachte vor allem an eine Einladung auswärtiger Gruppen aus der Schweiz sowie aus der Regio, welche mit einem Umzug durch die Stadt zeigen könnten, wie auch an andern Orten getrommelt und gepfiffen wird. Der Grobrahmen war also praktisch gegeben; wir hatten unsere Vorstellungen, das Ganze musste nur noch organisiert werden.

Mit Radio Basilisgg zämme het me dr erscht Drummelschprint organisiert. S hän doch e baar Courage gha.

Wie stellt man ein Volksfest dieser Grösse auf die Beine?

Zuerst sollte man wissen, was man bieten will und wie man die Leute begeistern kann. Wir waren uns demnach einig, dass ein Umzug mit auswärtigen Gruppen das Salz in der Suppe bedeuten würde. So wurden also diverse Vereine bereits im Frühjahr 1983 angeschrieben. Aufgrund der vielen positiven Echos war uns Mitte 1983 bereits klar, dass ein Volksfest dieser Art abgehalten werden kann. Mit der Detailarbeit konnte somit im Januar 1984 begonnen werden, nachdem eine Unterkommission «Volksfest» mit dem Vorsitz von Kurt Stalder gebildet wurde. Diese Kommission wurde in zwei Abteilungen aufgeteilt, nämlich in Unterhaltung und in Technik. Folgende Ressortchefs waren darin vertreten:

Basler Zeitung

Montag, 27. August 1984

Basel im Festfieber: Von den VKB bis zur Tell-Ankunft

Der FC Basel ertrotzte den nötigen Erfolg

Bau: Ruedi Bossert, Dekor: Rolf Jehle, Umzug: Paul Lichtenberger, Quartier: Karl Herrmann, Kasse: Ernesto Stegmaier, Unterhaltung: Kurt Stalder, Sekretariat: Rolf Bertschmann.

In neun Sitzungen wurden alle Details ausgearbeitet, eine Menge Kleinarbeit musste verrichtet werden, und nichts durfte vergessen werden. Zuerst war natürlich eine Bewilligung notwendig, um überhaupt ein solches Fest durchführen zu können. Nachdem wir auch diese Genehmigung hatten, konnte mit Volldampf organisiert und abgeklärt werden. Wie soll das Unterhaltungsprogramm überhaupt aussehen? Wieviele und welche Musiken sollen engagiert werden? Wie soll das Fest am Freitag beginnen? Wie sieht es mit der Werbung aus? Was wird auf dem kulinarischen Sektor geboten? Wer führt den Festbetrieb? Wo übernachten unsere Gäste? Viele offene Fragen, welche doch in relativ kurzer Zeit erledigt werden sollten. Dank dem Entgegenkommen der Behörden der Stadt Basel, der Basler Polizei und der Direktion der Mustermesse kamen wir mit der Organisation sehr schnell vorwärts, denn das letzte August-Wochenende kam uns langsam aber sicher immer näher.

Am Samschdig isch dr Feschtumzug ganz diggi Boscht gsi. D VKB emool anderscht in dr Freye Schtrooss.

Das Volksfest kann beginnen!

Alle Vorbereitungen und Organisationen konnten rechtzeitig abgeschlossen werden, die VKB waren gerüstet, eines der gemütlichsten Volksfeste durchzuführen. Die Basler Bevölkerung wurde durch Sonderbeilagen in den Basler Zeitungen und durch Gespräche und Interviews am Radio auf diesen Anlass aufmerksam gemacht. Zuletzt fieberte die ganze Stadt auf dieses Fest hin und man sprach überall nur noch vom VKB-Fest.

Freitag, 24. August:

Das Fest begann mit einem Sternmarsch ins Festzelt und sollte genügend Besucher anlokken. Folgende Gruppen wirkten dabei mit: Die «Union Folklorique Suisse» mit Abmarsch im Restaurant Rebhaus, die «Gordon Pipe Band» vom Matthäuskirchplatz, die «Drummelgrubbe Grieni Hind» vom Restaurant Gifthüttli, die «Regimental Fife and Drum Corps» vom Restaurant Gambrinus. Die Junge Garde der VKB, vom Alten Warteck kommend, eröffnete das Fest im grossen Zelt um 19 Uhr, und die anderen Gruppen trafen dort zwischen 20 und 21 Uhr ein. Obwohl es zwischen 19 und 20 Uhr zu regnen begann, war diesem Sternmarsch ein grosser Erfolg beschieden. Dank dem vielfältigen Unterhaltungsangebot war bereits an diesem Freitagabend der Festplatz samt Bierschwemme randvoll gefüllt und auch im Festzelt, wo sich jedermann einen Platz ergattern wollte, um die «First Harmonic Brass Band» nicht zu verpassen – also ein Riesenerfolg. Zudem spielte bis um 2 Uhr das Orchester «Erich Hanemann» im Festzelt und in der Bierschwemme in der Halle 22 das Orchester «Zuefall», dazwischen das «Duo Tervetula». Auch die umliegenden Baizli der «Negro Rhygass», der «Basler Waggis» und der «Schottenclique» konnten Hochbetrieb verzeichnen, wie auch die verschiedenen Verkaufsstände unter den Arkaden.

Samstag, 25. August:

Am Samstagvormittag wurde in Zusammenarbeit mit Radio Basilisk der 1. Basler Trommelsprint durchgeführt. 12 Konkurrenten mussten trommelnd einen Parcours absolvieren, der mit Hindernissen bestückt war, und dies natürlich so schnell wie möglich. Eine amüsante Sache, wo es nicht so sehr aufs Trommeln ankam und der Plausch im Vordergrund stand. Zum gleichen Zeitpunkt waren die Organisatoren des Umzuges bereits auf Draht, mussten doch jetzt all die verschiedenen Gruppen in Empfang genommen und rechtzeitig auf den Münsterplatz gebracht werden. Dieser Umzug sollte auch der Höhepunkt des Festes sein. Machten doch immerhin 24 Gruppen mit insgesamt 1000 Perso-

Dr Dambuureverain Visp het mit syne deggoratyve Uniforme vyl Applaus gha.

«Les Fanfares de Sapeurs-Pompiers du Bataillon d'Altkirch» uff em Wäg ins Glaibasel.

Dr Abschluss vo däm Feschtzug hän die drey Glaibasler-Glygge, die Alte Glaibasler, d Rätz und d Wiehlmys gmacht. D Kulisse in dr Freye Schtrooss isch wie an dr Fasnacht gsi.

nen mit. Punkt 16 Uhr eröffneten die VKB in historischen Kostümen, voraus mit drei Vorreitern, diesen wunderschönen Cortège. Das Publikum zeigte grosses Interesse und es stand in Reihen wie an der Fasnacht! Folgende Gruppen nahmen die Route Münsterplatz via Rittergasse – Bäumleingasse – Freie Strasse – Eisengasse – Mittlere Brücke – Greifengasse – Claraplatz – Clarastrasse – Mustermesse – Rosentalanlage unter die Füsse:

Die VKB, der Tambourenverein Zürich Stadt, das Corps der Cent Suisses (Fête des Vignerons 1977), der Spielmannszug Endingen (BRD), der Tambourenverein Biberist, die Ahnenmusik Rhône-Wallis, les Fifres et Tambours du Conservatoire Pupulaire de Genève, das Regimental Fife and Drum Corps Basel, der Glarner Tambourenverein Näfels, les Tambours et Fifres Merula-Lausanne, les Fanfares de Sapeurs-Pompiers du Bataillon d'Altkirch, die Stadttambouren Wil, die Pfeiferinnen «Naarebainli» Basel, der Tambourenverein Bern, die Société de Tambours «Diabolo Cossonay», die Tambourengruppe Grieni Hind Basel, der Tambourenverein Solothurn, les Fifres et Tambours Montreusiens, der Tambourenverein Fürstenland Gossau, die Gordon Pipe Band Basel, die UFS Basel, der Kaiserstühler Fanfarenzug Ihringen, der Tambouren- und Pfeiferverein Visp, die Kleinbasler Cliquen AGB/Rätz/Wiehlmys.

Es war sicher ein grossartiger Erfolg und für das Basler Publikum, die auswärtigen Gruppen und auch für uns VKBler ein unvergesslicher Nachmittag.

Abends wurde erneut ein grosses Unterhaltungsprogramm angeboten. So spielten z.B. im Festzelt das «Eden Sextett», unterbrochen durch eine Bühnenshow der «Radio Mellow Town». Das Ganze wurde aufgelockert durch Bühnenvorträge von verschiedenen Gruppen. In der Bierschwemme spielten die Basler «Lustigen Oberländer Musikanten» im Wechsel mit der Big Band «Sound of Swing» und dem «Duo Tervetula». Auch ausserhalb des Festareals war einiges los, vor allem für die Gastgruppen, sie liessen es sich nicht nehmen, nochmals die Kleinbasler Innerstadt unsicher zu machen. Es sollen einige bis nach Mitternacht gehört und gesehen worden sein. Ganz Basel war auf den Beinen und so viel Volk sah man schon lange nicht mehr rund um die Mustermesse.

Die Stimmung war fantastisch, jedermann glücklich und zufrieden, was auch ein Eingreifen der Polizei unnötig machte.

Sonntag, 26. August:

Der Kater war noch nicht ausgeschlafen, als es im Festzelt schon wieder munter weiterging. Um 9 Uhr begann man mit dem Frühstücksbrunch, eine reichhaltige und sehr appetitliche Angelegenheit, speziell für jene, welche so zu einem Gratisfrühstück der VKB kamen. Um halb elf Uhr weckte dann die Knabenmusik der Stadt Basel mit einem rassigen Frühschoppenkonzert die letzten Siebenschläfer. In den Pausen gaben einige Gruppen noch Kostproben ihres Könnens ab, bevor sie sich bei uns dann endgültig verabschiedeten. Am Nachmittag spielten zum Ausklang die «Steel Harmonites», bis um 17 Uhr das Zelt zugunsten der Basler Zünfte geräumt werden musste. Sie sollten nach dem «Joggeli-Fest» darin verpflegt werden.

In der Bierschwemme klang das Fest zu den Rhythmen der «Lustigen Oberländer Musikanten» aus. Auch das Tanzbein wurde noch einmal richtig geschwungen, bis dann schliesslich nach Mitternacht die letzten heimwärts zogen.

So ging ein Fest zu Ende, von dem noch viele Leute träumen und mit Genugtuung feststellen, etwas Tolles und Unvergessliches erlebt zu haben.

No däm Bricht mechte mr doch au feschthalte, was d Präss in dr Basler-Zyttig vom Mäntig, dr 27. Augschte gschribe het. Nit nur unser Fescht, au dr noofolgendi Bricht isch e Bombe gsi. Danggscheen -minu.

«100 Jahre VKB – das grösste Cliquenfest aller Zeiten

Es sei gepfiffen und getrommelt: Das war kein Fest. Das war schon fast eine Offenbarung: eine Mischung aus Fasnacht, Stadt-Fest, Jubelfeier und Trommel-Olympiade.

s Zält uff dr Rosetalalaag isch bis uff e letschte Blatz gfillt gsi. Vorne e Grubbe vo de Cent Suisses us em Waadtland.

E baar Helgge us em Feschtzug. Vo linggs obe bis rächts unde: Regimental Fife and Drum Corps Basel, Corps de Cent Suisses (Fête des Vignerons), Les Fifres et Tambours du Conservatoire Populaire de Genève, Ahnenmusik Rhône Wallis, Dambuureverain Zürich Stadt und Tambours et Fifres Merula-Lausanne

Au in dr Bierschwemmi isch e Bombeschtimmig gsi, Dr Dambuureverain Wil bi sym Uffdritt.

Um es gleich von den Pauken zu trommeln: einzig war's. Noch nie dagewesen. Und so wie einst die ‹Olympia› mit ihrem Riesen-Prysdrummle-Rahmen Marksteine setzte – haben die VKB den Ton für die nächsten ‹100jährigen› angegeben. Einen sensationellen Ton. Bleibt nur noch eines zu tun: den Hut zu ziehen. Und: félicitations.

Schon der Freitag abend war super: Sternmärsche mit ‹Drummelhünd› (einzigartig die grünen...) mit wippendem Pfeifer-Gang mit einem Rahmenprogramm auf dem Festplatz, der alle vom Stuhl jagte: in der Bierschwemme eine Gruppe der Knabenmuusig – ‹die Zuefellige› – mit Glenn-Miller-Potpourri (und wenn das keine Musik war!); im Festzelt wiederum jubelte man der First Harmonic Brass Band zu. Und rund um diese grossartige Unterhaltungspalette bruzzelten Läberli in der Pfanne (etwa in der traumhaft schönen Beiz der Basler Waggis), dudelten Schwynshaxe auf dem Grill (croquant – sehr gut im Geschmack!) und luden Resslirytten zu Märchenfahrten ein.

Es ist geradezu unglaublich, was die Verantwortlichen der VKB alles auf die Beine respektive die Bretter gestellt haben – entsprechend gross war auch der Ansturm des Publikums am Samstag nachmittag zum Gratulanten-Cortège. Rund 30 Vereine sind in farbenprächtigsten Kostümen beim Münster abmarschiert, durch die Stadt getrommelt, gepfiffen, gepaukt – allen voran das Jubel-Kind: 100 Mann VKB in Geburtstags-Hosen mit sensationellem Sound (die Freie Strasse erbebte unter einem zügigen Ryslaifer, Saggoddo und der wunderherrlichen Retraite).

Eine Stunde lang hat sich das Publikum, das wie an einem Fasnachts-Mittag dichtgedrängt am Strassenrand wartete, über die verschiedenen Darbietungen gefreut, hat applaudiert, den Sapeurs-Pompiers aus Altkirch zugejubelt – das VKB-Jubel-Feuerwerk genossen.

Und wieder pilgern am Abend Tausende und Abertausende zur Rosentalanlage – tanzen, trinken, essen, geniessen Fasnacht im Sommer. Ohne Larve. Und ohne lästiges ‹Ystoh... ystoh!› Die VKB haben Basel beschenkt – üppig beschenkt. Sie haben der Stadt (und insbesondere dem Kleinbasel) ein Fest auf die Beine gestellt, das seinesgleichen weit suchen kann. Den Reinerlös lässt man dem Kleinbasler Mittagstisch zukommen – auch hier: eine Geste mit Herz.

Man muss den VKB danken – danken, dass sie die Öffentlichkeit in ihre Feier mit einbezogen haben, jedermann an ihrem Jubel teilnehmen liessen. Und danken für ein Fest, das nicht nur in die Fasnachts-, sondern wohl auch in die Stadtgeschichte eingehen wird...»

Und zem Schluss no e Zitat uss dr «Nordschweiz»

«Alles in aliem: Volksfest ‹100 Joor VKB›, ein Fest musikalischer Höhepunkte, ein Fest der Fröhlichkeit und Freude, ein Fest aber auch, das nicht nur den Baslern, sondern vielen auswärtigen Besuchern gezeigt hat, zu was das ‹mindere Basel› fähig ist, und schliesslich auch ein Fest, das am Sonntag morgen mit dem Brunch im Festzelt, dem Frühschoppenkonzert der Knabenmusik Basel und dem Gala-Konzert der grossartigen ‹Steel Harmonites› am Nachmittag leider zu Ende ging...»

In dr Vorberaitigzyt währed ere Pause im Alte Wartegg.

Drey Däg vor em Konzärt. Dr George Gruntz git de Pfyffer die letschte Awysige in dr Muschtermäss.

Ai Dag vor em Konzärt. Me probt dr Dootedanz.

7. + 8. Septämber – «Basler Palette» – Jubileums-Konzäärt 100 Joor VKB

Wär am Konzäärt gsi isch, ka sicher ermässe, ass do e huffe Arbet- und Zytuffwand fir die lebige neetig gsi sin und ass me unserer Ussaag Glaube schängge darf. Au do wänn mr unserem Grundsatz Rächnig draage, eme Bedailigte s Wort z gää. Dr Alfons Grieder, wo Drummelchef vo de VKB isch und au zueglyych d Gsamtlaitig vo däm Konzäärt gha het, schrybt im folgende Brichd.

Mit ihrer am 7. und 8. September über die Bühnenbretter der Mustermesse gegangenen «Basler Palette» haben die Vereinigten Kleinbasler einen weiteren, grandiosen Höhepunkt ihres Jubeljahres feiern können. Sicherlich haben sie sich mit diesem Anlass, von dem man in Basel und weit über dessen Grenzen noch lange sprechen wird, einen guten Namen geschaffen. Daneben haben die VKB, und das ist wohl der wichtigste Faktor des ganzen Unternehmens, einen Meilenstein für das Trommeln und Pfeifen schlechthin gesetzt. Sie haben mit ihrem «Konzert der Superlative» bewiesen, dass eine renommierte Fasnachtsgesellschaft nicht nur zu derben Sprüchen und grobem Paukenschlag fähig ist, sondern, mit entsprechender Vorbereitung, auch einen entscheidenden Beitrag zu unserem Volksgut leisten und somit einen ernstzunehmenden Kulturträger unserer engeren Heimat darstellen kann. Die ausserordentlichen Anstrengungen aller Beteiligten haben sich gelohnt; das Publikum hat sich mit frenetischem Applaus dafür bedankt und die Medien waren des Lobes voll. Die vielen mündlichen und schriftlichen Gratulationen zum Gelingen dieses Anlasses waren jedenfalls eine befriedigende Bestätigung dafür, dass wir den richtigen Weg eingeschlagen hatten.

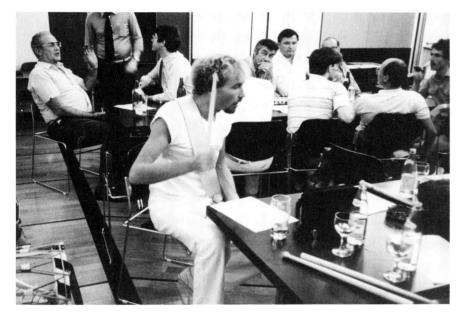

Wie es dazu kam

«Es war schon immer mein Bubentraum, in einem ausserordentlichen Konzert all das zusammenzufassen, was für Basler Trommler und Pfeifer mit Orchestermusik geschrieben worden ist, sei es nun im ernsthafteren Bereich der sinfonischen Musik oder in der lebendigeren Sparte des Jazz.» Als Schüler von Dr. Fritz Berger und später von Morris Goldenberg an der Abteilung für klassisches Schlagzeug der Juillard School of Music, New York, war ich schon immer in enger Tuchfühlung mit der Musik und einer Aufgabe wie dieser eigentlich direkt verpflichtet. Für mich waren zwei Voraussetzungen für das Zustandekommen der «Basler Palette» ausschlaggebend:

«Für ein Konzert wie die ‹Basler Palette› braucht es Leute mit überdurchschnittlichem Können und sensiblem Einfühlungsvermögen für die Zusammenarbeit mit dem Orchester. Das ist bei uns Amateuren sicher nicht selbstverständlich. Ich wusste, dass ich ein solches Potential nur unter meinen Freunden bei den VKB finden konnte, und ich war sehr dankbar, dass die vielen Pfeifer, unter der Leitung von Dieter Cattelan, und Trommler zudem noch bereit waren, den ausserordentlichen Probenaufwand auf sich zu nehmen. Wenn ich bedenke, dass hinter den Kulissen auf wichtigen administrativen und technischen Posten noch viele hervorragende Pfeifer und Trommler zum Gelingen dieses Grossanlasses beigetragen haben, ohne im Rampenlicht zu stehen, können wir uns wirklich glücklich schätzen und allen, auch den vielen Helfern vom Vortrab, herzlich danken.

Eine weitere, wohl die wichtigste Voraussetzung war natürlich die musikalische Leitung. Als mir mein Freund George Gruntz spontan seine Unterstützung zusagte, war für mich das Zustandekommen unseres Anlasses keine Frage mehr. George Gruntz war sicherlich ein Garant des Erfolges. Wer ihn kennt oder nun kennengelernt

So hets am Frytig 20 Minute bevor d Dire uffgange sin, usgseh.

E Uffnahm vo dr Feschtschpilmuusig. Alli sin konzentriert drby.

hat, wird mir sicher zustimmen, dass wir uns keinen besseren und fähigeren musikalischen Leiter wünschen konnten. Es gibt wohl auf der ganzen Welt keinen Musiker, der, obwohl selbst kein Trommler, sich für einen Doublé keinen Schlepp vormachen lässt. Neben dieser ungewöhnlichen Fachkenntnis weiss er sowohl mit erfahrenen Berufsmusikern wie auch mit uns Laien auf eine derart liebenswürdige aber zwingende Weise umzugehen, dass man seiner musikalischen Führung einfach gehorchen muss. Seine ‹Unterstützung› erschöpfte sich übrigens nicht nur im Dirigieren der Generalprobe und der beiden Konzerte, wie das üblicherweise der Fall wäre, sondern er hat neben der Auswahl der Musik und den vielen Detailproben noch den herrlichen ‹Nundedie› komponiert sowie die Collage der ‹Basler Festspielmusik› ausgearbeitet, die einer Neukomposition gleichkommt. Ihm gebührt unser grösster und herzlichster Dank.»

Die Vorbereitungsphase

Die Vorbereitungszeit dieses Grossanlasses erstreckte sich über mehr als zwei Jahre. Nachdem die VKB-Mitglieder an der Herbstversammlung 1982 für das Projekt grünes Licht gegeben hatten, konnte mit den wichtigsten Vorarbeiten begonnen werden. Am vordringlichsten war die Festsetzung der Aufführungsdaten, nach welchen sich alle übrigen Termine und Vereinbarungen richten mussten. Es folgten die Reservationen des Muba-Festsaals, der Orchester, des Balletts und der Solisten. An dieser Stelle möchten wir Herrn Dr. Ziegler von der BOG und den Herren Statkus und Keller der Basler Theater sowie Ballettdirektor Heinz Spoerli unseren herzlichsten Dank aussprechen. Miteingeschlossen in unsern Dank sei auch Herr Gérard Lüll von der Euromusic, welcher uns die Jazzsolisten vermittelte und uns auch sonst bei der administrativen Ausarbeitung der «Basler Palette» rat- und tatkräftig zur Seite stand. Diese Herren brachten unserem Projekt von allem Anfang an grosses Verständnis entgegen. Hätten sie uns nicht überaus günstige finanzielle Vertragsbedingungen offeriert, wäre unser Konzert wohl schon im Anfangsstadium an der Kostenhürde gescheitert. Wenn wir hier schon von der Finanzierung sprechen, so muss ich noch zwei Institutionen erwähnen, nämlich die Basler Kantonalbank und die Basler Versicherungs-Gesellschaft. Diese beiden Firmen haben als Sponsoren durch grosszügige finanzielle Beihilfe unsere Politik unterstützt, den Eintrittspreis möglichst tief halten zu können. Wir möchten auch hier nochmals unsern wärmsten Dank aussprechen.

Die nachfolgende Zeit diente vor allem der Beschaffung des Notenmaterials, welches zum Teil mit Hilfe der Universitätsbibliothek in mühsamer Kleinarbeit von Basel bis St. Saphorin zusammengetragen wurde. Fehlendes wurde ersetzt, neu geschrieben, umgeschrieben oder sogar neu komponiert.

Die eigentliche Probenarbeit der Trommler und Pfeifer, unter der Leitung des Pfeifer- und Trommelchefs, begann im April 1984, also schon bald nach dem Fasnachtsbummel. Was dieser ausserordentliche Aufwand für das Spiel bedeutete, kann nur abschätzen, wer selbst schon an ähnlichen Veranstaltungen mitgewirkt hat. Die da und dort geäusserte Befürchtung, man würde die Belastbarkeitsgrenze überschreiten,

s Basler-Sinfony-Orcheschter mit Pfyffer, Drummler und e baar Junge währed em Gläbberelied vo dr Feschtschpilmuusig.

hat sich glücklicherweise nicht bewahrheitet. Ganz im Gegenteil scheint es, dass der ohnehin schon gute Geist unter den Spielleuten durch das Erarbeiten eines gemeinsamen Ziels noch gefestigt wurde. Mit Recht dürfen alle, die sich in der einen oder andern Gruppe bewährt haben, auf ihre Sonderleistung stolz sein und es sei darum allen, auch wenn sie nicht namentlich erwähnt werden können, für ihren enormen und disziplinierten Einsatz gedankt.

Wie es war

Wer nicht das Glück hatte, die «Basler Palette» selbst mitzuerleben, hat meines Erachtens etwas Einmaliges, Unwiederbringliches versäumt. Die Pressestimmen vom Freitagskonzert sprechen für sich und die Aufführung vom Samstagabend war in mancher Hinsicht eher noch besser. Lassen wir den Programmablauf nochmals kurz Revue passieren:

Der Abend wurde vor ausverkauftem Saal Schlag acht durch eine repräsentative VKB-Delegation (20 Pfeifer und 11 Trommler) unter der schneidigen Stockführung unseres Tambourmajors Walter Lang mit dem «Nundedie» eröffnet. Diese herrliche Neuschöpfung von George Gruntz, mit einem Trommeltext von mir selbst, verspricht ein richtiger Ohrenwurm zu werden und findet, hoffentlich nicht nur bei den VKB, sicherlich Eingang in manches Stammrepertoire. Neben dem musikalisch subtil vorgetragenen Marsch mit der jubilierenden Zierstimme des letzten Verses beeindruckte der Auftritt rein optisch durch das Farbenspiel der historischen VKB-Kostüme der Fasnacht 1984.

Für einen weiteren guten Eindruck der VKB sorgte ohne Zweifel Hansjörg Thommen, der in ruhiger, gut verständlicher und sicherer Art und Weise das Publikum begrüsste und anschliessend durch das Programm führte. Er entledigte sich seiner Aufgabe wie ein routinierter Profi.

Die nachfolgende Darbietung einer weiteren VKB-Gruppe (20 Pfeifer und 6 Trommler) führte uns mit der vom Musikwissenschafter Dr. Raymond Meylan zusammengestellten «Soldatenmusik früherer Zeiten» zurück in die Renaissance, dem Ausgangspunkt unserer geschichtlichen Betrachtung. Die vorzüglich intonierten «Märsche und Tänze» waren, vor allem rhythmisch, nicht einfach zu spielen. Die gute Leistung, die durch den täuschend echten «alten» Klang der zum Teil solistisch vorgetragenen Trommeln unterstrichen wurde, ist vom Publikum auch dementsprechend durch grossen Applaus dankbar quittiert worden.

Nachdem sich der musikalische Leiter George Gruntz in seiner betont schlichten Art selbst vorgestellt und sofort die Sympathie der Zuschauer erobert hatte, erfolgte schon ein erster Höhepunkt des Abends. «Ein Tod zu Basel», ein vom Schweizer Komponisten Frank Martin geschaffenes Spiel um Leben und Tod, wurde 1943 in Basel auf dem Münsterplatz uraufgeführt. Das nie veröffentlichte und leider auch nie wieder aufgeführte Werk wurde uns in verdankenswer-

E Usschnitt us em Ballett «Thundermove», wo bim Publikum guet ako isch.

«Jazz und Folklore». VKB-Drummler zämme mit de Jazzmuusiger.

Dr «Applaus», e Aigekomposizion vom Fongs Grieder, isch d Schlussnummere gsi vo däm groossartige Konzärt. Me gseht dr Vordrab, Pfyffer und Drummler bim rhythmische Glatsche.

D Solischte vom «Geigy-Festival-Concerto». Dr Solopart isch s erscht Mool vo drey Drummler zämme uffgfiehrt worde.

ter Weise von der Witwe des Komponisten, Frau Maria Martin, zur Verfügung gestellt. Ausschnitte daraus wurden erstmals seit 41 Jahren wieder lebendig, und zwar durch die Bläsergruppe des Basler Sinfonieorchesters BOG verstärkt durch Iwan Roth und seinen Saxophonsolisten. Die makabre Totentanztrommel als Solopart wurde mit grosser Hingabe ganz meisterhaft von Paul Zeier gespielt – man hätte sich für diese Rolle keine bessere Besetzung wünschen können. In einer packenden Choreographie von Heinz Spoerli haben die beiden Solisten des Basler Balletts, Martin Schläpfer als Selbstmörder und Ralf Beyer als zeitgenössischer Tod die ergreifende Musik in ausdrucksvolle Bilder umgestaltet. Insgesamt eine Darbietung, die aufgrund der ernsthafteren Note einen um so nachhaltigeren Eindruck hinterliess.

Einer Uraufführung gleich kam die von George Gruntz bearbeitete Collage der «Basler Festspielmusik». Altbekannte, aber auch weniger gehörte Pfeifermelodien aus Basler Festspielen, eingeflochten in eine wunderschöne Orchestermusik, wurden vom Basler Sinfonieorchester BOG und einer Trommel- und Pfeifergruppe der VKB brillant vorgetragen. So löste der nach dem «Intrada» von Hans Haug gespielte Wettsteinmarsch (Hermann Suter, 1923) wohl bei manchem Zuhörer wohlig kalte Schauer aus. Aber auch andere Melodien wie etwa der Telefonjungfern-Tango oder das Basler Kläppere-Lied (beide 1939, von Hans Haug), der unheimliche, aber trotzdem schöne «Armagnakenmarsch» von Conrad Beck (unerhört taktfest und einfühlsam getrommelt von Markus Hauger von der VKB-Jungen-Garde) und die beiden sehr melodiösen Beiträge aus Walter Geisers Festspiel «Inclyta Basilea», 1951, nämlich das Lied des Basler Knaben und der Heinrichsmarsch gefielen ausserordentlich. Der gewaltige Abschluss dieser Programmnummer war der von Hans Huber, 1892, für die «Kleinbasler Vereinigungsfeier» vertonte Kleinbaslermarsch, der mit der von Dieter Cattelan wunderschön gespielten und vom Orchester begleiteten Solostimme Begeisterung auslöste. Ein Leckerbissen ganz besonderer Qualität war das nun folgende «Geigy-Festival-Concerto» von Rolf Liebermann. Das sinfonische Werk für Basler Trommel und grosses Orchester entstand 1958 im Auftrag der Firma Geigy AG zur Feier ihres 200jährigen Bestehens und ist der Stadt Basel gewidmet. Die Basler Trommel, erstmals solistisch im Sinfonieorchester verwendet, wird normalerweise von einem einzelnen Trommler gespielt. Ausnahmsweise wurde der sehr anspruchsvolle Solopart an diesem Abend von drei Tambouren gemeinsam vorgetragen – ein grosses Wagnis, wie Fachkenner bestätigen können. Die drei Solisten (oder war es nur einer?) Peter Marrer, Peter Stalder und Alfons Grieder haben diese risikoreiche Probe bravourös bestanden. Wir trommelten dieses Konzert, wie es noch nie gespielt wurde – und wie es nicht besser gemacht werden kann.

Die Pause teilte den besinnlicheren, klassischen Teil von der mit zeitgenössischer Musik und Darbietungen verschiedenster Art geprägten Programmhälfte.

Diese begann mit einem unerhört fröhlichen Auftakt, dem 1979 für die Berliner Festwochen von Heinz Spoerli und George Gruntz kreierten Ballett «Thundermove». Unter der Leitung des Komponisten spielten das Basler Schlagzeugensemble (das inzwischen übrigens den VKB beigetreten ist), fünf Basler Tambouren und der Jazz-Schlagzeuger Pierre Favre die anspruchsvolle und uns Basler sehr ansprechende Ballettmusik und bildeten eine imposante Kulisse für das hervorragende Ballett der Basler Theater. Angeregt vom Zwischenapplaus und dem spontanen Gelächter des Publikums tanzten sich die Solisten, angeführt vom gutgelaunten Maurice Choukrane, und das Corps de Ballet in die Herzen der Zuschauer. Die nachfolgende Nummer führte uns in die Welt des Variétés, in welcher die «Rolling Sticks» (Bruno Graf, Peter Marrer, Alfons Grieder) mit ihren spektakulären Schlegeltricks eine ihrer über Jahre hinaus erfolgreichsten Darbietungen zeigten. Auf VKB-Boden gewachsen ist ihre Show, wie Kenner der Szene behaupten, das Beste, was man weltweit in dieser Hinsicht gesehen hat. Erstaunlich, dass die doch schon gesetzteren Herren nach fünfjährigem Unterbruch exklusiv für dieses Konzert in alter Frische dastanden.

Ein weiteres Beispiel, wie und wo in Basel ausserhalb der Fasnacht getrommelt und gepfiffen wird, führten uns «The Pipes and Drums of Basle» mit ihrem tadellosen Auftritt vor. Sie haben die Mühe nicht gescheut, speziell für diesen Abend einen neuen «Drummer Call» einzustudieren. Die Qualität dieser baslerischen Schottenband dürfte weiterum seinesgleichen suchen.

Nicht minder erfolgreich war der donnernde Aufmarsch des «Regimental Fife and Drum Corps», einer Basler Gruppe, welche sich dem amerikanischen Trommeln und Pfeifen aus der Kolonialzeit verschrieben hat. Sie tun dies so echt und gekonnt, dass sie oft auf englisch angesprochen werden. Doch wer sie kennt, weiss, dass sich unter den amerikanischen Uniformen viele Trommel- und Pfeifergrössen Basels verbergen. Wen wundert's, dass sie so gut sind?

Nun kam der Programmteil, auf welche Kenner der Jazzszene mit viel Geduld und grosser Spannung gewartet haben. In «Jazz und Folklore» hat George Gruntz (Keyboard) mit Franco Ambrosetti (Trompete), Roman Schwaller (Saxophon), Jean-François Jenny-Clark (Bass) und den beiden Schlagzeugern Pierre Favre und Daniel Humair einmal mehr Ausland-Schweizer Jazzmusiker der Spitzenklasse nach Basel geholt. In ihrem eingangs gespielten «High Times Keepsakes» konnten sich die Solisten, animiert durch Leader George Gruntz voll und ganz profilieren. In den nachfolgenden, vom Konzert 1967 schon bekannten Melodien «Intercourse» mit einer Trommelgruppe der VKB und dem wunderschönen «Nunnefirzli» mit den VKB-Pfeifern kam das Wechselspiel von Jazz und Folklore schön zur Geltung. Im abschliessenden, fulminanten Finale, der «Retraite Céleste», war der rhythmische und musikalische Wettstreit zwischen den Baslern und den Jazzern förmlich fühlbar. Ein tolles Erlebnis, das bewusst im Gegensatz zu den anderen Programmteilen stand.

Es war zugegebenermassen schon etwas spät, als die letzte Programmnummer über die Bühne ging. Der «Applaus», eine heitere Komposition, die ich für Basler Trommeln mit und ohne Saiten, eine grosse Trommel (von Hans Mangold meisterhaft gespielt) und zwei Gruppen Händeklatschern geschrieben habe, wurde uraufgeführt. Obwohl diese Darbietung vom ausharrenden Publikum mit Schmunzeln und Mitklatschen gut aufgenommen wurde, ist sie doch leider der vorgerückten Stunde etwas zum Opfer gefallen. Nichtsdestoweniger hatte die VKB-Familie mit diesem Auftritt die Gelegenheit, sich von ihrem Publikum zu verabschieden, was dieses mit einem warmen Applaus belohnte.

Als der letzte Zuschauer den Festsaal der Muba längst verlassen hatte, traf man den VKB-Präsidenten Pierre Farine hinter der Bühne. Er hat sich während drei Tagen unermüdlich um die berühmten, aber um so wichtigeren Details gekümmert. Es war ein glücklicher Präsident mit dem befriedigenden Gefühl, dass seine Gesellschaft in seiner Amtszeit etwas Grosses geleistet hat.

Dr Alfons Grieder het in sym Brichd gschriibe, «Die Pressestimmen vom Freitagkonzert sprechen für sich und die Aufführung vom Samstagabend war in mancher Hinsicht eher noch besser.»

Also was isch nooiigender, ass mr e soonige Brichd vo dr «Nordschweiz» abdrugge.

VKB-Jubiläumskonzert begeisterte (Fasnachts-)Musikfreunde

Basler Palette: Vielfalt – Kunst – Bravour!

Als ein weiterer Höhepunkt im Jubiläumsjahr der hundertjährigen Vereinigten Kleinbasler (VKB) ging das Konzert «Basler Palette» vergangenen Freitag und Samstag abend über die Bühne des Grossen Festsaals in der Mustermesse. Unter den Zuschauern in den ausverkauften Rängen befand sich an der Premiere für die «Nordschweiz» auch Pierre A. Minck, der einige Eindrücke von diesem einmaligen Kunst- und Kulturereignis, von dem man in Basel noch lange reden wird, festhält.

Basel. Die zwei, drei kleinen Wermutstropfen im konzertanten Jubiläumsbecher seien gleich vorweggenommen. Durch die Tatsache, dass das Konzert vier Stunden dauerte, hielt es einige Zuschauer nicht mehr auf ihren Sitzen, und sie gingen vorzeitig weg, was einige Unruhe auf die Ränge brachte. Ein negativer «Dauerbrenner» im Grossen Festsaal der Muba ist die unzulängliche Akustik und die Einrichtung oder vermutlich eher amateurhafte Bedienung der technischen Installationen. Aber darüber ist schon viel Tinte vergossen worden. Nur soviel: Wenn schon ein Welthandelskongresszentrum für Abermillionen von Franken erstellt werden kann, scheint mir, dass doch auch dieses Problem zu lösen wäre...

Doch nun zu den Höhepunkten des einmaligen VKB-Konzerts, deren es so viele und verschiedenartige gab, dass eine Aufzählung unvollständig sein muss. Mit Bravour eröffnete die jubilierende VKB den Galaabend mit dem «Nundedie». Der melodiöse Fasnachtsmarsch wurde vom musikalischen Leiter des Konzerts, George Gruntz, komponiert und der VKB zum Geburtstag geschenkt. Den Trommeltext schrieb Alfons Grieder, und den Marsch, der «nundedie» schwer ist, haben die Tambouren und Pfeifer der VKB glänzend gemeistert.

Die Palette der Gefühle, die einen an diesem Abend bewegten, reichte von ausgelassener Begeisterung bis zu Ergriffenheit. Beim Ausschnitt aus dem Ballett «Ein Totentanz zu Basel» von Frank Martin war es totenstill im Saal. Die schwermütige Musik, vom professionellen Klangkörper des Basler Sinfonieorchesters (BOG) und vor allem dem Solisten Paul Zeier (VKB), der die dumpfe Totentanztrommel schlug, eindrücklich interpretiert, und die Darbietung der beiden Solotänzer des Basler Balletts rührten an die Seele.

Die ganze Palette musikalischer Dichte, vom Pianissimo bis zum Fortissimo, von zarten Rhythmen bis zum furiosen Finale, bekam man beim Querschnitt durch die «Basler Festspielmusik» mit Werken von Hans Huber, Hermann Suter, Hans Haug und Walther Geiser und dann vor allem beim «Geigy-Festival Concerto» zu hören. Die Synthese zwischen dem Basler Sinfonieorchester (BOG) und den Trommlern und Pfeifern der VKB (exzellente Leistung der Solotambouren Alfons Grieder, Peter Marrer und Peter Stalder) ist ausgezeichnet gelungen. Was hier George Gruntz in nur zwei gemeinsamen Proben fertiggebracht hat, verrät die Hand eines wahren Meisters seines Fachs. Während man den ersten Programmteil mit «klassisch» hätte bezeichnen können, war der zweite Teil des Konzerts der Show und Unterhaltung (die professionellen Musikkritiker mögen mir diese Einteilung verzeihen) reserviert. Gleich nach der Pause folgte «Thundermove», das Ballett von George Gruntz. Unter der Choreographie von Heinz Spoerli tanzte sich das Basler Ballett im Jogging-Dress in die Herzen des Publikums. Das Basler Schlagzeugensemble (Markus Ernst, Jean-Claude Forestier, Siegfried Kutterer, Siegfried Schmid, Pierre Favre) und fünf Solotambouren der VKB taten das Ihrige, dass «Thundermove» die Leute zu Beifallsstürmen hinriss.

Ein Hauch von Nostalgie kam auf, als die einstmals berühmten «Rolling Sticks» (Alfons Grieder, Peter Marrer, Bruno Graf) zum unwiderruflich letzten Mal ihre mit Showeffekten gespickte Nummer zelebrierten. «The Pipes and Drums of Basle (Scots Pipers)» und das «Regimental Drum and Fife Corps Basel» rundeten mit ihren fremdländischen Rhythmen diese Programmsequenz mit grossem Erfolg ab.

Ganz in seinem Element war natürlich George Gruntz bei «Jazz und Folklore». Er selbst sass am Keyboard, Franco Ambrosetti (tp), Roman Schwaller (sax), Jean-François Jenny-Clark (bass), Daniel Humair (drums), Pierre Favre (drums) und Trommler und Pfeifer der VKB ergänzten das Ensemble. Das Experiment, konzertanten Jazz mit nicht-militärischen Trommelmusiken zu verbinden, war bestimmt nicht nach jedermanns Geschmack. Ich jedenfalls verstand es als Hommage von George Gruntz an die Basler und seine Heimatstadt. Angesichts der zweifelnd dreinblickenden Konzertbesucher kam mir der Satz vom «Propheten im eigenen Land» in den Sinn...

«Palette» heisst ja in übertragenem Sinne «bunte Mischung», und was die Konzertbesucher zu hören bekamen, war eine Mischung allerbester Sorte. Die Idee, «der geschichtliche Werdegang der Basler Volkskunst, des Trommelns und Pfeifens, von der Renaissance bis zur Gegenwart, vom Schlachtfeld bis in den Konzertsaal oder auf die Variétébühne, soll wie ein roter Faden durch das Programm führen», ist vom musikalischen Leiter George Gruntz, dem Choreographen Heinz Spoerli, den Solisten und den weit über zweihundert Beteiligten des Sinfonieorchesters Basel (BOG), des Basler Balletts, und, «last but not least», der VKB glänzend realisiert worden.

15. und 16. Septämber – Jubileums-Ussflug vo dr Junge Garde

Nodäm «d Palette», s groossi VKB-Jubileumskonzäärt, mit groossem Erfolg iber d Biini gangen isch, kemme mr scho zem letschte Aaloss, wo mr e Brichd vo me Dailnämmer hän.

So gege Änds Augschte isch bi de Buebe vo de Binggis und dr Junge Garde d Ylaadig fir e zwaidäägige Jubileumsbummel ins Huus gflattered. Alli sin glaub mee als froo gsi, wo si derte hän kenne lääse, ass kaini Wanderfendle, derfiir aber Baadhoose verlangt wärde.

Afin. Zmitts in dr Nacht, d.h. am halber siibeni am Morge, het me sich am 15. Septämber in dr Schalterhalle vom Bahnhof droffe.

Under dr Laitig vom Vizeobmaa Roger Moesch het sich die ganzi Gsellschaft (dr Obmaa samt dr Junge-Garde-Mamme Meieli Schaub, de Buebe, em Vorschtand und de Fasnaachtsbeglaiter, de Drummel- und Pfyfferlehrer, em Drummel- und Pfyfferchef vom Schtamm) uff dr Wääg

Me hett uff s Schiff gwartet in Luzärn und mit Schwätze d Zyt verdribe.

gmacht. Dr Bresidänt vom Schtamm isch drno schpeeter derzue gschtoosse... Aber leen mr doch dr Serge Policky brichde.

Au dr 50. Geburtsdag vo dr Junge Garde fallt ins Jubileumsjohr vo de VKB. Mir hänn derfe e zwaidägigi Schwyzerrais mitmache, won is ins Goms, oder diräggter gsait, no Fiesch gfiehrt hett. In dr Schalterhalle vom Bahnhof hett me sich am Samschdigmorge droffe.

Trotzdäm s sehr frieh gsi isch, hett sich kaine verschloofe. Zwai hänn gfählt, doch die hänn sich bizytte abgmäldet. So sinn denn die iber 90 Schnaiz in Zug, wo Richtig Luzärn gfahre isch, ygschtige.

Unterwäggs hett denn jede e Zähnerneetli, wo d Eltere vorhär fir die Rais yzahlt hänn, wider zrugg griegt, so quasi as Saggggäld fir unterwäggs.

Die wenigschte hänn das Gäld kenne verbutze, will die ganz Verpflägig fir unterwäggs vo dr Glygge zahlt worden isch. In Luzärn ako, simmer iber d Schtrooss an Schiffschtäg gloffe. Wo mr denn hänn kenne yschtyge, hett me gmerggt, ass dr letscht und hinderscht wach isch. Kuum uff em Schiff, do sinn au scho die erschte Gleeser verheyt.

Druffabe hetts im Baizli uff em Schiff s Znyni gäh, wo alli lengscht druff blangt hänn. Schunggeweggli und Mineralwasser hetts gäh.

D Frau Schaub hett denn drfir gluegt, ass es niemerem langwylig worden isch. Mit em Babyr, wo d Weggli ypaggt gsi sinn, hett me glatti Bälle-

Dr Obmaa Marcel Schaub hett sich de glainere und greessere Brobleem vo syne Buebe agnoh.

li kenne mache. Die Bällelischlacht isch uff jede Fall e glatti Sach gsi. Denn isch dr Obmaa, dr Herr Schaub uffgryzt; är hett vo allem nyt gheert, denn är hett gnisslig ame «Walkman» gloost.

Noonere zwaischtindige Fahrt sinn mr denn in Brunnen ussgschtige und im Räge an Bahnhof gloffe.

Dert hetts bald emool e Durenander gäh, will jede Zugfiehrer en andere Ort bekannt gäh hett, wo die reservierte Wäge schtoh sotte. So hetts au e bitz Bedrib gäh uff däm Bahnhof. Wo dr Zug ko isch, hänn mr bald unseri Wäge gfunde und sinn beruehigt no Göschenen gfahre. Noneme kurze Märschli zem Reschtorant «Weisses Rössli» sinn mr mit lange Mäge ygloffe.

Denn isch aber bald e baimig Mittagässe serviert worde. E Subbe, Salat und e usgezaichnets Curry-Rys isch dr Raije no uffgfahre. Zem Dessert, em Abschluss vo däm Ässe, hetts Glacé mit Rahm gäh. Wo alli gnueg gha hänn, isch e Verdauigsschpaziergängli neetig gsi, denn ebbe e Schtindli hett me no zer Verfiegig gha.

Denn isch d «Furka-Oberalpbahn» fir is wider barat gschtande, won is fascht in Schnee gfiehrt hett. Nonem Furkatunnel ins Goms hett sogar d Sunne gschine. S isch drfir au s ainzig Mool gsi. Uff jede Fall hett me die Fahrt gnosse. Mittlerwyle isch fimfi worde, wo mr in Fiesch ako sinn. Uff em dräggte Wäg ischs ins Hallebad gange, wo me sich hett kenne verdue. Drno isch dr Zimmerbezug fällig gsi und druffabe isch s Nachtässe noche gsi. Dä Broote mit Härdepfelschtogg und Rootgrutt isch au wider ebbis Feyns gsi. S Dessert, wo allewyl drzue gheert, isch e Glacékugele mit Fruchtsalat gsi, mit Vanillesoosse und Rahm. Zer Iberraschig vo alle hett das dr VKB-Presis, dr Pierre Farine gschtiftet. As Dangg drfir hänn d Pfyffer dr 10. Värs brocht. Dr Presidänt hett e baar Wort gredet und under anderem gmaint, me soll sich fir d Glygge ysetze und d Kameradschaft eso wyterpfläge. E Brogrämmli isch zämmegschtellt worde, wo dr George Fischer dr Afang gmacht hett. Disco-Muusig hett nadyrlig au nit derfe fähle und d Frau Schaub hett drby kai schlächti Falle gmacht. Denn isch grosses Äffli- und Bärlifasse gsi fir d Binggis und si sinn ab ins Bett.
Dr Räscht hett no Ussgang byko, wo mit de Leiter im e Baizli e Schlummerdrungg gnoh hett. Zrugg isch me ins Lager und do isch no vyl und lang glacht worde.
Am andere Morge isch bizytte Dagwach gsi, denn mr hänn no miesse uffruume.
Nonem Morgenässe sinn mit miede Gsichter alli wider in Zug ygschtige, wo no Brig gfahre isch. Vo dert dur e Lötschbärg no Spiez. Underwäggs hetts nadyrlig wider Yglemmti gäh und ebbis fir e Durscht. E Schiffahrt no Interlaken isch is bevorgschtande. Dert hänn is zwai Bus, im greeschte Sauwätter ins Reschtorant «Europe» gfiehrt.
Denn isch e allewyl guet Mittagässe serviert worde. Schnitzel-Pommes frites hetts gäh und zem Dessert, wie kennts au anderscht sy, nadyrlig wider Glacé.
Vo dert ischs denn, immer no bi Schiffwätter, iber e Brünig no Luzärn gange. D SBB hett Verschpeetig gha und in Luzärn isch drfir unsere Zug samt unserer Verpflägig scho underwäggs no Basel gsi.
Vyl schpeeter und mied vo dr lange Rais isch me z Basel ako. Dangg dr SBB, wo Fimf-Frangge-Billett fir dä Dag usegäh hett, sinn alli Zig so iberfillt gsi, ass me die maischte VKBler fascht nimme gseh hett.

S isch schad gsi, ass die scheeni Schwyzerrais, wo jedem no lang in Erinnerig blybe wird, e so hett miesse uffheere. Drby hätt i no e Bitt an Petrus gha. S wär nämlich Zyt, neyi Dichtige an d Hähne z mache. Denn eso schiffe hätts au wider nit bruuche. Das isch aigetlich schad gsi.
I mecht do de Organisatore im Namme vo alle fir die zwai scheene Däg ganz härzlig danggscheen sage.

Me hett an däne Däg nit nur uff e Zug gwartet, au uff besser Wätter!

In Brunnen isch die Schiffahrt scho wider fertig gsi.

So das wärs. Nit ass ebben alli Feschtiviteete verby sin. Nai, ganz nit. Mit däm Bricht, wo mr no hän welle im Buech ha, verleen mr ganz aifach die Zyt, wo vo de vergangene Aaläss brichtet.
Zem Schluss verzelle mr, was bis zem Jooresänd no alles bassiere duet.
19. und 20. Oggtober – «Tag der offenen Tür» in de neye Iebigslokal.
Im «Reminiszänze-Dail» het me kenne lääse, ass die alte Ryym, wo d VKB als drummlet und pfiffe hänn, abgrisse worde sin. Wie sich d VKB zem 100jeerige Jubileum sälber beschänggt hänn, schrybt dr Paul Heckendorn im letschde Byydrag.

S Magazyn vom Materialverwalter. S Biro vom Aggtuar, alles isch do underbrocht samt Adressier- und Kopiergrät.

Die neyi, haimeligi Pfyfferschtube.

S neye Drummelzimmer oder Bebberli isch sehr zwäggmässig ygrichtet.

Unser «Jubelgschängg» an is sälber

Scho vor em Abbruch vom alte «Böbberli» het me Verhandlige gfiehrt mit dr Brauerey Wartegg wäge neye Lokalideete im Neybau an dr Claraschtrooss 57. Und unseri «Huus-Brauerey» hets meeglig gmacht, dass ihri Huus-Glygge zem ene ginschtige Mietbrys im zwaite Untergschoss mehreri Käller-Ryym mit ungfohr 300 Quadratmeter het kenne miete.

Am 27. Oggtober 83, no während em Neybau, isch d Schlisselibergoob gsi und mer hänn die Käller-Ryym kenne ybernäh.

Die Ryym beschtehn hauptsächlig us vier groosse Luftschutzkäller. Won ich s erschtmool in däne Käller gschtande bi, wo globigi Luftschutzdire und Betonpanzerdeggel ummegschtande sin und me vor luuter Beton e Widerhall mit Echo gha het wie im Luterbrunnetal, do sin mer scho Bedängge ko, ob me so Ryym zwäggmässig und gmietlig als Drummel- und Pfyfferschtube kennt yrichte.

Aber under dr Laitig vo dr ney grindete Baukommission, wo us aigene Mitglider sithär grindet worden isch, het me au die technische Brobleem wie Ventilazion und demontierbari Schallschluggwänd kenne leese.

Ich ha die luschtigi Uffgoob griegt, die neye Ryym zplane und zgschtalte. S alte «Böbberli» isch ufferschtande als Drummelschtube mit gääle Wänd, ainere vo de drey VKB-Farbe. An de Wänd entlang sin fescht ybauti Bängg mit ere lange Raije vo hinderlychtete Kopfladärnli obedra. An der Schtirnsyte vom Ruum hets zwai alti Morgeschtraichladärne, wo au hinderlychtet und in d Wand ygloh sin.

Hinter em «Böbberli» findsch s neye «Pfyfferli», wo ganz in dr zwaite VKB-Farb, em Veyelett, usgmoolt isch. D Pfyffer sitze an vier groosse runde Tisch mit groosse wysse Lampe, wo guet Liecht uff d Note gänn. D Wänd sin mit Ladärnebilder und Muurpfyler underdailt und in ere alte Vitryne ka me dr Pfyffergrubbe-Wanderbryys vom Offizielle hoffetlig no lang beschtuune! D «Mäss» isch die dritti groossi Schtuube und isch hauptsächlig as Sitzigs- und Uffenthaltsruum dänggt. As Offiziers- und Mannschaftsmäss wird si benutzt und gseht us wie uff dr Herbschtmäss mit Deggorazione und Moolereye vo dr Ressliryti. Au die Moolerey nadyrlig us aigenem Bode – vo unserem Mässprofi us dr «Wäxelschtube fir miedi Gsichter». Aber au e paar Ladärnebilder, e Dail vo dr 100jehrige Jubellampe und sogar s vergreesserete Zeedelbild vom erschte VKB-Fasnachtszug 1884 het Blatz gfunde. Dur verschideni Wandabschtuefige hets gmietligi Nysche gäh und die burgunderfarbige Wänd wirgge nit nur gmietlig, sondern animiere sicher au.

Hinder dr Mäss hämmer no e groosse Ruum firs

D «Mäss», so soll dä Ruum denn haisse, isch bis zem Drugg vom Buech noonig fertig gsi. All Oobe isch do wytergschafft worde.

Materialmagazin, s Biro und s Archiv, wo hit scho voller Regal und Käschte isch.
Bim Ygang, wo nadyrlig in dr dritte VKB-Farb, emene satte Grien, ghalten isch, sin no d Garderobe und d Böggliköschte. Dur e baar Schtäggeladärne het dr Ygang s fasnächtligi Deggor byko.
Im Vorblatz sin au no e Kuchi und e Toilette, wo modärn und zwäggmässig uusbaut sin. Usser em Männer-WC mit mehrere Sitz- und Schtehblätz hets au no e Dame-WC. Isch das villicht, will mer in Zuekunft halt doch nit gnueg Pfyffer-Nohwuggs hänn?
Nit vergässe mecht i au s neye Larveatelier, wo diräggt näbe dr Glyggeschtube isch. Dert kenne mer au in Zuekumft unseri sälbergschtaltete Larve baue und moole.
Zämmefassend muess me sage, dass die neyi Glyggeschtube luschtig und gmietlig worden isch und vyl zer Uss- und Wyterbildig und em Zämmehalt vo der Glygge wird bydraage kenne. Die drey greeschte Aggtyvpeschte bim Uusbau sin gsi:
Unseri Brauerey Wartegg, wo mit dr Meblierig groosszigig gholfe het, aber au anderi Glyggefän, wo Material gschtiftet hänn.
Denn vor allem unseri Glygge-Kolleege, wo Däg und unzähligi Nächt dra gäh hänn und mit Yfer und Bier, aber au voller Elan und Plausch am Uusbau gschafft hänn. Vor allem aber die Kolleege us der Baukommission, dr Ruedi Bossert, dr Hans Mangold, dr Ruedi Moser und dr Markus Stalder hänn sälber so mitgschafft, dass si zytewys meh im Käller gläbt hänn as dehaim. Aber au d Glyggekasse het trotzdäm mit ainige zähdausig Frangge miesse yschpringe. Dä Batze het me us em Jubelfonds «100 Joor VKB» gno. I glaub, me hätt en nit besser kenne aalege as in die neye Glyggeryym, wo sich die Junge und die Aggtyve imene verdraute und gmietlige Rahme kenne dräffe und unseri Basler Drummel- und Pfyfferkunscht kenne pfläge, drmit d VKB au in Zuekunft so meischterlig dooschtoht. Dodermit bin y wider am Aafang und muess sage, mir VKBler hänn mit eme Dail vom Jubelfonds sälber e blybends Gschängg gmacht.

Am 10. Novämber wird in dr Theodors-Kirche e Gedänggfyr fir die verschtorbene VKBler abghalte. Aaschliessend isch denne im Groosroots-Saal e Feschtaggt und en Empfang vo dr Regierig.

Am 17. Novämber isch im «Alte Warteck» d Buechvernissage vom vorliigende Wärgg.
Am 24. Novämber findet zem Abschluss im «Plaza-Hotel» e groossi «Grand-Gala» schtatt, wo die Aggtyve mit ihre Fraue und Gescht yglade sin.
Wär e luggeloosi Dokumentazion vo alle VKB-Feschtiviteete will, dä muess ganz aifach «Zytigs-Artiggel» sammle und si hinden ins Buech leege.

Sujets, Künstler, VKBler

Jahr	Ehrenpräsident	Präsident	Vizepräsident	Aktuar	Protokollführer	1. Kassier	2. Kassier
1884–1893 keine Angaben							
1894		Carl Brügger		Traugott Schweizer		August Steffen	
1895		Traugott Schweizer		Willi Stückelberger		Carl Kirchhofer	
1896		Traugott Schweizer		Emil Göttisheim		Carl Brügger	
1897		Traugott Schweizer		Emil Göttisheim		Carl Brügger	
1898		Traugott Schweizer		Emil Göttisheim		Carl Brügger	
1899		Traugott Schweizer		Emil Göttisheim		Gustav Auer	
1900		Traugott Schweizer		Emil Göttisheim		Gustav Auer	
1901		Fritz Riesterer		Emil Göttisheim		Gustav Auer	
1902	Traugott Schweizer	Gustav Born		Benni Wagner		Gustav Auer	
1903	Traugott Schweizer	Gustav Born		Benni Wagner		Gustav Auer	
1904		Gustav Born		Wilhelm Grüninger		Gustav Auer	
1905		August Apel		Wilhelm Grüninger		Gustav Auer	
1906		August Apel		Wilhelm Grüninger		Gustav Auer	
1907		August Apel		Wilhelm Grüninger		Gustav Auer	
1908						Eduard Fürst	
1909						Gustav Auer	
1910		Josef Dürrwang	Otto Stieber	Otto Gerster		Eduard Fürst	
1911		Josef Dürrwang	Albert Müller	Otto Gerster		August Fischer	
1912		Albert Müller	Sämi Vogt	Charles Baumann		August Fischer	
1913		Sämi Vogt	Fritz Plattner	Hans Kaufmann		Hans Löw	
1914		Sämi Vogt		Hans Kaufmann		Hans Löw	
1915		Sämi Vogt		Hans Kaufmann		Hans Löw	
1916		Sämi Vogt		Hans Kaufmann		Hans Löw	
1917		Sämi Vogt		Hans Kaufmann		Hans Löw	
1918		Sämi Vogt		Hans Kaufmann		Hans Löw	
1919		Sämi Vogt	Ernst Wanner	Ruedi Niedermann		Paul Engeler	
1920		Sämi Vogt	Ernst Wanner	Viktor Engeler	Hans Kaufmann	Hans Jenny	Gorg Bienz
1921		Sämi Vogt	Hans Löw	Willy Kohler	Hans Kaufmann	Hans Löw	Georg Bienz
1922	Sämi Vogt	Hans Löw	Willy Kohler	Hermi Bitterli	Adolf Meier	Jacques Matter	Georg Bienz
1923	Sämi Vogt	Hans Löw	Willy Kohler	Adolf Meier	Josef Knecht	Hermi Bitterli	Georg Bienz
1924	Sämi Vogt	Hans Löw	Willy Kohler	Josef Knecht		Hermi Bitterli	Adolf Kremp
1925	Sämi Vogt	Hans Löw	Willy Kohler	Josef Knecht		Hermi Bitterli	Paul Keller
1926	Sämi Vogt	Hans Löw	Willy Kohler	Josef Knecht		Hermi Bitterli	Paul Keller
1927	Sämi Vogt	Hans Löw	Ruedi Meyer	Josef Knecht		Arnold Fischer	Ruedi Wyss
1928	Sämi Vogt	Hans Löw	Ruedi Meyer	Josef Knecht		Arnold Fischer	Ernst Bienz
1929	Sämi Vogt	Hans Löw	Ruedi Meyer	Josef Knecht	Robi Peter	August Thiel	Ernst Bienz
1930	Sämi Vogt	Hans Löw	Ruedi Meyer	Robi Peter		Josef Knecht	Ernst Bienz
1931	Sämi Vogt	Hans Löw	Ruedi Meyer	Robi Peter		Josef Knecht	Ernst Bienz
1932	Sämi Vogt	Arnold Fischer	Carl Ramstein	Robi Peter		Josef Knecht	Ernst Bienz
1933	Sämi Vogt	Arnold Fischer	Carl Ramstein	Robi Peter		Otto Christen	Oskar Ziegler
1934	Sämi Vogt	Arnold Fischer	Carl Ramstein	Paul Krämer	Hans Mangold	Otto Christen	Oskar Ziegler
1935	Sämi Vogt	Paul Krämer	Carl Ramstein	Paul Krämer		Otto Christen	Oskar Ziegler
1936	Sämi Vogt	Paul Krämer	Carl Ramstein	Max Mühlethaler		Otto Christen	Oskar Ziegler
1937	Sämi Vogt	Paul Krämer	Carl Ramstein	Max Mühlethaler		Edi Stalder	Otto Christen
1938	Sämi Vogt	Paul Krämer	Carl Ramstein	Max Mühlethaler		Edi Stalder	Otto Christen

1. Materialverwalter	2. Materialverwalter	Trommelchef	Pfeiferchef	Vortrabchef	Tambourmajor	1. Beisitzer ab 1959 Alti Garde	2. Beisitzer ab 1959 Jungi Garde
					Georg Braun		
					Georg Braun		
					Georg Braun		
					Georg Braun		
					Georg Braun		
					Georg Braun		
					Georg Braun		
					Fritz Riesterer		
					Fritz Riesterer		
					Fritz Riesterer		
					Fritz Riesterer		
					Fritz Riesterer		
					Fritz Riesterer		
					Fritz Riesterer		
					Fritz Blatter	Fritz Fehrenbach	Adolf Gasser
					Fritz Blatter	Fritz Fehrenbach	Adolf Gasser
Wilhelm Kaufmann		Ruedi Gerstner			Fritz Blatter	Hans Löw	Adolf Gasser
Wilhelm Kaufmann		Ruedi Gerstner			Fritz Blatter	Hans Jenny	Ernst Wanner
Wilhelm Kaufmann		Ruedi Gerstner			August Jehle	Fritz Fehrenbach	Adolf Gasser
Wilhelm Kaufmann		Ruedi Gerstner			August Jehle	Fritz Fehrenbach	Adolf Gasser
Wilhelm Kaufmann		Ruedi Gerstner			August Jehle	Fritz Fehrenbach	Adolf Gasser
Wilhelm Kaufmann		Ruedi Gerstner			August Jehle	Fritz Fehrenbach	Adolf Gasser
Wilhelm Kaufmann		Ruedi Gerstner			August Jehle	Fritz Fehrenbach	Adolf Gasser
Wilhelm Kaufmann		Ruedi Meyer			August Jehle	Fritz Fehrenbach	Adolf Gasser
Oski Widmer	Albert Ehret	Ruedi Meyer	Fritz Grieder		Hans Kaufmann	Fritz Fehrenbach	August Thiel
Oski Widmer	Albert Ehret	Ruedi Meyer	Fritz Grieder		Hans Kaufmann	Fritz Fehrenbach	August Thiel
Oski Widmer	Franz Kremp	Ruedi Meyer	Ernst Grieder		Hans Kaufmann	Fritz Fehrenbach	August Thiel
Oski Widmer	Franz Kremp	Ruedi Meyer	Georg Bienz		Hans Kaufmann	Fritz Fehrenbach	August Thiel
Oski Widmer	Franz Kremp	Ruedi Meyer	Franz Fasolin		Hans Kaufmann	Fritz Fehrenbach	August Thiel
Franz Kremp	August Thiel	Ruedi Meyer	Max Müller		Hans Kaufmann	Fritz Fehrenbach	Jules Flury
Franz Kremp	August Thiel	Ruedi Meyer	Franz Fasolin		Hans Kaufmann	Fritz Fehrenbach	Ernst Bienz
Franz Kremp	August Thiel	Ruedi Meyer	Ernst Bohny		Hans Kaufmann	Fritz Fehrenbach	Sämi Bentele
Franz Kremp	August Thiel	Ruedi Meyer	Ernst Bohny		Hans Kaufmann	Fritz Fehrenbach	Sämi Bentele
Franz Kremp	Walter Bachofer	Ruedi Meyer	Ernst Bohny		Hans Kaufmann	Fritz Fehrenbach	Sämi Bentele
Franz Kremp	Walter Bachofer	Ruedi Meyer	Georg Bienz		Hans Kaufmann	Fritz Fehrenbach	Sämi Bentele
Franz Kremp	Walter Bachofer	Ruedi Meyer	Georg Bienz		Emil Sattler	Fritz Fehrenbach	Sämi Bentele
Ernst Zeier	Walter Bachofer	Hermi Bitterli	Georg Bienz		Emil Sattler	Fritz Maurer	Max Blatter
Ernst Zeier	Walter Bachofer	Hermi Bitterli	Ernst Bohny		Emil Sattler	Fritz Maurer	René Meyer
Ernst Zeier	Hans Mangold	Hermi Bitterli	Ernst Bohny		Emil Sattler	Fritz Maurer	René Meyer
Ernst Zeier	Hans Mangold	Hermi Bitterli	Ernst Bohny		Werner Bossert	Fritz Maurer	René Meyer
Ernst Zeier	Hans Mangold	Hermi Bitterli	Ernst Bohny		Werner Bossert		
Ernst Zeier	Hans Mangold	Hermi Bitterli	Ernst Bohny		Werner Bossert		
Ernst Zeier	Hans Mangold	Hermi Bitterli	Ernst Bohny		Werner Bossert		

Jahr	Ehrenpräsident	Präsident	Vizepräsident	Aktuar	Protokollführer	1. Kassier	2. Kassier
1939	Sämi Vogt	Paul Krämer	Carl Ramstein	Max Mühlethaler		Edi Stalder	Otto Christen
1940	Sämi Vogt	Paul Krämer	Carl Ramstein	Max Mühlethaler		Oskar Ziegler	Otto Christen
1941	Sämi Vogt	Paul Krämer	Karl Kaiser	Max Mühlethaler		Oskar Ziegler	Otto Christen
1942	Sämi Vogt	Paul Krämer	Benni Leppert	Max Mühlethaler		Oskar Ziegler	Walter Widmer
1943	Sämi Vogt	Paul Krämer	Benni Leppert	Max Mühlethaler		Oskar Ziegler	Walter Widmer
1944	Sämi Vogt	Paul Krämer	Benni Leppert	Max Mühlethaler		Oskar Ziegler	Walter Widmer
1945	Sämi Vogt	Walter Hersberger	Ernst Zeier	Fritz Jenny		Oskar Ziegler	Walter Widmer
1946	Sämi Vogt	Walter Hersberger	Ernst Zeier	Fritz Jenny		Oskar Ziegler	Walter Widmer
1947	Sämi Vogt	Walter Hersberger	Ernst Zeier	Fritz Jenny		Paul Schuler	Fritz Lerch
1948	Sämi Vogt	Walter Hersberger	Ernst Zeier	Fritz Jenny		Paul Schuler	Fritz Lerch
1949		Walter Hersberger	Ernst Zeier	Gustav Fricker	Karl Lutz	Paul Schuler	Fritz Lerch
1950		Walter Hersberger	Oski Adler	Gustav Fricker	Karl Lutz	Max Bauer	Fritz Albicker
1951		Eugen Weber	Oski Adler	Gustav Fricker	Karl Lutz	Max Bauer	Fritz Albicker
1952		Eugen Weber	Oski Adler	Gustav Fricker	Karl Lutz	Max Bauer	Fritz Albicker
1953		Eugen Weber	Alfred Steppacher	Fritz Zürcher	Karl Lutz	Max Bauer	Fritz Albicker
1954		Eugen Weber Otto Horber	Alfred Steppacher Karl Lutz	Fritz Zürcher	Karl Lutz Ernst Stoerr	Max Bauer	Fritz Albicker
1955		Otto Horber	Karl Lutz	Fritz Zürcher	Ernst Stoerr	Fritz Albicker	Paul Bigler
1956		Otto Horber	Karl Lutz	Ernst Stoerr	Kurt Ohnemus	Fritz Albicker	Paul Bigler
1957		Otto Horber	Paul Locher	Gustav Fricker	Robi Grieder	Fritz Albicker	Paul Bigler
1958		Otto Horber	Paul Locher	Gustav Fricker	Robi Grieder	Fritz Albicker	Hans Bigler
1959		Otto Horber	Paul Locher	Robi Grieder	Ernesto Stegmaier	Fritz Albicker	Hans Bigler
1960		Otto Horber	Ernst Stalder	Otto Spitta	Josef Kuhn	Hans Bigler	Ernesto Stegmaier
1961		Otto Horber	Ernst Stalder	Otto Spitta	Josef Kuhn	Hans Bigler	Ernesto Stegmaier
1962		Otto Horber	Ernst Stalder	Erwin Jäggi	Josef Kuhn	Hans Bigler	Ernesto Stegmaier
1963		Otto Horber	Ernst Stalder	Erwin Jäggi	Bruno Rebucci	Hans Bigler	Ernesto Stegmaier
1964		Hans Bigler	Ernst Stalder	Erwin Jäggi	Bruno Rebucci	Josef Kuhn	Ernesto Stegmaier
1965		Hans Bigler	Ernst Stalder	Erwin Jäggi	Bruno Rebucci	Josef Kuhn	Ernesto Stegmaier
1966		Hans Bigler	Ernst Stalder	Kurt Stalder	Bruno Rebucci	Josef Kuhn	Ernesto Stegmaier
1967		Hans Bigler	Werner Bossert	Kurt Stalder	Bruno Rebucci	Josef Kuhn	Ernesto Stegmaier
1968		Hans Bigler	Werner Bossert	Kurt Stalder	Georg Fischer	Josef Kuhn	Jules Kessler
1969	Otto Horber	Hans Bigler	Werner Bossert	Josef Kuhn	Georg Fischer	Urs Stebler	Jules Kessler
1970	Otto Horber	Hans Bigler	Pierre Farine	Rolf Bertschmann	Werner Nägeli	Urs Stebler	Jules Kessler
1971	Otto Horber	Pierre Farine	Fritz Albicker	Rolf Bertschmann	Werner Nägeli	Hansruedi Widmer	Ruedi Moser
1972	Otto Horber	Pierre Farine	Erwin Jäggi	Rolf Bertschmann	Christian Bolliger	Hansruedi Widmer	Ruedi Moser
1973	Otto Horber	Pierre Farine	Erwin Jäggi	Rolf Bertschmann	Christian Bolliger	Hansruedi Widmer	Ruedi Moser
1974		Pierre Farine	Erwin Jäggi	Rolf Bertschmann	Christian Bolliger	Hansruedi Widmer	Ruedi Moser
1975		Pierre Farine	Erwin Jäggi	Rolf Bertschmann	Christian Bolliger	Hansruedi Widmer	Ruedi Moser
1976		Pierre Farine	Rolf Bertschmann	Christian Bolliger	Joggi Vogt	Hansruedi Widmer	Ruedi Moser
1977		Pierre Farine	Rolf Bertschmann	Christian Bolliger	Joggi Vogt	Hansruedi Widmer	Eugen Weber
1978		Pierre Farine	Rolf Bertschmann	Christian Bolliger	Joggi Vogt	Hansruedi Widmer	Eugen Weber
1979		Pierre Farine	Rolf Bertschmann	Christian Bolliger	Joggi Vogt	Hansruedi Widmer	Eugen Weber
1980		Pierre Farine	Rolf Bertschmann	Christian Bolliger	Joggi Vogt	Hansruedi Widmer	Eugen Weber
1981		Pierre Farine	Rolf Bertschmann	Christian Bolliger	Joggi Vogt	Hansruedi Widmer	Eugen Weber
1982		Pierre Farine	Rolf Bertschmann	Christian Bolliger	Joggi Vogt	Hansruedi Widmer	Eugen Weber
1983		Pierre Farine	Rolf Bertschmann	Christian Bolliger	Joggi Vogt	Hansruedi Widmer	Eugen Weber
1984		Pierre Farine	Rolf Bertschmann	Christian Bolliger	Joggi Vogt	Hansruedi Widmer	Eugen Weber

1. Materialverwalter	2. Materialverwalter	Trommelchef	Pfeiferchef	Vortrabchef	Tambourmajor	1. Beisitzer ab 1959 Alti Garde	2. Beisitzer ab 1959 Jungi Garde
Ernst Zeier	Hans Mangold	Hermi Bitterli	Ernst Bohny		Werner Bossert		
Ernst Zeier	Hans Mangold	Hermi Bitterli	Ernst Bohny		Werner Bossert		
Ernst Zeier	Hans Mangold	Hans Löw	Ernst Bohny		Werner Bossert		
Ernst Zeier	Hans Mangold	Migger Lauener	Ernst Bohny		Werner Bossert		
Ernst Zeier	Hans Mangold	Migger Lauener	Ernst Bohny		Werner Bossert		
Ernst Zeier	Hans Mangold	Migger Lauener	Ernst Bohny		Werner Bossert		
Ernst Zeier	Hans Mangold	Migger Lauener	Ernst Jäger	Ernst Elmer	Werner Bossert	Otto Urbani	Ernst Elmer
Ernst Zeier	Hans Mangold	Migger Lauener	Ernst Jäger	Ernst Elmer	Werner Bossert	Otto Urbani	Ernst Elmer
Max Wolf	Hans Mangold	Männi Bender	Ernst Jäger	Ernst Elmer	Werner Bossert	Otto Urbani	Ernst Elmer
Max Wolf	Hans Mangold	Männi Bender	Ernst Jäger	Ernst Elmer	Werner Bossert	Otto Urbani	Ernst Elmer
Max Wolf	Fritz Jenny	Männi Bender	Ernst Jäger	Ernst Elmer	Werner Bossert	Werner Birrer	Ernst Elmer
Max Wolf	Fritz Jenny	Männi Bender	Ernst Jäger	Ernst Elmer	Werner Bossert	Werner Birrer	Ernst Elmer
Max Wolf	Fritz Jenny	Männi Bender	Ernst Jäger	Ernst Elmer	Werner Bossert	Werner Birrer	Ernst Elmer
Max Wolf	Fritz Jenny	Männi Bender	Ernst Jäger	Ernst Elmer	Werner Bossert	Werner Birrer	Ernst Elmer
Thedi Münch	Kurt Ohnemus	Männi Vogt	Ernst Jäger	Willi Balzer	Werner Bossert	Werner Birrer	Willi Balzer
Thedi Münch	Kurt Ohnemus	Männi Vogt	Ernst Jäger	Willi Balzer	Werner Bossert	Werner Birrer	Otto Horber Otto Stebler
Thedi Münch	Kurt Ohnemus	Männi Vogt	Ernst Jäger	Werner Birrer	Werner Bossert	Werner Birrer	Otto Stebler
Thedi Münch	Alfred Greber	Männi Vogt	Ernst Jäger	Walter Rohr	Werner Bossert	Walter Rohr	Otto Stebler
Alfred Greber	Peter Dietsche	Männi Vogt	Ernst Jäger	Walter Rohr	Werner Bossert	Walter Rohr	Otto Stebler
Alfred Greber	Peter Dietsche	Männi Vogt	Ernst Jäger	Werner Zeller	Werner Bossert	Walter Rohr	Otto Stebler
Alfred Greber	Peter Dietsche	Männi Vogt	Paul Locher	Werner Zeller	Werner Bossert	Hans Schlichter	Otto Stebler
Alfred Greber	Werner Albrecht	Männi Vogt	Paul Locher	Werner Zeller	Werner Bossert	Hans Schlichter	Otto Stebler
Hanspeter Stebler	Werner Albrecht	Männi Vogt	Paul Locher	Werner Zeller	Werner Bossert	Hans Schlichter	Otto Stebler
Hanspeter Stebler	Werner Albrecht	Männi Vogt	Paul Locher	Werner Zeller	Werner Bossert	Hans Schlichter	Fritz Fischer
Werner Albrecht	Marcel Schaub	Männi Vogt	Paul Locher	Werner Zeller	Werner Bossert	Hans Schlichter	Fritz Fischer
Werner Albrecht	Marcel Schaub	Männi Vogt	Paul Locher	Werner Zeller	Werner Bossert	Hans Schlichter	Otto Horber
Werner Albrecht	Marcel Schaub	Männi Vogt	Paul Locher	Werner Zeller	Werner Bossert	Hans Schlichter	Roland Recher
Marcel Schaub	Hans Mangold	Männi Vogt	Paul Locher	Hans Huber	Werner Bossert	Hans Schlichter	Roland Recher
Marcel Schaub	Hans Mangold	Männi Vogt	Paul Locher	Hans Huber	Walter Lang	Hans Schlichter	Otto Horber
Marcel Schaub	Hans Mangold	Männi Vogt	Paul Locher	Hans Huber	Walter Lang	Hans Schlichter	Otto Horber
Hans Mangold	Roger Stalder	Ernst Stalder	Paul Locher	Hans Huber	Walter Lang	Hans Schlichter	Marcel Schaub
Hans Mangold	Roger Stalder	Ernst Stalder	Paul Locher	Hans Huber	Walter Lang	Hans Schlichter	Marcel Schaub
Hans Mangold	Roger Stalder	Ernst Stalder	Paul Locher	Hans Huber	Walter Lang	Hans Schlichter	Marcel Schaub
Hans Mangold	Hanspeter Schultheiss	Ernst Stalder	Paul Locher	Hans Huber	Walter Lang	Benni Schöpflin	Marcel Schaub
Hans Mangold	Hanspeter Schultheiss	Ernst Stalder	Paul Locher	Hans Huber	Walter Lang	Benni Schöpflin	Marcel Schaub
Hans Mangold	Hanspeter Schultheiss	Alfons Grieder	Paul Locher	Albert Weiss	Walter Lang	Benni Schöpflin	Marcel Schaub
Hans Mangold	Hanspeter Schultheiss	Alfons Grieder	Paul Locher	Albert Weiss	Walter Lang	Benni Schöpflin	Marcel Schaub
Hans Mangold	Hanspeter Schultheiss	Alfons Grieder	Ruedi Grüninger	Albert Weiss	Walter Lang	Benni Schöpflin	Marcel Schaub
Hans Mangold	Hanspeter Schultheiss	Alfons Grieder	Ruedi Grüninger	vakant	Walter Lang	Benni Schöpflin	Marcel Schaub
Hans Mangold	Hanspeter Schultheiss	Alfons Grieder	Ruedi Grüninger	Peter Knöll	Walter Lang	Benni Schöpflin	Marcel Schaub
Hans Mangold	Hanspeter Schultheiss	Alfons Grieder	Ruedi Grüninger	Peter Knöll	Walter Lang	Benni Schöpflin	Marcel Schaub
Hans Mangold	Hanspeter Schultheiss	Alfons Grieder	Ruedi Grüninger	Peter Knöll	Walter Lang	Benni Schöpflin	Marcel Schaub
Hans Mangold	Hanspeter Schultheiss	Alfons Grieder	Ruedi Grüninger	Hanspeter Wick	Walter Lang	Benni Schöpflin	Marcel Schaub
Hans Mangold	Hanspeter Schultheiss	Alfons Grieder	Ruedi Grüninger	Hanspeter Wick	Walter Lang	Benni Schöpflin	Marcel Schaub
Hans Mangold	Hanspeter Schultheiss	Alfons Grieder	Dieter Cattelan	Hanspeter Wick	Walter Lang	Benni Schöpflin	Marcel Schaub
Hans Mangold	Marcel Ursprung	Alfons Grieder	Dieter Cattelan	Hanspeter Wick	Walter Lang	Benni Schöpflin	Marcel Schaub

Mitglieder im Jubiläumsjahr

Ehrenmitglieder:

Baur Max
Bigler Hans
Bossert Werner
Eichin Werner
Farine Pierre
Fricker Gustav
Grieder Fritz
Jäger Ernst
Jäggi Erwin
Jenny Fritz
Kleinbub Bobby
Krämer Paul
Kuhn Josef
Lang Walter
Locher Paul
Schaub Marcel
Schlichter Hans
Schöpflin Benni
Stalder Ernst
Stalder Kurt
Vogt Männi

Freimitglieder:

Albicker Fritz
Arnold Franz
Bertschmann Jakob
Bigler Paul
Bitterli Willi
Dolcet Hans
Fischer Fritz
Freuler Franz
Frey Max
Greber Alfred
Grüninger Rudolf
Hablützel Albert
Heimlicher Georges
Herrmann Karl
Jehle Rolf
Jost Georges
Knecht Hans
Lerch Fritz
Lutz Karl
Mangold Hans
Meister Adolf
Münch Thedi
Ohnemus Kurt
Perret Charles
Schuler Paul
Sollberger Robi
Stebler Hanspeter
Stumpp Ernst
Thommen Hansjörg
Vogt Jakob
Weber Eugen
Widmer Hansruedi
Zeller Werner

Stammverein

Vortrab:

Aeschbach Paul
Bär Peter
Bongni Freddy
Bolliger Ueli
Bolliger Walter
Bossert Werner
Dill Peter
Ehrsam Beat
Hamann Peter
Hauser Elmar
Heckendorn Paul
Hendry Bruno
Huber Hans
Kessler Rolf
Kirchhofer Hans
Mayer René
Mehlin Jürg
Moesch Roger
Roth Martin
Roth Stefan
Schaub Marcel
Schmid Freddy
Spühler Armin
Spycher Fritz
Thomann Urs
Weber Eugen
Wick Hanspeter
Widmer Hansruedi
Wirz Heinz
Zehnder Werner

Pfeifer:

Aeschbach Dieter
Aeschbach Urs
Ammann Roger
Arnold Werner
Bader Ewald
Bader Roland
Barth Adrian
Bauer Peter
Bauer Jürg
Bolliger Christian
Bossert Ruedi
Brändle Arthur
Bühler Markus
Burckhardt Jürg
Cattelan Dieter
Dietz Claude
Eschbach Markus
Farine Pierre
Fischer Fritz
Fischer Georges
Grieder Thomas
Grüninger Rudolf
Hamberger Walter
Hauser Markus
Heimlicher Georges
Heitz Ivo
Hipp Beat
Hottinger Ruedi
Jehle Rolf
Karle Bernhard
Kirchhofer Werner
Kleinbub Bobby
Krattiger Ivan
Kunz Marco
Lachappelle Guy
Ledermann Peter
Manser Böbbsli
Manzoni Christian
Michel Dominik
Münch Stephan
Nägeli Werner
Portenier Raymond
Reinschmidt Karl
Schaub Markus
Schmocker Beat
Stalder Kurt jun.
Stebler Urs
Steffen Dieter
Tanner Thomas
Vogt Jakob
von Wartburg Beat
Walther Jürg
Wernli Beat

Tambourmajor:

Lang Walter

Tambouren:

Abrecht Charly
Albrecht Werner
Ammann Peter
Baumgartner Peter
Bertschmann Rolf
Bossert Urs
Cahenzli Robert
Cattelan Victor
Dösegger Jürg
Eng Markus
Freuler Felix
Graf Bruno
Grieder Alphons
Grieder Markus
Gross Alwin
Hauger Otto
Heitz Christian
Heitz Dominik
Hügi Marcel
Kägi Werner
Kurz Peter
Lachappelle Alain
Lichtenberger Paul
Loeffler Raymond
Mangold Hans
Marrer Peter
Maurer Ruedi
Menton René
Moser Ruedi
Müller Philipp
Nussbaumer René
Ohnemus Kurt
Oppliger Peter
Rader Andreas
Rauschenbach Thomas
Schaub Urs
Schultheiss Hanspeter
Stalder Jürg
Stalder Kurt
Stalder Markus
Stalder Peter
Stebler Hanspeter
Stegmaier Ernesto
Tanner Stefan
Thommen Hansjörg
Thommen Heinz
Thommen Rolf
Thüring Peter
Ursprung Marcel
Weber Roland
Werdenberg Hansruedi
Zeier Paul
Zeindler Charly

Passive:

Aelter Armand
Aeschbacher Ernst
Ammann Karl
Amstad Josef
Andreoli Aldo
Apel August
Arnold Franz
Arnold Hans
von Arx Ernst
Atz Nicky
Axt Walter
Babberger Karl
Bader René
Balzer Alex
Balzer Max
Badertscher Walter
Bannier August
Bänziger Arthur
Bauer Albert
Baumgartner Willy
Beecher Mark
Bernet Georg
Bichsel Mathias
Bitterling Gerhard
Born Remo
Born Werner
Bornhauser Elias
Bossert Hans
Bräm Rolf
Brand Hans
Bré Hans
Brun Roland
Bühlmann Armin
Bühlmann Harry
Burckhardt Wolf
Burger Cyrill J.
Bürgin Hans
Bürgin Peter
Bürki Stefan
Buser Karl
Bussinger Karl
Bysäth Harry
Derungs Sven
Dietsche Peter
Dolcet Hans
Donné Kurt
Doppler Walter
Düblin J.
Dürr René
Duthaler Rudolf
Eger Oskar
Eggenschwiler Hans
Ernst Beat
Fessler Hansjörg
Finkbeiner Willy
Früh Emil
Fuchs Josef
Füglistaller Alexander
Fürer Werner
Fürstenberger Philipp
Gallati Marcel
Galli Rolf
Gentinetta Guido
Gfeller Hans
Gill Chester
Gisin Peter
Glanzmann Ruedi
Graber Thedi
Grigoletto Armando
Grumbacher Jacques
Griesser Hans
Grimm Hanspeter
Gueng Franz
Gundelfinger Kurt
Gutekunst Werner
Haas Ernst
Hablützel Richard
Hablützel Ulrich
Haegeli Louis
Hägler Rudolf
Hardegger Dölf
Harr Georges
Hartmann Ernst
Hasler Adolf
Heimlicher Heini
Henn Joggi
Hermann Jürg
Hesselbein Max
Hiltbrunner Peter
Hofer John
Hofer Urs
Hofmann Erich
Hofmann Jakob
Hofstetter Ernst
Hofstetter Ruedi
Höhn Walter
Honegger Carlo
Huber Paul
Hug Urs
Hunziker Werner
Hunzinger Walter
Ibach Hansruedi
Imhof Hugo
Irminger Fritz
Itin Werner
Jäger Ernst
Jauslin Hans
Jenny Fritz
Jenny Kurt
Jeudy Alain
Juen Robert
Kaiser Paul
Karle Adolf
Kägi Werner
Kämpfer Horst
Keppner Hans
Kern Fritz
Kessler Alexander
Kessler Jules
Kessler Peter
Knecht Hans
Knöll Peter
Krämer Paul
Kühn Rolf
Kurz Franz
Koch Walter
Lachappelle Robert
Lehmann Willy
Leibundgut Hans
Lexow Marcel
Leuenberger Fritz
Leuzinger Ulrich
Lischer Hans
Löliger Hans
Lotz Peter
Mäder Adolf
Mäglin Hans
Maisenhölder Werner
Mangold Hans sen.
Massy Luc
Manser Hans
Manzoni Josef
Marrer Ruedi
Meister Adolf
Meyer Rudolf
Moor Jürg
Moser Rudolf
Mosimann Markus
Muchenberger Dieter
Müller Erich
Müller Felix
Müller Hanspeter
Müller Ruedi
Mundwiler Peter
Nebel Josef
Nussbaumer Marcel
Odermatt Karl
Oechslin Karl
Ohnemus Ernst
Perret Charles
Pfenninger Fritz
Pfister Walter
Pflugi Georges
Poggiolini Romeo
Policky René
Ponton André
Porchet Claude
Quennoz Fred
Rader René

Ramseier Fritz
Rauschenbach Peter
Recher Roland
Reiniger René
Reinmann Beat
Reif Claude
Robin Claude
Rohner Urs
Röthlisberger Jürg
Rouge Jean-Jacques
Ryser Willy
Saladin Heinz
Sarasin Alfred
Scaglia Kurt
Schaub Thomas
Scheidegger Hans
Scheffer Claude
Schenk Willy
Scherrer Hanspeter
Scherrer Hansruedi
Schlatter Robert
Schmalz René
Schmidt Andreas
Schmidt Francis
Schmoll Karl jun.
Schmoll Karl sen.
Schneider Emil
Schneider René
Schrall Rolf
Schröppel Karl
Schröppel Willy
Schuler Paul
Schultheiss W.
Schutzbach Henri
Schwald Max
Schweizer Karl
Sonderegger Hansjörg
Sollberger Robi
Sorg Jos
Spahn Jacques
Spehr Gerhard
Spring Ernst
Stalder Hanspeter
Stalder Otto
Stebler Heinz
Stolz Ruedi
Straumann Gustav
Stumpp Ernst
Sulzbachner Max
Suter Beat
Thomann Hansruedi
Thomann Jean-Paul
Triebold Hugo
Tschopp Walter
Tschudin Beat
Uhlmann Hans-Rudolf
Ulmann Edgar
Vogelsanger Heinz
Wagner Bruno
Waldmeier Thomas
Wascher Anton
von Wartburg Albert
Weber Hans
Weber Rudolf
Weber Urs
Wegmann Hansruedi
Wenger Hans
Wenger Willy
Weibel Werner
Werber Alfred
Wernli Max
Weidmann Hans
Widmer Franz C.
Widmer Rudolf
Widmer Urs

Willi Peter
Wissel Karl M.
Wittwer René
Zeller Werner
Zellweger Fredy
Zimmerli Eugen
Zipfel Paul
Zürcher Fritz

Alte Garde

Vortrab:

Aldrovandi Florian
Altermatt Urs
Amrein Franz
Arnold Franz
Biacchi Henri
Bigler Hans
Blanchard Niggi
Braun Werner
Burkhard Beat
Buser Max
Dillier Alex
Ehret Georg
Engel Karl
Frey Max
Hablützel Albi
Höhn Walter
Jost Georges
Kägi Walter
Kleiner Albert
Kolb Ernst
Loy Dieter
Müller Paul
Ochs Paul
Pfeiffer Charles
Raisin Jürgen
Rusterholz Marcel
Schlichter Hans
Schweizer Daniel
Sprecher Klemenz
Stalder Otto
Völlmin Reto
Wälle Ernst
Weder Andreas
Weder Josef
Weiss Albert
Zehnder Marcel

Pfeifer:

Albicker Fritz
Bertschmann Jakob
Bigler Paul
Eichin Werner
Freuler Franz
Greber Alfred
Herrmann Karl
Hügi Koni
Jäggi Erwin
Kaspar Max
Locher Paul
Morf Werner
Pfenninger Edi
Rais Arnold
Rebucci Bruno
Schöpflin Benni
Schuhmacher Ruedi
Weisskopf Ernst

Tambourmajor:

Fricker Gustav

Tambouren:

Bitterli Willi
Brugger Dieter
Bürgin Hanspeter
Burckhardt Marcel
Dill Ernst
Heckendorn Walter
Herrmann Willi
Hoggenmüller Hanspeter
Horber Egon
Kuhn Josef
Lerch Fritz
Matt Hanspeter
Maurer Max
Menton Max
Müller Erwin
Münch Thedy
Plüss Hansjörg
Stalder Ernst
Stalder Roger
Thöny Hans
Vogt Männi
Willi Ernst
Wolf Robi

Ehemalige Aktive:

Baur Max
Bentele Sämi
Diesch René
Fasolin Franz
Grieder Fritz
Grieder Max
Gross Paul
Häner Willy
Hartmann Fritz
Heussi Ernst
Lutz Karl
Marrer Albert
Nussbaumer Alfons
Rehorek Otto
Reinert Rudolf
Rosenberg Leo
Schaffner Oski
Stebler Urs
Steppacher Alfred
Valotta Giovanni
Wagner Eugen
Wieland Emanuel

Passive:

Adler Oskar
Bauer Gotti
Beer Benni
Beer Karl
Bellwald Josef
Bentz Rolf
Bolzhauser Willi
Bossert Hans
Bossert Werner
Bratti Patrik
Brugger Paul
Buess Hans
Bühler Markus
Burckhardt Wolf
Burkhalter Fritz
Burger Fritz
Butz Dölf
Elmiger Oski
Engelmann Gerhard
Farine Pierre
Fischer Georges
Grogg Fritz
Haas Fritz
Häner Hans
Handschin Rudolf
Hardegger Adolf
Heizler Werner
Hofer John
Ittlin Albert
Jehle Alois
Jenny Fritz
Kern Karl
Kohler Ernst
Krämer Paul
Kuster Paul
Lachappelle Robi
Loehler René
Moser René
Mundwyler Peter
Nussbaumer Alfons
Ochsner Charles
Oppliger Peter
Recher Roland
Reinert Rudolf
Reinmann Beat
Rindlisbacher Hans
Schaub Marcel
Schmidt Francis
Schneider Fritz
Schröppel Willi
Schweizer Alfred
Schweizer Kurt
Schweizer Walter
Senn Hansruedi
Spinnler René
Stalder Kurt
Stalder Jürg
Stalder Markus
Stoerr Ernst
Stoll Ernst
Strasser Fred
Stücklin Jürg
Stücklin Max
Thoma Walter
Thomann Hansruedi
Thommen Hans
Urfer Ruedi
Ursprung Marcel
Vogt Eduard
Vogt Hermann
Weber Eugen
Weber Roland
Wenger Leo
Wick Hanspeter
Widmer Hansruedi
Wieland Emanuel
Wohlfahrt Louis
Wuttke Ambrosius

Junge Garde und Binggis

Tambouren: (Anfänger)

Annaheim Marc
Bollinger Marc
Dietsche Alexander
Eberhardt Kevin
Fehse Patrick
Hauger Stephan
Kappeler Urs
Manca Andreas
Marty Basil
Müller Lars
Schläpfer Reto
Sutter Benedikt
Tobler Andreas
Tobler Matthias

Tambouren:
(Fortgeschrittene)

Burckhardt Daniel
Melches Max
Schäublin René
Schöni Benoît
Ursprung Marc
Ingelfinger Sacha

Tambouren:
(Binggis)

Avigni Stephan
Betschart Tobias
Hendry Pascal
Heinzelmann Guido
Keller Marcel
Kurz Andreas
Moesch Christian
Norris Jan
Ruffieux Stephan
Schirach Markus
Schlichter Eric
Schnarwiler Michel
Schneuwly Daniel
Speidel Renato
Stebler Daniel
Trächslin Fabian
Wagner Stephan
Wascher Stefan
Leonardt Dieter

Tambouren:
(Junge Garde)

Bader Daniel
Bär Daniel
Bätscher Cyrill
Brun Oliver
Büttler Sacha
Dürr Pascal
Graf Martin
Grassi Sven
Grieder Christoph
Hauger Markus
Hirt Beat
Hoegel Roger
Hottinger René
Irminger Rolf
Lang Alexander
Lang Michel
Mangold Hanspeter
Mangold Urs
Meier Stephan
Rhyn Patrick
Ritter Bruno
Scherrer Markus
Suter Yves
Stebler Thomas
Thommen Philippe
Tschudin Urs
Uhlmann Roger
Zeier Martin

Pfeifer:
(Anfänger)

Bischof Sacha
Chyslashy Michael
Kurz Martin
Schöpfer Patric
Wick Thomas

Pfeifer:
(Binggis)

Bätscher Rafael

Büttler André
Lutz Alexander
Lüthi Pascal
Straumann Patric
Ueltschi Markus
Ursprung Sacha

Pfeifer:
(Junge Garde)

Bielander David
Born Roland
Ferrat Thomas
Hauri Thomas
Hauser Thomas
Herren Markus
Imboden Beat
Jehle Michael
Kessler Dominik
Ligorio Antonio
Locher Thomas
Mäschli Guido
Policky Serge
Salkeld Robert
Schneeberger Patrick
Schneeberger Thomas
Sutter Beat
Thomann Jürg
Trächslin Pascal
Weber Eugen

Chronisten

1884–1958
Unzählige, unbekannte Sammler, welche durch ihr unermüdliches und individuelles Zusammentragen zur heutigen Chronik beigetragen haben

1959–1970
Erwin Jäggi. Aufbau der Chronik in der heutigen Form

1971–1973
Jules Kessler

1973–
Hanspeter Stebler

Fasnachts-Sujets 1884–1984

1884	Landesausstellungslotterie Zürich
1885	Kongo-Konferenz
1886	Alkoholfrage
1887	Bulgaren und Serben
1888	Blut und Feuer
1889	Die Staatsapotheke
1890	Fasnachtsreform
1891	Hie Helgoland
1892	Grossrats-Sitzungsgeld
1893	Panama-Schwindel
1894	Toulon-Affaire
1895	Subventions-Schmälerung am Theater
1896	Militärvorlage
1897	Zürcher Unruhen
1898	Eidgenössisches Allerlei
1899	Sängerkrieg in Brugg
1900	Weltuntergang
1901	Jubiläumsmarken
1902	Basler Gewerbeausstellung
1903	Aufgebotsverweigerung der Sozialisten bei Anlass des Genferstreikes, verbunden mit Maulkrattengesetz
1904	4 verschiedene Sujets, darunter «Der Sturz eines Autos von der Wettsteinbrücke» und «Neueinbürgerung»
1905	Qui paye – commande, Wer zahlt – befiehlt!
1906	Basels Begebehaite
1907	VII. Schweizerischer Artillerietag
1908	Schutz der Heimat
1909	Münzkabinett
1910	Der neue Polizeiinspektor
1911	Basler Flugwoche
1912	5er-Banknote
1913	D Chrischonabahn
1914	S Erwache vom Glaibasel
1915	Keine Fasnacht. 1. Weltkrieg
1916	Keine Fasnacht. 1. Weltkrieg
1917	Keine Fasnacht. 1. Weltkrieg
1918	Keine Fasnacht. 1. Weltkrieg
1919	Keine Fasnacht. 1. Weltkrieg
1920	S pfupft
1921	St. Jakobsfest
1922	Vau-Fress-Ka und A-Ce-Vauerei Genossenschafts-Kongress
1923	Dr Index
1924	Wo s fählt
1925	Züribögg à la Bâloise
1926	E Qualitäts-Schwindel
1927	Dr glai Nazi
1928	Schulhausschlüssel
1929	Dr Olympiaturnerempfang
1930	Basel Untergrund
1931	Paneuropa
1932	D Fuessball-Dämmerig
1933	Piccarditis
1934	S Igfrore Gäld
1935	S Winzerfescht vo Aesch bigot
1936	Hie Basel, hie Schwoizerholliwuut
1937	Dr Loosfimmel
1938	Die vierti Landesprooch (d Sproochbewegig)
1939	Bar chez Henry oder Die Milch der frommen Denkungsart
1940	Keine Fasnacht. 2. Weltkrieg
1941	Keine Fasnacht. 2. Weltkrieg
1942	Keine Fasnacht: 2. Weltkrieg
1943	Keine Fasnacht. 2. Weltkrieg
1944	Keine Fasnacht. 2. Weltkrieg
1945	Keine Fasnacht. 2. Weltkrieg
1946	Schwarzhandel
1947	In UNO veritas
1948	Nägertschidderboggballet
1949	Ferie dehaim
1950	Stierkrämpf à l'alsacienne
1951	Wäsch-Maschine-Wösch-Hösch-Korporeeschen
1952	D Storgge-Invasion
1953	Basler Nachtlichter
1954	Tam-Burefescht 1954
1955	Siebzig Zwärge und e Wirrlete
1956	S Urseli
1957	Dr Vogt vo Reigoldswil
1958	Bellinger Schwäfelbad-Schwemmi
1959	E Zug vo feyne-n-alte Fasnachtsgschtalte
1961	S nej Antike-Museum
1962	Vo dr Landeshymne – zer Standeshymne
1963	Dr Kursfimmel oder Bildig fir jede Dubel
1964	D Antarktis
1965	Gaudeamus Igitur, vo Mensa wyt und brait kai Spur oder Au d Studänte mechte ässe, doch d Regierig het's vergässe
1966	D Franzose-Wuche
1967	Fir d Styr uff Spryt – git me nyt!
1968	Dr ranzige-Angge
1969	Metzgete
1970	Veränderige in dr Kunscht
1971	Myni drait no Mini – und Dyni?
1972	Ars proletica Basiliensis
1973	Uffschloo statt abschloo (kling statt bäng)
1974	Schwyzer uff s Velo
1975	Basel uff em Abstellglais
1976	Mir Brunnebauer
1977	D Bescht-Zeller
1978	«Cheese» – zieh Fääde
1979	Dr Flohmärt vo London
1980	Dr Mägg – isch kai Gägg
1981	GAY 80
1982	Sperrguet-Grümplete
1983	Hurra, die Grünen kommen
1984	Basler Carneval 1884

Laternenmaler

1884–1889	(vermutlich Carl Roschet)
1890–1914	Carl Roschet
1915–1918	(1. Weltkrieg)
1919–1922	Carl Roschet
1923	
1924–1928	Paul Rudin
1929	Paul Wyss
1930–1931	Theo Eble
1932–1934	Lothar Albert
1935–1936	Max Sulzbachner
1937–1939	Pierro Giovanetti
1940–1945	(2. Weltkrieg)
1946	Pierro Giovanetti
1947	René Bolliger
1948–1965	Hans Weidmann
1966	Hanspeter Sommer
1967–1968	Hans Weidmann
1969–1970	Hugo Bré
1971–1976	Václav Sprungl
1977–1979	Thommi Keller
1980–1984	Dominik Heitz

Die VKB danken ganz herzlich:

Hanns U. Christen und Erwin Jäggi für die ersten 99 Jahre der VKB;

Rolf Bertschmann, Hans Bigler, Dieter Brugger, Pierre Farine, Alfons Grieder, Ruedi Grüninger, Paul Heckendorn, Erwin Jäggi, Werner Kägi, Max Kaspar, Paul Locher, Thomas Locher, Serge Policky, Hans Schlichter, Benni Schöpflin, Václav Sprungl, Kurt Stalder, Daniel Stebler, Hanspeter Stebler, Thomas Stebler, Hansjörg Thommen, Joggi Vogt, Männi Vogt und Hans Weidmann für ihre Beiträge in den Kapiteln «Reminiszenzen» und «Jubeljahr»;

Hans Weidmann für den Umschlagentwurf, sowie die Überlassung der 5farben-Original-Holzschnitte;

der Druckerei A. Schudel & Co. AG, Riehen;

der Buchkommission (Biecherwirm): Hans Bigler, Erwin Jäggi, Hans Schlichter, Hanspeter Stebler und Hansruedi Widmer
sowie den Helfern Werner Eichin, Georges Jost und Karl Lutz.

Das Bildmaterial stammt von:

Peter Armbruster
Foto-Archiv Kurt Baumli
Dierks Presse-Photo, Otto Wyss-Dierks
Hoffmann Photo Kino AG, Seiten 75 oben und unten, 81, 87 oben und unten, 88 oben links und rechts, 89 oben links und rechts, 92 oben Mitte, 104 unten, 105 unten, 113 oben links, 118 oben, 119 unten, 124 oben und unten, 125 oben und unten, 140 oben und unten, 153 oben rechts, 167 oben rechts, unten links und rechts, 174 oben.
Erwin Jäggi
Werner Spichty (Jubeljahr)
Hanspeter und Thomas Stebler
Thomas Waldmeier
VKB-Archiv

Mir winsche unserer VKB
zu ihrem goldig Jubilé

e Fundamänt vo Bueb zem Alte
und ass si sich jo nie duet spalte

si meeg all Joor e Sujet finde
wo typisch baslerisch duet zinde

und allewyl e bitz Vermeege
zem by uns uff d'Kante z'leege

und aifach rächt vyl Fasnachtsspass...
dr Banggverein vo dr Gryffegass

 Schweizerischer Bankverein
Filiale Greifengasse, Greifengasse 18, Untere Rebgasse 5, Basel

Postilion   Schweizertrachten   Marken-Sammler   Neue

Sozialisten mit Demagogia.   Soz. Zeitung   Anarch. Zeitg.   Refraktäre

Wälder-Gruppe   Quodlibet